法 学 译 丛

法 学 方 法 论

〔德〕卡尔·拉伦茨 著

陈爱娥 译

商务印书馆
创于1897
The Commercial Press

Karl Larenz

METHODENLEHRE DER RECHTSWISSENSCHAFT

Copyright © Springer-Verlag Berlin Heidelberg 1960,
1969,1975,1979,1983 and 1990, All Rights Reserved.
Translation from the German language edition:
Methodenlehre der Rechtswissenschaft by Karl Larenz
Copyright © Springer-Verlag Berlin Heidelberg 1960, 1969, 1975, 1979, 1983 and 1991
Springer-Verlag is a company in the BertelsmannSpringer publishing group
All Rights Reserved

本书译文为(台湾)五南图书出版股份有限公司授权北京商务印书馆在大陆地区出版发行简体字版。

《法学译丛》编委会

主编　　徐显明

编委（按姓氏笔画排列）

　　　　方流芳　王利明　孙宪忠　米　健　许传玺
　　　　许章润　吴志攀　宋英辉　张千帆　张文显
　　　　张明楷　郑永流　姜明安　袁曙宏　黄　进

《法学译丛》出版理念

戊戌变法以来，中国的法治化进程伴随着频繁的政治更迭和意识形态之争，终于走完了命运多舛的百年。21世纪的中国把依法治国，建设社会主义法治国家作为根本的治国方略，对于法学界来说，历史已经进入了前所未有的大好时期。然而利益价值多元且求和谐的世界中，中国法治社会的建设能否立足于本土资源而又有效地回应域外的种种经验与教训？这是法律学人以全球为视界所首先要思考的问题。

一方面，世界上从来没有一种整齐划一的法治模式，各国地域性知识和经验的差异性构成了法学资源的多样性。中华民族具有悠久的历史和丰厚的人文资源，因此，我们有充足的理由首先立足于中华民族的生活世界，既要对中国的传统怀着真切的关怀，又要对中国的现实和未来满怀真诚的信任，既要有人乎其内的悲天怜命，又要有出乎其外的超然冷静，让思想听命于存在的声音而为存在寻求智慧，以将存在的真理形成语言，"为天地立心，为生民立命，为往圣继绝学，为万世开太平。"

但是另一方面，世界各国法治的多样性是以某种一致性的共识为文化表现的，否则就失去了学术交往的意义。由于初始条件的不同，人类自身智识的局限性和客观环境的复杂性等因素决定了法治进程必然是一个长期的、不断试错的过程。西方国家的法治经历了漫长的演化过程，在此期间，许多制度理念和制度模式经历的试错和检验，能够保留下来的法学思想资源具有可资借鉴的合理性和科学性。他们所经历的种种曲折，可以作为我们的前车之鉴。同时全球化的步伐日益加快，整个世界已经到了几乎是牵一发而动全身的境地，任何国家，任何民族，再也不能固执于自身的理念，盲目地摸索前行。我们确信，只有用人类创造的全部有益知识财富来丰富我们的头脑，才能够建成现代化的社会主义法治社会。因此法学基础理论的译介和传播，对于转型期的中国法治建设具有基础性的理论价值。

商务印书馆素有重视法学译介、传播人文精种的传统。据不完全统计，民国时期，商务印行了全国60%左右的法律译作和著作，汇聚了150多位杰出的法律专家的优秀成果，留洋法学博士和法学教授的成名之作以及法律名著译介几乎都出自商务。这些译作和著作至今仍然有强大的学术生命力，许多作品仍然为学术界频繁引用。可以说，在半个世纪以前，商务印书馆一直是中国了解西方法学思想的窗口，是中国法学思想和现代人文精神的摇篮和重要的基地。

改革开放以后，商务印书馆秉承引进新知，开启民智的传统，翻译出版了许多经过时间检验，具有定评的西方经典法学著作，得到了学术界的好评。然而也留下了一些遗憾。许多思想活力并不亚于经典著作，对法治建设的影响甚至超过了经典著作的作品，因为不具有经典性而没有译介。故此，我们组织翻译这套《法学译丛》，希望将那些具有极大的思想影响力和活力的著作译介过来，以期为促进中国法学基础理论建设略尽微力。

曹丕云："盖文章，经国之大业，不朽之盛事。年寿有时而尽，荣乐止乎其身，二者必至之常期，未若文章之无穷。是以，古之作者，寄身于翰墨，见意于篇籍，不假良史之辞，不托飞驰之势，而声名自传于后。"尽管这套丛书不以"名著"命名，但是在选题和组织评介方面，我们一定会以对待名著的态度和标准而虔诚持之。学术成于新知，学理臻于共识，文化存于比较，哲思在于超越。中国法学正在鉴人知己中渐达成熟，组织好本译丛的工作，当是法学界共举之事。

徐显明
2004 年 12 月

献给我长年讨论的伙伴们：

Claus－Wilhelm Canaris, Joachim Hruschka,
Detlef Leenen, Jürgen Prölss

目 录

学生版序 ··· 1
《法学方法论》导读——代译序 ·· 2
引论 ·· 19
第一章　现代方法上的论辩 ··· 1
　　第一节　由"利益法学"到"评价法学" ·························· 1
　　第二节　关于超越法律之评价标准的问题 ···················· 6
　　第三节　规范的内涵及事实的结构 ································ 12
　　第四节　寻求正当的个案裁判 ·· 18
　　第五节　类观点学与论证程序 ·· 25
　　第六节　法律拘束与涵摄模型 ·· 33
　　第七节　关于体系的问题 ·· 42
　　第八节　法哲学上关于正义的讨论 ································ 50
第二章　导论：法学的一般特征 ··· 72
　　第一节　法的表现方式及研究此等方式的学科 ············ 72
　　第二节　作为规范科学的法学、规范性陈述的语言 ···· 77
　　第三节　作为"理解的"学问之法学 ······························ 85
　　第四节　法学中的价值导向思考 ···································· 94
　　第五节　法学对于法律实务的意义 ······························· 112
　　第六节　法学在知识上的贡献 ······································· 116
　　第七节　方法论作为法学在诠释上的自我反省 ········· 119
第三章　法条的理论 ·· 132
　　第一节　法条的逻辑结构 ··· 132

第二节　不完全法条 …………………………………………… 137
　　第三节　法条作为规整的组成部分 …………………………… 144
　　第四节　多数法条或规整的相会（竞合）…………………… 146
　　第五节　法律适用的逻辑模式 ………………………………… 149
第四章　案件事实的形成及其法律判断 …………………………… 160
　　第一节　作为事件及作为陈述的案件事实 …………………… 160
　　第二节　选择形成案件事实之基础的法条 …………………… 163
　　第三节　必要的判断 …………………………………………… 165
　　第四节　意思表示的解释 ……………………………………… 177
　　第五节　实际发生的案件事实 ………………………………… 184
第五章　法律的解释 ………………………………………………… 193
　　第一节　解释的任务 …………………………………………… 193
　　第二节　解释的标准 …………………………………………… 200
　　第三节　影响解释的因素 ……………………………………… 223
　　第四节　若干解释的特殊问题 ………………………………… 228
第六章　法官从事法的续造之方法 ………………………………… 246
　　第一节　法官的法的续造——解释的赓续 …………………… 246
　　第二节　法律漏洞的填补（法律内的法的续造）…………… 249
　　第三节　借"法益衡量"解决原则冲突及规范冲突 ………… 279
　　第四节　超越法律计划之外的法的续造（超越法律的法的续造）…… 286
　　第五节　"判决先例"对形成"法官法"的意义 …………… 300
第七章　法学中概念及体系的形成 ………………………………… 316
　　第一节　外部的体系（或称抽象概念式的体系）…………… 316
　　第二节　类型及类型系列 ……………………………………… 337
　　第三节　"内部的"体系 ……………………………………… 348

简写表 ………………………………………………………………… 369
文献详目 ……………………………………………………………… 372

中德词汇对照表 ………………………………………………… 380
人名索引 …………………………………………………………… 384

学 生 版 序

正如第五版的"法学方法论",六版也是以节略的"学生版"来发行的。节略的部分是论及历史、批判性部分的前四章,其主要处理十九世纪初到一次大战结束之间,德国的法律理论及方法论。缩简后的陈述始于介绍21世纪初的利益法学及评价法学。该章及继其之后的体系性部分,则未加变更的进入学生版中。

德国法学中的自明之理及其方法论上的进行方式,直到今天仍有很大的部分植基于19世纪的学术上,例如萨维尼,耶林及其后继者的理论。因此,对于深入理解(包括今日的)方法论上的努力者而言,其仍是不可或缺的。学生版主要是为了满足下述读者的要求:他们希望能比较迅速地获得一个梗概,因此有可能被远远"绕道"到19世纪的本书篇幅所惊退。全文版及学生版都各有其购买者,由此显示,对两者的需求都存在。

Olching,1992年春

卡尔·拉伦茨

《法学方法论》导读
——代译序

经典学术著作的作者常具有说理明畅的能力，因此通常不须导读为其蛇足，读者只须具有一定的耐力，平心静气读去，自能有得。K.拉伦茨的《法学方法论》就属于这种经典之作。然则何以有此导读？一则因国内对此学科陌生，普遍有视为畏途的倾向，导读式的说明或许有助于缓减这种情况。二则因本书篇幅不小（虽然译本并非全文版，而是所谓的学生版），加上前述的陌生状态，初读者恐怕一时难以掌握要点，导读希望能指出主要的脉络。最后（但不是最不重要）的原因是：读者面对的并非行文流畅的原文，而是由一位（绝对算不上老练的）翻译者奋斗完成的译作，因此，读者恐怕需要更大的耐心，也需要更进一步的协助。虽然，导读之目的只在概述原作之主要意旨，译者并未掺杂己意于其中，此宜先述明者。

"引　论"

作者一开始就点明书名所谓的"法学"是指：以特定法秩序为基础及界限，借以探求法律问题之答案的学问。这种学问的基本问题在于，在法律判断中经常包含价值判断，而一般认为，对于价值判断不能以科学方法来审查，它只是判断者个人确信的表达。然而，法律家仍须以一定的方法来处理法律问题，作者希望借本书指出，法学针对"价值取向"的思考也发展出一些方法，借助它们可以理解及转述既定的价值判断，对这些价值判断也可以作合理的批评。另一个考虑的重点是"法"本身。假使应该由法的特质出发来确定法学、法学方法论及其思考的方式的特征，就必须对法学的研究客体有更详尽的认识。

事实上,每种法学方法论都取决于其对法的理解。再者,因为法学必然涉及文字内容的理解,因此诠释学(=关于理解的理论)对于法学具有重大意义。借着简短的"引论",读者事实上已经可以发现,法学方法论所涉及的问题,或许比刚开始想象得要广泛得多。

第一章 "现代方法上的论辩"

作者在本文的第一章描述并评论现代方法上的论辩,以此作为发展其本身理论的基础。作者首先指出,因 21 世纪初菲利普·黑克所倡导之"利益法学"的影响,"评价法学"的正当性在今日已无人争议。然而,"评价法学"也带来许多问题:

• 在许多案件中,法官的价值判断可能会取代立法者的价值判断,再者,可能无从依客观标准对这些价值判断作事后审查。就此,作者重点地评介了 R. 齐佩利乌斯,H. 胡布曼,H. 科因,比德林斯基的见解。其各自分别诉诸"在社会中具支配力的法伦理"、"符合人性自然之法"、"显现在法律原则中的,超越时代的价值内容"、"通过法的范畴筛选之通行的社会评价",以之作为审查价值判断的客观标准。

• 在许多案件中,案件事实所拟归向的法规范本身须先经解释,质言之,须先确定该当法规范就该当案件的精确意义为何。于此即涉及"规范内涵及事实结构"间的关系。换言之,于此必须面对"当为与实存、价值与事实"能否截然划分的问题,或更进一步言之,"事物的本质"究竟能否(或者在何种程度上)有规范的作用。作者指出,F. 米勒及 R. 克里斯滕森在探讨,针对个案来具体化规范的一般结构时,应系以"眼光往返流转"之方式媒介规范与个案,惟其似有过分轻视法律本身的规范作用之嫌。A. 考夫曼则以为,实存与当为间有着不可分割的"结构交织",其关键概念即系"事物的本质",以此出发来思考,就必然会同时触及案件事实及价值。再者,"事物的本质"会指示我们留意——与抽象、一般的概念适相反对的——"类型"的思考形式,因为"类型"乃是相对比较具体的、事物的普遍性质。作者认为,A. 考夫曼就"事物本质"的说明,有过分一般化之病。

• 另一项聚讼的焦点是如何寻找正当的个案裁判。于此,作者评介两位都曾经深入研究英美法思考方法(＝判例法)的著者:J. 埃塞尔及 W. 菲肯切尔。J. 埃塞尔认为,为发现个案适法的解决方式,法官并非随即求助于法律文字,毋宁已先以其他方式发现解答,法律文字只是该解答的适当论据而已。而此之所谓"其他方式"则可求之于未实证化之法律原则以及法律外的评价标准。相对于此,W. 菲肯切尔显然较为强调法律本文的界限功能。他将真正的裁判规范称为"个案规范",法律固然不能直接适用,但对于如何获得个案规范,它划定界限并提供指引。

• 关于应如何证明,在特定案件中此项决定恰恰是"正当的",Th. 菲韦格认为,就此不能只凭借逻辑推论来达成,毋宁应采取"类观点"的方式:对法律问题从各种不同的方向,将由法律本身、由法律以外的领域中获得的,对问题的正当解答有所助益的全部观点都列入考量,希望借此使有关当事人能获致合意的讨论方式。"类观点"的思考中心是各该问题本身,"观点"的抉择标准为其作用:有助于问题的讨论。作者以为,单纯的收集法律上重要的看法,或者单纯的"观点目录"尚不足以充分裁判附具理由的要求。无论如何,Th. 菲韦格的"类观点学"导致日益增多的,对于法学论证的前提要件及规则的探究。M. 克里勒认为,每件裁判在法律上及理性上都必须正当化,讨论有助于此。理性上正当与否取决于:其是否优先保护"明显比较重要的利益"。相较于M. 克里勒,R. 亚历克西对于各种传统的解释方法比较不抱猜疑的态度,他认为,借助论证理论可以指出,应以何种方式合理应用这些不同的解释准则。各解释准则在当下个案中,分别有何等的重要性,其最后必须取决于"合理的理由",而惟有透过社会伦理性的讨论,才能获得这些理由。

• 对"评价法学"的转向、对逻辑涵摄模式的批评,促使学者关切法律拘束与涵摄模型之间的关系。为维持法律的拘束力,科赫/吕斯曼希望能尽可能坚守"古典的"涵摄模型,并使之更精致化。帕夫洛夫斯基则不然,他认为,对于作出正确裁判一事,涵摄模式帮助不大;毋宁应依据法律的不同作用,区分法院所受拘束及其从事法的续造之权限范围。

- 对"评价法学"的转向、对逻辑涵摄模式的批评以及偏向于考量个案正义及针对问题而进行的"论证"程序,它们在法学中重新燃起对体系建构之可能性及其益处的讨论兴趣。作者指出,K. 恩吉施、J. 埃塞尔及 H. 科英均明确要求应建构"开放的"、绝不可能是终结的法学体系,但其均未说明,应该用何等要素才能构筑一个这样的体系。卡纳利斯则明白区分以法律原则所构成之内部体系以及,由抽象概念所构成之外部体系;体系的"开放性"只有借助内部体系才能达成。帕夫洛夫斯基亦将规范所构成的以及原则所构成的体系加以区分,惟其用语与卡纳利斯适相反对。Fr. J. 派纳则对可否将法秩序解为一种统一的体系表示怀疑。

- 法官如何获得一项"正当的"裁判,这个问题在现代方法的论辩上占中心地位。然则,什么是"正当的"裁判,其取决于对"正义"一词的理解。关于能否以合理讨论的方式获得对正义的适切认识,在此项论辩中,Ch. 佩雷尔曼居关键地位,其最终认定:应以论证的理论来达成这项任务。A. 考夫曼基本上亦同此见解。就此持怀疑论者有:K. 恩吉施,R. 齐佩利乌斯。H. 里费尔则渴望能获得一种足以超越"绝对论"与严格的相对主义之对立的看法。他认为,关于正当性之陈述,固然绝不能主张其具有绝对的正确性,却可能可以主张:其较他种陈述更接近绝对的正确性。关于正义的内容,I. 塔姆洛研拟出一系列"正义的标准"。H. 科英所提出之"正义原则"的内容,则包括传统的交换正义、分配正义以及——其所提出,用以限制权力之——保护正义。H. 亨克尔则强调,正义原则绝非空洞的公式,假使由社会关系最一般的范畴逐步跨向比较特殊的范畴,于此,正义公式的内涵就会逐渐特定化,最后,针对具体的法律问题,方针就能具有一定的内容,虽然个案决定未必因此即完全确定。

第二章 "导论——法学的一般特征"

作者自第二章起开展本身的理论。在第二章,作者分七节来说明法学的一般特征,作者首先指出,学者可以从不同的角度,因此也用不同的观察方法来研究法规范,由此可以产生一系列不同的学科。法社会学研究的客体是作为社会现象的法规范。法(教义)学上的法则属规范意义(=具有准则性及拘束性)层面。法史学的课题则是过往对于法的持续影响。法哲学则应探讨规范效力主张之根据及其界限何在的问题。目下具有争议的是,法理论学的具体涵义为何,尤其它与法哲学应如何区分的问题。法理论学究应如何理解,迄今仍属悬而未决的问题。在前述各种与法有关的学科中,法学居特殊地位,因其与法实务领域密切相关,法学原则上系针对当时、特定的法秩序,其论述的直接意义仅与该当法秩序有关。

　　法学系以处理——规范性意义下的——法规范为其主要任务的学问,其主要探讨的是规范意义。规范性效力系指:(据以衡量人的行为之)行为要求或标准所具有之准则性及拘束性。它与规范的实际效力不同。与法规范的有效与否及其内容有关的陈述,其并非针对——可察觉的,透过观察及实验可予证实的——事实所作的陈述。以理解事实上的牵连关系为目标的观察方式,与以掌握规范性意义为目的之考察方式,两者的不同表现在语言之中。同一词汇,视其出现于规范性陈述的脉络中,抑或出现在事实性陈述之内,可能会有不同的涵义。

　　法学要"理解""既存"的法规范,及隐含其中的意义关联。"作为理解之学问的法学"是透过解释来理解语言的表达方式,及其规范性意义。解释某一文字系指:在诸多的说明可能性中,基于各种考量,认为其中一种于此恰恰是适当的,因此决定选择此种。适当与否的标准取决于解释该文字的目的为何。此外,因此等文字之为法律、法院裁判,抑或是法律行为,其于解释上将有重大不同。此种理解程序中有所谓的"诠释学上的循环"之特点。简要言之,其意指:每个语词当下的意义只能透过整个文字的意义关联来取得,后者最后又须借助——构成它的——个别语词及语词组织的适切意义才得以确定。理解是以对向交流的步骤("目光之交互流转"于规范之构成要件及案件事实间——K.恩吉施)来开展的。其开端通常是一种意义期待。解释者带着"先前理解"来面对各该文字,亦惟有借助"先前理解"才能获得前述的意义期待。"先前理解"则涉及文字所拟处理的事物以及,言说事物时所运用的语言。"先前理解"是一种长期学习过程的成果。依J.埃塞尔的见解,"先前理解"亦可形成法官关于正当性的确信。作者反对此种看法，因其易使法官欠缺——必要时——修正自己先前见解的意愿。

G. 伽达默尔特别强调，所有"理解"都包含"适用"的要素，理解常已经是适用。作者则指出，G. 伽达默尔忽略了规范本身的准则作用。法律家视规范为一种准则，凭此可以衡量"案件"。问题在于：假使准则本身的内容直到"适用"程序始能终局确定，其如何能发生衡量的作用。假使想真切掌握法规范适用的辩证程序，就必须同时考量规范的准则作用，一再更新出现的解释需求以及，已然作成之解释或其具体化对未来的规范适用之"反作用"。

立法者借规范来规整特定生活领域时，通常受规整的企图、正义或合目的性考量的指引，而它们最后又以评价为基础。如是，要理解法规范就必须发掘其中所包含的评价以及该评价的作用范围；在适用规范时，应依据规范来评价待判断的事件。作者指出，特别是当立法者——相对于应用"概念"——运用"类型"来描述构成事实时，适用规范者所具有的评价空间更大。因为具体案件事实是否属此"类型"，并非——像在概念的情况——仅视其是否包含该当类型通常具备之全部要素；毋宁取决于：这些"典型"的因素在数量及强度上的结合程度，是否足以使该案件事实"整体看来"符合类型的形象表现。而促成类型成为统一整体的结合因素则是：立法者联结此种类型与该当法效果的价值观点。在针对具体个案作类型的归属时，必须一直同时考量此价值观点。在法律运用须填补的评价标准来描述构成要件或法效果时，特别需要运用价值导向的思考方式。"诚实信用"、"重大事由"都是此种标准的适例。作者并且认为，不仅在法适用领域，在法教义学的范围，法学涉及的主要还是价值导向的思考方式。J. 埃塞尔所描述的教义学特征，及其所认为的教义学所主张的"严密不可侵的权威性"，其只对"概念法学"的抽象概念体系有其适用，而不能完全适用于今日的法教义学。

关于法教义学在——作为社会之部分体系的——法体系中的作用，N. 卢曼曾提出下述问题：在既存社会结构的条件下，究竟能否细分法教义学以及应借助它达成的法体系，如果可能，应以何种方式细分。就此，作者认为，当而且仅当法教义学能够更成功地发展并应用价值导向的思考形式以及对流的思考方法,才能维持其地位并实现其作用。

关于法学对于法律实务的意义,作者分别就法教义学及法院实务之相互关系以及法学对立法准备工作的三项任务来说明。在前者,一方面教义学提供实务界许多裁判基准;另一方面,司法裁判提供教义学大量的材料,由这些材料法学才能发展出新的基准。在后者,其所应执行的三项任务是:其一,将待决之务当作法律问题清楚地显现出来,并且指出因此将产生的牵连情事;其二,它必须与其他学科合作,研拟出一些能配合现行法的解决建议,供作立法者选择的方案;最后,它必须在起草技术上提供协助。

就法学(或法教义学)能否提供知识贡献的问题,作者倾向采取肯定的答复。透过解释或具体化的程序,澄清吾人既存的评价准则,使其可以应用并继续发展,此事仍属可能。再者,法学研究之客体(＝实证法)虽然具有短暂性,但其所拟解决的问题却经常——稍微改变其形态——一再出现。因此,法这个事物的确有一些固有问题存在,或者更一般地说,确有法这个事物的存在。

在本章的最后,作者致力探讨法学方法论的任务及其地位;它是否是法学的部分,因此像法学一样受特定实证法的拘束,或者它是独立于法学之上的基础?作者认为,法学方法论借其与诠释学的联系,可以对法学适用的方法提出批判。依此,方法论之特征即在于,以诠释学的眼光对法学作自我反省。此外,方法论亦应考量,法秩序本身对法院的活动会有一定的要求。然而,反省必须与学科本身紧密相关,因此,法学方法论亦不能离法学而独存。

第三章 "法条的理论"

在第二章导论部分结束后,作者开始落实下来说明"法条的理论"。法条系指:要求受规整之人,应依其规定而为行为的法律语句(＝法律规则)。法条具有规范性意义(意指:之于行为人,其系有拘束力之行为要求;之于裁判者,其系有拘束力之判断标准),因此,其与主张或确定事实的陈述语句不同。结合构成要件与法律效果的完全法条不是一种主张,毋宁是一种适用命令。制定法规范不是在陈述事实上如何如何,而是在指出法律上应如是,应予适用。

但此仅意味法条必然都包含适用规定,而非意指法条必然都包含令行或禁止的命令(这是"命令说"的主张)。作者于此指出,关于规定权利得丧变更的法条、关于法定代理权、意定代理权等"法律上之力"的法律规则以及关于人的权利能力、行为能力等法律地位之法规范,命令说都不能作适当的说明。

法条未必均系——结合构成要件与法律效果的——完全法条。它可能是"不完全的法条"。有些不完全的法条是用来详细描述应用于其他法条的概念或类型(描述性法条),或者在考量不同的案件类型下,将一般用语特殊化,或者更进一步充实其内容(填补性法条);作者将这一类法条称为"说明性法条"。法条的构成要件有时规定得太宽,以致其字义涵括一些本不应适用其法效果的案件事实。这样的构成要件就必须透过第二个法条加以限制:"限制性的法条"。只有将积极性的适用规定与——对其加以限制的——限制性的法条结合在一起,才能获得完全的法条。再有一些法条,它们就构成要件,或就法效果的部分,指示参照另一法条:"指示参照性的法条"。作者在本节的最后指出,法定拟制(＝将针对一构成要件 T1 所作的规定,适用于另一构成要件 T2)是一种表达工具,其既可以实现指示参照的作用,也可以用来作限制或说明。该当的指示参照及限制之意义及范围如何,必须由各该意义脉络及法律的目的来探求,并加以限制。

在规整特定事项时,立法者不只是把不同的法条单纯并列、串连起来,反之,他形成许多构成要件,基于特定指导观点赋予其法效果,只有透过这诸多法条的彼此交织及相互合作才能产生一个"规整"。而惟有透过前述的指导观点,才能理解诸多法条的意义及相互作用。法学的最重要任务之一,正是要清楚指出那些由此而生的意义关联。由法学的眼光看来,个别的法条是一个更广泛的规整之组成部分。

许多法条的构成要件彼此全部或部分重合,因此,同一案件事实可以被多数法条指涉。一般称之为法条的相会(竞合)。不仅个别的法条会有适用范围相互重叠的情形,整个的规整总体与其他规整总体也会发生这种情况。在这种竞合的情形特别会显示出;只有从个别法条与其所属规整的关系,经常还必须由其与其他规整,及各该规整之间的关系,才能真正理解各该法条的真正作作者进一步说明法条应如何适用。他将法条适用的逻辑模式称为"确定法效果的三段论法",在其中,一个完全的法条构成大前提,将某具体的案件事实视为一个事例,而将之划属于法条构成要件之下的过程,则是小前提。结论则意指:对此案件事实应赋予该法条所规定的法效果。作者进一步指出,前述推论程序的主要问题在于:如何正确地形成前提。作者先说明形成小前提的困难,关于大前提部分的说明,则见于第五、六两章中。形成小前提的困难首先发生在:案件事实是以日常用语来描述,而法律用语则包含许多抽象的专业用语及概念。此外,假使法条的构成要件系以类型或须填补的概念所建构,则其常不能作穷尽的定义,因此亦不能作真正的涵摄。前述三段论法,在"借结论导出法效果"的部分也会产生疑义。主要的困难在于,大前提中的法效果意指——被一般地描述的——抽象的法效果,反之,结论中的法效果则是该当案件事实的具体法效果,媒介两者,有时并非易事。总结来说,作者在本节希望清晰地交代法条适用的逻辑模式,借此指出此种模式的作用及界限。

第四章 "案件事实的形成及其法律判断"

关于如何形成"确定法效果的三段论法"中的小前提,除了前述的困难外,当然还存在许多根本的问题,就此,作者集中在第四章来处理。法条要适用在实际发生的案件事实上。为了能与法定构成要件要素比较,对于事实上发生的事件(=实际事件),判断者必须配合法律的用语将之表达出来(=作为陈述的案件事实)。时间上,不是形成(作为陈述的)案件事实以后,才开始评断案件事实是否符合法定构成要件要素,两者毋宁是同时进行的,因为在形成案件事实之时,就必须考量个别事实的可能意义。只有在考虑(可能是判断依据的)法条之下,作为陈述的案件事实才能获得最终的形式;而法条的选择乃至必要的具体化,又必须考量被判断的案件事实(K.恩吉施:"在大前提与生活事实间的眼光往返流转")。于此"未经加工的案件事实"逐渐转化为最终的(作为陈述的)案件事实,而"未经加工"的规范本文也转化为足够具体,而适宜判断案件事实的规范形式。

作者进一步分别观察前述过程的个别阶段。就如何选择作为形成案件事实基础的法条，作者特别强调——由抽象的一般概念，依形式的归类观点所构成的——"外部"体系于此的重大实用意义。只有依靠这种体系，我们才能在某种程度上依据一定的方法，寻求可能应该援引的法条；熟悉体系的判断者能随即将案件划定范围，因为他能认识，可得适用的规范所属之领域。

作者指出，仍然很少人留意到，在判断案件是否符合法条的构成要件时，判断者需要作各种不同种类的断定。即使涵摄也是以一些单纯的（即：不能再透过推论求得的）判断（＝断定）为前提，这些判断指出，规范构成要件中的某要素存在于此。法律上重要的事实，有些可以透过感知来确证。此外，大部分的人类行为是目的取向的作为，因此，在很多情况，还必须对有目的取向的事件作一注解。判断特定事实是否为法律构成要件所指称者，经常更需要借助社会经验，于此，"一般经验法则"常能帮助法官作成此类判断。

假使在将案件事实涵摄于法律规范的构成要件之前，必须先依据须填补的标准来判断案件事实的话，判断者于此就必须作价值判断了。于此，作者先澄清价值判断的意义。这一类的判断不只是要陈述判断者个人的评价如何，主要毋宁想指出：基于法律的观点，依法秩序的要求及评价标准，该当案件事实应当如何判断。问题只是：如何以及到如何程度，可以借着他人能够明了的，取向于法秩序的考量，来正当化这些主张。作者强调，"事件比较"及"类型化"的方法将有助于具体化此等标准。

不仅在具体化须填补的标准时，有时在依社会经验判断案件事实，在将案件归属某一类型时，都会有判断余地留给法官，就此法官不能再透过一些——足以说服所有人的——考量来填补，作者认为这是必须接受的"不确定的危险"。于此，作者并比较法官的判断余地、行政机关的行为裁量以及刑庭法官的量刑权之间的差异。

作者为民法学者，因此，其之特为着力于意思表示之解释，应无足怪。其指出，意思表示不仅是——法律可赋予一定法效果的——案件事实，反之，其内容本身亦同时指出：应发生此种或彼种法效果。意思表示依其意义，系以一种适用的表示,一种以法效果被适用为目标的行为;因此,它和其他有法律意义的案件事实有重大的不同。在探求意思表示的内容时,法律性的判断已经有一定的影响,因为当事人双方系合意;在他们彼此的关系上,应适用特定法效果。作者进一步探讨,假使当事人对意思表示在法律上的标准意义有争议时,"法律行为的解释"应考量哪些因素。更进而强调,将债权契约归属法定的契约类型时,只要债权契约偏离法定契约类型的情事显然可见,或者法定的契约类型的定义不够精确,以致不能发挥作用,类型化的方法就必须出而取代概念的方法。

此外,还必须确认,作为陈述的案件事实,其恰当地反映了事实上发生的事件(＝实际事件)。于此,作者分别说明在诉讼程序中的事实确定之困难,以及,"事实问题"及"法律问题"的区分之不易。

第五章 "法律的解释"

关于如何形成"确定法效果的三段论法"中的大前提,作者以两章来处理。其分别讨论对既存法规范的意义及效力范围的掌握("法律的解释")以及,在欠缺法规范时,"法官从事法的续造之方法"。在探讨法律解释时,作者先指明法律解释的任务在于澄清文字疑义、解明有竞合关系之多数法规范各自的适用范围如何界定,要之,其希冀适切的陈述规范的内容及其适用范围。然而,何谓"适切的陈述",此则取决于解释的目标为何。就此,学说上有解释的目标为立法者的意志,抑或规范性的法律意义的讨论。作者认为,法律解释的最终目标只能是:探求法律在今日法秩序的标准意义,而只有同时考虑历史上的立法者的规定意向及其具体的规范想法,才有可能达成此目标。

假使不应该放任由解释者个人自由解释,而应以确实、可事后审查的方式来从事,那就必须提供解释者一些可作为准则的解释标准。法学方法论也的确发展出一些标准。第一种标准是"字义"。其意指一种表达方式的意义,依普通语言用法构成之语词组合的意义,或者,依特殊语言用法组成之语句的意义,于此,尤指该当法律的特殊语法。此处涉及的问题主要是:应以一般语言用法或特殊语言用法,应以立法当时的语言用法,或现时的用法为准?当一种表达方式依其语言用法有多种意义可能性时,通常可由其使用脉络推知,具体情况下究竟应考虑何种可能性。法律的意义脉络除可帮助理解外,亦有助于促成个别规定之间事理上的一致性。在探讨法律的意义脉络时,体系上的安排固然可以有所助益,但是促成最终脉络关联之理解的,却经常是法律的目的。假使探求"法律的意义脉络"后仍有多种解释可能性,就必须追问"历史上的立法者之规定意向、目标及规范想法"为何。此处的困难是"立法者"究系何人?其规范想法如何确定?此外,当迄至目前讨论的各种标准不能获致毫无疑义的解答时,"客观的目的论的标准"亦系解释的准则。客观的目的论的标准主要包含"事物的本质"以及"法伦理性的原则"。再者,因为宪法规范的位阶高于其他法规范,因此,在多数解释可能中,应始终优先选用最能符合宪法原则者。因此,合宪性也是一种解释标准。于此,作者同时也——适切地——强调合宪性解释亦有其界限。在介绍各种解释标准之后,作者也总括地说明了各种解释标准之间的关系。而作为民法学者,作者于此也不忘比较解释法律与解释法律行为之不同。

除各种解释标准外,尚有其他"影响解释的因素"存在。例如,法官追求正当之案件裁判的目标。作者认为:只须此项目标系,在现行法以及普遍承认之法律原则的范围内来追求,其并无不可。此外,规范环境演变也常会导致重新审查乃至改变迄今的解释。

最后,作者选择若干解释上的特殊问题作进一步的讨论:"狭义"及"广义"解释;"例外规定"的解释、习惯法与判例法的解释,以及关于宪法解释——相对于一般法规范的解释——是否有其特殊性的问题。

第六章 "法官从事法的续造之方法"

不论如何审慎将事的法律,其仍必然有漏洞。长久以来,大家也承认法院有填补漏洞的权限。再者,法官的法的续造,有时不仅在填补法律漏洞,毋宁在采纳乃至发展一些新的法律思想,于此,司法裁判已超越法律原本的计划,而对之作或多或少的修正。这种"超越法律的法的续造"当然也必须符合整体法秩序的基本原则,实际上,常是为了使这些原则能更普遍适用,才有法之续造的努力。

作者首先处理"法律漏洞的填补(法律内的法的续造)"。于此,作者先说明法律漏洞的概念及种类。作者指出,"法律漏洞"并非"法律的沉默",毋宁是"法律违反计划的不圆满性"。因其为个别法条之不圆满性,抑或整个规整的不圆满性,作者分别名之为"规范漏洞"及"规整漏洞"。就特定类型事件,法律欠缺——依其目的本应包含之——适用规则时,即有"开放的漏洞"存在。就此类事件,法律虽然含有得以适用的规则,惟该规则在评价上并未虑及此类事件的特质,因此,依其意义及目的而言,对此类事件而言并不适宜,于此即有"隐藏的漏洞"存在。漏洞存在于限制的欠缺。考虑到时间的因素,我们可以区分自始和嗣后的漏洞。因技术、经济的演变而发生新的问题,其系立法者立法当时尚未见及的问题,如是即发生嗣后的漏洞。

填补"开放的漏洞",尤其是透过类推适用来进行。类推适用系指:将法律针对某构成要件(A)或多数彼此相类的构成要件而赋予之规则,转用于与前述构成要件相类的构成要件(B)。转用的基础在于:二构成要件——在与法律相关的重要观点上——彼此相类,因此,两者应作相同的评价。将针对一个构成要件而定的规则转用于类似的案件事实上,作者称之为"个别类推";将由多数针对不同构成要件而赋予相同法效果的法律规定所得出的"一般的法律原则",转而适用于法律所未规整的案件事实上,作者称之为"整体类推"。就后者,作者有详细的论述。于此,作者更清晰界定何谓"举重以明轻的推论"、"反面推论",以便进一步说明两者与类推适用的关系。

填补"隐藏的漏洞",特别是透过目的论的限缩来进行。填补"隐藏的漏洞"的方式是添加——合于意义要求的——限制。借此,因定义过宽因此适用范围过大的法定规则,将被限制仅适用于——依法律规整目的或其意义脉络——宜于适用的范围,质言之,其适用范围即被"限缩",因此,吾人称之为"目的论的限缩"。目的论的限缩有时是为配合规定的目的,有时是为了使另一法规范的目的得以达成,或是应法秩序中的原则之要求而为者。有时,法律文字的修正也借其他方式来达成。例如，扩充过窄的字义，而非出之以类推适用的方式者，称为"目的论的扩张"。此外，假使规定的字义本身隐含矛盾，司法裁判即依规定的目的加以修正。作者并进一步说明，在不同的情况，漏洞的确认与漏洞的填补之间有不同的关系。

在探讨"超越法律的法的续造"前，作者别辟一节来说明借"法益衡量"解决原则冲突及规范冲突的问题。作者借诸多实例来说明进行法益衡量时应遵守的原则：首先取决于，于此涉及的一种法益较他种法益是否有明显的价值优越性，假使根本无从作抽象的比较，于此种情况，一方面取决于应受保护法益被影响程度，另一方面取决于：假使某种利益须让步时，其受害程度如何。最后尚须适用比例原则、最轻微侵害手段或尽可能微小限制的原则。即使遵守上述原则，法官仍然有很大的自为评价的判断余地。

在某些委实不能再认为是"违反计划的不圆满"之情形，司法裁判仍旧从事法秩序的续造。其或是鉴于法律交易上（无可反驳）的需要而从事的法的续造，例如担保让与、期待权等法制度的发展。有的是鉴于"事物的本质"而从事的法的续造；于此特须留意的是：在具体细节上，事物的本质仍然保留有作不同规整的可能性。因此，可不能轻率地在事物的本质与其中一种规整可能之间画上等号。最后也会鉴于法伦理性原则而从事法的续造。通常是因为法伦理性原则（或其新的适用领域）首次被发现，并且以具有说服力的方式被表达出来，才会鉴于此项原则作超越法律的法的续造。作者最后指出，只有在依单纯的法解释及法律内的法的续造的方式，不能满足交易需求上、事物本质上及法伦理上的最低需求时，才能从事超越法律的法的续造。而超越法律之法的续造的界限则源自立法权与司法权的功能划分。

作者在本章的最后一节处理"判决先例"对形成"法官法"的意义。作者指出，判决先例在法院实务中扮演重要角色。然而，即使是法院，其所受判决先例之"拘束"，无疑绝不同于其所受法律之拘束。然而，只要它变成习惯法的基础，固定的司法裁判也可以具有如同法律的拘束力。

第七章 "法学中概念及体系的形成"

　　法规范并非彼此无关地平行并存,其间有各种脉络关联。发现个别法规范、规整之间,及其与法秩序主导原则间的意义脉络,并得以概观的方式,质言之,以体系的形式将之表现出来,乃是法学最重要的任务之一。为实现这个任务,法学上有各种可能性。依形式逻辑规则建构之抽象、一般概念的体系(＝外部体系)只是其中之一。此种体系之形成有赖于:由——作为规整客体的——构成事实中分离出若干要素,并将此等要素一般化。由此等要素可形成类别概念,而借着增、减若干——规定类别的——要素,可以形成不同抽象程度的概念,并因此构成体系。此种体系可以保障,由之推演出来的所有结论,其彼此不相矛盾。至于要选择何种要素以定义抽象概念,其主要取决于该当学术形成概念时所拟追求的目的。借着——属于(外部的)体系,或可以毫不困难地植入体系中的——概念来掌握规整或契约模式的规整内容,此之谓法律上的"构想"。长期以来,它是法学努力的中心,并且是法学学术性的证据。于此,作者借诸多实例来说明其具体的形成过程。

　　许多法律构想具有"理论"的形态,然而,只有当"正当的"构想有争议时,才会用"理论"一词;另一方面,"理论"的提出也不只是用来解决构想的问题。实在很难说明法律"理论"意指为何;可以确定的是:理论之建构、批评及防卫乃是法学的主要工作,也总是涉及体系的形成。学术理论是由多数——彼此具有推论关系,而此种关系本身又可满足起码的一致性及可检验性的要求之——陈述所构成的体系。法学理论是由具规范性适用效力的陈述所构成的,其是否亦适用前述学术理论的定义?作者以为,其不仅须具备逻辑上之无矛盾性(＝一致性),更要求其无评价矛盾存在。有问题的是另一要求:可检验性。就此,作者指出,因法学理论所指涉者系具有规范性效力之事物,因此,必须以现行法规范、被承认的法律原则以及部分体系为根据,对之为审查。

　　此种外部体系自亦有其缺陷:依逻辑法则,抽象概念的外延(＝适用范围)愈宽,则内涵(＝陈述的意涵)愈少,如是,抽象概念抽象化程度愈高,则其由法规范、法规范所生的规整、法制度所能采纳的意义内涵愈少。被抽象化(＝被略而不顾的)不仅是该当生活现象中的诸多个别特征,被忽略的还包括用以结合当下个别特征者,而此正是该当生活事实之法律重要性及规整之意义脉络的基础。为了提纲挈领所付出的代价是:由——作为规整之基础的——价值标准及法律原则所生的意义脉络不复可见,而其正系理解规整所必要者。在详细探讨——除抽象概念外——其他日益被应用的思考形式前,作者并旁论黑格尔对抽象及具体概念的区分,因黑格尔借此也尝试以适宜事物关联之丰盈性来思考有意义的事物。再者,其"具体概念"与嗣后将探讨之"类型"、"规定功能的概念"有若干共通之处。

当抽象一般概念及逻辑体系不足以掌握某生活现象或意义脉络的多样表现形态时,通常会想到的补助思考形态是类型。作者首先对"类型"此种思考形式作一般的说明,并介绍不同种类的类型:1. K.恩吉施的"平均类型或经常性类型"及"整体性类型或形态类型"的区分;2.经验性类型、逻辑的理念类型、规范的理念类型的分别。作者进而探讨前述各种"类型"在法学上的应用。例如,假使法规范指示参照交易伦理或商业习惯时,其涉及者系经验性的经常性类型。在所谓的表面证据上,平均的或经常性的类型也扮演重要角色。动物占有人、占有辅助人等词汇则属类型描述,而在形成此种类型及从事此种类型的归属时,均同时有经验性及规范性因素参与其中,因此作者称之为"规范性的真实类型"。法律关系的类型(特别是契约类型)是发生在法现实中的"法的构造类型",因为它所涉及的正是法律创造的特殊构造。作为民法学者,作者对于"法的构造类型"应如何掌握,特予详述,此外更进一步以"法的构造类型"为例来说明"类型系列"对形成体系的意义:因构成类型之要素的可变性,借着若干要素的全然消退、新要素的加入或居于重要地位,一种类型可以交错地过渡到另一种类型,而类型间的过渡又是"流动的"。在类型系列中,其顺序之安排应足以彰显其同、异及其过渡现象。然而,对于认识法秩序的内在脉络,类型建构的价值仍属有限。这点和类型与具体事物的迫近有关。

于既存的规整中多少已具体化,惟仍须进一步精确化的主导原则,其足以作为"内部体系"的基石,其承担显示并表达规范基本评价的任务。法律原则并不是一种规则（＝案件事实可以涵摄其下的法规范）。其毋宁须被具体化。诸多原则可能彼此矛盾。因此，与规则的适用不同，原则只能以或多或少的方式被实现。原则与其具体化之各阶段的关系不是"直线式"的，毋宁总是"对流"的：原则惟借其具体化阶段，后者又惟与前者作有意义的联系，始能明了。该体系的基准点在于"开放的"原则以及，原则中显现的评价基准。而只有在考虑其不同程度的具体化形式，并且使这些形式彼此间有一定的关系，如是才能由之建构出"体系"来。

原则及抽象概念之间的媒介者是"规定功能的概念"。这些概念必须可以将——作为规整基础的——其与决定性原则间的意义关联，以浓缩但仍可辨识的方式表达出来。至于抽象概念与"规定功能的概念"之关系可概括说明如次：前者系可供为涵摄目的之技术性概念，后者虽不适宜涵摄，惟足以说明其实质基础及结构。

由前面的说明可知，内部体系绝非是封闭的，而毋宁是一种"开放的"体系。作为"开放的"体系，它总是未完成的，也是不能完成的。此外，因为内部体系不能将所有规范或规整集合成一体，就此意义来说，它也是"不完全的"。

在翻译的最后阶段，译者正好读到莎士比亚的一句话："我们历尽了千辛万苦，终于在乱麻中采获了这朵鲜花"，感受极深。深恐译文晦涩，阻止读者寻求原作馨香的勇气，此导读所以作的主因之一。现在但愿导读本身不是另一团乱麻。最后，愿将这本译著献给译者担任教职以来结识的一群年轻伙伴；和他们一起学习、问难，才使译者真正体会学术的严肃及温馨。

陈爱娥　谨识

1996 年 11 月

引　论

每种学问都运用一定的方法，或遵循特定的方式来答复自己提出的问题。然则法学是运用何种方法呢？本书所称的"法学"是指：以某个特定的，在历史中逐渐形成的法秩序为基础及界限，借以探求法律问题之答案的学问。以法秩序为研究客体的学问尚有其他，例如法史学及法社会学。显然，法史学运用历史学的方法，法社会学则应用社会学的方法。然则狭义的法学又如何呢？

大概在一百年以前曾经有过那么一个时代，当时不论就法律事件的解决，或是就研究整个现行法而言，法学家们根本不怀疑他们拥有适当的方法，他们相信，以对于法学的要求为标准，他们的方法相较于其他学问的方法毫不逊色。今日则不然。大家会提及"法学思考的确信之丧失"[1]，会认为选择何种方法多少具有任意性，不再要求恰当的答案，只要"尚可接受"或"可被同意"就够了，有些法学家甚至认为，只有社会学才能提供他们有关的知识。这些主张一方面隐含下述认识：在法律判断中经常包括价值判断，例如决定特定行为是否有过失。当法官决定采纳类推适用的方式与否时，当法官"衡量"相互冲突的法益或利益时，或者，当法官考量生活关系的新发展及改变时（与以前相比，法官作此种考量的机会要多得多），他们都须要以价值判断为基础。而一般认为，对于价值判断不能以科学的方法来审查，其仅是判断者个人确信的表达，因为它们不像事实判断是以感官的知觉为基础，因此也不能以观察及实验的方法来证明。假使推论过程中包含有一些以价值判断为基础的前提，那么正确的逻辑推论也不能保证结论在内容上的正当性。此外，大家也扬弃了长久以来的通说见解——法规范如果不是全数，至少也是主要存在于法律之中。设使大家还采取此见解，那么对于法律解释、将被"恰当地"解释的法律适用于个别案件，以及由法律素材中塑造出概念并予应用等方法，法律家们应该就可以满意了。但是我们今天已经了解，大部分的法律都是经过不断的司法裁判过程才具体化，才获得最后清晰的形象，然后才能适用于个案，许多法条事实上是借裁判才成为现行法的一部分。无论如何，法规范的发现并不等于法律适用。法学方法论必须把这项认识列入考量。

但这并不是说，法律家可以不依一定的方法来处理问题，也不是意指，迄今被用过的方法全都变得不堪使用[2]。一如往昔，法律在我们的法律生活中仍扮演重要的角色；当案件事实适合法律规定时，法官必须将法律适用于该案件。如若不然，则法律将不能"贯彻"，亦无法达成其于团体中之引导任务。因此，仍然须要解释法律；而因为借解释是希望使立法者——在考量规定的目的及受规范的事实关系之下——合理的意愿或命令得以实现，所以解释者不应恣意而为。我们不能轻率地接受法官的裁判，特别是当它们包含有价值判断时，我们必须审查它们与其他裁判以及一般承认的原则是否相符，它们在事理上是否恰当。然而，这些要求全都无法达成，假使我们不尊重一定的方法的话。就评价、解释以及说明人的行为（例如：将之解释为意思表示、同意或舍弃）而言，认为只有在逻辑学和数学的领域，或者只有对可以借经验来证实的事实才能作"恰当的"陈述，这种学术概念不仅是对法学，同样地对其他科学来说也是太狭隘了。本书将指出，法学针对"价值取向"的思考也发展出一些方法，借助它们可以理解及转述既定的价值判断，而进一步的评价行为，其至少在一定的界限内，必须以此等先决的价值判断为准则。就此而论，评价行为是可审查的，对之亦得为合理的批评。然而大家必须了解，以此种方式获得的结论，其可靠以及精确性，绝不可能达到像数学上的证明及精确的测量那样的程度。虽然如此，还是可以认定法学是一门学问，只要我们把学问理解为：一种为获得知识而进行的，有计划的活动。与其不假思索地将一种——对于其他学科而言或者是恰当的——狭隘的学术概念转嫁到法学上，进一步因其不能满足此概念的要求而否定法学有获得知识的能力，"倒不如尝试由法的特质出发，来确定法学的特征"[3]。

假使应该由法的特质出发来确定法学、法学方法及其思考方式的特征的话，就必须对法学的研究客体有更详尽的认识。显然，每种法学方法论事实上都取决于其对法的理解。"法"是一种极为复杂的标的,它不只是不同的个别学科研究的客体,哲学也研究它。如果不考虑法哲学,就根本无法研究法学方法论。例如,方法论根本不能回避下述问题:法官是否只须"正确"适用既定规则,或者他还应该努力作出一项"正当"的纷争裁判;再者,我们凭借什么来决定裁判的"正当性"。此外,因为法学至少也涉及文字内容(例如:法律、法官的裁判、私人的契约及意思表示)的理解,因此,诠释学(即:关于理解的理论)对于法学家这部分活动的理解,至少具有重大意义。另一方面,如果想掌握法律工作中展现的思考方式,就必须密切追寻其轨道。只有借助司法裁判及法教义学中的许多例子,才能充分理解、审查,并且在实务上应用法学方法论的陈述。因此,读者必须跟着作者不时走入不同的法律领域,就此,读者需要一点耐心。对读者的期待则不仅是消极的接受,也希望能一起跟着思考。

因为被提出见解的多样性,现代的法学方法论呈现一种纷乱的景象。就此,第一章将提供一个印象。它想给读者一个初步的指引,使读者自己能形成判断。在其后各章,作者将说明自己的立场,就此,第一章事实上也作了准备工作。读者很快就会发现,法学方法论所涉及的问题,或许比刚开始所想像得要广泛得多。

注 释

1 G. Haverkate 于 1977 年所发表著作之书名。
2 对于依循一定方法,从事法律思考的必要性及其界限,Bydlinsky 有适切的说明:AcP 1988, S. 447ff.
3 Friedrich Müller 评 Hans Kelsen 的法理论时如是说:Normstruktur und Normativität, 1966, S. 19. 同此见者有 Coing, Grundzüge der Rechtsphilosophie, 4. Aufl. S. 103. 他认为,"认定除借演绎及实验外,别无认识的可能,逾此界限即属恣意、主观见解的领域,这种想法是错的"。

第一章　现代方法上的论辩

第一节　由"利益法学"到"评价法学"

20世纪之初,菲利普·黑克所倡导的"利益法学"至少在私法领域上获得不凡的成就。依其见解,法律规定主要涉及:为保护特定社会上的利益,而牺牲其他利益。然而,他对于利益的见解时有不同,有时是促使立法者立法的原因,有时是立法者评价的对象,有时甚至是其评价准则。利益法学的追随者也逐渐承认此种多义性的存在。哈里·韦斯特曼就强调,必须将利益此一概念"限制在指称——努力想取得有利的法律结论之——争讼当事人所具有(或必须具有)的追求欲望",此意义的利益概念,应与法律所规定之评价准则严格区别[1]。他认为后者已经不是利益,而是立法者"根据正义的理念所作一连串推论"的终点。司法裁判"依其本质应适用法律规定的评价准则,(法官)不得自为独立之评断"[2]。依其见解,至少在私法的领域中,法律的目的只在于:以赋予特定利益优先地位,而他种利益相对必须作一定程度退让的方式,来规整个人或社会团体之间可能发生,并且已经被类型化的利益冲突。"赋予优先地位"本身即是一种评价的表现,对此,立法者可以有各种不同的动机。除了被评价的个人利益或团体利益之外,立法者无疑尚须考虑一般的秩序观点(例如在规定法定方式,或确定期限时)、交易上的需求及法安定性的要求。在该当规范脉络中,立法者如何评价不同的利益、需求,其赋予何者优先地位,凡此种种都落实在他的规定中,亦均可透过其规定,以及参与立法程序之人的言论,而得以认识。借此所认识之立法者的评价,其对于法律解释、对于法律未直接规定但应为相同评价之案件的裁判,均可供作推论的基础。

前述见解乃是一种"评价法学"[3]，时至今日，已无人再争议其正当性，司法裁判尤予认可。但是它也产生一些问题。在很多案件中，法官显然不能仅由法律，或仅借由法律可得认识的立法者的评价决定，就可以获得裁判。一旦法律应用所谓的不确定概念或概括条款，就会发生此种情形。于此，法律只界定一般的框架，在个案中法官必须另为评价，来填补框架的空隙。与此类似的情况尚有：立法者尚未表达立场的新问题出现；立法评价的前提要件消失；规范与规则竞合，而对于法官必须裁判的案件类型，立法者欲赋予何者优先地位实无从认识。于此，法官是否必须诉诸个人的价值感受、他在司法经验中获得的判断力（其司法感受），或者他的"意见"；或者，还有法律之外，或超越法律的价值标准存在，其足以并且也应该作为法官的裁判基准？如果大家认识到下述事实，则问题将更形严重：很多我们以往认为，只须以单纯涵摄的方法，将已经确定的案件事实，归属到先经必要解释的法律规范之构成要件之下，即可解决的案件，事实上，当我们将该当案件事实理解为法律构成要件所指涉的事实时，已经带有价值判断的性质，或者，其本身已然是一种有评价性质的归类行为。将"评价"视为一种个人立场抉择的行为，对之无从为合理的论证，这种意见在学界迄今仍居支配地位。依此见解，将不能避免下述结论：在很多（而不仅是在若干临界）案件，法官的价值判断会取代立法者的价值判断，对之亦无从依客观标准作事后审查。对法学而言，其意谓：在许多案件中，法学只能在有限的范围内以"科学的方法"作事后审查，一旦法官必须作价值判断时，法学不能提供许多助力。

问题还不只是这样。如前已述，在许多案件中，案件事实所拟归向的法规范本身须先经解释，质言之，须先确定，该法规范就该案件之精确意义为何。与所有理解他人见解的过程相同，法律解释的过程，也不能完全满足实证科学概念的严格要求。解释亦须确定事实，例如须确定文字内容或其他与解释有关的情事。此外，它还必须遵守逻辑法则。解释如不符合逻辑法则，其因此已是错误的解释。但是解释的特点——掌握一个规范脉络中特定文字或语句的意义，对于解释的要求尚多于此。明智的考量亦属必要，经验上的确证或反证，其至多只能在极小的范围内可行，有时根本做不到。就此而论，"主观的"

因素的确不可能完全排除。然而，解释毕竟是一种思想上可得理解，因此也是事后可得审查的思虑，因此，尝试将解释过程尽可能"客观化"的努力，其并非自始一无希望，由是，那些应依——"被正确理解的"——法律来裁判的法律学家们也一再提出这项要求。但是有些作者主张，法学方法论承认有多数解释标准存在，而且它未能确定其彼此之上下位阶关系，因此，解释多少是"任意"或"恣意"的。如果大家追随这种见解，并且认为对价值判断本身不能作合理的论证，那么法学可以有助于推衍出"正确"裁判的希望，可说是完全破碎了。如是，则大家将获得如下的结论：法律的内容取决于法官在个案中的裁判，在我们的法律传统中所建立并且规定在宪法中的要求——法官受法律的拘束，根本无法实现，所谓的法律支配，只是一种幻想[4]。因此，方法论上的论辩，在宪法意义上就包含有爆炸性的因素。假使最终得出如下的结果：或者因法律必须被解释，而解释多少是任意性的；或者因法律本身要求法官为价值判断，而对价值判断又不能作客观论证；因此，在大多数案件中，法官根本不能"严格地依法律"获致裁判结论，那么就只能探究，法官为裁判时，其事实上之动机为何。如是，则事实科学（诸如法官心理学或法官社会学）将取代规范性法学，后者系以研究法官应如何裁判为任务。

只有当大家毫不保留地认定，对评价行为根本不能作合理的论证，因此也根本不能作事后审查，转向"评价法学"才会导致前述的结果。然而大多数主张"评价法学"者并未如是主张。他们认为，在法秩序的意义上，对适当的价值判断仍然可以作合理的说明，即使有关的理由未必具有逻辑上的必然性。法哲学家汉斯·里费尔很恰当地指出，马克斯·韦伯下述主张已经包含对法学的敌意：科学不能为价值判断的正确性提供说明。因为"以其传统的、正确的自明之性质，法学与正当性问题可否为——得证实其当否的——讨论一事，实相依存，虽然该讨论须依据有效的法秩序来进行"[5]。法学工作是依据——本书将详细说明的——类推适用、事件比较、类型塑造，以及"具体化"具有"开放性"的价值标准等方法来进行的，借此足以促成前述的正当性的讨论。因为转向"评价法学"，方法论本身必须澄清此种思考方法之特质，并厘清其与传统的思考工具（形成概念、法律上的构想、涵摄）之间的关系。

当大多数的作者将"评价法学"与承认"超越法律"的,或"前实证"的价值或价值标准相结合时,"评价法学"的意义才充分开展,因为这些价值(或价值标准)是法定规则的基础,在解释或补充此等规则时,至少在特定情况下,必须援引它们。可供作援引之根据者有:明定在基本权中的价值,特别是基本法第一条至第三条、长期的法哲学传统、语言上的论据以及大多数法官所认为的自明之理——法官的职务本在于发现"正当"的裁判。几乎所有参加新近方法论论战的作者都一致认为,"法"与"正义"、社会伦理上正当的行为,有一定的关联[6]。令人惊异的是,他们大都只考量,或首先考虑法律争议的正当决定,更精确地说,只考量个案正义的问题。例如帕夫洛夫斯基的书中[7]就提及,他关于方法论说明的目标只在于,"希望借分析今日普遍认可的法学工具及工作方法,可以得知,在何种意义下,此等工具、方法足以帮助认知'正当'的决定"。对于借逻辑涵摄获取决定的模式加以批评,其目标亦在于提升个案的正义。菲肯切尔认为涵摄过程是不可放弃的,因此,他在一般的法律规范以及个案的裁判之间插入——假使判决先例尚未预为规定,则必须——由法官自己形成的"个案规范";法官只能将事件涵摄于此等"个案规范"之下。将眼光完全集中于个案裁判这种情形之所以发生,或者是因为利益法学的影响所致。

若干作者(例如埃塞尔及克里勒)更进一步认为,法官在选择并决定适用何种解释标准时,可任意决定。其主张,假使可资适用的法定规则本身需要解释,则法官可以运用——与严格地适用法律——不同的方式,以获取"正当"裁判,嗣后为控制的目的,再探讨如何借法律来正当化其结论。如是,则系借先得的结论,来选择方法及必要的评价。然而法官是如何独立于法律之外来获取"正当"的裁判呢?

判断某项决定是否"正当",第一种可能的认识根据是法感。然而,此种感觉的内容为何,究竟要"感受"什么,这些问题本身就有争议[8]。于此,对之不能再深入论述[9]。无论如何,作为感觉它是一种心理过程,包含有立场抉择或评价,评价则表现在对于——被建议或被作成的——决定之认可或拒绝。这种表现只是一种内在心理过程的通知。然而,大多数为此种通知者却同时主张,借此,其已就所判断的案件事实作出恰当的决定。其主张,该决定"是"正当的

（或不正当的），质言之，该决定可以得到"正当"（或"不正当"）的头衔。假使有人怀疑其主张的正确性，则其必须就其主张说明理由[10]，仅诉诸法感是不够的。因为这是他个人的感觉，别人可能有相同的感受，也可能没有。没有人可以主张，他的感觉比别人的确实可靠。仅以法感为基础的判断，只有对感觉者而言是显然可靠的，对与之并无同感之人，则否。因此，法感并非法的认识根源，它至多只是使认识程序开始的因素[11]，它促使我们去探究，起初"凭感觉"发现的结论，其所以看来"正当"的原因何在。即使不考虑强制记载理由的法律技术规定，法官如果不想遭受偏颇或"恣意"裁判的非难，他就不能回避此问题，而必须对之作出答复。

应如何证明，在该当案件这项决定恰恰是"正当的"，借着提出这个问题，我们又再次面对下述疑问：对于价值或价值性的事物是否有合理的认识。即使承认，就"正义"为何，吾人仍可作若干有根据的说明，然而，显然不能由这些说明直接认识到，在该当具体的案件中，正义之要求为何，质言之，"正当"的判决为何。有些人认为菲韦格为法学提出的"类观点学"对此可提供若干贡献。一般而言，类观点学乃是一种与个别案件结合的讨论程序，质言之，以获致参与讨论者之合意为目标（抽象的说法：以最后所建议的解决方案之"可同意性"为目标），而对环绕个案周遭的所有问题并予讨论的程序。在这种讨论过程中，可以提出很多不同的，可用以支持或反对——正被考量的——解决方案的论据（观点）。在这诸般观点中，结果考量的论据（假使选择此种或彼种解决方案，将发生何种情况）扮演特殊的角色。然而，究竟是此种抑或彼种（可能或必然的）结果较好，此本身又需要讨论。此种讨论原则上是没有止境的，因为我们永远不知道，是否仍有迄未虑及，但事实上应予考虑的观点存在。这倒不是要反对**学术上的**讨论，因为学术依其本质原无"止境"。然而法官却必须作出决定。他必须面对下述问题，他何时可以（或必须）中断——必要时与自己本身进行的——意见交换的程序。

假使探求法律问题的解答，主要是以"论证的方式"来进行（其未必是"类观点学"的程序），就必须追问，在法学讨论中，究竟何种论点是可容许的，其各自之重要性如何，此种或彼种论点所得主张之"价值"如何。这些问题正在寻找一种可以提出答复的法学论证理论。假使理论只处理实际被提出的论点，那么"传统"方法论中的大多数问题（诸如：法律解释、法律之外的评价标准、判决先例之意义以及"结果考量的论据"等问题），于此等理论范畴内亦将再度出现[12]。这些问题是无可回避的。

对"评价法学"的转向、对涵摄模式的批评，以及偏向于考量个案正义及"论证"程序，它们在法学中重新燃起对体系建构之可能性及其益处的讨论兴趣。黑克就已经区别"外部"及"内部"体系。前者是将法素材归类整理成一个概念性的类别体系，后者则涉及一般法律思想的发现、避免评价矛盾以及将法律原则具体落实为法规则的内容及司法裁判。主张类观点思考方式的学者否认体系对个别案件的决定有何关联，仅关心个案正义，最多只考虑到裁判间的一致性之法官，其对于体系性关联或许不会过于重视。事实上，今日法学无处不应用体系思考的方式，即使在应用"类观点"论证方式之处亦然。其实质理由在于：法规则系存在于一特定的规整脉络中；多数规定彼此必须相互协调、逻辑一贯，以避免产生相互矛盾的决定。如果不想将法学工作局限为登录及注解个别规则和裁判，就不能不注意上述问题，质言之，必须作体系性的研究[13]。

下文将简要叙述若干——在方法学的讨论上占主导地位的——作者对前述问题的主张。在本章的最后，我们将稍微观察一下，同时期的法哲学家就正义概念所作的讨论，因为正义与方法学的讨论在一个中心问题上彼此相关，质言之：对于价值（或伦理性原则）究竟能否作合理的、可认识并且可论证的说明，或者它们只是一些"空洞的言词"。此外，此一讨论亦将对其他问题的检讨产生影响，尤其在涉及同一作者的部分。

第二节 关于超越法律之评价标准的问题

假使在许多事件中，需要一个评价性的判断（例如：断定某行为是否出于"重大过失"），或需要"衡量"不同的利益，才能对争议作出裁判，那么必须进一步追问，足以作为法官判决指南的准则是否存在，或者他只能依凭其——必属

"主观"的——感受或"主张"。就此,齐佩利乌斯很久以前就针对基本权作过研究,因为基本权被界定成"需要填补"的概念,在适用基本权时必须为价值判断[14]。他提出下述问题:"依据什么来作价值决定;在何种程度上,我们可以,而且必须取决于一个纵然是超越法律,但仍属客观的规范秩序;还保留有多大的空间,让裁判者可以依个人的价值观来作决定;或者还有即使借个人的价值观也无法填补的空间存在"[15]。在其稍后的著作[16]中,他强调,每个人都有些"价值经验",其作为意识的内容是可重复、可传达,并且可以被他人接受(或不接受)的。然而,人类的价值经验经常并不一致。"一致的价值经验是认识正义的基础,认可此种主张并不困难,难处正在于实际获得一种广泛一致的价值经验"[17]。

齐佩利乌斯认为,法官或行政官员应以"社会中具支配力的法伦理"、"通行的正义观"为其评价行为的标准[18]。"具支配力的法伦理"并非众多意识过程的总和,而是以许多人的共同意识为内容,也就是尼古拉·哈特曼的阶层理论中所指的"客观精神"[19]。"具支配力的法伦理"之来源有:(仍在蓬勃发展中的)宪法中的基本权条款,其他法规范以及"支配司法及行政行为的法律原则、交易伦理及社会生活中的各种制度";最后,"向来的惯行"也是来源之一,"只要它是通行价值观的表现"[20]。齐佩利乌斯主张,具支配力的法伦理之所以可以作为评价标准,乃是因其可以保障"最广泛的同意"[21]。这个主张必须承受帕夫洛夫斯基下述异议:多数人之同意特定行为,并不能使此种价值判断对少数人发生拘束力[22]。虽然多数决原则本身不能作正当性的标准,然而,齐佩利乌斯所指的"法伦理"乃是一些具体化**法律思想**、具体化社会生活中的伦理原则之观念,此等观念预期可以获得社会的认同。法官既系以法社会的名义来执法,他就只能遵守——适用于该社会,多少生动地刻画社会成员之行止及判断的——社会伦理。就此而论,我认为齐佩利乌斯的主张是正确的。"法伦理"这个概念包含了经验性**及**规范性的成分,它不仅是问卷调查的结果而已。

齐佩利乌斯同时也认识到此种做法的界限。在众多法条(包括基本法的条文)中显现出来的评价,"并不能结合成一种没有漏洞的价值秩序"[23]。通行的价值观念一直在变动中;它们也可以被操纵[24]。在观念变迁极为严重的时代,"某种意见是否已然,或其是否仍然具支配力"[25],有时难以决定。对于许多问题,具支配力的伦理并未提供明确答案。那么法官就只能依据"其个人的正义观"为判断,而假使此种正义观也不能有所助益,就只有依"合目的性的考量"来作决定[26]。这个结论或许会使许多人失望。然而,依齐佩利乌斯之见,法官只有在穷尽作有根据的裁判之一切可能性之后,才能作此类决定。重要并且确实的认识是:作为意识内容的"价值",其并不等同于感受价值的行为,因此,"评价"本身是可传达、可理解的;此外,我们更可以补充:借类推适用的方式,"评价"可以转用到类似的、可相比拟的行为或情事上。于此指涉的并非评价的行为,行为本身是唯一的,不能重复,因此也不能转嫁,这里所指的乃是内容——"**评价**"。

借许多文章,海因里希·胡布曼希望指出,价值不仅存在感觉之中,"价值也可以借理性来认识";他将这些文章汇总成书,题为《法秩序中的评价及衡量》[27]。他认为,"假使不仅若干个人认定这些价值是宝贵的,反之,其可以满足所有——具有人类本质的——人的需求,并实现他们的希望",那么这些价值就是"客观的"(系一般有效的)[28]。因此,可以"透过研究并认识人类的本质",来推论价值。假使这些价值与人类共同生活有关,则可以由之推得伦理性规范,这些规范先于法规范而存在,后者更应以前者为准则[29]。胡布曼认为,这些伦理规范可以构成——依其字面意义来理解的——自然法——符合人性自然之法。然而,胡布曼并未将自然法视为一种——由许多可直接适用的规则所构成的——封闭体系。各种价值不仅有不同的"高低阶层",其于个案中是否应被优先考量,亦完全视具体情况而定。因此,一种"较高"价值可能必须对另一"较低"价值让步,假使后者关涉一种基本生活需要,而假使不为前述退让,此生活需要即不能满足的话[30]。然而,依胡布曼的见解,我们仍然能够——事实上也是如此——认识到"自然法的部分真理"[31]。胡布曼显然认为,如果法官不能由法律、具支配力的法伦理以及——可以由许多法院判决中发掘出来的——价值经验获得必要的评价标准,他可以求助于前述认识的部分真理[32]。此外,胡布曼也提出若干规则,凭此可以从某价值或"优先规则"引申出其他价值。

赫尔穆特·科因则于其法哲学中提及,"显现在法律原则中的""超越时代的价值内容",因此,他所说的自然法是"一些正义定理的总和"[33]。至于他是如何得到这些定理,对于这些定理如何理解,我们将在关于正义的法哲学上的讨论(下文第八节的部分)再予说明。其法哲学中处理法学方法论的部分(第六章),对于这些定理也只是附带提及而已。在法官的法的续造一节中,他首先讨论漏洞的问题。关于漏洞填补的程序,他主张应该先厘清关涉的利益有哪些。然后"应该努力发现可能的规整观点,将之相互比较、衡量"。他认为,法制比较就此可提供重大帮助。同时也应该审视,"是否在固有法制中的某处,已经包含了一些解决问题的适当观点"。最后,可以"援引大家所熟知的正义观点,质言之,一些正义原则"[34]。然而,依其见解,这些正义原则对于单纯的法律适用也很重要。因为法律适用的任务是:"在解决个案之时,将隐含在法律中的正义思想、目的考量付诸实现,并据之为裁判"[35]。涵摄的程序尚不足以满足此要求。因为法律的构成要件本身就是根据评价性的观点被塑造的,仅就此论,单纯的涵摄即有未足。因此,在适用法律时,法官即应针对个案复制前述评价,并依之为裁判。为使法官判断案件事实时能自我审查而不流于恣意,就必须合理地取得法律的基础价值[36]。科因明白拒绝评价始终是一种"非理性"的过程之主张[37]。他不怀疑价值内容的可认知性,为认识价值所从事的评价行为,是他人可理解的,法官并应以其所认识的法律评价为标准,依此评价该当案件事实的诸要素。总结来说,可以认为科因是一位——已经完全由利益法学脱离出来的——评价法学的标准代言人。

对比德林斯基而言,"假使不能清楚地由实定法规范中得到应予适用的评价标准,应由何处获致这些标准"的问题,不仅是评价法学的一项问题,毋宁为其根本问题[38]。在特定法社会中一般承认的,或主要的价值观念,诸如此类的提示还不能使他满意。它们还必须"通过法范畴的筛选"。他认为,这些标准应该来自一些——媒介法理念(或最高的法价值)与实证法的具体规定之间的——法律原则,本书也认为法律原则的确具有决定性的意义。之所以尚应考量通行的社会评价,而为必要的筛选,"一则须'向上'审查,其内容是否的确具体化某特定社会中的法理念,二则须'向下'检视,其可否为实证的具体规定之指导思想"[39]。以此为出发点,比德林斯基尝试继续发展"评价法学"以追求下述目标:指出用以认识价值及转用评价(到应为相同评价的案件事实之上)的合理方法,借此尽可能缩小"纯粹依法官的意志"为裁判的剩余空间。他极为重视法学思考方式、方法的多样性:由严格依逻辑规则进行的涵摄技巧,经过不同阶段、步骤的法律解释及补充,到寻找法律原则并将之具体化(以上就构成维尔伯格所说的"可变的体系"[39a]),以至于作类型比较。他一再反对,将前述各种方法**之一**解为唯一的法学方法。在这种情况下,决定各种方法间的高低阶层关系的问题,对他而言就具有中心意义。比德林斯基坚持,在解决法律问题时,法官应透过法律,借法律解释及其续造来寻找答案。对于那些建议法官采取不同解决方式的学者,他提出强烈的批评。然而,除应先采取法律取向的方式,他也要求法官"依法理念的标准,对前述方式作附随的审查"。假使第一种方法步骤(例如依文义及体系脉络所作的法律解释)已经帮助他取得清楚的结论,并且也经得起前述的附随审查,法官于此就可以中止他的工作,不须作进一步——通常更困难——的探讨。反之,他就必须进一步作历史性考量,如果还不能获得答案,就必须作客观的、目的论的考虑,必要时更须以类推适用或目的论限缩的方法,或借助一般法律原则来填补法律的漏洞。比德林斯基称之为:"依照需要,逐级补充地运用方法"。他认为,"假使可以证实,对该当案件的问题所作的裁判,其一方面符合实证法的规定,另一方面与法理念不相抵触",就可以认定,待判的法律案件对法官所提出的问题至此已经解决[40]。在发现此种答案之前,法官必须继续努力下去;反之,除非有严重的法律的不法之情形,其不得动辄基于法理念而修改实证法。然而,鉴于规范领域内有关情事的变更,可能会导致法规范的"功能变迁",后者有时可以正当化对迄今解释之偏离。

比德林斯基由其所说明的评价法学的方法出发,尝试由之推论出——作为评价法学基础的——"具有价值意义"的法概念。他不像其他大多数人那样,由一种——无论系依何种方式获致的——法的认识出发,来推衍出方法上的要求,他由事实上被应用的法学方法出发,希望借助它们重新规定法的概念。这是一种正当的途径,但是它不能让那些轻视方法、甚至轻视法学的人信服。即使依其方式，他同样不能回避当为与实存的关系、法的强制论以及法的命令论等法哲学上的基本问题。对于这些问题，他同样必须采取立场。借此又再次证实：所有这些问题，其彼此间有不可分离的关系存在。比德林斯基这本著作特别指明这种脉络关联。

在另一本书中[40a]，比德林斯基指出，"有主导性的法伦理原则是法秩序的构成部分，因此也是法学应该处理的客体，它们是法内容上的根本部分"[40b]。这些原则的效力非来自于立法者，它们根本是法的前提要件。它们与传统意义的自然法不同之处在于：其并非不可变更者。它们并不依附立法者之意志，而是在社会本身发展出来，并且"在一定意义下自主地"演变着[40c]。假使这些原则彼此相互冲突，则位阶较高者应优先适用；如彼此位阶相同，则视情况之必要以决定何者应退让。虽然愈根本的原则也愈一般化、愈模糊，然而，其仍可提供一些内容上的陈述，因此仍可对立法行为及法律适用发生规范效果。虽然这些原则应用之后，仍然会有多种可能的选择，但是它们也排除了一些其他的可能性，因此，其不仅是"空洞的形式"，对于各阶段的法律工作，它们都作了一些规定。比德林斯基列举了一系列——依其见解——具有根本意义的法律原则，惟其并未主张，其已穷尽列举。

在关于法的概念的一篇文章中，拉尔夫·德赖尔强调，法伦理原则乃是现行法必要的组成部分[40d]。他举出两项理由来支持此种看法，并借此反对实证主义。一方面，彻底抵触伦理命令的、严重不正的规范，根本不能主张其具有法效力。在针对纳粹时期种种歧视种族的法律所作的裁判中，联邦宪法法院亦采此立场。另一方面，他认为所有已发展的法秩序都包含一些原则，后者"依其效力根据及其结构必将突破实证主义的法概念"。因为它们"使尽力实现某一伦理理想变为法义务"[40e]。因此，法的概念除了规范性、最低程度的社会实效性两项要求外，尚须包含伦理上最低程度的可正当化之性质。反之，赫斯特[40f]则欲坚守实证主义的法概念。然而他认为，实证法可以透过相应的法律规定及习惯法，将伦理上的要求容纳进来。依此见解，伦理固然不能径以其内容而有法效力，但可以透过立法行为来取得。反之，比德林斯基及德赖尔则认为，实证法中之所以有此等规范并非出于偶然，其系法的概念所要求者。

法学作为一种目的性运作的学问,这也是英戈·米滕茨魏一本著作的论题[40g]。法规范始终在追寻特定目的,且不仅是各该立法者所定之目的,其亦追求"法秩序的客观目的,后者是基于法秩序内在的合理性所提出的要求"[40h]。这些目的彼此必须有一阶层秩序存在,且其高低秩序又非全然取决于立法者的好恶。目的性思考是由目标出发的思考;它同时也是一种由较高位阶的总体出发所作的思考。因此,对于法条所作的目的论解释乃是"鉴于被思量出来的,有机的(指:功能上相互关联的)整体,将部分的意义及目的推衍出来"[40i]。

说到正义,依米滕茨魏的见解,不应该在一独立于实证法之外,另被构想出来的——"自然法"中寻找正义,只要实证法还算是正当的秩序,就只能在实证法内发现正义。他一方面反对,"利用任何所谓的人性自然之要素,来对抗实证法秩序",同样也反对,"试图借一种自然的秩序结构,来正当化具体实证的法秩序"[40k]。依其见,"正法"只能是一种实证法的整体,其依其主导性原则,以其整体之脉络关联,在考虑当下一切情事下,可认为其符合正当秩序之理念者。米滕茨魏多次恰当引述黑格尔以支持己见[40l]。依黑格尔之见,法的理念乃是一种能以协调的方式,实现所有成员自由之团体的理念。

第三节　规范的内涵及事实的结构

不论是由利益法学发展出来的,抑或是以马克斯·舍勒及尼古拉·哈特曼的价值哲学为出发点,评价法学的追随者都习于将实际的利益及权力关系,与——立法者或法官作评价时所取向的——理想的价值或评价标准加以区别。此项主张的基础在于严格划分当为与实存,价值与事实的界域,这种划分是新康德主义所阐明的,它虽然还不是最后的真理,但是假使少了它,法学就不足以应付其问题。然而,也不可过度强调此种划分,以致认为,不须考虑当为规范所应适用的实存关系,即可确定前者的内容。这种作法之不可行,几乎是众所公认的。海因里希·亨克尔[41]虽然是价值哲学的拥护者,却也详细论述法在本体——人性上,以及法在文化——社会上的既存状态,齐佩利乌斯[42]

则提及法的事物相关性以及法"原则上受事实的拘束"。他强调,法的大部分内容已经被其所拟规整,或与其有关的自然或社会关系所预先规定。然而他又同时强调,"不能由事实推论出当为规范"。假使"事物的本质"意指,在事物的结构中"包含有应该实现的正当基准",对这样的概念他就抱持怀疑的态度[43]。恩吉施[44]也只愿意采纳作如下理解之"事物的本质"的概念:作为法的评价或规整"对象"的"既存状态";任何认为"受规范的生活关系中已包含,并预示某种法律思想"的概念,他都一律排斥。依此,即不能由被规范的生活关系之事物结构本身,推论出任何规定,或任何规范性问题的具体决定。但这却正是弗里德里希·米勒所要求的,他认为这是法官所应承担的,具体化规范之任务的部分。

米勒认为,当为与实存,规范与规范所指涉的事实,并非处于严格的对立关系。他探讨"针对个案来具体化规范的一般结构"[45],对他而言,"具体化"不仅指既存规范压缩,使它"更具体"些,而是一种求得——作为该当案件裁判基准的——规范的努力过程[46]。用米勒自己的话来说:"这个概念不是要描述,将既存一般性的法规范局限到特定个案的过程,毋宁想指称,在解决某特定案件的范围内,创造出一项一般性法规范的程序"[47]。米勒一再强调,规定在法律中的规范(规范本文)并非最终个案裁判基准的规范(裁判规范),前者只是法官形成后者的出发点而已。裁判本身不得抵触规范本文;换言之,规范本文系具体化规范的界限。依米勒的见解,这是宪法上所要求的结论。除此之外,"规范本身尚未完成,亦不能径行适用,其意义必待具体化之后始能完全显现"[48]。一直要等到进入法律论证程序,规范本文才取得其重要性,也只有借此程序才能形成裁判要旨[49]。

米勒进一步说明,等着被塑造出来的法规范是由两个要素所构成的:"规范领域"及"规范方案"[50]。"规范领域"是由那些"在论题上与有关的法规范相牵连的"事实[51],或换言之,由法规范可能关涉的生活事实的片段所构成的。规范方案则是借解释规范本文而取得之"秩序标准"[52]。究竟应如何结合二者以构成法规范,则并不清楚。米勒所考虑的方式应该是"眼光之往返流转",首先是往返案件事实与有关的规范本文之间,其次则流转于——借前述过程而被缩小范围的——案件事实与相关的规范之间。之后,裁判者就可以形成适当的规范。最后,"个案裁判者的眼光往返于(透过规范方案及规范领域而研拟出来的)法规范以及(个别化之后的)案件事实之间"[52a]。

　　法定的规范必须经过澄清、精确化之后才能适用,此点正是法官所应提供的贡献,因此,米勒这部分的论述是正确的。但这并不意指,法官应该自己形成其裁判案件时适用的基准。规范解释不容许此次这样作法,另次又是另一种作法。法官不应只为当下的个案寻找规范,他必须将既存的规范,以其认为正当的方式,适用到每件由其负责裁判的个案上。依米勒的见解,裁判始终是以法官塑造出来的规范为基础,因此,所有法院适用的法规范都是"法官法"[52b]。这样一般化的主张是不能维持的。司法权对于形成被适用之法规范的贡献固然不容否认,惟依吾人之见,米勒似乎也过分轻视立法权对此的作用了。

　　前述评论同样可适用于拉尔夫·克里斯滕森关于法律拘束的著作[52c],在这本书里,他将弗里德里希·米勒的思想特别在语言学上加以引申。克里斯滕森同样将规范适用想象为,将个案归属到一般性规范之下的过程(涵摄),而不是对规范作进一步填充或具体化的程序。而因为他正确地认识到,只有在这种过程中,法官才能履行其任务,他因此认为,个案所归属的规范必须由法官自己来形成。法律中的规范(规范本文)只是裁判活动的出发点。除少数例外,规范本文大都过分不确定,或具有多义性以致不能直接将个案涵摄其下。为裁判个案,必须先形成一意义较为严密的规范(裁判规范),它表现在法官的判决要旨中,惟借助于它,个案始获裁决。他主张,相信"作为裁判要旨之法规范已存在于规范本文之中"[52d]者犯了错误。克里斯滕森并明白引述弗里德里希·米勒的话以支持其见解。根据他们的见解,裁判要旨并非既存于规范本文之中,借助法官它才被整理出来[52e]。于此他们忽略了下述情事:规范适用不能仅借单纯涵摄的方法来完成。

　　假使法律本文尚非法官据以作成裁判之规范,则其有何意义?克里斯滕森对此问题答复如下:法官的裁判必须"可归入"立法者制定的规范本文之中。这种归入必须"依宪法要求的方法水准得以审查"[52f]。这项答复的意指为何,并不明朗。假使这意味着,法官虽然不受法律本文的拘束,但仍须遵守解释法律本文的诸原则,则其间接仍受法律的拘束。如是,则与其坚决否认法律本文有任何拘束力的态度不能相容。

阿图尔·考夫曼的出发点则是:法规范所指涉的生活关系其乃是一种本身已经组构过的事实,因其涉及人与人之间的关系,因此其本身已内含一定的意义。这项见解他是在一个牵涉较广的,哲学上的论题(指:本体论)范围内发展出来的,此本体论的立场与亚里士多德,托马斯·V. 阿奎纳以迄黑格尔的传统相连结[53]。依此,则"当为"与"实存",或"价值"与"事实"并非两个截然分隔的个别领域,反之,在规范"制定"之前,两者已相互联结,彼此相关,思考时两者须相互"适应"。因此,"事物的本质"[54]变成关键概念;惟此处"事物的本质"之意义,却正是——属于新康德主义的——恩吉施及齐佩利乌斯所排斥的。依考夫曼之见,立法及所有发现法规范之行为,均致力于当为与实存之"彼此适应调和"。这项工作不能借逻辑三段论法的方式来完成,毋宁须依类推的方法[55]。因为规范与案件事实两者从未完全一致,经常只是——在规范的意义上——彼此相似。法律的意义并非——如传统的方法论所假定的——"存在于抽象的,因此意义相当空洞的法律概念中",反之,应"求助于比较具象的,相关的具体生活事实。如果不参照应受判断的生活关系之'本质'、意义,几乎就无法得到'法律的意义'"[56]。考夫曼所说的生活关系之"本质"是指,内存于生活关系中的意义或价值,其应与法律所指涉的意义或价值"彼此适应调和"。"只要我们由'事物的本质'出发来思考,我们就必然会同时触及案件事实及价值,由此,我们体会到实存与当为间不可分割的'结构交织'"[57]。

然而,依考夫曼之见,"事物的本质"指示吾人应留意类型的思考形式,因为类型乃是"相对比较具体的,事物的普遍性质"[58]。与抽象、一般的概念适相反对,对类型"不能定义,只能说明",并非"封闭性的,反是开放的",借着"联系诸多因素,其可以使大家意识到意义脉络的连结关系"。在法秩序的层面上,类型被证实是"法理念与生活事实间的中介,所有法律思想最后都环绕在这个中介周围:它是规范正义与事物正义之间的中介"[59]。对于立法者而言,类型是既存的,"前者对于后者负有描述的任务"。如立法者尝试,尽可能精确地以概念来容纳典型的生活事实,司法裁判"为适当解决生活事实,就必须再度突破这些概念"。然而,"逆向的发展过程"随即开始,其结果是对概念重新作"改良"的定义,而其不久之后又会显得过于狭隘。由是,在法秩序的实现过程中,我们所作的是"一再地闭阖、开放及再次的闭阖法律概念"[60]。"我们不可能将类型无所遗漏地概念化,因此,在寻找具体的法规范时,我们必须一再求助于法律所意指的类型,求助于类型赖以存在的模型的想法"。

考夫曼自己也附带提及[61],他认为法的知识"始终是一种类似的认识",这项命题似乎"与今日对于法及法知识的理解,极端反对"。在他的"类推与事物的本质"一书二版的跋文[62],他深究刑法的类推适用之禁止。他并不是想质疑此项禁止命令,只是认为,于此不应是——其所理解的——广义的类推思考方式之禁止,反之,只是禁止作过分广泛的类推适用,质言之,"划定类推之内的界限"。依其立足点而言,其论述是逻辑一贯的。于此须特别留意,考夫曼借——依其见解系任何规范适用之基础的——类推一词所指称者,其与通说及本书对"类推"之理解大异其趣。依一般的见解,"类推"适用是一种将两件情事相互比较的程序。于此要探究的是:两者间是否确有足够的共通性存在,以致吾人——在法学上类推适用的情形——得忽视二者的歧异,而认赋予其相同的法效果为恰当。由是,在一般所谓的法学上的类推适用中,有两件生活事实被相互比较,其一是可以毫无疑义地归属于法定构成要件之下的事实,相反地,另一事实则(似乎)未被规范及之。假使两者间具有足够的类似性,则后者就法效果一点——并且仅就此点——应与前者作相同处理;这两件事实关系的"类似性"便正当化其法效果上的相同处理。刑法中类推适用的禁止,其所指的乃是**此等意义**的类推。反之,考夫曼所说的"法学上的类推思考"意指的并非两件事实关系的比较,而是案件事实与规范的构成要件之间的比较,他关切的是:规范所意指的意义内容与案件事实所表现的意义内涵是否一致。有关的意义内涵并非自始确定,直到相互比较的程序中,它们才会显现出来并可得认识,亦必借此程序始能判断,该当案件事实是否适合该当规范。于此,不拟亦不能将二者完全等视同观;一如任何类推,能够达到的只是——为肯定其"适合性"所要求的——足够的一致性。必要的一致性之程度如何,须个别认定之,因此,任何类推———一如其后将予说明的,亦包括法学上的类推———都需要作价值判断。因此,考夫曼所理解的类推思考,也是一种价值取向的思考方式。

我认为考夫曼的主张和弗里德里希·米勒一样包含有正确的核心内容,但是当他将这个核心内容一般化时,他做得太过火了。在若干典型的(即:以类似方式一再重演的)社会关系中,例如婚姻与家庭、双亲与子女间以及教师与学生之间的关系、所有权(以"非技术"意义来理解的"为我所有")、契约,这些关系本身已包含其特有的意义,因此并已隐含其秩序的基本特征,于此,诉诸"事物的本质"不但是可能的,在一定界限内并且是正当的。然而,有无数与此相反的法规范存在,彼等所指涉的或是为特定目的而创设的机制,或是一些"杂乱无章地生长出来的"交易形式或社会事实(诸如今日的"环境污染"),规整这些生活关系的规定并未隐含于生活关系本身。这些规定不是直接得之于本身已包含意义、价值内涵的事实产物,反之,它们附加在一些尚未完全规整的事实之上,或者借助它们才创设出一些符合其规定的社会产物出来。因此,类型的思考有其事物上必至的界限。至于类型,其指涉的事实上是一些以类似的———而非总是以相同的———方式出现之生活现象,对此现象予以适当规定,其与现象本身是不可分割的。于此,立法者必须接受既存的类型,虽然他仍可作更具体的规定,或者尝试重新界定类型的界限。如拟以定义概念的方式来掌握类型,则其必然要归于失败。考夫曼的下述说法是正确的[63]:"语言上的极端精确,其只能以内容及意义上的极端空洞为代价"。这是过度抽象化不可避免的后果。因此,只有当法官遵循类型思考时,才能期待他得到"与生活接近"的裁判。有些人认为,相较于借概念来形成构成要件(并配合以涵摄的技术),类型的思考方式比较不能保障法的安定性;这种见解未必正确。考夫曼就正确地指出,司法裁判在经过一段时间后会突破过分狭隘的概念,那么就会发生对司法失去控制的危险[64]。

第四节　寻求正当的个案裁判

对于法官如何借助法律(或者在没有法律的情况下)获致正当的个案裁判之问题,所有现代法学方法论之作者莫不论及之。然而,特别是那些将注意力主要放在裁决争端(即:法官的实务)上的作者,此一问题更是讨论的中心。这些作者中,我们特别要提到两位,他们——非出于偶然地——均曾深入研究英美法的思考方法(判例法):约瑟夫·埃塞尔及沃尔夫冈·菲肯切尔。

约瑟夫·埃塞尔是反对严格的法律实证主义的先驱者之一,他们指出,司法裁判是有创意的活动,其亦参与逐步自我实现的法秩序(＝在作用中的法)之发展及续造[65]。司法裁判逾越法律本文划定的界限时,它经常求助于由法律推得(或据称可由法律推得)的"一般法律思想"或"原则"。埃塞尔认为,"返求一般法律思想之根据于个别的法律规定"(按:此系德国法院及德国法学界习用的论证方式),多少是一种托词。依其见解,"一般法律思想"作为"原则",其事实上本得**独立于法律之外**而有其效力。其正当性之根据在于"事物,或相关制度的本质",这些"一般思想"是"每个个别解答功能上的必要部分",后者则属于与"一般思想"有关之共通问题的范畴[66]。埃塞尔就指出,在"缔约上的过失"之理论发展历程中,时或认此理论之根据在于此等,时或又认其根据在于彼等法律规定,此均系暂时性的解决办法,一旦此新的法律思想获得法实务界的普遍支持,前述解决办法均可放弃。他描述真实的过程如下:"特定真实、实质的问题要求我们必须发展解决方案出来;起初的作法只是寻求个案解决,并不追求或证实原则的存在,之后便实事求是的以此条或彼条适当规定为其根据,当体系上的矛盾不容掩饰时,大家就必须承认:我们之所以利用这些规定,只是为了在体系上支持一超越这些规定的法律原则"[67]。对于法律原则是如何发展出来,如何被认可的问题,埃塞尔深入探究,于此,他明确地主张:这些原则既非由——依其内含的意义被"正确"理解的——法律"归纳"所得,亦非由不须凭借法律即有其效力的自然法体系,或"自性自存"的,固定的价值阶层秩序中"演绎"所得。于此,除诉诸事物或特定制度的本质,换言之,人际关系中内含的——吾人至少可掌握其部分的——事物的意义,埃塞尔也求助于"法伦理上的原则及一般确信等前实证领域"[68]。这些原则起初是无意识的,在一个"长期于潜意识中发展的过程里逐渐形成……,直到终于恍然大悟,终于发现迄今尚未成形的思想,直到获致一种不再算是实证规定的解释或构想,并且具有说服力的表达形式"。尤其当它构成固定的实务见解时,法官的裁判就变成"将前实证的原则,转变为实证法条及法律制度的转化机制"[69]。

埃塞尔无疑适切地描绘了新的法律思想进入现行法中的过程;于此,现行法非指法律的总合,毋宁是所有有效的法条及裁判原则的集合。埃塞尔所理解的法律原则既非"法条"(规范),亦非逻辑意义上的"语句"(即具有公理性质的语句,由之可以合理的推论出具体的当为语句)。假使认为埃塞尔的法律原则属于上述二者,就完全误解其本意了。他的法律原则起初是在具体的个案中"发现的",随后,它变成"代替一系列——在标准情况下——适当观点的简单公式"[70]。这意味着:"在非典型的案例中,或者当——在历史中赋予法律原则生命的——文化评价准则有些许转变时,可能就必须作相反的答复。"即使法律原则已经被发现,其后它在司法裁判中的发展亦非单纯的"适用"可比,毋宁是一种持续不断的"塑造形象"的过程[71]。为使法律原则在实务上确有实效,必须借助司法或立法行为将之清楚表达出来,使之成为具拘束力的"指示"[72];通常法律原则本身并未包含此等"指示",因其欠缺——作为"法条"特征的——"应适用案件的可确定性"。单纯由"被发现"的原则不能就推论出个别的裁判,然而,它可以作为法官形成具体规范的"出发点"或凭据。"下述按语才指出真正的事实:规范并非借解释由原则中发现的,毋宁是借裁判的统合过程被创造出来的。只有判例法才能告诉我们,什么是真正的法"[73]。假使欠缺明文的法律构成要件规定,则即使在欧陆的法秩序中,"判例法也是事实上的法源"[74]。

埃塞尔所论犹甚于此。依其见解,不仅在法律并未规定,或法律借概括条款、空白规范或指示参照其他(诸如"善良风俗"或"交易伦理"等)"标准",使法官事实上负有形成规范责任之时,借司法裁判才创造出真正有效的法规范;"虽然法官于此仍应考量未成文化的价值原则,仍应受法律之外的——以一再变易的经验事实为基础，并且具有变动不居的规范密度之——客观的传统规则之拘束"[75]。依其见解，每次的法律"适用"就已经是一种解释，一种法规范的发现，"而绝对不仅是单纯的涵摄"[76]。扩张解释与借类推适用所作的漏洞填补间，并无根本的差异[77]。解释经常已经是一种法的续造。"漏洞填补及'补充性'的解释并非法官额外的创法任务，其与一般解释的复制性质一式无二，假使没有一种典范、一种——足以将相互歧异者统合为一个体系的——原则的想法，一般解释也无法进行"[78]。由此可以推得："根本没有传统意义的'法的适用'"[79]。"每次解释都是一种成文法律及未成文法的结合，借此才能创造出真正实证的规范：'在作用中的法'"[80]。

每次解释都需要注入积极的精神活动，相对于解释的出发点："法律的"文字，解释的结果（＝以一定意义来理解的文字）经常包含一些新事物，埃塞尔并非此种主张的创始人。有疑问的只是，埃塞尔是否过分低估法律本文的意义，因此也过分轻视立法者对于"在作用中的法"之影响，因为他一再强调，决定什么是真正的现行法者乃是司法裁判。为发现个案适法的解决方式，法官是否随即求助于法律文字，或者，他已经以其他方式发现解答，法律文字只是该解答的"适当"论据。在他的——重大影响法学方法讨论的——《在发现法规范的程序中之先存理解及方法选择》[81]一书中，埃塞尔断定，司法裁判通常是以前述第二种方式来进行的，显然他也认为这种作法是恰当的。此种作法之所以可行，乃是因为萨维尼所发展出来的，具有支配力的解释理论虽然提供了不同的解释观点（即语言上的、体系上的、历史的及目的论的观点），却未能指出，假使依据不同观点会得到相互矛盾的结论时，应以何者为优先。因此，当适用某种观点可以获致一种解释，而其恰可正当化法官自始认为"正当"的个案裁判方式时，法官即可优先选用此一观点。"于此，'理解'法律本文显然不是最重要的问题，而这个问题也不是以严格运用文法、体系及历史等'解释方法'而被处理或解决的"[82]。埃塞尔将裁判的**发现**与其嗣后的**说理**加以区别；前者主要涉及个案的适当裁判，后者主要在证实事先取得的裁判与实定法一致，于此，法官得运用所有他认为对此有益的"方法"。"实务并非以学理上发现法规范的'方法'作出发点，大家毋宁只是借助它们，在法律上正当化其——依其对法的认识及对事物的理解——认为适当的裁判"[83]。假使最后证实,其预拟的裁判在法律上不能获得适当的根据,那么法官就必须放弃此种裁判方式;就此而论,则此处之论证说明尚具有控制的功能。然而,因为法官拥有各种解释及漏洞补充的可能性,前述情况发生的机会极小。埃塞尔认为,法官最重视的并非其理由在逻辑上的一贯性,而毋宁是:"争讼案件中,正当并且又能适法的裁判究竟为何"[84]。

也许很多法官的确是以埃塞尔所描述的方式来从事裁判工作。即使如此,也不意味,依吾人的法律见解此等作法系正确的。重要的是下述问题:假使直到第二步骤才考虑透过法律来说理,那么法官在第一阶段究竟是借何种——可指出,因此也可审查的——途径发现其认为正当的裁判。就此,埃塞尔在他的《原则与规范》一书中已经指出两种可能的途径:未实证化的法律原则以及法律外的评价标准。他认为应"毅然采择先于体系的评价"、"间主观认可的优先规则"、"共同认可的价值"、"先于法律的规整模式及典范"以及"外于法律的期待和确信立场"[85]。这等"毅然采择",以及"法官在诉讼程序中从争讼的问题本身所获得,并且被他并入其规范理解中的一些标准及事理上的论据"[86],两者共同决定了法官的认识,他凭此以面对个案的问题。这项认识引领他选择并理解规范。"先于法律的,或者前实证的价值判断",同时也确定了教义工作的方向;"深入观察,假使欠缺此等涵义的价值判断,则根本不能理解任何一种法律思考活动,尤其是具有根本性的思考"[87]。这些价值判断当然不是颠扑不破的;在工作进展中,在寻求正当而"可得同意"的裁判之际,这些价值判断必须一再地被检验。然而,埃塞尔毕竟未曾指出一种足以审查——不凭借法律而仅以上述方式获致的——裁判之正当性的途径[88];因此,这些判断仍只是裁判法官个人的价值判断。

菲肯切尔也认为,如何适当解决个案纠纷是所有法律人努力的焦点。其方法论上的宏构[89]是一种——扩及各种不同文化及法律社会的——普遍的法认识论,一种以最宽广的基础来进行的比较方法论;于此,只能选择其中的少数内容来讨论。菲肯切尔极力强调,正义具有两种构成部分;其名之为"平等的正义"及"事理的正义"。平等的正义是指:对于应为相同评价的事物应作相同处理,质言之,应以相同的标准来衡量可以相提并论的案件;事理的正义则涉及适用于该当案件事实之裁判规范的适当性。"综合事理上的及平等性的评价,才能获得正当的裁判"[90]。为满足平等正义的要求,每件裁判均须以得一体适用的规范为准则。而依菲肯切尔之见,只有在借逻辑的方式,可将具体的案件事实归属到该规范的构成要件之下时,始能满足前述要求。因为该规范已精确地描述、确定其涵摄的案件事实,换言之,它已经规定,法律上何等事物应视为"相同"的事物,而应赋予相同的法律效果。因此,菲肯切尔与阿图尔·考夫曼及埃塞尔适相反对,他支持涵摄的模式[91]。然而,他也认识到,以大部分法定规则的规定方式来看,法官不能仅借单纯涵摄的方式来适用它们,其尚须作进一步的具体化,而此仅借逻辑推论的方式亦不能济事;因此,他得到如下的结论:法官凭以涵摄个案的规范大多并非法定规则本身,毋宁是由法官依据法定规则,考量受裁判个案的情况,而形成的规范。他将这个真正的裁判规范称为"个案规范"。借此规范,受裁判的案件事实被赋予适合它的法效果,因此该规范即是"技术意义的法条"[92]。

依菲肯切尔之见,法官又是如何获得其裁判所需的个案规范呢?与埃塞尔相反,他比较不重视"毅然采择"前实证的价值,比较不倾向直观的作法,反之,他要求一种可合理审查的,按部就班的作法。对之可简述如下:法官一方面应该考量等待判断的具体案件事实,凭此以具体化及特殊化其由法律或法官法中取得之标准及评价观点;与前述作法同步,法官亦应以其认为适切的法律观点为据,以补充必要的案件事实,使之更趋精确;两者必须一直持续进行,直到不能再为正当的个案裁判寻获任何新观点为止。菲肯切尔将这种规范与案件事实间的相互接近、交互澄清的程序称为"诠释的程序",中断此程序的时点则名为"诠释的转折点"。"以事理及平等的正义为标准,假使进一步的凝聚不能再使规范更特殊化,表达案件事实的概念也不能再细分,我们就达到前述的转折点了"[93]。透过这个程序最后达到的凝聚作用,它"既提供了个案规范,也确定了待判的个案事实,并因此能对此事实为评价"[94]。

那么,法律在这个过程中——依菲肯切尔之见——又扮演何种角色呢?只有在少数情况,例如以数字来确定期限或年龄的界限,法律规范已经凝聚到事实可以马上涵摄于其下的程度;如是,则法律规范本身即是个案规范。于此,法官须受此法定规则的严格拘束。在其他情况,法律固然不能直接适用"但是对于如何获得个案规范,它划定界限并提供指引"[95]。就法律本文,菲肯切尔区分"字义上的界限"及"规范意义上的界限"。"字义上的界限"是指"法规范本文的语言意义","借助它,我们对于指涉法规范的语句,至少可以获得或许并不完整的初步理解"[96]。在字义的界限内,法官有充分的自由来创造个案规范;创造所依循的方式就是一般所说的"解释"[97]。假使"法律文字本身可作不同的解释,则所有在字义界限内的解释可能性都可被视为'法律'"。这段文字可能会被理解为:菲肯切尔认为,**任何尚符合字义的解释都一律许可**。此恐未必然,因为菲肯切尔在他处提及,法律的拘束力正在于:"在形成及发展个案规范时,法官必须受法律所确定的目的、法律所包含的评价、法律的体系及其——于一特定历史时点中的——思考模式之拘束"[98]。这个拘束的界限是借法律的文字来划定的。依此,只有那些在字义界限内,并且也尚能符合前述进一步要求的解释可能性,才能"被视为法律来适用",并且具有拘束力。于此,菲肯切尔为那种以历史、目的及体系为出发点之解释方法辩护。"规范意义上的界限"则是指:当法律文字不能涵括被寻求的个案规范时,后者包含于法律的意义及目的之中的可能性之界限,质言之,类推适用的可能界限。假使在形成个案规范时,法官拟逾越字义的界限,那么他"必须明示,他准备离开法律的文字,而且准备应用超越法律的,寻求个案规范的方法"[99]。

然而,以此种方式创造出来的个案规范不能分享法律的拘束力,因此——依菲肯切尔的见解——在这些案例中,个案规范本身就有拘束力。"一旦离开法律的字义,先例拘束及严格的个案法之程序就开始了"。菲肯切尔自己也说:"此处主张的方法论,其主要在于确认:在字义界限内是法律的拘束力,在该界限之外则是先例拘束力占支配性地位,事实亦必须如此"[100]。据此,则法官受双重的拘束:于形成个案规范方面受法律的拘束,于个别案件的裁判方面则受之前形成的个案规范之拘束。这两种"拘束"显然是不同的。菲肯切尔广义地将法律的拘束解为:"预先规定应如何裁判案件的评价准则"[101],个案规范的拘束则是指:当下案件可以涵摄于先前形成的个案规范之下。

依照菲肯切尔的见解,客观法规范是由个案规范的总合所构成的,因为案件裁判实际上是依据它们作成的。对于个案规范的形成而言,涵义较个案规范宽松的法律规定(依菲肯切尔之见,其占法律规定之绝大部分)只是"被证实有效的辅助工具"之一,现存的法官法亦可发挥同样的作用[102]。据此,则法律及习惯法尚非"现行法",毋宁只是"(文字上的)法源,客观法规范(＝个案规范)尚须由此等法源中被创造出来"[103]。如是的说法应该会引致疑虑。依菲肯切尔自己的看法,"规范"亦具有如下功能:透过其之适用于——满足其要求的——多数案件,同时确保"平等的正义"。然而,"个案规范"本身已如是特殊化,大家不禁要问,它是否真还能发挥此种功能。菲肯切尔自己也曾附带提及:"因为几乎每个个案都异于其他,因此,个案规范很大的部分都落在事实的领域中,质言之,落在应被涵摄的案件事实的部分"[104]。例如,要决定某行为在特定情况下是否为"过失"行为,在个案规范的构成要件部分,我们就必须容纳所有——与其评断有关之情况——的细节;再者,因为没有人能够预知,哪些细节在未来也还是重要的,例如一个新的案件可能恰好在此等细节上不同,而因此也许应作不同的评断,因此,构成要件即应尽可能包含完整的案件事实之描述。如是,则固然可以毫无困难地将案件事实涵摄到——正好依照它所复制出来的——个案规范的构成要件之下,但是大概不会再有其他正好可以涵摄到这个个案规范之下的案件事实存在。

因此,我们与有力说的见解相同,宁可认为发生法效果的裁判规范是法律规范,例如:民法典第二八○条配合同法典第二七六条第一项。然而,大多数法律规范的确都多少有其"波段宽度",对此作彻底研究正是菲肯切尔所描述的"接近"程序之目的所在。此"接近"程序的结论可归结为下述的判断:受评断的案件事实(尚)属于规范的波段宽度范围内(指:尚在规范的合法适用范围内),或者,其已在该范围之外。假使规范的构成要件已经足够明确,那么借逻辑涵摄方式即可完成前述"接近"程序;否则即须针对个案,分别透过具体化、事件比较、归属到特定类型,或者说明法定的评价标准,或者澄清作为法律基础的原则等等方式来进行此"接近"程序。

第五节　类观点学与论证程序

　　假使"正当"地裁判已发生的争议是法院的任务，而且，只依涵摄的方法来"适用法律的程序"，并不能保证可以获得正当的裁判，大家自然会想要寻找一种不须依凭法律，径以"事物"本身作考量的出发点，以解决法律问题的程序。对法律问题从各种不同的方向，将全部由法律本身，或是由法律以外的领域所获得，对于问题的正当解决有所助益的观点都列入考量，希望借此使有关当事人能获致合意，这种"遍及周遭的讨论"方式，或许就是我们想寻找的程序。菲韦格在其1952年初版的著作[105]中为法学提供了一种"遍及周遭的讨论"程序之历史性典范：类观点学。十九世纪的法学尝试由概念组成的法条来推得裁判，而这些概念又是从一个借少数上位概念（＝公理）构成的体系，以逻辑推演的方法演绎而得者，菲韦格认为，这种作法根本是误入歧途。依其见解，法学如欲满足其原本的希望——答复此时此地如何是正当行止的问题，即须以类观点学的方法来进行。

　　然而菲韦格所说的"类观点学"为何？以亚里士多德、修辞学者，特别是西塞罗为榜样，他把类观点学界定为：一种"特殊的问题讨论程序"，其特征在于应用若干确定的一般性看法、设问方式及论据，质言之，即"观点"的应用。观点是一些"可多方应用且广被接受的看法，它们被用以支持或反对特定意见，并且指示通往真实的途径"。应用此种程序的目的在于：由各种不同的方向使问题的讨论开始进行，最后它还能够发现问题在理解上的脉络关联。就理解上的脉络关联而论，演绎——体系式的思考将之想象为一种广泛的体系，一种逻辑的推论脉络；类观点的思考方式则不会离开问题本身所划定的范围，一直在问题的周遭致力，并且将之引向问题本身。因此"类观点"的推论脉络只能是"小规模或最小规模的"，类观点的思考方式不会导向一个（广泛的）体系，反之，它会导向"体系的多元化，并且它也不尝试由一个更广泛的体系来证实各体系间的相容性"。我们可以说，类观点的思考"中心"乃是各该问题本身，而非一种可以涵括多数个别问题的问题脉络或事物关联。

菲韦格更进而将类观点学分为两阶段。在第一个草创阶段,只是"任意地拣择一些偶然发现的观点",然后将之应用到问题上。人们在日常生活中几乎一直在进行这种程序。第二阶段则要寻找"适合"特定问题的观点,并且要将之汇编为所谓的"观点目录"。这些目录可以任意编排,例如用字母顺序来安排,可能观点的数目也几乎没有限制。它是"以概念,或是以语句的方式出现"并不重要;重要的只是它的作用:"有助于问题的讨论"。观点的意义来自其所欲澄清的问题本身,它必须是"可能的或主要的思考方向"。

菲韦格进一步阐明,不仅有"亚里士多德、西塞罗及其追随者所致力的,可共通应用于各领域的观点存在,也有仅适用于某特定个案的观点"。据此,**法律观点**乃是一些可用以解决法律问题,并且预期可获得普遍认可的论据。它们可以极端不同的形态出现。在罗马民法中,它们采取一种——已经从被裁判的个案中极端抽象化的——案件裁判的形态,因此可以"轻易地将之改写为一项定理"。中世纪晚期的法学也采取类观点的方式。在现代民法中,借着提出"利益"这个基本概念,耶林也引进一种"观点",其"重要性还在持续增加中"。透过利益概念的细分,发现了"大量新的法学论据","其大部分亦均受到承认"。此外,有一些概念(诸如"意思表示"、"主要构成部分"),以及一些具有实质内容的法律原则、足以正当化实证规定的理由(例如"信赖保护"以及损害归责的理由),也被菲韦格称为法律观点。因其所指涉者显然极端不同,因此,实在无从精确地说明,菲韦格所说的法律观点所指为何。**任何**在法律讨论中曾扮演过一角的思想或看法,菲韦格似乎都将之视为一种"观点"。因其应用可能性如此多面,无怪乎所有应用这个——曾一度变成时髦话——用语之人都可以将原有的想法与之结合,对这些意见采取立场时,对此种情形不能恝置不问。

菲韦格的著作非常受重视。法律人经常"类观点式"地进行论证,这点大概不容置疑,例如合议庭的法官进行评议时,就采取这种方式。法律人运用到的论据或观点,其重要程度各不相同。论据观点并非被单纯拾起并列,它们各有一定的价值,并且在一定脉络中各有其重要意义。在法律讨论中,某些观点被提出、被审查,然后被扬弃或被保留,就此而论,讨论的确是"类观点式"的;

然而,因为强制裁判应附理由,因此需要一种井然有序的思考进程,于此,论据获得其应有的位置,最后则以结论来终结此过程。因此,单纯的收集法律上重要的看法,或者单纯的观点目录,均尚不足以达成此项任务。假使"类观点学"的作用仅止于此,那么对它的诉求,价值也就极为有限。[106]

一如菲韦格,马丁·克里勒也确信:单纯借助涵摄方式的法律适用,或者仅凭向来的解释"方法",并不能找到对个案而言"正当"、同时又符合现行法的裁判。依其见解,每件裁判在法律上及理性上都必须可正当化,讨论则有助于此。假使法律学家先以实证法为准则,那是因为他"假定,实证法上及理性上的可正当化二者间有一种内在的联系"[107]。这种被假定存在的联系之"实际意义"在于:"只有预设法律文字含有合理性以及无所偏倚的意向,法律文字才能被正确地解释"[108]。以此而论,在法官发现法规范的过程中,忠于法律及追求正义两者并不冲突,毋宁是互为条件的[108a]。被如斯合理解释的法律本文可拘束法官,并可停止对于问题作进一步的讨论。但是也还有一些法律尚未解答的问题存在,对于这些问题的裁判则需要一些"实践理性"本身所认可的正当化事由。克里勒的《获致法规范的理论》一书主要即在讨论此等事由。

为了帮助理解克里勒在这本书中的论述,或许有必要探究,在他稍后的著作[109]中,对这本书的哲学背景所作的说明。克里勒反对19世纪实证主义法学严格划分法规范与伦理规范的要求,这种划分与——直到自然法时代结束之前的——西欧法哲学传统背道而驰。它"切断了法规范与其正当性根据之间的联系,使法规范不须作伦理上的说明"[110]。无论是伦理或是法规范,其最终都涉及具体行动或决定的正当化。伦理规范涉及的是"事实上支配一个民族的一些标准","其根本原则为何,其落实之实际条件又如何"[111]。依其见解,法哲学也是"应用在法律问题上的伦理学"。借此,克里勒使法律政策的讨论与新的哲学思潮取得联系,后者的出发点是:透过合理的论据,对于人的合理行为**应该**为何的问题,可以取得一致的意见。克里勒认为,在一种特定(理想的)条件下所进行的讨论可以达成此种合意。"论证理论唤起对下述苏格拉底思想的回忆:假使每个人都能就事论事、坦率、明智并且出于乐意地参与讨论,并且讨论可以无止境地,在没有必须作出行为决定的压力下持续下去,那么牵涉行为实践性的问题,也可以透过论据及反对论据而获得'理想'的一致意见"[112]。政治及法律等实践性问题的讨论已经进行了数千年,并且还要继续下去。进行讨论的前提乃是:假使在实际上不能,至少在理想上有获致一致意见的可能性,"并且不是一种虚假的同意,而是一种有充分根据的见解一致"[113]。法律讨论是伦理学讨论的一种特殊形态,其特色在于:进行法律讨论时,法律学家所面对的既存有效的法规范是有拘束力的,易言之,于此,法规范被推定是合理而正确的。此外,我们不能忘记,依克里勒之见,只有以正确的伦理认识为基础才能解释法律,或为法的续造,因为——至少在民主国家——可以假定,立法者应该有追求理性及正义的意向。

我们回到克里勒获致法规范的理论上,现在可以清楚地看出,他主要想探讨的是:如何在伦理上正当化实证法、实证法整体的效力主张以及个别裁判。这也是法官主要的工作所在。即使法官先是到法律中寻找案件的解答,然而,获得一个伦理上可以被正当化的结论,这对他来说恐怕才是最重要的。法官是在兼顾这个结论之下来解释法律的,"主导观点乃是:只有当它能正确地(指:用可以被正当化的方式)解决具体的问题时,才能认为此种文字解释是正确的"[114]。无论是立法者的决定,抑或是法官的决定,如果在多数有关的各种利益中,它优先选择保护那种"明显比较重要"的利益,它就是可以被正当化的[115]。为作出此种决定,必须预测各种决定可能的后果,及其对其他利益可能的影响。克里勒的前述说明首先是针对法律政策的讨论提出的,他想指出,法律政策的讨论及狭义的法学讨论,二者在结构上并无截然不同之处[116]。于此,他举出一段原告与被告在法院进行的法律对话为例。原告先提出一项对其有利的规范,并且尝试说服法院采纳此"规范建议"。被告则尝试反对此种规范建议,例如主张该规范通常固可适用,但在诸如目前这样的案例,则应适用例外规范。"质言之,被告探讨其所攻击的法规范,或其所建议的例外规范各将导致何种情况,各自将影响何种利益,必要时并应指出何种利益较为重要"[117]。法官这方面则先是提出一种"规范假定",被假定可资适用的规范将可获致法官认为正当的结论。之后,他比较"规范假定"与实证的法规范,因为"法官固然像立法权一样,应该考虑采纳或不采纳'规范假定'各自可能导致的后果,但是他也必须接受立法权的全部决定"[118]。除了这项限制外,克里勒所认定的判决先例的正确性推定及其因此而生之拘束力,亦将发生一定的限制作用。然而,证实其不正确的空间,仍应予以保留。

本书基本上也认为,(特别是由凯尔森所代表的)严格区分法规范与伦理规范的立场,实在不能维持。"应为"及"得为"、请求权及义务、责任及归责,它们在法律脉络中虽然各有其特殊意义,但其最终都是伦理学上的基本概念。伦理规范与法规范最终都涉及"正当"的行为。但是因为与法律有关的决定均与"正义"相关联,因此需要一个**相同的准则**,此准则又非轻易可得,因此,这类决定就需要透过现行有效的法秩序来正当化。虽然法秩序还不是一个完美的、为任何法律问题都预备好答案的法典,它毋宁还需要明智的解释,在"适用"时,也需要借助法院,基于法伦理原则及正义的考量来继续发展。然而,除少数例外,法院不能直接提出其认为正当之结论。而克里勒所提出的,应优先保护当下"较为重要"之利益的原则——依我的看法——对此的帮助也不大。相对于财产利益,每个人对其生命的利益自然"较为重要",个人对其健康的利益,在多数情况下亦同。然而,个人在经济上独立自主的利益,及其在社会安全上的利益,二者孰轻孰重就不易决定了。克里勒在他处[119]也承认,"重要性关系"本身极为复杂,它取决于多种"交互作用的条件关系"。在很多案件中,根本不能期待就此可获得一致的见解;因为人类的需求及兴趣委实过于分歧。值得一提的有个人的生活情况、年龄、职业及其他类似的条件。法官也不能一直等待,直到在"理想"的条件下所进行的对话获致结论。甚至连立法者也不能。就结果考量的论据而言,法官对其裁判可能产生之后果的判断,不论就事实上的可能性或是就诉讼法的规定而论,均远逊于立法者。因此,诸如考量开始一件破产程序可能导致的经济后果,法官应将之让由立法者来承担,只有在例外的情况(例如:当法官决定作"超越法律"之法的续造时),法官才能将此类后果列入考量[120]。只有在那些直接介入政治或经济脉络之中的,联邦宪法法院的裁判,情况容或不同;于此——在法院能力所及的范围内——对可能的后果亦须考虑。就此,吾人将于他处更深论之。

克里勒(在其《获致法规范的理论》二版跋语中)批评我及其他作者(例如

弗里德里希·米勒），认为我们企图"透过将传统的四项解释方法精微化，来尽可能地压抑法律学家作决定的责任"，使他们免于（为其决定及其决定的后果）承担伦理上的责任[121]。然而，米勒和我都未曾主张法官只须单纯地遵守解释规则，透过逻辑上必然的推论，就能够——像简单的数学计算那样——由法律推得裁判。我们所主张的是：法律学家通常不可以采取可疑的，直接诉诸最终、最一般之原则的方法，以获致其所寻求的正当决定，反之，他必须采取循序渐进的方式；首先他必须努力确定有关的法律规定（事实上克里勒也认为，追求正义的意向正是借着它们表达出来的），以及隐含于规定之中的法律思想之正确意义，以便他能针对待判案件作进一步的彻底思考。被提及的"解释规则"，其不过要标示思想进程中的一些重要步骤或阶段，假使我们不想遗漏一些本质性的事物，它们确实是不容忽视的。因为有这种循序渐进的方法，事后的审查才能够进行，虽然于此仍不免要作价值判断。我们的见解是：以此种方式最能够获得符合正义要求的个案裁判，特别在我们考量到——菲肯切尔所说的——"平等的正义"时尤然。当法律不能帮助法官发现一种多少符合"事理上的正义"之裁判时，他还有作"超越法律"之法的续造的可能性，然而，就此他必须提出事理上的根据。由是，法官必须为其裁判承担沉重的责任，没有一种方法论能够，或想要免除他这项责任。但是我们同样也不能对法官作过度的要求。

哈弗肯特也关切裁判在伦理上的正当化之问题[122]。他援引埃塞尔而提及，"在法学及司法的法条创造工作中，（作为确证法规范认识的手段之）法学方法论的末日"。他指的是演绎的推论程序，不管它是由一般的法概念，或是——"更接近实证化思想地"——由法律本身所作的推论。他认为，"向来的方法论""不能说明，发生在法秩序中之内容演变的现象"。他更进一步批评，"这种方法混合论使大家可以在所有可能的解释标准中自由选择，并宣示其中之一系当下个案中具拘束力的标准"[123]。因此，"尝试覆盖形式的方法学之神圣外衣于——事实上系依个案的事物情况选用不同观点的——司法解释之上，其势必归于失败"。然而，法学方法论虽然在"确证法规范认识"的作用上达于末日，此尚非全部方法之末日[124]。依其见解，迄今被应用过的方法都只具有负面的作用;它们排斥"坦率依据作成决定时的主要考量,以正当化裁判"的作法,因此也阻止"决定性的正义标准出现在裁判理由中"。事实上,重要的是裁判"实质上的正当理由",而不是裁判之形式逻辑上的推论。因此就产生下述问题:"解释者本身的实质正当性的意向,以及其受法律拘束的义务,两者间应如何调和"[125]。法官首先尝试,以"认识、发展并汲取包含于法律中之实质的合理性"来调和二者。假使此种方式尚不能满足要求时,法官就必须面对"法规范的可正当化与否"之问题。"法规范及其应用均取决于'正当'标准为何的问题,因此亦须留意——作为研究'正当行为'的基本学问之——实践哲学所提出的解释观点"[126]。然而,必须作裁判的法官不能一直等待哲学讨论上的进展,因此至少必须拟订若干足以"保障在法秩序中有获致真理之可能性的条件";哈弗肯特认为,这些条件在宪政国家中已经实现。

认为法律问题的解答并非借逻辑推论来达成,而是透过对周遭有关论据的讨论,这种想法主要是由菲韦格引介的,它导致日益增多的对法学论证的前提要件及规则的探究[127]。于此涉及的论题是论证的逻辑结构(特别是对价值判断赋予理由之可能性的问题)、论证规则,以及在诸如法律解释、先例应用以及教义学等范围内的特殊法律论据之运用。因其所处理的问题,与法学方法论所处理的论题并无不同,不免会产生方法论与论证的理论两者之差异何在的问题。"论证"是指:提出一些似乎可以正当化某项主张,或使其至少看来值得讨论的理由。为满足前述目的,这些理由必须具备以下性质:它们必须能够说服预期的讨论伙伴,克服其可能提出的反对理由。企图勾画一种法律论证的理论者,其主要的考量是:在法院前面、在合议庭的评议室内以及在文献中对于法律问题的讨论。法官判决之作成,以及法律意见在法学文献中之贯彻,显然均须透过讨论。因此容易认为,法律说理乃是一些论证形态及一系列的论证。相对于此,"方法论"比较是为从事法学研究、提供专家鉴定意见以及说明判决理由的程序而设计的。于此,具决定性的不仅是"比较强势"的论据,有序的思考进程也同样重要,后者可以保证重要的观点不致被遗漏。然而,论证者所采用的论据,以及依循"方法"探讨问题者不能避免的思想步骤,二者涉及的观点毕竟大半雷同,因此,只要后者的思想步骤不限于合理讨论的形式规则,则二者实际上是由不同的角度来处理同一事物的方式。

罗伯特·亚历克西的"法律论证的理论"就清楚显示此点。他强调,法律讨论是"一般实践性讨论的特殊形态"[128]。法律讨论以及一般实践性讨论之共通处在于:两者均提出规范性的陈述,并均主张其陈述的正确性。然而,法律讨论仍不失为一种特殊形态,"因为法律论证的进行必须受到一系列条件的限制"。这些条件包括:"受法律拘束、对判决先例作必要的考量,置入——由制度性运作的法学所发展出来的——教义之中",除法学讨论外,并应受"诉讼法规定的限制"[129]。依此,相较于"一般实践性讨论"所主张者,法律性陈述所主张的正确性亦较为狭隘。"其并未主张,其所提出、所建议的规范性陈述或判决是绝对合理的,反之,仅认为:该陈述在现行法秩序的范围内有合理的根据"[130]。亚历克西逻辑一贯地提出下列问题:"在现行法秩序范围内之合理的根据为何?"[131]

为答复此问题,亚历克西致力于下述——长久以来已经是法学方法论研究标的之——论题:关于法条以及规定法效果的三段论法之理论、法律解释的不同方法(亚历克西名之为"论证形式")、关于法教义学的工作方法及其研究成果之应用的理论、判决先例的应用。与埃塞尔、克里勒及哈弗肯特不同,亚历克西对于多种解释方法并未抱持绝对猜疑的态度。依其见解,论证理论虽然不能提供一种确定的高低秩序或前后顺序,然而它可以指出,"以何种方式可以合理地应用这些不同的论证形式"[132]。各个论证形式在当下的个案中分别有何等重要性,其最后必须取决于"合理的理由"。而主要必须透过"一般实践性讨论",质言之,社会伦理的讨论,才能获得这些理由。他最后总结如下[133]:这四项解释准则(=解释方法)固然不能保证,"能够相当确定地发现唯一正确的结论",但是它们却也"不仅是附随地正当化一种——以他种方式取得,以他种方式得其根据之——结论的工具。假使法律论证要主张其陈述正确的话,它们就是法律论证必须应用的形式,因为与一般实践性讨论不同,法律论证之正当性主张与法律拘束有关"。对于以上说明,我们只能表示同意。

对于类观点学,亚历克西只赞成其下述确信:在讨论有争议的法律问题时,重要的是谁的论据比较好,解决此疑问的适当手段则是:在遵守合理的(形式的)规则下所进行的讨论。然而他也清楚地认识到类观点学的缺点,并且将之分别列举[134]。他认为该理论主要的缺陷"在于错估了法律、教义学以及判决先例的意义",再者,"对于法律说理中所援引的不同的前提要件,其亦未作充分的划分"。他认为,一种法律论证的理论必须受下述标准的检验:"它是否,以及在何种程度上能避免前述缺陷"。亚历克西并不讳言,法律讨论主要涉及**"规范性陈述的正确性"**。借此可以清楚地看出,他与那些以修辞学为出发点的作者(例如佩雷尔曼以及菲韦格)截然不同之处;后者认为,讨论参与者致力于发现"可被接受"的论据,因此其关心的不是陈述的"正确性",而是其"可同意性"。

关于法教义学中的语句可否、应否以及在何种程度上可能或应被用为法律讨论(指:关于正确决定个别案件的讨论)的论据,亚历克西所作的论述值得吾人特别留意。他的答案是:"只要它与一般实践性论证的联系并未散失,教义学中的论证就是合理的"[135]。于此,他排斥菲韦格对体系的敌意,他也拒绝片面地否定所谓的概念法学。然而,教义学中的语句可否应用于法律讨论中,这项问题仅涉及部分角度,其并未穷尽(教义性)法学之认识价值的全部疑问。

第六节 法律拘束与涵摄模型

迄今提及的作者们在一点上倒是意见一致,质言之,对于借助逻辑涵摄(即:将案件事实归属一法规范的构成要件之下),由法律推得裁判的程序,他们或者认为根本无法做到,或者认为其意义并非如想像般重大。依据他们的见解,至少在法规范的发现上,但同时也在裁判的正当化时,其重心均是在法官的其他——总是包含有价值判断的——考量上。就此,菲肯切尔也不算例外。虽然他明确支持涵摄模型,然而,涵摄之于他不过是程序的最后步骤,在大多数的案件中,法官直到程序的终点才自己塑造出一个法规范,然后才将案件事实归属于此法规范之下。毫无疑义,新近的方法论赋予法官较大的权限以塑造、续造被适用的法规范(=作用中的法),任何人如果尝试仅由民法典来认识今日的债法,其经验将使他赞同前述新近方法论的见解。有时似乎连法官受法律拘束的原则都被放弃了。例如,我们会在哈塞默的文章中[135a]读到:法官即使**想要**,他也**不能**严格地遵守法律。法律一旦公布,其适用即"须受法官行为的支配"[135b]。虽然如此,对哈塞默而言,"法律拘束的基本假定对法官行为仍是具规范效力的要求"[135c]。然而,依其见解,此亦仅是一种不可能履行的要求。对于法官,只有法官法及法教义学至少还多少有事实上的拘束力。假使大家甚至认为,只有司法裁判才真正决定,在今日什么是合法的,什么是今天真正有效的法律内容,那么法院依据宪法应受法律拘束云云,看来不过是一种拟制。如是,则吾人的法律见解,以及民主法治国的基本规定之一就完全落空了,而借法律以保障标准一致的作用,也就完全不可能达成了(因此,有些人想到以判决先例拘束作为其代用品),由是,法安定性亦受到严重的损害。任何人如果不想接受此种见解,另一方面又相信,非以严格逻辑推论为基础的考量,在法学及实践伦理学的领域中,不能为各该决定取得可能且必要的可理解性及可审查性,那么他将努力在可能的范围内坚守"古典的"涵摄模型。科赫和吕斯曼在他们合著的《法律说理学》[136]一书中正系从事于此,该书是以现代逻辑学及语义学的认识为基础而完成的。

科赫和吕斯曼所关切的不是法官事实上如何获得他觉得"正当"的裁判(对于拥护埃塞尔者而言,这又恰是其考虑重心所在),他们关心的是:"法律决定的好理由是哪些"[137]。他们的出发点是:说理的最主要任务是证实裁判与法律的一致性。最能达到这项目的的是"演绎的说理模式",质言之,以逻辑涵摄的方式(将案件事实的描述归属于该法规范之下)来适用法律。当立法者赋予法律适用者,对于不同的可能性有自由选择的权限时,前述模型就遇到它的界限,然而,在达到界限之前,还是可以遵守法律拘束的要求[138]。其要求尽可能选择一项法律规范作为演绎模式中的第一项前提,该规范之详细意义则借解释以得之。于此,应**优先**以法律的内容及立法者的目标为准则。易言之,"法官对于法律用语不可任意**赋加**意义,毋宁须以受法律及立法者拘束的方式,来**发现**法律的语义内容"[139]。由这些语句可以看得出来,他们明白反对下述说法:选择用以说理的解释"方法"系取决于,何种方法可获致适用者认为正当的结论。科赫和吕斯曼又特别强调演绎的说理模式具有如下的优点:它可以保障,所有实现规范所定条件的案件事实均将受相同的处理,而前述条件又必然系以一般的形式被表达的;它并且可以——在可能的范围内——保障法的安定性。最后,它使我们以最可靠的方法来审查推论各环节的准确性,因此也可以作有根据的批评。关于类观点学,他们说[140]:"针对如同观点大杂烩那样的裁判说理,根本无法批评"。就此而论,其回头转向——已经被一些人宣告死刑的——"古典的"方法论已昭彰甚著,若干新作(亦包括恩吉施)[141]亦持此见解。

科赫及吕斯曼又将此"演绎的说理模式"更精致化。关于其借助形式逻辑的部分,于此只能请大家参阅两位前述的著作。他们强调,如斯的逻辑形式化之收获在于:借此比较容易控制必要的推论环节是否并无漏洞。对他们而言,涵摄主要是为了克服在(通常以非常一般性的用语来表达的)法定构成要件与(比较强调待判案件之个别特征的)案件事实描述两者间语言上的鸿沟[142]。于此,由解释法律规范所得的结论,以及由之前的前提推得的结论,两者所共同构成的前提应置入推论的环节中。假使依法定构成要件,关键问题在于行为人是否携带武器。依案件事实的描述,他带了一把刀。于此应不难借下述——不容置疑的——陈述以弥补二者在语言上的"鸿沟":刀确实是这项规定所指的"武器"。于此,涵摄并无任何困难。而假使行为人没有刀,他随身携带的是指甲刀,大家就会怀疑,这是(该规定所指的)"武器"吗?为回答此问题,我们必须指出该规定所谓的武器之重要性质为何,以便更详尽掌握其特征。解释的结果构成推论的大前提,小前提则是:确定行为人所携带的指甲刀是否具备"武器"的重要性质。结论是下述判断:行为人的确(或并未)携有武器,由此更可推得:被描述的案件事实合致(或并未符合)法定的构成要件。多数推论(其前提一则是法律本文,然后是——借着对它的解释而取得的——比较详细的概念界定,以及案件事实描述)其间的相互啮合,此确系"演绎的说理模式"之特征,而因为它令人产生严格的、符合逻辑思想顺序的印象,所以它才如此具吸引力。

科赫和吕斯曼认为,即使在法律应用"模糊概念"或类型描述的情况,借解释之助,涵摄依然可行[143]。对此我可不能同意。诸如"轻微"、"无关紧要"或

"主要"之类的"模糊"概念都有着"摇摆不定"的波段宽度,在不定的宽度之中,尚不能确定指出,某特定案件是否的确落入其所属范围。只有当我们能够将此等概念转化为固定的数量大小或时间范围,我们才能将事实归属其下。而这正是立法者所要避免的;他想保留一定的判断余地。也许我们可以造出下述语句:如果逾期超过一周,就不能认为是无关紧要的,而假使确有如是逾越期限的情事存在,即可将之归属于前述语句之下。然而,前述语句那样的判断是危险的;可能在某个个案中应作不同的判断。怯于承认事实不能涵摄于"模糊概念"之下的原因在于:认为因此将使裁判变为非理性的决定,一种单纯的决定。依作者之见实未必然。很多案件事实可无疑地归属于此等概念之下,因为它们是典型的、范例性的案例。即使在其他情况,将之与此类案例以及已决的案例相互比较,亦常能有所助益。假使认为相互比较的案例间并无——与判断有关的——不同存在,就可以作类推适用;如认为有此等不同点,则否。只有极少数的案例是那样困难的"正好在边界上",因此就只能作一项单纯的决定;就此,我们也必须接受。前述说明同样也适用于类型描述,以及需要补充的标准,例如,于此时此地被要求的谨慎程度。因此,并不会立即、到处都变成由单纯的决定来支配的领域;取涵摄而代之者乃是:以比较、含有评价性质的衡量为基础之归类。就其出发点仍是一项法律规范,且其法效果亦须由此推得而论,对此等案件所进行的程序仍具有"演绎"的性质;然而,其中间的种种步骤则与涵摄模式所要求者不同。于此,说理亦未被放弃;只是它不像涵摄模式那样会使人产生"必然性"的印象。

演绎的说理模式本身有助于确保法官恪遵法律拘束及平等处理原则,而科赫和吕斯曼又赋予此模式中的法律解释以重要作用,因此他们自然不能将法律解释任由解释者借"方法选择"来任意支配[144]。依其见解,法官必须遵守一定的解释规则。他们特别重视语言(语义)解释。假使体系解释仅仅要求,应注意被解释的规定在法律中的脉络,那么它的作用就完全被语言解释所吸收。文义之外,(历史上的)立法者之规范意图也具有决定性。反之,科赫和吕斯曼对于与此不同的"法律的理念"、"客观的——目的论的"解释则抱持怀疑的态度。依其见解,此类解释目的之阶层顺序来自国家论的考量,而非基于诠释学或哲学的思维。语义解释具有优越性；不得基于其他解释目的的考量来修正清晰的字义。就此而论，除被认可之法的续造外，科赫和吕斯曼认为法官应受字义的拘束。假使文字具有多义性，在第二个步骤上应取决于立法者的目的观。只有当立法者就此并未作出决定时，"才能以'合理的目的'为准，来补充法律的语义解释"[145]。依此应足以明了，与一些迄今提及的作者不同，科赫和吕斯曼（基于国家论及宪法上的理由）赋予法律拘束之要求以优越的地位，即使相较于个案正义时亦同。与克里勒适相反对，他们明白地说：以各种解释方法可能获致之结论的合理性为依据，凭此以选择此种或彼种解释方式，此种作法并不可行，"因为结论评价的间主观性经常并不存在"[146]。追求正当的个案决定，其只有"在法律拘束的范围内"始能获得认可[147]。

虽然如此，科赫和吕斯曼并不否认，在一定范围内，法官的法的续造是被容许的，并且在实务上亦有其重大意义。其之容许与否更是一个宪法问题。对此，在不同的法律领域应作不同的答复。例如，司法权绝不可自行扩张国家对人民干预的权力范围[148]。在私法的领域，法的续造毋宁是较可容许的。科赫和吕斯曼拒绝以漏洞的概念作为容许性的标准。法的续造之容许根据在于：透过它，"立法者所意欲者，可以对抗立法者所言说者而获施行"[149]。于此，他们努力以其认为适当的逻辑形式，来表达类推适用及目的论的限缩这两种论证形式。

最后，科赫和吕斯曼也承认，特别是在裁量规范以及原则的情况，还是有一些裁判的活动空间存在，"仅仅诉诸立法者所意欲者，并不足以解决此问题"[150]。于此，当下的裁判者应该为"他——在鉴于其他可能性，本亦得为他种作法之下——所作的选择"提出说明。假使他应该"提出说明"，那么他必须为其裁判陈述理由，即使不是"必然"的理由，而是应由其自负其责的理由，亦同。这些理由可能只是一些伦理性的正当化事由。与佩雷尔曼及其他新近伦理哲学家相同，他们认为：只有当所有关系人，在对某项决定预期将发生的后果（不管是对他们自己，或是对人类社会共同生活的影响）有正确的认识，并且为正确的评价时，其亦能够同意该决定，始能认为该决定是"正当"的。因此，必须说明的包括：可供选择的各种规范可能性，其影响的利益分别为何；对于这些利益的重要性之评断,为此更须发展出一些"分配原则及优劣规则"出来。"然而,假使我们将选择可能性局限在立法者的规范计划范围内,那么即使每位法官在作成裁判时都愿意就前述情况提出贡献,其仍不免要流于虚幻,或发生无能作出裁判的后果"[151]。法官首先必须倚赖——判决先例以及教义学中的建议所包含的——"先前贡献"。假使连它们都付之阙如,法官仍然不能免于自为考量的义务。于此,大家不能要求,"在有限的认识手段以及作成裁判的压力之下,法官所为省思的正确性程度,仍然足以与经学术性准备及检验而作的后果考量相提并论"[152]。

科赫和吕斯曼希望将裁判应附具——得事后审查的——理由一事确定下来。他们保留给法官向法感、衡平或模糊的一般观念诉求的空间很小。对于案件事实的确认,尤其当它仅以概然性判断为基础时,两位也要求最高程度的合理性[153]。依涵摄模型具"逻辑必然性"根据的裁判,以及法官仅以伦理性论据为基础自由地作出的裁判,二者间的界限,被他们尽可能地朝有利于前者的方向推移,依吾人的见解,甚至已超越可能的范围。在某些人对涵摄模式,甚至对依循方法论的程序作了过度的批评之后,这种反弹是可预期的。它在某些部分也的确发挥了矫正的作用。然而,科赫和吕斯曼的研究完全集中在法官裁判的说理上,以获得法秩序的一般认识为目标的法学工作,以及法学中的体系成分均未曾成为其论题。因此,他们之不承认体系标准,在各种解释准则中有其固有价值,乃致使语言解释完全吸收体系解释,其均非出于偶然。

帕夫洛夫斯基[154]则不然。他主要关切的是法学如何在现行法的范围内,借助现行法以及被适当解释的法律,来取得规范性上正确的认识。他虽然认为,在说明裁判理由时,不能弃置涵摄模式[155],但是对作出正确的裁判一事,其帮助不大[156]。因此,"提供给正在作裁判的法官其他方法,使他们的眼光转向更宽广的脉络,这不仅是可理解的,也是事理上所必要的"。

虽然没有使用菲肯切尔发展出来的用语,帕夫洛夫斯基也区分正义的两种要素,质言之,即"平等的正义"及"事理上的正义"。我们在帕夫洛夫斯基的书中读到[157]:西欧的法秩序"长久以来,因其以罗马法为基础,并且受希腊法哲学的影响,因此其基本的出发点系:法秩序及正义的特征均在于其'合法律性'

(质言之,对相同事物为同等处理),因此,法秩序及正义均与'规范性'的(指:合法律的、可重复的)裁判取得联系,就此而论,其并非取决于关系人之直接同意"。平等是透过抽象化产生的。何者为同,何者为异,必须借助先前的决定(规定、法律)才能确立。"从这个角度来说,法学比较是一种探讨人们如何恰当地**确立**平等性的学问,其首务反不是研究什么是**平等**的"[158]。假使已经作出必要的先前决定,而且其内容——在必要时——已由法学详予确定或更予发展,那么涵摄模式就表示:"当下被寻得的裁判合乎合法律性原则",质言之,已对相同事物为相同的处理[159]。然而,"法秩序的规范性只是(实质的)正义的第一项先决条件,而非其唯一条件"[160]。第二个条件是:包含在判决先例或法律中的先前决定必须是"正确的",正确系指:"依据它们包含的'构成要件要素',在考虑其规整的问题及其规定的法效果之下,可以作出'可理解的'(即:由事物的角度说得过去,确足以划定不同之处的)区分"[161]。这里所说的显然是菲肯切尔所谓的"事理上的正义"。帕夫洛夫斯基[162]甚至说,即使是国家的法律,只有当"大家可以指出,何以并且在何种程度上,它所确定的构成要件与规范性命令间的关联是'正确的'(合理的,就事物的观点来看适当的)",然后它才能被认识,并被理解为现行法秩序的组成部分。

假使认定法律的主要任务在于决定何者应作相同处理,何者应作不同处理,质言之,在于保障相同事物受到相同的处理,那么它与法律的另一种作用(帕夫洛夫斯基称之为法律的"操控作用")似乎有些矛盾。现在许多法律的作用正在于变更目前的法状态,并创设新法。依此,则今日相同的事物,明日可能须作不同的处理。依帕夫洛夫斯基的见解,之所以可正当化此类不同的处理,系因新规整的主要关系其改变如此重大,以致由事物的角度来看,原有的规整不复恰当,质言之,虽然"外观上相同",但已不再是"相同的案件事实"[163]。此外,一般法律关系或生活关系的改变,亦可能导致——并未变更的——法律规定的意义因此全然不同,由是,相应地其解释亦必须与先前不同[164]。个别法律规定本身或其解释的变更,可能会导致法秩序的矛盾冲突。"因为不能保证立法者、法院或其他法定机关,他们在发布'新的(先前)决定'时,始终会考虑到他们的决定是否,或在哪一方面将影响其他案件事实"。"因此,每项'新的

(先前)决定'都促使我们去审查,目前现存的(先前)决定彼此是否相互协调"[165]。这只能依靠体系性的考量。"因为只有借助多数先前决定所构成的牢固体系,才能确定什么是本质上相同,什么是本质上不同的"[166]。假使这些决定本身就不协调,就无法确保对相同的事物作相同的处理。在不一致的情况发生时,应遵守新法优于旧法的规则。"由是,当新的法律与既存的法体系相矛盾时,则(至少在一般情况)应变更(或改组)此体系,而非放弃该法律"[167]。

关于帕夫洛夫斯基的体系概念,我们稍后还要再讨论。现在我们先转向他的法律,以及与此相关的法律拘束的理论,在他的方法论中,它们占相当重要的地位。帕夫洛夫斯基将法律的任务或作用分为三种,他名之为"规范性作用"、"改良的作用"以及"计划的作用"。法律的"规范性作用"系指:借助其"规范"的特质以确保平等处理的要求。

在规范性作用方面,帕夫洛夫斯基认为法院受法律拘束的种类有三种:"技术性的"、"教义性的"及"法的"拘束。"技术性的"拘束纯粹是基于目的性考量而来的:大家可以预期,法院全体均将遵守国家所确定的规范,以及立法者对此所提出的理由,因为如此最可确保平等的处理。这种"技术性的"拘束还不是有义务性的、法的拘束。"教义性的"拘束所关心的是:法律所选择的教义学上的构想。如果我没有误解帕夫洛夫斯基的话,它也还不是"法的"拘束,毋宁同样也是目的性的问题:只要还没有更好的构想存在或被承认,那么遵循法律所选择的构想是合目的的,因为其他法院亦将如此,如是,则又最能确保平等处理了。于此,体系化的理论(或建议)可用以支持此见解。该理论认为,体系化最坚强的根据在于法律或国家机关对此的进一步说明,所以然者,"不是因为法律在这方面具有'法的'拘束力,或因为大家对法律必须作'主观'解释,毋宁是因为法律"是使法规范归于一致的最佳手段"[168]。因此,国家的法律同时也是"法的认识手段"[169]。但是法认识本身的进展亦可使法律被超越[170]。

依帕夫洛夫斯基之见,就算不是所有的法律,至少也有许多法律具有第二种作用,即前述操控的或改良的作用。在这种作用里,"正确内容"的问题,以及——与此相关的——正义的第二种要素(即:规范在事理上的适当性)又重新出现在眼前。当"法外的,或超越法的认识,或者社会关系的演变,促使大家想制订'新的'法律时",大家就会重视国家法律的操控作用[171]。于是国家的法律就变成"一种工具,我们借助它以联系法的知识以及法外的或超越法的认识"。由此可以推得:国家法律对于法官(也)有**法的拘束力**——就认识现行法而言,其亦拘束法理论家[172]。假使裁判不遵守法律,则其不仅抵触平等处理的原则,同时还"放弃依据现行的认识程度来确定——对于任何法秩序而言均属必要的——先前决定,因此也违反了第二种正义(实质的正义)之要求"。法官必须受——国家用以实现其改良及操控作用的——法律之法的拘束,"因为惟有如此才能作出正当的判决,质言之,符合平等处理的原则并且——在考量今日可能的所有知识下——对本质上的同异予以区分的判决"[173]。前提是:"我们的立法程序足以保障,借助国家的法律可以'改善'法秩序",法律"是一种适宜使吾人的法秩序配合法外的,以及超越法的认识而发展之工具"[174]。依其见解,情况也的确如此[175]。

可以帮助改良法秩序的法律,其所具有之法的拘束力并非毫无界限。法官虽然不能仅因其认为,作为该法律基础之法外的认识是错误的,便背离该法律。他必须将重新适应的工作留给立法者,因为"在改良法秩序这方面",后者有较好的认识可能性。然而,假使由("狭义的")法认识而论,法律被证实是错误的,例如,"依现存(有效)的先前决定,本质上相同的事物,法律作了不同的处理"[176],于此即发生如下的问题:前面的论述应如何与——帕夫洛夫斯基之前所主张的——新法相较于既存先前决定之优越性相互调和。于此非指,法律因抵触具优越性的法规范(例如抵触宪法)而无效,并因此而不具拘束力的情形。帕夫洛夫斯基并指出,法的拘束力亦可因时间的经过而受影响。假使作为法律基础的,当时"新的"法外的认识,此时"已经变成现行法毫无争议的(自明的)组成部分,变为普遍的知识财产"[177],则先前为改良法秩序而公布的法律,亦可丧失其改良作用并因此丧失其法的拘束力。法律学家们还有什么理由可以拒绝服从此等法律呢?正如帕夫洛夫斯基[178]所承认的,"对于个别法律,我们既无法自始,也无法一次就确定,其内容中的哪一部分具有操控或改良的作用,哪一部分则仅具有规范性的,或平等处理的作用",因此,法的拘束力范围如何的问题就变得更加困难。

最后的"计划的作用"所涉及的是:"团体社会的组织、权限规范、国家权力的限定、担任公职者的合法行为、法院的组织,最后还包括确定个人地位(指:法秩序中的"各种能力")的规范——仔细观察,其包含大部分的公法规范、一些私法规范,特别还涉及刑法。依帕夫洛夫斯基之见,这些规范的特质在于:"各该法律对构成要件的形式上的描述,具有严格的拘束力"[179]。基于国家政治及宪法政策上的理由,这个范围内的所有重要决定均应保留给立法者。因此,此处适用"严格的实证主义",其将导致"形式的拘束力";它"不容许再诉诸现在可能的法的认识"[180]。假使这段话意指,必须容忍在这个范围内本质上的不同,那可真令人惊奇[181]。况且,这种理解也与——作为较高位阶的法规范——基本法第三条的平等要求抵触。帕夫洛夫斯基甚至认为,在这范围内,不但类推适用,甚至连限缩解释或扩张解释都在禁止之列[182]。剩下的看来只有严格的文字解释了;帕夫洛夫斯基是否真要如此,我相当存疑。虽然有这些疑虑,他依据法律的不同作用来区分法院所受拘束的范围及其从事法的续造的权限,这种想法还是值得进一步深思。

很多作者以宪法的角度来研究法官受法律拘束之意义及其范围[183]。他们一致认为,拘束力的意义不应如此狭隘,以致法院根本不能为法的续造,但是他们要求,"法院应尊重立法者塑造法规范的优先地位","并且在寻找正当的裁判时,应该借法律论证及说理的手段,使宪法预定的法律功能得以确实发挥"。由是,相较于今日的许多学者,他们更强调法律对法官的拘束力。关于此点,尚请参照本书关于宪法解释的说明(第四章第四节第三款)。

第七节 关于体系的问题

在很大的程度上,十九世纪的法学笼罩在所谓的概念法学之中。其贡献在于形成一种——以较特殊的概念应隶属于适用范围较广,表达内容较少的概念之下为原则而构成的——抽象的概念体系。它不仅能指示概念在整个体系中应有的位置，也能将具体的案件事实涵摄于法律规范的构成要件之下[183a]。这种体系表现在我们法律的外在规定形式，以及许多概念性的划分之中，例如，公法与私法的区分，"绝对权"与"相对权"、"当事人之间"的效力及"对世"的效力、法律行为之无效及可得废止等。因此直至今日，在很大的范围上，对于法律的理解工作，它仍然可以有所助益，虽然在很多地方它的确也不再"适宜"了。反之，没有人会期待可以由**此种**体系获得解决问题的答案，它至多只能使我们比较容易找到相关的法规范而已。然而，它在这方面的意义却也不容轻视；但是仅此尚不足以正当化法学对体系性认识的努力。虽然如此，这一类的努力却仍在持续中；因此，这些努力意义何在的问题，就又被重新提起。

恩吉施[184]是首先对法学中的体系思想，作批判性讨论的学者之一。他首先说明，法学何以不可能构成像数学，或其他可精确计算的科学那样严格的"公理式"体系。那种严格的体系首先需要定量的基本概念或"公理"；这些公理彼此在逻辑上必须能够相容，并且必须是"最终的"，质言之，它们不能由其他公理导出。恩吉施论及：假使大家尝试，想将属于特定法秩序的一大堆概念还原为少数几个类似公理的基本概念，大家或许会得到（如施塔姆勒的"基本范畴表"所示的）一些不能表达任何法条内容的、纯粹形式的概念，或许大家会寻得若干"最终的，经验性的观念要素"，但其"数量之多，将一如自然以及社会的世界所能够提供给吾人者一般"，因此，其本身不能构成一个封闭完结的概念群。此外，在由较一般的概念得出较特殊的概念之程序中，法学"有这样多亟待处理的素材，因此，与对此而言必要的认识行为相较，纯粹演绎就居于劣势"。最后，似乎可以演绎出具体决定的法律原则，其本身会"被其他原则影响而落空或受到限制，因此不可能有单纯的推论，毋宁尚须决定，何项原则优先于其他原则"。

恩吉施虽然因此认为，"公理式演绎的方法在法学中绝不可行"，但他并不因此以为可以放弃体系思想。依其见解，只要我们仍然应该研究"真正的法秩序"及其在思想上的渗透影响，就不能放弃体系思想。即使是"由个案到个案，由个别规定到个别规定这样摸索出来的"法秩序,它依然是"依照一些——以其整体足以构成一个体系的——内含的原则"而发展出来的。由此看来,恩吉施想像的是一种由若干——彼此有意义地相互结合之——法律指导原则所构成的体系,其运用某些概念及分类观点,惟并未主张彼等具有一般有效性或完足性。体系绝不应"像网一样地覆盖"在法秩序之上,我们更可以补充说:法学毋宁应不断地由法秩序整体、其内含的意义脉络出发,赓续发展,借此显示出作为一种意义脉络的法秩序整体,并使其可得明了。一如恩吉施在1935年所正确指出的[185],实证法秩序内在的一致性,其一方面是法学体系化工作的成果,另一方面则是一种先决规定,"借此,(作为人类精神活动产物的)法秩序内的一些规范性及目的性关系,彼此才不至于混沌一片"。固然在任何时候都不能主张,法秩序已如此完足,因此,只要照本宣科地将法律决定读出即可——总还是会有些不一致的情况、尚未处理完结的剩余部分,或甚至有意地突破脉络关联的情形。另一方面也不能反过来主张,法秩序纯粹是由学术依一定的前提所形成,因此,现存秩序多少是学术所强加的。恩吉施说:"凡隐含于法秩序之中者,将借法的认识而被明白发展出来"。只要该当法秩序的基本思想及主要价值决定彼此协调一致(这也是法思想所要求的),法学就应该将此等一致性显示出来,并由此得出应有的结论——在这个意义上,必须体系性地从事法学研究[186]。

虽然埃塞尔明显倾向于判例法及"问题思考",但是他并未完全放弃在法学中构筑体系。由此可以清楚地区分他与菲韦格的立场,后者主张其类观点学是唯一可行的方法。埃塞尔区分"封闭的体系"及"开放的体系";前者由法典化理念来代表,后者则是在个案法中逐渐形成,因为"如果长期欠缺依照概念、价值而形成的推论脉络",个案法毕竟不能维持,盖惟借助此等推论脉络,才能对个案决定作合理的事后审查,并将所有的决定组成一个"体系"[187]。埃塞尔认为,具历史性的法律正是如此发展出来的;他提及[188]:在所有的法文化中均一再重复,"发现问题、形成原则及巩固体系三者间的循环"。依此,构筑体系的真正要素乃是法律原则而非抽象概念。如前已述,埃塞尔认为这些法律原则是借着有疑问的个案被发掘出来的;它们可以说是被一般化的问题解答。因此,今日经常发现判例法及成文法两种思想方式有相互接近的情况,其原因在于:前者目下正在形成并巩固原则的阶段,因此已开始构筑体系;而后者则正在松解体系,重新转向问题思考的阶段。

依埃塞尔之见,"问题思考"有重新开始创意性工作的意义,有体系脉络的思考及与之相应的法律"构想",则具有合理地控制个案解决方式的意义。他说道[189]:"于此所称的构想乃是:将价值认识用一个体系排列起来,借此我们可以找到——依据整体秩序合理(=即可得审查)地——适宜作为该当个别决定的标准,据此可合理地控制任何决定"。这些标准在思想上可以用概念加以掌握。每个概念都界定出一个"合理的评价框架"出来,在框架之内,司法机关还有继续发展的空间[190]。埃塞尔于此所指的显然并非业经穷尽定义,可用以单纯涵摄的概念,而是指一些尚须由司法裁判予以填补的"框架概念"。然而,还有必要究问,这些概念仍是固有意义的概念与否,或者此等"概念"之结构如何。

科因也强调体系化工作在法学中的重要性[191]。每个体系都是"透过研究个别问题所获致认识状态的概括总结,它包括:被认识的法律原则及其间的相互关系,以及我们在个案,在规定的客体中所认识的事物结构。因此,它不仅有助于概观及实际的工作;它也成为借助那些——透过体系才清楚显现的——脉络关联以发现新知的根源,因此也是法秩序继续发展的基础。只研究个别问题,而没有能力发现较广脉络关联的学问,并不能继续发展出新的原则;在从事法比较时,以不同方式表达出来的实证制度、规定彼此功能上的近似性,它也不能认识。因此,体系性工作是一种永续的任务;只是大家必须留意,没有一种体系可以演绎式地支配全部问题;体系必须维持其**开放性**。它只是暂时的概括总结"。不论是恩吉施,埃塞尔抑或是科因均明确指出,法学体系必须保持"开放",绝不可能是已经终结的体系,因此也不可能为所有问题备妥答案。然而,其并未说明,应该用何等要素才能构筑一个这样的体系。假使其构成要素即是概念——演绎式体系的概念,如是构成的体系,在很大的程度上必然会趋于僵固,在理念上倾向一种终结性的体系。实际上,同一个体系是否真能一方面有助于"概观及实际的工作",另一方面又可以是"获致新的脉络关联的根源"呢?

在针对这项问题所写的专书中,卡纳利斯证实,事实上必须分别不同的体系概念[192]。各种体系共通之处只在于:其均具有统一(指:具有单一或多数的中心基准点)及秩序(指:所有的陈述均有一贯的关联,及逻辑上的一致性)的思想。依卡纳利斯之见,逻辑学上的公理式演绎的体系,并不适用于法学[193],因为此种体系的前提是:作为体系基础之公理的无矛盾性及完整性;为法秩序基础的各种评价原则,其无论如何均不能满足这两项要求。概念法学的逻辑体系同样也不适宜,因为法秩序中的意义一致性(借助它,法秩序才能被理解为一种体系),"既是由正义思想所推论而得,因此,它不是逻辑上的,而是评价上的,公理式的一致性"[194]。同样不适宜掌握此种"意义一致性"的体系还有:纯粹为了阐述,或易于概观的目的而构筑的——黑克所谓的——外部体系、黑克所说的"争端决定的体系"、(像施塔姆勒所想像的)由纯粹形式之基本概念所构成的体系、仅由问题关联脉络构成的体系以及生活关系的体系(虽然它们至少对法的"外部体系"有重大影响)。于是就只剩下:由主导性的评价观点所构成的,"公理式的或目的性的秩序"体系。与借一般性的法概念所构成的体系适相反对,它是由法律原则构成的体系;与概念相反,于此所称的"原则"是一种"开放的",需要具体化的,而且只有依其具体化之后的形式才能被充分理解的标准。(法的)概念只是间接地,仿佛是"编成密码"似地包含了评价;相反地,"原则明白作出评价",因此,它"比较适宜复述法秩序评价的一致性"[195]。如此并不使形成概念一事变为多余无用。作为涵摄的预备工作,它还是不可或缺的。"因此,由法概念所构成的对应体系,必须被归入法律原则中"。不可或忘的只是:这些法概念具有目的性,因此,在有疑问时必须回到包含于其中的评价,质言之,回到法律原则中寻求解答。

对法律原则所构成的体系与概念所构成的体系之不同点,卡纳利斯清楚地说明如下[196]:原则"并非一律适用绝无例外,而且其彼此间可能适相矛盾反对;同时它们也不主张其具有专一适用性,亦即,不可用'当而且只有当……则……'的形式来描绘这些原则;惟有透过其彼此相互补充、互相限制的交互作用,原则的固有意义内涵才能发展出来;为了实现这些原则,必须透过一些具有独立实质内容的下位原则,及个别评价行为而将之具体化"。它们"并非规范,因此也不适宜直接适用";为使其得以适用,必须一再加入"新的、独立的评价"[197]。仅此已可得出,由法律原则构成的体系具有"开放性"。再加上法秩序及支持该法秩序的评价,其均具有历史上的可变性。一般法律原则的效力根据不仅存在于被制订出来的秩序,也存在于"法理念之中,后者在历史上的具体形象,大部分实际上是借法律原则表现出来的;法律原则最后还可以在事物的本质中得其效力根据"[198]。即就此点而论,也不可以将法律原则想像为"非历史性的,仿佛是静止不动的";即使是以法理念或"事物的本质"为基础的原则,也"只能借着与特定历史情境相联结,并借助当时一般法意识的中介,才能获得其具体内容"[199]。在前述界限范围内,借着揭示原则与下位原则之间的脉络关联,还可以扩充法秩序的认识;此亦同时有助于规范解释及漏洞填补,因为"在法的续造之过程中",借此可以维持"评价上的统一性及一贯性"[200]。作为"支撑一个法秩序的所有基本评价之整体",体系"将各该实证的法秩序所实现的,实质的正义表现出来"[201]。

卡纳利斯将体系的"开放性"与维尔伯格[201a]所谓的体系的"可变性"相区分。后者系指:同一规整中的各个不同要素,其于不同情况可有不同的强度,在特定情况下,其中之一甚至可完全欠缺,而仍不失为同一规整。依卡纳利斯之见,体系之有开放性为本质上所固然,而体系之具可变性则宁为例外[201b]。惟后者对于类型的描述仍有其意义。就此稍后将再提及[201c]。

帕夫洛夫斯基亦将规范所构成的,以及原则所构成的体系加以区分。依其见解,前者是"规范(或法原则)的综合表现,其应证实彼等相互间之协调性(一致性)——质言之,其乃是实现平等处理原则的表现"[202]。就是借助**这种体系**,才有可能仅凭推论,由被认可的规范中引申出决定[203]。然而,因为相对于旧的,较新的先决决定具有优先性,因此,需要不断地重新检查这种体系;只有配合当下情势的"新的体系化",才能为决定提供准则。因此,体系只能是"开放的",而且(鉴于规范之量多,抑或其于各部分领域间的质异?)只能是部分的体系。因此,就发生多数部分体系之间应如何协调,以及"整体的体系"等问题,后者只能借"一般法律思想"、"原则"或"价值"来构成。对个别案件的决定,它不能提供标准,而只能提出一些观点[204]。与本书及卡纳利斯所采用的术语不同,帕夫洛夫斯基将此种仅由"秩序观点"构成的体系称为"外部"体系,而将规范所构成的观点体系称为"内部"体系,因为后者使三段论法的推论变得可行。由此他作出下述结论:"此等'外部'体系可以为——能够发展出个别决定的——现存法素材的说明提供秩序观点。'内部'体系则提供决定的准则,然而,每次决定时,都必须以合法律性及平等处理原则为准,重新拟订此等准则"[205]。依其见解,"外部"体系与"内部"体系不同,其必须"被想像、被描述为当下已终结的体系"[206]——依吾人的见解,此点不能维持。虽然——作为"正法"的原则之——"一般法律思想"是法理念的具体化,也只有当其已落实于实证法的具体规定中,始克称此,**就此而论**,其仍具有继续发展之可能而非已然终结,再者,其彼此间的相互关系亦未——借一僵硬的阶层次序而——被终局确定[207]。

弗朗茨·约瑟夫·派纳在其《作为体系的法秩序》一书中,对于可否将法秩序解为一种统一的体系表示怀疑[207a]。他首先区分单方面与双方面的体系。依其见解,借着由大量不同种类的要素中筛选出同类的要素,即可产生单方面的体系。依我的看法,于此只能说有一系列的体系而不能说有一个体系存在。双方面的体系则包含体系内各要素彼此关系如何的说明,并依此说明来安排各该要素[207b]。只有双方面的体系才与法秩序有关。派纳认为,被寻求的此种法体系,其构成要素为法价值及被法价值所确定的规范。法价值有高低之别;仅仅因此即有可能(亦有必要)确定其彼此的关系。嗣后派纳未曾再说到法价值,而只提及法规范的目的。假使借法秩序中的规范所追求的目的系以如下方式来排列的,我们就可以说法秩序是一种体系:除最高目的外,每个目的均可由另一个目的推论出来;换言之,当这个金字塔式秩序的每个部分,均系其从属部分的目的,并且(除最高顶点外)均系其所隶属部分的手段[207c]。派纳以基本权为例来说明情形并非如此。因此,(作为现行有效的全部规范之整体的)法秩序并非体系,顶多可将之想像为多数的部分体系。

与派纳不同,埃克霍夫及松德比[207d]将法秩序视为体系,质言之,视为一种"彼此相关联的整体",一种"情境的关系组织"[207e]。他们不仅将此体系视为一种规范整体，毋宁也是一种由——诸如立法行为、法院措施等——行动所构成的整体[207f]。除了国内的法秩序外，他们也将国际法、国际组织的法（诸如欧体法）视为法秩序。与凯尔森立场不同，他们拒绝以物理强制力之适用与否作为法秩序的特征，盖如是则国际法及国际组织的法将被排除于法秩序之外[207g]。我认为不够理想之处是：埃克霍夫及松德比不仅将"规范"用以指称一般性的规则，也将之应用在个别性的命令上，后者可包含于法院的判决、行政处分，（依其见解）甚至亦包含于契约中[207h]。依彼等之见，在诸多规范中，"方针"是一种特殊类别。它们"可被援用来帮助澄清规则的内容，此外，遇到规则未曾提供答案的疑问时，它们亦可提供一些决定标准"[207i]。属于"方针"的特别有：解释法律或法律行为的法定或不成文的规范。它们通常需要衡量不同的情事，质言之，不能用单纯涵摄的方式。不同的解释标准之间并无固定的阶层关系；于此具决定性的常是法官的评价[207j]。如果确实可靠的判决并不可得，那么应如何使判决至少接近客观化，就此他们未再深究。整个说来，本书对方法论的贡献相当有限。

现在我们再回头来探讨，体系思想在十九世纪的法学中扮演过的角色。十九世纪初，当时年轻的萨维尼提及：法学是"彻底的历史及彻底的哲学性"之学，于此他将"哲学性"的因素与"体系性"的因素等视同观。只有基于下述前提，才能理解此种等同的前提：在历史中逐渐成形的"实证"法有一种"内在的理性"，它促成实证法的统一及关联性，体系地进行的法学也是透过它才被发现的。萨维尼从未说明此项前提的根据；看来他认为这是哲学的任务。对他而言，他所阐述的体系本身就是一个证明，因为只有当实证法的素材本身具有这样的统一性，它才有被体系化的可能。特别是普赫塔，他将此等"体系"解为形式——逻辑的以及抽象——概念的体系，并因此走向"概念法学"之途[207k]。这个途径非常危险，因为一个只依据形式逻辑的标准所构成的体系，其将切断规范背后的评价关联，因此也必然会错失法秩序固有的意义脉络，因后者具有目的性，而非形式逻辑所能涵括。因此概念体系所可提供的贡献，正好不是萨维尼提到法学的哲学要素时所想像的。

今天连黑格尔法哲学的哲学性体系也不能再维持了[208]。黑格尔所说的

"概念"本身就强调价值，其体系中的概念要素之发展，正是基本价值（指：在共同生活中被实现的自由）逐步实现的具体化，因此，此种体系并未切断评价关联。然而，这个体系（以及其追随者所提出的体系）主张其具有绝对性，因此，历史的因素就被忽略了；我们已经不可能再相信，（即使仅仅是关涉在今日的条件下，"本身"正当、无疑"正确"的）认识可以是终局恰当的。我们顶多时或获得一些头绪，未来发展结果如何仍是一片茫然。若然，则对于法学以及"实践性"的哲学（即：伦理学及法哲学）而言，只有"开放"的，以及在某种程度上"可变"的体系，永远不会圆满完成而必须一再被质疑的体系，它们才能清楚指出法秩序"内在的理性"、其主导性的价值及原则。对此种体系的探寻，并且在所有原则性问题上均以此等体系为准则，两者乃是法律工作必不可少的构成部分。

第八节　法哲学上关于正义的讨论

由之前的论述可以得知，在现代方法的论辩中，法官如何得到"正当"的裁判，此问题实居中心地位；只须回想之前所介绍的埃塞尔、菲肯切尔、帕夫洛夫斯基及克里勒的学说就够了。然则，什么是一项"正当"的裁判？就此只有少数人提及。问题是：对于"正义"一词的意义，究竟能否作出包含适切认识的陈述。认为可以将此等陈述视为纯粹的"形上学"而弃置一旁者，特别是那些采取实证主义学术概念的人，他们对前述问题会作出否定的答复。他们认为，意图表达正义内容的语句不过是"空洞的形式"[209]，其告诫，切勿在学术著作中轻易使用此等模糊的、每个人依其自身的特殊利益会作不同理解的概念。在法实证主义的影响下，这类概念在法学文献中日渐消逝。我们认为更值得留意的是：与方法上的论辩平行，对于"正义"也应该重新开始作哲学性的讨论，因为在方法论辩中，"个案正义"扮演重要的角色。因此，我们在本章最后要稍微审视一下这个问题。论述这个问题的学者部分与参与方法论辩者相同，部分则独立于方法论辩之外，虽然其问题背景并无不同。

长久以来，比利时的法哲学及道德哲学家 Ch. 佩雷尔曼在这个讨论中占关键地位。一九六五年菲韦格将佩雷尔曼一九四五年以及一九六五年发表的两篇论文翻译成德文,并附加导读,而以《关于正义》为题集结成书。关于在伦理学的领域中究竟有无获得知识的可能性,佩雷尔曼在第一篇文章中仍抱持怀疑的态度,但他在第二篇就尝试指出这种认识的可能性及其认识方法;而两篇文章均称此等对象为"正义"。

在第一篇论文的开端,佩雷尔曼并列了六种常用的——以类似口号的激烈形式——表达什么是"正当"的说法。它们分别是:

1. 一律平等对待每个人。
2. 依其劳动对待每个人。
3. 依其工作成就对待每个人。
4. 依其需要对待每个人。
5. 依其阶级对待每个人。
6. 依法律所定对待每个人。

他随即指出,这些说法大都彼此矛盾,而且各有其可虑之处。他认为可能的出路是:将这些说法逻辑上共通之处整理出来,因为对此部分的同意最可预期。然而,依照此种方式最后获得的正义概念,其内容必然是开放而有待填补的。前述所有说法之共通点系下述思想:"正当意味着平等处理所有事物,只要它们在一定的观点上相同,换言之,只要它们具有同样的特征"[210]。至于应该依据何种观点决定它们是相同的,因此亦应作相同的处理,则悬而未决。换言之,"依此,可以将形式或抽象正义界定为一种行为原则,据此,必须以相同的方式来处理属于同一事物范畴的事物"[211]。这个定义是"形式的",因为"对于适用正义一事,它并未确定其本质性的范畴"。要确定此等本质性范畴,非借助特定价值尺度不可[212],而后者又系诸个人的"价值观"。佩雷尔曼当时无疑认为,价值不适于认识而只能确信。在一个规范性的体系中必须确定一项"最一般的价值",由后者可以推论出一些规范、命令出来。"因为此等价值的主张既不能由逻辑上的必要性,也不能由经验上的普遍性得其根据,因此,该价值就既非普遍亦非必然。无论是在逻辑上或是在经验上,它都是恣意的"[213]。"每个正义体系都只是单一或多数——依其本质具有恣意性的——价值的开展"。因为每种价值都是"恣意的",所以"并无绝对的,可仅凭理性来说明的正义"。"欲宣称其行为符合正义的要求,只须证明其可由一种或多种价值中演绎出来即足,而且此等价值既不须由理性,亦不须由正义感来确立"。假使将此主张转用到法学中,那么合理的推论就只能是:只有当决定是实证法规范及法规范背后的评价之正确无误的适用时,始能认该决定为"正当";规范及其背后的评价是否合乎正义,则非所问。

依他自己的陈述,佩雷尔曼对前述结论也不满意。他一再问道:"作为实现正义之前提要件的价值及规范,其究竟能否作为合理的深入研究的客体,或者只是吾人欲望或利益的表达? 应如何说明此等价值、规范的依据? 如何以概念来掌握实践理性的理念?"[214]对于这些问题,他尝试在第二篇论文以新的方式来答复。因此我们会在这篇文章读到[215]:因为正义的形式原则要求相同的处理方式,它可以保障可预见性及安定性。它使得"法秩序可以前后一贯地、稳定地发挥功能。但仅此尚不足以满足吾人对正义的需求"。"如是实现的秩序本身也必须是正当的"。

虽然佩雷尔曼在此仍坚持,作为法体系基础的价值,"既不能由经验获得,也不能由毫无争议的原则演绎而得"[216]。但这并不必然会得出下述结论:"主导吾人行为的价值或根本规范欠缺任何合理性,对之既不能批评也无从正当化,所有就此所作的考量均只是吾人利益及欲求的表现"。然而,对于持下述立场之人,这种推论却是显然的:"所有证明均须以计算或经验为根据,而且任何具说服力的,有合理根据的思想均是演绎式或归纳式的"。在大家"认可这种价值上的实证主义"之前,似乎应当先考虑,"人类是如何合理地考量价值之事的"[217],并且以此为准,研拟出一种价值判断的逻辑出来。此点必须以论证的理论来达成。就此,佩雷尔曼自己有一系列的著作[218]。参与方法论辩的法学家中,特别是菲韦格、克里勒及亚历克西也选择相同的路线。

这些参与价值及规范之正当化的讨论者,他们从何处取得其论据? 佩雷尔曼答复如下[219]:"情况是这样的,对于每个社会、每个心灵都存在一些行为、确信的态度以及一些价值,它们在特定时点被毫不保留地认可,不须讨论,因此也不须被正当化。这些行为、确信态度及价值会提供一些优先顺序、模型、确信及规范,借此可以研拟出一些批评及正当化行为方式、倾向及建议的标准"。因为这些优先顺序、模型均指涉特定环境,其将因时空更易而改变,由是,据此所作的批评及正当化亦自非永恒、普遍有效的。佩雷尔曼接着又区分"政治上的正当性"与"哲学上的正当性"。"政治上正当"的法律及规定不是恣意的规范,因为它们必须符合该当政治社会的信念、愿望及其价值。"假使正当的权力机关行使强制力系依据该当社会的意愿,则此等决定在政治上系正当的"[220]。然而,假使大家将此等意义的"政治上的正当性"与"哲学上的正当性"等视同观,就等于放弃"寻求一种可据以批评此等信念、目标决定及价值的标准"。换言之,就尚未能超越实证主义。作为社会的代表,立法者负有研拟出正当法律的任务,法官则必须以"衡平的精神"来适用它们;哲学家的任务则是:"作理性的代言人,担任对于人性普遍有效之价值的防卫者"[221]。因此,只有符合康德所谓的"普遍立法者所制定的法律"之要求的规范,哲学家始能予以认可[222]。他们尝试以合理但"不具必然性的"[223]论证方式,来说服——想像中的——由识者所构成的"普遍听众"。但是他们也充分意识自己的界限;"因为认识到自己的界限,哲学家了解:他的努力并不能创造出一个终局完美的作品"[224]。

关于佩雷尔曼的介绍到此为止。在第二篇论文中他也并未替正义提出内容上的标准;他只是要求,就此应为合理的讨论,至多只是认为,哲学性的对话可能可以促使我们愈来愈接近普遍有效的价值知识。相反地,他指示法律家参照该当社会的价值观。该当社会现行有效的实证法则实现他所谓的"政治上的正当性"。然而,实证法至少应尝试——配合当时可能的认识程度——尽量实现"哲学上的正当性",它才配被称为"正当"。就此,佩雷尔曼希望法律家们参考——没有任何结论的——哲学对话。现在只剩下一个问号;佩雷尔曼的贡献在于:使"正义"概念的讨论,再度成为一项应当严肃面对的学术课题。

阿图尔·考夫曼认为,以合理讨论的方式,来获得关于最终价值,乃至正义的适切知识是可能的[224a]。考夫曼以为,在没有成见的讨论中,质言之,当每位参与讨论者都愿意考量其他参与者的论据时,来自个别参与者人格的主观因素及属于有关事物的客观因素,两者于讨论中均将占一席之地。"主观的因素会彼此对立、相互缓解乃至抵销；相反地，大家提出的客观因素均指向存在事物的一致点，因此最终会证实其系言之有据的"[224b]。这不仅是不同意见的单纯累积，相反地，乃是"来自不同主体，不相依傍的就同一事物之不同认识相互组合成一体的过程"。在这个意义上，"趋同会聚不仅是认识具体事物的手段，毋宁更是真理的标准"[224c]。大家可以怀疑，以此种方式所获得的知识，是否在所有的情况下均系真理。仅是选择讨论伙伴就有可能影响讨论的结果。因此，透过这种程序至多只能非常接近真理而已。考夫曼在他处[224d]也赞同恩吉施下述见解：还是会有"一定程度的价值相对主义"存在；但这并不解免我们尽量减少此相对性的任务。

对于尝试"适切"地陈述一般有效的价值，以及据此而得的正义内容，卡尔·恩吉施[225]抱持比较怀疑的态度。一如佩雷尔曼，他将要求（本质上）相同者应为相同处理的形式正义，及其"实质的填补"予以区分。与佩雷尔曼不同之处则在于：其同时强调相同处理的命令之"反面"，亦即，不同的事物应为不同的处理，因此，其所理解之平等自始就是比例性的等价原则。所以，之于他——就如他自己明白确认的——"形式的正义"理念已经不是没有实质内容的要求，毋宁已包含一些重要的规范性陈述。"作为相同处理的原则或等价原则，它迫使我们对于'本质上相同的事物'为相同的处理，对于'本质上'不同的事物为不同的处理；因此也促使我们详细地说明，是否，并且基于何种观点应对某事为相同或不同的处理。它要求我们，为了尽可能作相同处理必须忽略细微的差异，此外，在平均正义的范围内却又必须追求，或至少必须留意，给付与对待给付、损害与赔偿及罪责与赎罪两者间适当的均衡"[226]。大家可以看得出来，他的要求也不少了。借此，许多行为（不论是成文的法规范，或个别的决定）无论如何已被排除，并且也不能再借必要的"填补"而完全恣意，或任意地为此等行为。因此，将如斯理解的正义称为"形式的"正义，我认为并不正确——这样的名称会产生如下的联想：它不包含任何规范性的意义内涵。事实则不然。即使由它还不能推论出唯一的决定，但是它也不只是一个空洞的范围，而毋宁是一种原则，最初虽然只指出一般的方向，需要被具体化（＝进一步的确定、致密化），然而它的确也可以被具体化。

对前述可能性,恩吉施表示怀疑;而(所谓的)形式的正义概念既须作进一步的填补,针对此填补所作的陈述能否主张其正确性,恩吉施亦颇怀疑。他正确地指出,这些"正义概念的要素,诸如'本质上'相同或'本质上'不同、'适当的'均衡"等等,其正显示出援引其他价值观点的必要性,而惟借此,正义始实际可用。因此,他支持价值相对主义[227]。其理由则与佩雷尔曼的第一篇论文如出一辙:因为于此与实际案件事实的裁判无涉,所以任何经验性的证据均不予考虑;像数学那样由演绎而来的证据也不济事,因其假定有最终的公理存在,而于此正涉及最终公理可否论证的问题[228]。对一些批评价值相对主义的主张,恩吉施亦曾加以分析,然而,对于佩雷尔曼以及一些"论证理论"之代言人的说法,他就未深入论究,依彼等之见,在实践理性的范围内,运用——与经验及演绎的证明方式不同的——其他的说理方法,不但适当而且充分。在他最终的陈述中,无奈的痕迹几不可掩。他虽然指出,应参照"我们一般(或多数)认为今日法秩序所应坚守的"基本伦理原则,对于价值相对主义,其毕竟不能发挥何等作用,因为所有人或多数人的确信毕竟仍不过是一件事实,并不能正当化一种价值判断。至多可以"审慎地说,任何时代的法秩序所应具有的,形成并维持——由个人、社会团体乃至各民族及国家所组成的——人类团体之持续和平的作用,其足以正当化有能力完成此作用的法秩序"[229]。然而,应当维持人类团体的和平云云,本身也不过是一个价值判断,纵使对大多数人而言,其事实上是毋庸置疑的,其仍仅具有相对的效力。简言之,"没有可以突破相对主义恶性循环的出口;最后,我们必须勉强接受这个世界的实况,它似乎就是要密藏于内,不让我们窥见那些明确清晰的价值准则、阶层秩序及优先性的规则"[230]。

同样坚持价值相对主义的还有赖因霍尔德·齐佩利乌斯。他认为,吾人伦理上的认识所能够深入的"最终根源及最后判断机关",其乃是个人的伦理确信,关于正义的问题则是法感。即使他要求法官应留意遵守的,当下"普遍的正义观",同样也反映出个人法律感受的相对性,因此,要说明什么是"本身"为正的,乃是不可能之事[231]。

在伦理学的领域中,汉斯·里费尔就认识的问题作了非常彻底的探讨[232]。

他渴望能够获得一种足以超越"绝对论"与严格相对主义之对立的看法。一方面不可能认识到一种"已经充满内容的,绝对的正当"。因为它要求,"必须预先认识全部未来的,我们根本尚未曾践行过的伦理经验,以及整个'世界的发展'"。同时也必须考量"未来全部的,在丰盈繁多的举措中可能采取的行为可能性",而且必须"预先认识所有当下可能的情境";这所有种种都不可能实现[233]。另一方面,前后一贯的相对主义者必须承认:所有的最终立场均属平等,无分轩轾,因为各该立场都不能借理性来确证。其最终必导致对实力的强调,因为每个人都会以自己的立足点为唯一"正确者",而尝试贯彻它。因此,"温和的"相对主义者必以一最低程度的合意为其默示的前提,而于争议事件中寻求折中方案。而只有当大家都愿意反省自己立场的"正确性",都愿意认为他人的立场"有可能是正确的",惟有如此,折衷才有可能。此种看法,质言之,就自己及他人立足点的(相对的)正确性作有意义的讨论,此又以一种"绝对的"正确为前提,对之我们固然不能全部认识,然而,当我们依据认识到的正确标准而定行止时,我们至少能接近它。"所有相对主义的立场均假定正确性的存在,这些立场的所有论辩也都取向于它"[234]。虽然如此,依里费尔的见解,如欲描述此——各方均假定其存在的——"绝对的正确","其尝试必将归于失败"[235]。反之,对实际人类行为正当与否的判断,原则上都是暂时性的,所以始终是可质疑的;然而,此种判断却又"以一种绝对的,不能转换成当为行止的正确性为其前提"。

由以上的考量可以取得的结论是:关于正确之当为陈述(即:关于正当性的陈述),固然绝不能主张其具有"绝对的正确性",却可能可以主张,其较他种陈述"更正确",易言之,更接近"绝对的正确"。此等主张须借可理解的理由来正当化,如不能提出根据,亦不得提出此种主张。我想,里费尔后来阐述的"正确性的标准"正是前指的理由。他透过历史哲学及人类学的考察来获取这些标准[236]。于此涉及的并非最普遍的行为律则,毋宁是在最近这两个世纪——从卢梭及康德以来——逐渐被贯彻的,某些人性自明之理。现存所有的秩序及秩序构想,均应以彼为衡量标准,虽然不能由它们推论出一个(绝对)正确的秩序。然而,共同促成、共同形成乃至共同支撑一个应该被视为正当的秩序,乃是每个人的责任。

关于正义或"正当性"的内容能否为正确的陈述，法哲学家伊尔马·塔姆洛[237]的讨论要深入得多。他研拟出一系列"正义的标准"，它们与里费尔的"正确性的标准"不同，因为它们应该是任何一个——可得想像的——正义秩序的最高规范。可以求得这些原则的素材包括[238]："已经成为通常的惯用语、支配性学说的观点"以及，"传统的自然法原则，特别是那些直到今天仍然被认为是经得起考验的原则"。然而，就此说明理由却只能透过——以对话的形式进行，并以佩雷尔曼所指的"理性的论坛"为前提的——论证程序来完成[239]。虽然这样的论坛也只是一种"在实际的论证情况只能碰巧几乎实现的"理念型。然而，"假使我们应该追求可被接受的评价"，对于这个理想的论坛就必须念兹在兹。而只有不偏不倚、不怀成见、有经验，并且"能明智地完成说理程序"的人，才能是"理性论坛"的参与者。为主张结论确实可靠，即必须取得参与者的同意。评价即使在此种程序中也不能被**证实**是有根据的，然而"透过这个程序却可以证明它是有理由的"[240]。引人注意的是：塔姆洛并不是透过前述程序而提出其正义标准的目录；因此，只能将该目录视为前述程序的前提，借着前者的公布，后者才能开始运作。

如果更详细地审视塔姆洛的原则，以及他为了说明各该原则而提出的论据，那么的确可以发现一些众所认可的论述，诸如，每个人的法律主体性或"契约应予严守"。但是也会发现一些不知作者究何所指的陈述。依其见解，"最高的法命令"应该是："应该提供保护，以对抗任何权力侵犯"[241]。于此，大家首先会想到的是权力滥用的情况，对于国家、社会团体或个人的政治或经济权力所赋予的限制或控制。就此提出的理由只是："对人类生命及其他——被认为——不可放弃的法益提供保护，其无处不被视为法秩序的优先任务"。然而，此等保护显然是针对**任何一种**对生命、健康、财产及个人领域的侵害，使用权力并非其必要条件。而塔姆洛所列举的"权力侵犯"之事例，却又是诸如"环境污染、亲权滥用、诽谤、违法罢工"等性质极端不同的情况。由此显示，他所认为的"权力侵犯"乃是为法秩序所**非难**的**每种**行止。如是，则此项命令所表达的内容即极为有限。在双务契约及损害赔偿的情况，塔姆洛要求[242]，应提供

"依当时交易需要认为适当的"对待给付或补偿。何谓交易需要,其与有关当事人的利益之关系如何,则未有交代。

我们在第五节已经提及克里勒所主张的,当下"比较重要之利益"优先原则。在第二节亦已指出,赫尔穆特·科因曾提及"正义的原则",甚至由彼等所构成的"自然法"。科因认为,彼等已显示出"超越时代的价值内容"[243],然而,其所指涉的则是"人类生活中典型的,会重复出现的情况",它们需要一些适合它们的规定。因为我们只能透过经验来认识生活情况,而"正义的原则"则是由先验的价值认识配合经验共同发展出来的,因此,当然可以"因新的经验来修正这些原则"[244]。它们并不构成一种封闭的体系,也不是一些可供演绎推论的"公理"。因为它们会承受不同的修正,彼此会相互限制,此外还有来自于事物的本质及具体生活关系的范限。"毋宁可以说,它们乃是作成正当决定时不容忽略的观点"[245]。

认为除逻辑演绎程序以及透过观察、实验以证实所提出的假说这两种方法外,别无获得知识的其他可能之说法,质言之,实证主义的学术概念,科因表示反对,他并且正确地指出各种人文科学存在的"事实"。人文科学的"业务"是了解人类的表示。"最重要的不是单纯地观察,毋宁是对被观察的、**有意义的人类生活表现的解释**"[246]。这点适用于历史学家,也适用于法学家。于此提出的假说通常都借一系列的实质论据来支持,论据本身则是凭借一些已知的资料,或可靠的方法观点而取得的;之后也需要讨论相反的论据,并且"衡量其与被支持的观点相比,轻重如何"[247]。于此,科因提请大家注意类观点学及"新修辞学"的论证程序。他引述佩雷尔曼所说的"普遍听众"的说法,但并未采纳其结论,易言之,其并不认为,大家必须等候在这个——多少是虚拟的——论坛中协商而得的结论。伦理性的判断同样也可以用"正当化的论证"方式来审查,并且可以受到合理的控制。即使一个伦理性判断起初"纯粹是以直觉的方式"产生,是依据感觉作成的,其仍然能"被导入理性的范围中",能够被视为一种"实践理性"的判断[248]。

关于"正义原则"的内容,科因首先遵循传统交换正义及分配正义的分类。被提及的有:双务契约及损害赔偿中的等价原则、契约严守、诚信原则、禁止损害他人、社会中的平等原则以及透过事物的本质对前者所作的修正。此外,科因还增加限制权力的思想作为第三种观点;他称之为"保护正义"[249]。其原则内容系:"所有人对于人所行使的权力,均必须受到限制"。具体上,他要求权力之行使不得逾越事物的本质所必要者,质言之,不得超越社会生活中的权力关系原拟致力之特定目标的要求。在与受权力支配者的关系上,享有权力者亦受诚信原则的拘束。所有的权力均须受到控制,因为"鉴于现存的权力情势,仅仅划定权力的界限仍有不足,尚须有裁判机关检查划定的界限是否确被遵守"[250]。属于正义的原则者尚有:法院程序的最高规则,例如法官的独立性及法律听证的原则。我们今天法治国的基本思想,就主要表现在这些规则及"保护正义"的原则中。关于法治国,他提到:"根据历史经验,没有一种国家可以排除支配的因素,法治国的必要性正植基于此。法治国是一种尝试,其企图借——应尊重所有的人之——正义的要求,来限制现存不能取消的国家支配,凭此使其尽可能取得同意……法治国的建构应遵循保护正义的原则"[251]。

关于正义原则的内容,科因的理论先是以一个基本评价为基础,该评价可描述如次:应该以法来支配人与人之间的关系,而不是赤裸裸的力量与恣意,科因的理论亦以历史经验为基础——法的支配受到威胁的经验以及对抗此等威胁之手段的经验。我们认为,由历史经验中获取知识是正当的,然而,未必非要在理想的论坛中进行讨论不可。而他之明白强调这些原则的片段性,明白承认借新经验来修正这些原则的可能性,均在于阻止教养式僵化情况的产生,这点正是大家看到"自然法"一词时,首先会联想到的[252]。它们并非仅须透过涵摄即可直接适用的法规范,毋宁是一些法伦理原则,质言之,一些正法的主导思想,将它们转化成一些可适用的法规范,乃至一些决定,这正是立法者及法院的任务。它们的效果以及它们彼此的相互交错,要在它们持续的具体化过程中才会显现出来;在这个过程中,因情况的变更,会一再有新的观点及更易的评价加入其中。

海因里希·亨克尔也认为,正义理念的特征在于:其系"具有规范性准则内涵的开放性原则"[253]。他首先由其"向来"被赋予的两种主要涵义来理解它,质言之:每个人得其所当得的要求以及(本质上)相同者应予相同处理的原则。

仅以此两种意义,尚不足以为具体的法律问题提供解答,更不足以就个别案件作出决定。什么是每个人所当得的,就如同什么样的案件事实是"本质上"相同的,什么又是"本质上"不同的,什么是当下适当的处理,它们全都是悬而未决的问题,都还需要进一步的决定。但并不因此就使正义原则变成"空洞的形式"。我们并不能将任何内容都置入其中。其毋宁要求"有规则地,并且依事理上的标准来处理事情"。因此,它们已经包含一些"消极性的准则或正当思想,其足以将一些抵触正义的解决方案排除于外"[254]。依我的看法,恰恰就是这种"消极性功能"具有高度的实际意义,因为依据经验,相较于认识何者是唯一正当的决定,认识特定决定之不正当要容易得多。法官无论如何均应避免作出——会被认为——"不正"的决定。

假使大家"由社会关系中最一般的范畴,逐步跨向比较特殊的范畴,于此,正义公式的内涵就会相应于特定的规整任务而逐渐特定化,最后,针对具体的法律问题,方针就能具有一定的内容,虽然个案决定未必因此即完全确定"[255],由是,由正义理念的两种基本意义"也可以"获得"积极性"的主导思想。斟酌社会上的两种基本模式,(质言之,上下从属秩序及平等对待秩序)并考量平等对待秩序中各种极端不同的方向,以此为基础,亨克尔首先将隐含于两种基本公式中的意义内涵推演出来。于此,分配正义及平均正义之间的关系如何,亦被留意。科因"保护正义"思想也受到接纳[256]。整体说来,由此呈现出丰盈,部分交错连结,在方法论文献中会以法的目的、超越法律的评价或"观点"为名,而一再重复出现的着眼点。亨克尔正想借此指明,它们与正义理念在意义上的关联性。"于此,正义原则的界限同时也显然可见。质言之,应该可以感受到,在多大的程度上,这些方向指示还需要其他非属正义原则的观点之补充"[257]。亨克尔最后确定[258]:"正义原则并非可据以对个别法律问题,对个别法律事件作成决定的规范,也不是可以从一种——有自然法特质的——理想的法体系中演绎出来的规范"。但是它也绝非"纯粹形式的原则,只能提供一些可以填充任何内容的'空洞公式'"。其毋宁已提出可供应用之"实质的准则内容"。将这些准则内容与其他规定因素结合,即可获得问题的答案,在这些答案中,"一般有效的与相对、有条件有效的内容融合在一起"。

就涉及方法论辩[259]，在方法论中却未被论及之正义问题的探讨就到此为止。关于我个人就正义问题的看法，请读者参见我的《正法》[260]一书以及《作为司法理想的正义》一文[261]。

注　释

1　H. Westermann, Wesen und Grenzen der richterlichen Streitentscheidung im Zivilrecht, 1955, S. 14ff.

2　Westermann, a. a. O., S. 21 原则上同此者尚有 Germann, Problem und Methoden der Rechtsfindung, 1965; Reinhardt/König, Richter und Rechtsfindung, 1957, S. 17ff. Kronstein, Rechtsauslegung im wertgebundenen Recht, 1957.

3　我们可以说这是一种"形式的评价法学"（借用 Pawlowski 的说法：Methodenlehre, Rdz. 120ff.），关于下述"评价法学"中不得不出现的问题，其尚未有任何说明：法律是否以特定（"客观的"）法价值为基础、宪法是否包含一种价值秩序以及价值（或"价值性的事物"）应如何认识。

4　D. Simon 正采此见解：Die Unabhängigkeit des Richters, 1975, S. 88.

5　H. Ryffel, Rechtsphilosophie, 1974, S. 66.

6　如是认为者有：Coing, Grundzüge der Rechtsphilosophie, 4. Aufl., S. 150; Fikentscher, Methoden des Rechts, Bd. Ⅲ, S. 426f., 650f., Bd. Ⅳ, S. 6, 188ff; Kriele, Recht und praktische Vernunft（有深入的论述）; Mayer-Maly, Rechtswissenschaft, S. 97ff; Pawlowski, Methodenlehre für Juristen, Rdz. 4; Zippelius, Das Wesen des Rechts, S. 67, 72ff.

7　a. a. O., Rdz. 5.

8　就此参见：Henkel, Einführung in die Rechtsphilosophie, 2. Aufl. 1977, S. 533ff.; Bihler, Rechtsgefühl, System und Wertung, 1979, S. 1ff.

9　Bihler (Rechtsgefühl, System und Wertung, 1979, S. 35ff) 与通说异其见解，其认为：法感本身与正义并无如何的关系，必须借"此为正当"的语句，才能建立与正义的关联，法感毋宁只是法律争讼中的第三人，基于对一方当事人的"部分认同"，形成有利于此方当事人之"自发性的立场抉择"（参见其第五九页的定义）。此种"部分认同"可以个人的印象、利益情境或其他因素为基础（第三九页）。我认为，即使感受者与其感觉有利的一方当事人之间没有任何关系，也可以有法感；再者，只限制在法律争讼中之第三人的立场抉择，我认为过于狭隘。

10　就此，我同意 Bihler(a. a. O., S. 54ff)的见解。

11　此外，它使个人能进入法的领域。

12 例如：Alexy 的《法的论证理论》。
13 关于体系建构的功能，参见：Mayer-Maly, a. a. O. , S. 67ff.
14 Zippelius，Wertungsproblem im System der Grundrechte, 1962.
15 a. a. O. , S. 11.
16 Das Wesen des Rechts, 4. Aufl. 1978, S. 114ff.; Juristische Methodenlehre, 4. Aufl. 1985, S. 12ff.; Rechtsphilosophie, 2. Aufl. 1989, S. 129ff.
17 Das Wesen des Rechts, S. 116.
18 Wertungsprobleme, S. 131ff.; Wesen des Rechts, S. 123ff.; Juristische Methodenlehre, S. 12f. , 21.
19 Wertungsprobleme, S. 132ff.
20 Wesen des Rechts, S. 128f.; Wertungspobleme, S. 155; Rechtsphilosophie, S. 149ff.
21 Wesen des Rechts, S. 119f.; Juristische Methodenlehre, S. 21.
22 Pawlowski, Methodenlehre für Juristen, Rdz, 152ff.
23 Wertungsprobleme, S. 157.
24 Wesen des Rechts, S. 133.
25 Wertungsprobleme, S. 195.
26 Wertungsprobleme, S. 196; Juristische Methodenlehre, S. 76; Rechtsphilosophie, S. 156.
27 Hubmann, Wertung and Abwägung im Recht, 1977.
28 a. a. O. , S. 8, 14.
29 a. a. O. , S. 112f.
30 S. 20f. , 118ff.
31 S. 140ff.
32 a. a. O. , S. 13.
33 H. Coing, Grundzüge der Rechtsphilosophie, 4. Aufl. 1985, S. 214.
34 a. a. O. , S. 346f.
35 a. a. O. , S. 337.
36 a. a. O. , S. 338.
37 a. a. O. , 112ff. , 336.
38 Bydlinski, Juristische Methodenlehre und Rechtsbegriff, 1982, S. 128。就此的补充说明：RTh 1985, S. 1.
39 a. a. O. , S. 133.
39a 参照最后一章第二节第四款以及第三节第一款。
40 a. a. O. , S. 559.
40a Bydlinski, Fundamentale Rechtsgrundsätze, 1988.

40b S. 115.
40c a. a. O., S. 3.
40d In NJW 86, 890. 就此参照后注中提及的 Hoerster 的文章以及 Krawietz, in RTh 1987, S. 209ff.
40e a. a. O., S. 892.
40f NJW 86, 2480; JuS 87, 181.
40g Ingo Mittenzwei, Teleologisches Rechtsverständnis.
40h a. a. O., S. 272.
40i a. a. O., S. 46.
40k a. a. O., S. 36.
40l a. a. O., S. 167ff.; S. 176.
41 Henkel, Einführung in die Rechtsphilosophie, 2. Aufl. 1977, S. 234ff.
42 Zippelius, Rechtsphilosophie, 2. Aufl. 1989, S. 46ff.
43 a. a. O., S. 95.
44 Engisch, Auf der Suche nach der Gerechtigkeit, 1971, S. 238.
45 Friedrich Müller, Juristische Methodenlehre, 3. Aufl. 1989, S. 20.
46 参见前书 S. 27.
47 Friedrich Müller, Richterrecht, 1986, S. 47.
48 Friedrich Müller, Strukturierende Rechtslehre, 1984, S. 66.
49 Juristische Methodenlehre, 3. Aufl., S. 157.
50 Strukturierende Rechtslehre, S, 232, 263, 270.
51 a. a. O., S. 252.
52 a. a. O., S. 263.
52a a. a. O., S. 336.
52b 他在"Richterliche Rechtsfortbildung",1986,文集中的一篇文章就如此主张:"Richterrecht-rechtstheoretisch formuliert,"S. 65ff., 80ff.
52c Ralph Christensen, Was heißt Gesetzesbindung? Eine rechtslinguistische Untersuchung, 1989.
52d a. a. O., S. 68.
52e a. a. O., S. 38., 参照 S. 20f.
52f a. a. O., S. 300.
53 Kaufmann, Analogie und "Natur der Sache", 2. Aufl. 1982, S. 19ff., 详见 Die ontologische Struktur des Rechts, in: Rechtsphilosophie im Wandel, 1972, S. 104ff.
54 Analogie und "Natur der Sache", S. 44ff.
55 a. a. O., S. 18ff., 37ff.
56 a. a. O., S. 39.

57　a. a. O., S. 46.
58　a. a. O., S. 47.
59　a. a. O., S. 48.
60　a. a. O., S. 51f.
61　a. a. O., S. 19.
62　S. 60ff.
63　a. a. O., S. 73,详见:Rechtsphilosophie im Wandel, S. 338ff.
64　于此,我想到的例子是:因联邦最高法院的裁判所致之"财产上损害"概念的泛滥,因该院之裁判,依民法典始终可以金钱填补的财产上的损害,其与非财产上的损害之间的界限愈来愈模糊。
65　于其著作中:"Grundsatz und Norm in der richterlichen Fortbildung des Privatrechts", 1956.
66　a. a. O., S. 5.
67　a. a. O., S. 164.
68　a. a. O., S. 53f.
69　a. a. O., S. 52.
70　a. a. O., S. 267.
71　a. a. O., S. 268.
72　a. a. O., S. 50f.
73　a. a. O., S. 151.
74　a. a. O., S. 268.
75　a. a. O., S. 150.
76　a. a. O., S. 253f.
77　a. a. O., S. 255.
78　a. a. O., S. 259.
79　a. a. O., S. 261.
80　a. a. O., S. 287.
81　Vorverständnis und Methodenwahl in der Rechtsfindung, 2. Aufl. 1972.
82　a. a. O., S. 8.
83　a. a. O., S. 7.
84　a. a. O., S. 7.
85　a. a. O., S. 162ff.
86　a. a. O., S. 144.
87　a. a. O., S. 168.
88　此正系其构想之主要缺点。同此见者:Fikentscher, Methoden des Rechts, Bd. IV, S. 181; Koch/Rüssmann, Juristische Begründungslehre, S. 175f.

89	Fikentscher, Methoden des Rechts, 5 Bände, 1975—1977.
90	a. a. O., Bd. IV., S. 190.
91	a. a. O., S. 181.
92	a. a. O., S. 202.
93	a. a. O., S. 198.
94	a. a. O., S. 199.
95	a. a. O., S. 289.
96	a. a. O., S. 293.
97	a. a. O., S. 294.
98	a. a. O., S. 337.
99	a. a. O., S. 295.
100	a. a. O., S. 296.
101	见于:Ztschr. für Rechtsvergleichung, 1985, S. 175.
102	a. a. O., S. 220.
103	a. a. O., S. 323.
104	a. a. O., S. 382.
105	Viehweg, Topik und Jurisprudenz, 5. Aufl. 1974 (1. Auflage 1953),追随其说者：Struck, Topische Jurisprudenz, 1971. 在后者可以发现一个——不知依何种选择原则整理出来的——法律观点的目录。
106	对类观点式的方法抱持怀疑态度者有:Diederichsen, NJW 66, 697; Zippelius, NJW 67, 2229; Fr. Müller, Juristische Methodik, 3. Aufl, S. 97ff.; Weinberger, Rechtslogik, 2. Aufl. 1989, S. 400; Pawlowski, Methodenlehre, Rdz. 93; Dreier, Recht, Moral, Ideologie, 1981, S. 116f.; Alexy, Theorie der juristische Argumentation, S. 39ff. 对之作适当的评述如 Schlüchter, Mittlerfunktion der Präjudizien, 1986, S. 11:其并未指出,何以恰是此种,而非彼种观点(亦)足以保障此结论的正确性。
107	Kriele, Theorie der Rechtsgewinnung, 2. Aufl. 1976, S. 167.
108	a. a. O., S. 169.
108a	就此 Kriele 曾更为详论:Festschrift der Rechtswissenschaftlichen Fakultät zur 600 - Jahr - Feier der Universität zu Köln, 1988, S. 707ff.
109	Kriele, Recht und praktische Vernunft, 1979.
110	a. a. O., S. 15.
111	a. a. O., S. 10.
112	a. a. O., S. 30.
113	a. a. O., S. 33.
114	Theorie der Rechtsgewinnung, S. 215.

115 a. a. O., S. 179；并参 S. 112.
116 a. a. O., S. 195ff.
117 a. a. O., S. 199. 并参 Recht und praktische Vernunft, S. 68.
118 a. a. O., S. 204.
119 Recht und praktische Vernunft, S. 58.
120 主此见，并附有详细理由者如：Pawlowski, Methodenlehre, Rdz 75ff., 只有在（逾越了法律拘束的）较为有限的情况，才赞成考量后果者：Koch/Rüssmann, Juristische Begründungslehre, S. 227ff. 此外参照 Achterberg, Theorie und Dogmatik des öffentlichen Rechts, 1980, S. 195)：法官"只有在法律之内，或在法律之旁，但绝对不能够抵触法律"地考量社会上的后果。关于我个人的见解，请见下文第四章第四节第三款。
121 a. a. O., S. 312, 314ff.
122 Götz Haverkate, Gewißheitsverluste im juristischen Denken, 1977, S. 163.
123 a. a. O., S. 149.
124 a. a. O., S. 169.
125 a. a. O., S. 164.
126 a. a. O., S. 220.
127 于此，我要指出下列著作：Robert Alexy, Theorie der juristischen Argumentation, 1978; Ch. Clemens, Strukturen juristischer Argumentation, 1977; Gröschner, Dialogik und Jurisprudenz, 1982; Fritjof Haft, Juristische Rhetorik, 3. Aufl. 1985; Perelmann, Logik und Argumentation, 1979（并参照以下注 218）; A. Podlech (Hrsg.), Rechnen und Entscheiden, 1977; Schreiner, Die Intersubjektiviät von Wertungen, 1980; G. Struck, Zur Theorie der juristischen Argumentation, 1977; Chr. Westermann, Argumentation und Begründungen in der Ethik und Rechtslehre, 1977; Ferner Argumentation und Hermeneutik in der Jurisprudenz, RTh Beiheft 1, 1979, 在所举的文献中，Alexy 的著作或可作为代表。
128 Alexy, Theorie der juristischen Argumentation, 1978, S. 32f.
129 a. a. O., S. 34.
130 a. a. O., S. 274.
131 a. a. O., S. 242.
132 a. a. O., S. 304.
133 a. a. O., S. 306f.
134 Theorie der juristischen Argumentation, S. 39ff.
135 a. a. O., S. 334.
135a 于 Kaufmann/Hassemer 所编的：Einführung in die Rechtsphilosophie und Rechtstheorie, 5. Aufl., 1989, S. 223.

135b　a. a. O., S. 224.
135c　a. a. O., S. 230.
136　Koch/Rüssmann, Juristische Begründungslehre, 1982.
137　a. a. O., S. 1.
138　a. a. O., S. 112.
139　a. a. O., S. 7.
140　a. a. O., S. 115.
141　Engisch, Einführung in das juristische Denken, 7. Aufl. 1977;特别参见其第二及第三章。
142　Koch/Rüssmann, a. a. O., S. 15ff., 24ff. 比较 Koch 的 Rechtsdogmatik und praktische Vernunft, Festschr. für Wieacker, 1990, S. 69ff. 他提及:"相较于法律规范的形式",在判决中的案件事实描述"是以比较具体的语言来表现的"。借着将案件事实与法律所意指者等视齐观,即得以克服此等语言上的鸿沟。
143　a. a. O., S. 67ff.
144　a. a. O., S. 163f.
145　a. a. O., S. 182.
146　a. a. O., S. 183.
147　a. a. O., S. 176.
148　a. a. O., S. 256.
149　a. a. O., S. 257f.
150　a. a. O., S. 346f.
151　a. a. O., S. 373.
152　a. a. O., S. 375.
153　a. a. O., S. 271ff.,关于概然性判断:S. 287ff.
154　Hans-Martin Pawlowski, Methodenlehre für Juristen, 1981. 以下依边码来引证。
155　a. a. O., Rdz. 394.
156　a. a. O., Rdz. 393.
157　a. a. O., Rdz. 341.
158　a. a. O., Rdz. 345.
159　a. a. O., Rdz. 394.
160　a. a. O., Rdz. 344.
161　a. a. O., Rdz. 359.
162　a. a. O., Rdz. 369.
163　a. a. O., Rdz. 375.
164　a. a. O., Rdz. 383.
165　a. a. O., Rdz. 400.

166 a. a. O., Rdz. 402.
167 a. a. O., Rdz. 404.
168 a. a. O., Rdz. 535.
169 a. a. O., Rdz. 537.
170 a. a. O., Rdz. 540.
171 a. a. O., Rdz. 586.
172 a. a. O., Rdz. 592.
173 a. a. O., Rdz. 604.
174 a. a. O., Rdz. 605.
175 a. a. O., Rdz. 621ff.
176 a. a. O., Rdz. 607.
177 a. a. O., Rdz. 609.
178 a. a. O., Rdz. 608.
179 a. a. O., Rdz. 650.
180 a. a. O., Rdz. 672.
181 即使在刑法中也容许对行为人有利的类推适用。
182 a. a. O., Rdz. 744. 于此,其前后不相连贯,因为 Pawlowski 在 Rdz. 693 曾提及"在适用公法规定以规整国家性的事务范围时,不能只采用形式的(实证的)论据,毋宁更应借助关涉事物本身的论据来确定、扩张或限制法律的内容"。而 Rdz. 693 所指的规定则具备"计划的特质",此点由 Pawlowki 于 Rdz. 744 中亦引述 Rdz. 691ff. 更可得其明证。
183 Badura, Grenzen und Möglichkeiten des Richterrechts, in: Schriftenreihe des deutschen Sozialgerichtsverbandes, Bd. X, 1973; Krey, Studien zum Gesetzesvorbehalt im Strafrecht, 1977; JZ 78, S. 361, 428, 465; Wank, Grenzen richterlicher Rechtsfortbildung, 1978.
183a 就此参见下文第七章,第一节第二款。
184 In Studium Generale, Bd. 10(1957), S. 153ff. 重印于 1984, S. 181.
185 Die Einheit der Rechtsordnung, S. 83.
186 Dazu auch Pawlowski, AcP 175, 189, 217ff.
187 Grundsatz und Norm, S. 44, 239.
188 Grundsatz und Norm, S. 7.
189 Wertung, Konstruktion und Argument im Zivilurteil, S. 15.
190 Wertung, S. 14.
191 Coing, Grundzüge der Rechtsphilosophie, 4. Aufl., S. 353.
192 Canaris, Systemdenken und Systembegriff in der Jurisprudenz, 2. Aufl. 1983. Hönn 也追随 Canaris 及 Engisch 的见解: Kompensation gestörter Vertragsparität,

1982，S. 61. 于此，Hönn 明白表示，自己的著作致力于对（现行）契约法的"内部体系"提供贡献。

193　a. a. O.，S. 25f. Eike v. Savigny 则持相反的见解：Jahr u. Maihofer，Rechtstheorie，S. 315. 然而后者仅指出，将极为有限的陈述组合、公理化是可能的。

194　a. a. O.，S. 22.

195　a. a. O.，S. 50.

196　a. a. O.，S. 52f.

197　a. a. O.，S. 57.

198　a. a. O.，S. 70.

199　a. a. O.，S. 71.

200　a. a. O.，S. 97ff.

201　a. a. O.，S. 107.

201a　a. a. O.，S. 74ff.

201b　a. a. O.，S. 78.

201c　见第六章第二节第四款及第三节第一款。

202　Pawlowski，Methodenlehre，Rdz. 403.

203　a. a. O.，Rdz. 418.

204　a. a. O.，Rdz. 449.

205　a. a. O.，Rdz. 449 参见最后部分。

206　a. a. O.，Rdz. 455.

207　请参见我的文章"Richtiges Recht"，S. 180ff. 参照 Canaris，a. a. O.，S. 63ff.

207a　Peine，Das Recht als System，1983.

207b　a. a. O.，S. 41.

207c　a. a. O.，S. 113.

207d　Torsten Eckhoff und Niles Kristian Sundby，Rechtssysteme，1988.

207e　a. a. O.，S. 173，174.

207f　a. a. O.，S. 14，183.

207g　a. a. O.，S. 180.

207h　a. a. O.，S. 44，71.

207i　a. a. O.，S. 90.

207j　a. a. O.，S. 98.

207k　Dazu das Kap. 2，Nr，1 des ersten Teils der vollständigen Ausgabe，S. 19ff.

208　Dazu auch meine Schrift "Richtiges Recht"，S. 182f.

209　采此见者如 Kelsen，"Das Problem der Gerechtigkeit"，im Anhang zu "Reine Rechtslehre"，1960，S. 357ff. 对此的批评，如 Tammelo，Theorie der Gerechtigkeit，S. 24. Kelsen 之批评关于正义的陈述内容空洞，其基础在于下述不当的期待：此等

陈述可以作为个案正当决定的根据。但这并不是它的任务。

210 Perelmann, Über die Gerechtigkeit, S. 27.
211 a. a. O., S. 28.
212 a. a. O., S. 41.
213 a. a. O., S. 74.
214 a. a. O., S. 85.
215 a. a. O., S. 107.
216 a. a. O., S. 134.
217 a. a. O., S. 135.
218 Perelmann-L. Olbrechts-Tyteca, Traité de l'argumentation, 1958, 2. Aufl. 1970; Ch. Perelmann, Logique Juridique, 1976; Das Reich der Rhetorik, 1980; Logik und Argumentation, 1979. 另外还有 Alexy, Theorie der juristischen Argumentation, S. 197ff.; Dreier, Recht-Moral-Ideologie, 1981, S. 27ff.
219 Über die Gerechtigkeit, S. 141.
220 a. a. O., S. 146.
221 a. a. O., S. 149.
222 a. a. O., S. 153f.
223 a. a. O., S. 162.
224 a. a. O., S. 162f. ——如 Weinberger (Studien zur Normenlogik und Rechtsinformatik, 1974, S. 314) 所指出的, Perelmann 所谓的"普遍听众"乃是一种"校准的理念", 而非事实上的听众, 其既非实际可用的"测试标准", 亦非"可同意性"的标准。
224a Arthur Kaufmann, Rechtsphilosophie in der Nach-Neuzeit, 1990.
224b a. a. O., S. 37.
224c a. a. O., S. 37.
224d a. a. O., S. 21.
225 Engisch, Auf der Suche nach der Gerechtigkeit, 1971.
226 a. a. O., S. 178.
227 a. a. O., S. 246ff.
228 a. a. O., S. 262.
229 a. a. O., S. 282f.
230 a. a. O., S. 293.
231 Zippelius, Rechtsphilosophie, 2, Aufl. 1989, S. 80, 152.
232 Ryffel, Grundprobleme der Rechts-und Staatsphilosophie, 1969.
233 a. a. O., S. 238.
234 a. a. O., S. 288.
235 a. a. O., S. 293.

236　a. a. O. , S. 299f.
237　Tammelo, Theorie der Gerechtigkeit, 1977.
238　a. a. O. , S. 82.
239　a. a. O. , S. 105ff.
240　a. a. O. , S. 113.
241　a. O. , S. 90.
242　a. a. O. , S. 94.
243　Coing, Grundzüge der Rechtsphilosophie, 4. Aufl. , S. 203.
244　a. a. O. , S. 209.
245　a. a. O. , S. 231.
246　a. a. O. , S. 96.
247　a. a. O. , S. 101.
248　a. a. O. , S. 115.
249　a. a. O. , S. 220ff.
250　a. a. O. , S. 222.
251　a. a. O. , S. 245f.
252　Coing 自己用"自然法"一词时,均明显地有所保留;vgl. a. a. O. , S. 204.
253　Henkel, Einführung in die Rechtsphilosophie, 2. Aufl. 1977, S. 391ff.
254　a. a. O. , S. 401.
255　a. a. O. , S. 403.
256　a. a. O. , S. 408f.
257　a. a. O. , S. 406.
258　a. a. O. , S. 416f.
259　John Rawls 的正义论(德文译本,1975 年)未触及此,因此我在这里未加详述。
260　Richtiges Recht, Grundzüge einer Rechtsethik, 1979, S. 37ff.
261　In Forum Heute, Bd. I, S. 190 (Sonderbeiträge aus Meyers Enzyklopädischen Lexikon, 1975).

第二章 导论:法学的一般特征

第一节 法的表现方式及研究此等方式的学科

时至今日,有一系列不同的学科以法为研究客体,其中最重要的包括法哲学、法理学、法社会学、法史学及法学(＝法教义学)。它们从不同的角度来观察法规范,因此其观察方法亦异。如果法规范本身不是一种极端复杂的现象,会在不同的实存层面以不同的脉络关系显现出来的话,前述情况就不会发生了。一如语言、文学、艺术、国家或技术文明,法规范也是人类的创作,它是人类世界独有的构成部分。在此涵义上,它不属于"自然"界。此外,它与人类的社会生活也有密切关联:依一般的见解,法规范乃是人类据以决定其彼此间的行为模式,以及衡量其行止之规则的整体。因为可以预防争端或以和平的方式解决争端,法秩序是所有较为高度发展社会形态的先决条件。为此目的服务的特别是法院的机构及强制执行的手段。而两者存在的前提则是:已经有特定的社会组织存在,并且该社会已经被组织成一个法律团体。法组织及社会组织彼此是互为条件的。而当我们提到法在社会演进过程中的角色,法的发生、贯彻及其实效性的社会条件,法的"力量"及其"无力"等问题时,作为社会现象的法就会跃入我们的眼帘。这个方向上的法乃是法社会学研究的客体。

当我们提及欠缺实效性,甚至在某些情况提到法的"无力"时,就已经显示:于此,我们所指的法显然不是事实上被普遍遵守的行止规则。语言本身已经显示,在思想上法包含一种**应该**作为吾人行止准则的标准,质言之,它是一种具有准则性及拘束性的思想。规则的标准性或拘束性不同于规则的实效性。当"法"必须屈从"不法"时（很遗憾，这种情况并不罕见），法的实效性固然受到毁丧，但并不影响其**有效性的主张**。"行止规则"一语本身就具有双义性。它可以只意指"有规则的"，质言之，一再出现之同一形态的**行为方式**，它也可以意指具有拘束性的**标准规范**，一种可主张其具有准则性的行止**要求**[1]。这两种意义都可以与"法规则"的概念相连结。在第一种情况，我们赋予此概念某程度的实效性，在第二种情况则赋予其**规范**的意义，质言之，使得主张其具有准则性及拘束性。法学上的法规则是属于规范性意义这个方向的。法学所研究的法乃是属于规范性范畴的现象。

假使将它视为历史现象来观察，法规范又将呈现另一种面貌。正因为它是人类所创造的，是人类世界所独有的，所以它才成为一种历史现象。"人是历史的生物"，这句话意指：人的过往——他个人的过往、他所属社会以及他所参与文化的过往，都是当下存在的他之构成部分。过往对人有很大的影响力，假使他想避免此种影响，就必须检讨过往。它不会就这样消逝、结束。人类为自己创造出来，并且以自己的生命存在其间的"历史世界"，其具有持续性及可变性。它在时代更迭世代交替中继续存在，但也不断有新的事物加入其中。法规范同样也具有"历史性的时间结构"[2]，它可以在久暂不同的时代中继续保存，它同时处于一种不断适应——由人类所影响的历史时代之——改变的程序中。任何人想了解法的当下情况，就必须同时考量它的历史演进以及它对于未来的开放性。过往对于——在历史中演变之——法的持续影响，这正是法史学的课题。

虽说法社会学、法学及法史学是由不同的角度来观察法规范的，但这并不意味其彼此间并无任何关联。起草法规范时所针对的社会现象，其乃是理解法规范必不可少的背景认识，法规范产生时的法律状况，以及法规范应该发生作用的今日社会实况，这所有种种都是每个法规范所共有的。法律家在解释法规范时，同时也必须虑及与此法规范有关的社会事实。这已是自明之理，此处之所以提及，乃是因为下述批评似乎已成为时尚：法学有"自我满足之孤立性"的弊病，一若其规整的客体根本不存在的样子。另一方面，社会学家也不能忽略法规则与单纯的习惯不同，它具有规范性的效力，应该被如斯理解，因此并以特定方式发生作用³。最后,如果法史学家想了解过往的法秩序如何形成,他固然必须解脱其所处时代的观念及法概念的拘囿,但也惟有运用其所处时代的法经验,他才能开始着手处理其材料⁴。于此提及的各种学科之间的界限虽然是可以穿透的,然而,它们仍然各自提出不同的问题,并且为答复各该问题亦各自发展、适用不同的方法。法史学家只能运用历史学的方法,法社会学家则应用社会学的方法,而法律家作为法律家而非法史学家或法社会学家时,亦须运用法学的方法⁵。

与法有关的学科,除迄今检视过的三种外,尚有法哲学与法理论学。假使法规范得以主张其具有规范性效力,那么不可避免要提出此效力主张的根据及界限何在的问题。对于这个问题,法学本身不能回答,因为法学总是由现存的法秩序及其情状中取得立足点。它是法哲学,更确切地说,是伦理学应该处理的问题。与此密切相关的问题有:法规范本身的"意义"为何、实现法规范之行为的意义为何、法的"存在方式"(其"效力")的问题,以及赋予意义的原则(大家名之为"正义"或"法律思想")为何的问题。大家尽可以认为,以人类的认识能力而言,不可能对这些问题提出终局的答复;但并不因此就可以单纯地驳回这些问题。法哲学——有时以"自然法"的名义——研究这些问题已超过两千五百年,这些问题的思考及论证方式只能是哲学性的。直到最近,大家才会同时也提及所谓的法理论学。"法理论学"之具体涵义为何,尤其是它与法哲学应如何区分,目下仍极有争议。依阿图尔·考夫曼的见解,"法哲学与法理论学之间并无本质上的差异"存在⁶。京特·雅尔⁷认为,法理论学乃是"以法教义学为研究对象的纯理论",因此是一般学术论的一部分;基本上,它的研究标的是法教义学的方法。在阿图尔·考夫曼所主编,名为《法理论学》一书的序论中曾提及,法理论学式的思考乃是一种后教义学式的思考⁸,它是"对法教义学本身的批评",这种说法仍有好些解释空间。稍早,大家会提及"一般法学",并将之解为一种处理法规范逻辑结构,处理一些——在所有已发展的法秩序中会出现的——形式的基本概念(诸如,"合法"及"违法"、当为、得为、能够、命令、禁止、许可、权利主体及权利客体)处理这些基本概念彼此间的逻辑关系以及处理法学思考方式的理论。大家将它视为逻辑学及法学的联系者。我们尝试在这个领域上获得一些不仅适宜特定"实证"法秩序，毋宁是一些对于——规范性意义下的——法一般有效的认识，而且并无任何本体论或形上学的前提负担。此种"一般法学"的适例有：比尔林的法律原则学以及施塔姆勒的法学论[7a]。接纳了法社会学的角度、语言学以及诠释学的认识以后，它的范围当然也扩大许多。

　　哈塞默的说法[9]比较接近这种传统认知，他认为，可以将法理论学"当作一种法的理论，一种不受实用利益及实用指示拘束的学问"来推展，例如，作为"规范结构的理论"，作为"立法及法适用的理论或纯理论，作为方法论及解释论或这些学说的理论"，法逻辑学可被视为一种特殊的学科[10]。它是逻辑学以及法理论学的部分领域，并且与方法论有密切关系。埃尔沙伊德[11]认为"法理论学的形式客体"乃是"企图建构——规范意义的——法规范"之"实际行为的结构"。然而，他自己也怀疑，"这样的法理论学研究客体的轮廓"，在范围上是否足够宽广而足以包含所有相关现象。孔茨[12]将法理论学解为一种法的认识论，于此，他所指的乃是一种"将——历史性、社会性地建构出来的——法的认识，纳入历史和整个社会关系范畴中，使其成为后者的组成部分之理论"。于此，前述关系范畴在认识论上之前提要件为何的疑问，必然会被提出。因此，如是理解的法理论学又将与一般哲学（认识论上）的问题取得联系。克拉维茨[13]认为，法理论学主要应澄清实证法的社会功能。其今日的社会功能则系"作为促成特定明确界定的目标之手段"。由是，他将法理论学搬到法社会学的左近。我们可以将立法学[14]以及阿赫特贝格[15]所呼吁的——作为立法学之对比的——"司法学"视为法理论学的部分分支；关于司法学，阿赫特贝格赋予其"研究司法工作之后——法律的周围领域"之任务。他认为属于这个"周围领域"的有：针对司法裁判所提出的诠释学、符号学及逻辑学上的要求、司法裁判在社会上的前提要件及其对社会的影响。提供法理论学最大研究领域的是韦默·迈霍夫[16]。他认为法理论学是一种无所不包的法的学科，换言之，依其题材范围及其方法，它由所有角度、观点来理解法的整个标的及认识范围，并且是以理论认识及实际行为的学术性为目标之规范科学及社会科学，与其研究客体相称，更须以特殊的、结合意识科学及事实科学的方法来推展此一学科[17]。如此广泛的研究任务实际上能否践履,我个人极为怀疑。"法理论学"究应如何理解,迄今仍属悬而未决的问题。

在前述各种与法有关的学科中,法学居特殊地位,因其任务与法实务领域密切相关(就此复参见下文第五节)。其他各学科均系概括地研究法"这个"标的,换言之,原则上它们处理所有在历史上出现的法秩序,法学原则上则针对当时、**特定的**法秩序,其论述——法比较姑且不论——之直接意义仅与该当法秩序有关。法比较研究之成为可能并且成果丰硕,其基础正在于:**某一**实证法秩序的解答,其经常是针对**一般的**,会以相同或类似方式出现于全部或大多数法秩序中的法律问题,而提供答案。因此,法比较亦属教义性法学。再者,原则上将法学限制于某特定"实证"法秩序的既有范畴中,其并不意味,对于该法秩序之规范、问题解答或决定,法学就不能采取批判性的立场[18]。其批判标准并非来自既存的,独立于现存法秩序之外的伦理典范,反之,乃是由法学本身借着不断检讨其于实证法秩序中一再遭遇的法律思想及评价准则而发展出来的。法学以实证法为其"工作前提"[19],将之视为一种将——和平的共同生活及正当的争端解决之——标准转化为"经过衡量"之规范及决定的尝试,而借着从现行法的主导原则本身,发现其背后的标准,法学就能与个别的规则、决定保持一定的距离,因此也有可能批评它们。事实上,在法学文献中充斥着这些"体系内的"批判,并且不只针对个别的法院裁判,同时也指向法定规则。

以现行法的正义前提为标准所作的批评,经常可以得到法律改革的具体建议[20]。借此,法学也迈入法律政治的领域。然而,在这个领域中,如果只凭借法学的方法还是非常不够的。于此,法学经常必须让其他学科先表示意见;依所涉及的事项,这些学科可能是:经验性的社会调查、医学、生物学、心理学或某些技术。因为惟有透过它们才能确切说明:被建议的规定方式在不同的社会事实领域中将发生何等影响、在该当事物范围究竟有哪些可供选择的作法、有哪些可供抉择的手段、其各自的优缺点如何。研究法律政治的法律家必须由各该当学科寻找必要的资料、经验素材。另一方面,法律政治本来就是法学的正当工作领域,法学的参与对于这个领域是不可或缺的。不仅因法学对现行规范的批评、指出缺陷所在,经常会刺激大家提出改善的建议并指示改善的方向；此外，法律政治也需要法学的助力，才能使已经获得的目的观念转化为可资适用的规范。这些规范必须纳入整个法秩序的范畴内，成为法秩序的一部分，必须符合宪法、符合作为宪法基础的价值原则，并且与主导宪法的社会观一致。法律家的任务在于：留意确保法治国原则并注意避免对其他法律领域产生一些——并不希望发生，或者将导致严重评价矛盾的——"远程影响"。这项任务绝非单纯的草拟上的协助可比。就此我们（在下文第五节）仍将述及。

借此又再次清楚显示：即使在作"法律政治式"的论述，法学仍有其应遵守的界限，因为法学必须取向于现行法秩序的基本原则，虽然这些基本原则本身具有发展可能性，同时会因历史的演变而受影响，在这个涵义上，这些原则对于未来具有"开放性"。假使法学不想转变成一种或者以自然法，或者以历史哲学，或者以社会哲学为根据的社会理论，而想维持其法学的角色，它就必须假定现行法秩序大体看来是合理的。所谓的"批判理论"，其认定现行法不过是**片面**"支配关系"的规定，也因此否定现行法的正当性，它不必费神审究个别规定、决定的正义内涵，因为消极的结论已经预设在那儿。而这种工作却正是法学所应致力的。它所关心的不仅是明确性及法的安定性，同时也致意于：在具体的细节上，以逐步进行的工作来实现"更多的正义"。谁如果认为可以忽略这部分的工作，事实上他就不该与法学打交道。

第二节　作为规范科学的法学、规范性陈述的语言

以下要论述的是法学的方法论。我们已经将法学定义为：以处理规范性角度下的法规范为主要任务的法学，质言之，其主要想探讨规范的"意义"。它关切的是实证法的规范效力、规范的意义内容，以及法院判决中包含的裁判准则。当我们把法学理解为一种"规范科学"时，并不意指法学本身可以订定规范，使法规范生效。原则上，其毋宁自认系一种，由关于现行法之陈述所构成的体系。但是我们会发现，法学就法规范内容所作的陈述，其本身对于该规范

内容亦有影响。它与那些——认为并坚持,被认识的客体应独立不受认识主体影响的——今日所谓的纯粹科学性的学科不同。就此姑且先略而不论,我们先探究:法学系关于"现行法"的陈述,这句话究何所指。

规范性效力系指:"据以衡量人的行为之行为要求或标准,其所具有的准则性或拘束性"。它与规范的实际效力不同,后者意指规范的效率或其贯彻施行的机会。马克斯·韦伯[21]最盛赞此种分别,更以此为主要根据来区分法学及社会学的方法。当一个法律家问到某一法律是否"有效"时,他不是想探究该法律是否总是或经常被遵守,毋宁是想了解,该法律作为规范所具有的效力请求权是否——依宪法的规定——透过立法行为被正当化。为答复此问题,他必须探讨,使规范生效的行为是否是由——依优先规范——就此有权之人循——该优先规范——所定的程序所作成,其内容并符合该优先规范所提出的要求。总之,为确认规范的效力,必须以另一些规范为准则。属于此等规范的不仅包括,规定立法权限以及立法时应遵守的程序之宪法规范,毋宁亦包含所有限制立法者的规范形成自由之规定,因为它们"作为直接有效的法规范"亦拘束立法者,例如,依基本法的明确规定(第一条第三项),基本权就具有此等效力。然而,作为法律家其不容再质疑宪法的规范性效力,如前所述,这是法哲学的问题[22]。这个问题无可避免地会与"法律的不法"[23]之可能性及可认识性的问题相连结。在如同基本法这类法秩序的范围内,以上的问题都还在审查法律合宪性的范围内,质言之,仍属宪法解释的问题,因为这一类法秩序都赋予最一般的基本法律原则以宪法原则的位阶。显然地,因一般立法者受到——包含于宪法中的——法治国原则及基本权的拘束,使得司法权及法学获得对抗立法者的强大力量。

与法规范的有效(或无效)与否及其内容(意义内涵)有关的陈述,其并非就可觉察的、透过观察及实验可予证实的"事实"所为之陈述。法律的成立自然也需要一些可得觉察的情事:立法会议的成员必须集会、必须为同意或反对的表示、必须计数票数、必须确认何方取得多数。然而,这所有种种都只是一种过程的外观,它在法律上之所以重要是因为(对于参与及研究此程序之人而言)它**具有下述意义**:它是一个立法的行为。只有当观察者依既存的法律经验掌握到过程的这项意义,他才能继续提出下述——大多数法律家这才开始探讨的——问题:这些行为本身及其内容(=被议决的法律)是否符合宪法——对有效的法律所提出——的全部要求。对这个问题所作的(肯定或否定)答复,并不是一种事实确定的结果,毋宁是一种规范性审查的结论,在这个审查过程中,应依据为此创设,并被假定有效的规范来审查前述——在其拟向的意义(=其行动意义)上已被掌握的——诸般情事,并作出判断。对契约有效性问题的探讨,亦无不同。此处也存在一些可觉察的情事——当事人以口头或书面所为的意思表示,就此,在诉讼程序中必须以证据证实之。然而,在法律上此等情事之所以重要则是因为:它们具有当事人所拟向的意义——当事人表示,他们愿受约定事项的拘束,质言之,欲使约定事项生效。至于表示是否确实具有此等意义,对于法律家而言乃是表示的解释之问题。假使他得到肯定的答案,并且——同样借"解释"的途径——获悉当事人具体约定的事项,他将进一步以法律为准则来审查当事人所达成的约定,质言之,其将审究法律所规定的契约有效成立要件(例如:行为能力、形式上的要求)是否已充分、表示的内容有无抵触法定要求之情事。于此,法律家必须考量者有三:当事人对于该当情事所赋予的意义、适用于此等情事之规范的意义以及被判断的该当情事是否符合规范的要求。总而言之,纵然是因为外观上可觉察的情事才会提出法律问题,然而,吾人最终关切的仍是该当情事的法律意义。

与意义有关的问题,其既不能透过实验过程中的观察,也不能借测量或计算来答复。法学所要处理的正好不是一些可以量化的问题。任何人如果认为学术的特征在于:尝试整理其研究客体,使其变得可以测量,并因此使其学术成果变得可以计算[24],那么他自始就必须将法学以及其他许多非(全)依自然科学方式运作的学科,排除于学术领域之外。若然,则其贡献实属有限。无论如何,每篇法学文章的作者都主张,其著作包含"恰当的"现行法之陈述。然而,仅仅说于此所作的陈述与自然科学中的陈述不同,其尚不足以答复下述问题:在此等领域中究竟能否作恰当的陈述。

这个问题脉络可以促请大家留意恩吉施[24a]指出的一种语言上的分别。与可觉察的事实有关的陈述或是"真的",或是假的;而就规范的效力所为之陈述,则或是"妥当",或是"不妥当"。这两种表达方式的意指似乎并无不同,但是第二种方式显现的确定程度显然较弱。法学通常只希望其陈述具有"妥当性",但并不因此就放弃主张其学术性。虽然还有不确定性存在,然而,从实际的眼光看来,这种不确定性是可忽略的。

我们相信,经验科学是研究客体可量化,因此可测量或可计数的学问,由是则社会学的大部分都必须被逐出此领域外。因为它们绝非仅欲就事实为因果说明,亦非仅欲依统计的方式计算出事实的概率规则。任何人假使作此主张,则其事实上是——不必要地——加深了法学与社会学之间的鸿沟。社会学主要既在处理人的行为,就不能忽视行为——背后隐含或一般期待——的意义。在社会学中,动机扮演了重要的角色。即使大家过分简略地将动机解为一种"因果性",社会演变过程也很难借此获得"说明"。不论是在个人生命中,或是在社会生活中,所有表面的或真正的必然发展中,都还会有其他可能作法,或一些不可预期的情事等因素加入其中。各种社会演变通常均非——以实验可得证明的——单向的发展方式,其毋宁经常与其他社会演变处于交互作用的关系。为了掌握社会体系的复杂性,尼克拉斯·卢曼运用一种(显然得之于因果性科学的)"功能的方法"[25]。对于不同的,会重复出现的行为方式或社会模式,卢曼想要以彼等各自在"降低社会的复杂性"及其因此对人类的贡献程度如何为标准,来加以比较。这当然只是可能的方法*之一*,但是借此可以指出:即使在社会学,方法论的问题也要比一些人想像得要复杂得多。社会学关切的自是"事实现象",探讨什么是实际上已发生或未来将发生的问题。然而,它所研究的事实现象内,又有各种不同的意义关联密不可分地交织其中,其中亦包含规范性的意义关联。因此,仅是借测量、计算及因果说明尚有未足。无论如何,如果这些意义关联是促成社会行为模式的动机,假使它们确实影响社会关系体系的建构时,社会学家就必须关注这些意义关联。法学特别强调法的规范性意义关联,并且特别把它当作自己的考察课题。

以理解事实上的牵连关系为目标的观察方式以及,以掌握规范性意义为目的之考察方式,两者的不同表现在前学术性及学术性的语言之中。之前我们已经清楚地指出,事实上与规范上"效力"的区别以及(与此相应的)"规则"

一词的双义性。借助用以谈说事实现象的语言,并不足以表达"当为"、"正当化"等词语的意涵[26]。这类语词具有关键字的特质,借此可以建构出一种独特的意义范围。前述说明亦可适用于"主观权利"、"有权利"等用语。假使大家以事实界的语言(诸如"意志力量"、"依法律拥有的力量关系"或"法律所保护的利益")来界定"主观权利",借此只能指出其对于社会环境的影响作用,而其中包含的规范性意义就无由显示:借此其欲表明,某些事物在法律上"应归属于"某人,于此意义上为"某人所有"。某人受契约的"约束","应"遵守该契约,其意涵并不等同于下述语句:假使不遵守契约,他必须预期将面临来自法律社会的"制裁"。即使预期制裁不会发生,在规范的意义上,他仍受契约的"拘束"。社会学家在他们的领域内,如果以违约时受制裁机会的大小为准以决定契约概念的运用,就此亦不须加以非难。他们只是在描述其事实上的效力,或至少此种效力的要素之一,而非指其规范性效力。法律家必须清楚分别二者。

　　同一词汇,视其系出现于规范性陈述的脉络中,抑或出现在事实性陈述之内,可能会有不同的涵义,就此有一个非常具启发意义的例子:卢曼的《透过程序的正当化》一书中对"正当性"及"正当化"二语词的使用方式。在规范性的意义上,"正当化"一词是指"确认其正当性",乃是一种无法用事实性语言来转译的表达方式。卢曼先是将(社会学意义上的)"正当性"定义为:"在一定的容忍范围内,对于内容尚未完全确定的决定,一般地愿予接受的情况"[27],易言之,透过纯粹事实性语言来定义。"接受"这些决定意指:"不论基于何种理由,与决定有关之人采纳这些决定作为行止的前提,为符合决定的要求而改造其行为方式"[28]。大家会留意到"不论基于何种理由"这几个字,与决定有关之人是否因认为该决定为"正当",抑或至少因认为决定者具有如斯权限,因此其有权要求遵守此决定,由是乃予接受,抑或是基于其他理由,这对于卢曼"正当化"的概念并无影响。对卢曼而言,"正当化"只意指促成接受决定的意识,"透过程序的正当化"则意指:使"有关之人"得参与程序,于程序中得发挥一定的作用,借此以提高此等意愿。当他写到[29]:"或许程序最神秘的理论在于,透过纠结于角色扮演之中,人们才真正掌握、改建自己的人格,并因此愿意接纳决定",这不禁让人联想到黑格尔所说的"理性的诡计"。透过程序的参与,可以提高参与者接受——依该程序所作成的——决定之意愿,这点在经验上可以得到证明。只要大家将"正当化"一词严格地依卢曼所界定的意义来理解,将之解为一种不包含价值涵义[30],只描绘社会过程的概念,并且与其可能包含的规范性意义(="确认其正当性")保持距离,那么将前述过程称为"透过程序的正当化"本也无碍。然而,当卢曼写到[31]:"透过程序的正当化"可以取代"较早的自然法之说理论证","透过程序法可以弥补自然法的缺失"[32],他却将自己所选择的意义与规范性的意义相混淆。自然法乃是针对确认实证法有效性主张之正当性,或针对直接证明特定行为要求之正当性的问题,根据"人性之自然"或理性而得的答案。因此,于此涉及的乃是规范性意义的正当性,质言之,其所欲处理的问题,与卢曼借——透过程序之——正当化的概念所拟答复者截然不同。立法者、法官或行政机关的决定,在自然法或至少在"实证法"上能否被认为正当,此问题与下述问题不同:即决定有关之人是否愿意接纳此决定。

卢曼将——其所赋予的——"正当化"一词的社会学上的意义与该语词的规范涵义等同视之,并非出于偶然,原因存在卢曼学术理论的前提之中。哈伯马斯[33]曾指出,卢曼"必须认定,以论证理论的方式提供有效性主张以根据,乃是无意义而应予拒斥的要求"。依其见解,卢曼的体系理论"使真理的问题主观化",因此不能"适当地提出存在与当为,真理与妥当性之间的差异之类的论题"。他并且认为,卢曼忽略了"说理的必要性及可能性,其借实际的讨论是可得实现的"[34]。事实上,卢曼发展出一种社会学的真理概念,依此,陈述是否包含真理的内涵,端视其对于"建构一有意义、有秩序的社会"有多少贡献来决定[35]。卢曼将"妥当性的问题"当作——在他认为是终极目的所在的,"降低复杂性"一事上的——实效性的问题来处理。但他忽略了,只有当程序本身是以"妥当"的程序原则为基础,换言之,只有当程序本身符合所谓的"正当"程序的要求,它才能"正当化"(以其固有的、规范性意义来理解)依该程序所作的决定。

依其系使用于规范性的,抑或事实性的脉络中,同一用语会有完全不同的意指,观察此种现象会促使人接受下述——接近维特根施泰因晚期哲学立场的——想法:规范性陈述的语言(＝关于规范性事物的陈述)可以被视为一种特殊的"语言游戏"[36]。维特根施泰因告诉我们,某词汇的涵义,并非如同一种坚定的特质那样附着在词汇上,每次将词汇应用在特定的"语言游戏"中,毋宁都会产生各该可能的涵义。为正确说明某指示性的定义,必须事先知道,"这个词语在语言中究竟扮演什么角色"[37]。因此,不能透过定义来掌握词语在语言中的角色[38]。尤其不能希望借探寻某一用语在**某一**语言游戏中的涵义,来掌握该用语在**另一**语言游戏中的意义。至多只能说某一词汇在另一"语言游戏"中的角色,与另一用语(或同一用语)在另一语言游戏中的角色"相当"。例如,大家或许可以说,规范性意义的效力,与社会学意义上的规范实效性相当,但不能借其中之一以定义另一者。不能借事实界的语言,诸如预期(制裁的发生)或(得为强制执行的)力量,来定义当为、债务人有为给付之义务,以及债权人得为请求等语词,虽然它们彼此常常连结在一起,然而两者所意指的毕竟并非一事。因此,为了避免稍一不慎就"越出"一语言游戏之外,大家必须非常仔细留意,究竟系以何种涵义在使用一词汇,因为"越出"一语言游戏之外,经常意味着概念的混淆。

假使不能借助规范性用语在某一"语言游戏"中的特征或概念来界定它们,那么如何才能掌握其涵义呢?依维特根施泰因的见解,只有借着参与"语言游戏"才有可能。这自然让人联想到下述问题:如何才能进入这样的"语言游戏"中。我们无法像指示一种可借感官掌握的事物那样,明确地"指示"规范性的事物。然而,当一个人向他解释什么该作,什么不该作时,无疑连小孩也能了解。下一个阶段是认识到:要求不仅指向他,同时也指向他人。他也很早就发展出某程度的,分别此等要求可否被"证实为正当"的辨识能力。假使别人向他要求其力所不逮之事,向他要求一些不会向其他同年龄的人要求的事,当人们拒绝交给他自己认为有"权利"请求的事物时,在以上所述的情形,他会觉得自己受到不正的处遇。看来正是这些"关键性的结论"引导每个人,在很年轻的时候就能进入规范性的范畴中。然而,由此到能适当地了解日常用语中的规范性陈述,那还有一段很长的路。成年人会在他们的日常生活经验中遇到重要的法律事务,借此学习认识其法律涵义,虽然其仍未必能就此为说明[39]。法学语言中的规范性用语,其意义常较一般日常语言精确。然而,其涵义首先并非借定义产生,毋宁取决于在法的规范性范畴之意义脉络中,它扮演的角色、发挥的功能,借此而确定的"语言游戏"中的使用方式以及,它与同一意义范畴中的其他——或补充它,或与它对立的——用语之意义关联如何。

大家不可将"语言游戏"误解为对语言的一种游戏——"耍弄语言"。于此,语言游戏应作如下解释:它是——在某个语言范围内——谈说某特定事物领域或生活领域的特殊方式。这些领域可以是有生命或无生命的自然界、技术、艺术以及法秩序。语言总是要说到些什么,透过对语言这个工具的一致了解,我们才能对"被说到的"事物有一致的理解[40]。在法学这种规范性语言中提及的事物,则是"法这个事物"[41]。关于什么是"法这个事物"的问题,我认为可以答复如下[42]:它乃是规范性意义中的"现行法",是所有法规范的整体。这必然包含与法律思想、法理念或者赫鲁施卡所说的[43]"法律原则"的意义联系。因为对于寻求"权利"保护者、对于不仅想作"合法",也想尽可能作"正当"裁判的法官[44],对于那些期待法官为前述裁判的诉讼当事人而言,他们最关切的正是这些法律思想、法理念。即使实证法的内容曾经一度构成一种"正当的"秩序,这也还不能保证法官的裁判全都是"正当的"——然而,仍然必须以这个绝对无法完全实现的要求为标准来衡量法官的裁判,这就构成"实证"的法与法律思想之间的意义关联,假使没有法律思想,在规范性的语言中,根本就不能有意义地提及"实证"的法[45]。

借此,我们发现了作进一步考量的出发点。法学所要处理的是(以其规范性意义来理解的)当下的现行法,这同时意味着:我们将现行法理解为(各种)具体化法律思想的方式之一。对法学而言,现行法"既存"于(今日大多数为成文的)有效的法规范中,"既存"于法院的裁判中,或者更精确地说:在裁判所包含的裁判准则之中。法学要"理解"这些对它而言"既存的事物",以及隐含其中的意义关联,质言之,法学要认识隐含在立即可解的字义背后的意涵,并将之表达出来。我们将会发现法学有时甚至会改变这些意涵。

第三节　作为"理解的"学问之法学

第一款　透过解释来理解

之前的说明应该已经清楚显示，法学主要在理解语言表达及其规范性意义。涉及语言表达的有法律、法院的裁制、行政处分，通常契约也与此有关。要理解语言表达，或者是透过未经思虑地直接领悟，或者透过思虑的方式，质言之，透过解释[46]。理解的必要前提则是：感官性地掌握（语音或文字的）媒介。当听者或理解者依其语言知识对言语的意义根本不生疑问，当他根本没有意识到有不同的解释可能性，则其理解是未经思虑的。若然，则思虑乃至解释的目标乃是被拟向的，或"适切的"意义。"解释"是一种媒介行为，解释者借之以理解本有疑义之文字的意义[47]。这种媒介行为存在何处？解释者先是考虑某一用语或一排文字有哪些可能的不同涵义，然后探讨：于此，何者是"正确的"。为达成此目标，他查考文字的上下脉络关系，咨询自己对文字所涉及事物的知识，审究促使文字或语言表达出来的情势，以及其他可作为探寻涵义指标的"诠释学上重要的"情况。如是取得的结论并非逻辑上必然的结论，毋宁是在各种不同的说明可能性中所作的，有充分理由的选择。因此，"解释"某一文字系指：在诸多说明可能性中，基于各种考量，认为其中之一于此恰恰是"适当的"，因此决定选择此种。

因此，法学是一门学问——"纯科学论"之学术概念的追随者所提出的反对见解，我们先不讨论——因为它原则上将法律文字问题化，换言之，它探究法律文字各种不同的说明可能性。法律文字可以这样问题化，因为法律文字是以日常语言或借助日常语言而发展出来的术语写成的，这些用语除了数字、姓名及特定技术性用语外都具有意义的选择空间[48]，因此有多种不同的说明可能。正因为有此种多样的说明可能性，语言才具有丰富的表达力及配合各该情势的适应力。假使以为，只有在法律文字特别"模糊"、"不明确"或"相互矛盾"时，才需要解释，那就是一种误解，**全部的**法律文字原则上都可以，并且也需要解释[49]。需要解释本身并不是一种——最后应借助尽可能精确的措词来排除的——"缺陷",只要法律、法院的判决、决议或契约不能全然以象征性的符号语言来表达,解释就始终必要。

大家经常忽略,不仅法律与契约,法院裁判毋宁也需要解释。德赖尔[50]主张,今日实际有效的法规范大部分是在法院的裁判中找到的,法学负有"描述"此种——经验上在法律社会中有效的——法规范的义务,为执行此任务,其亦得运用"经验分析"的方法。假使这意指:法学可以将裁判"要旨"视为"既存事物",单纯地接受,并且任意将之安排成一种外部的秩序,对之不须运用解释方法,那可就是个误解了。像实务家的注释书那样单纯地复述裁判,这还不是法学,所有对裁判的处理都始于解释,此外,法学还必须依其他法的意义关联将之归类整理。

关于一个解释何时可以认为"适当"的问题,其取决于解释该文字的目的为何。在日常生活中,或者是要认识某段话、一封信或其他记载之原创者的意见,或者是要借助文字(更好、更精确、更广泛地)认识该文字指称的事物。后者的适例:对技术性事物的口头或书面说明、使用说明书、专业书籍或报纸。于此,只有当原创者的意见有助于理解事物,才会被关切。相反地,在文学上自我见证的文字,在包含——解释者拟欲探知的——个人立场之陈述,在个人经历的描述中,原创者的意见就变成解释的目标。因解释目标不同,"在诠释学意义上重要的"情况亦异。假使关切的是原作者的意见,就取决于陈述的动机、言说者面对的情境、言说者与其陈述对象间的关系、陈述者特有的表达方式(例如有暗示意见或夸张其说的倾向,或者喜欢使用特定表达方式的习惯)。假使涉及的是被描述的事物,那么由他处取得的有关资讯、其他在发展过程中获致的理解,亦可资为助力。法律文字应如何解释,这本是法学方法论的主要课题,对此,本书将在他处作详细讨论。我们会指出,因此等文字是法律、法院裁判抑或是法律行为,其于解释上将有重大不同。

第二款 理解的"循环结构"及"先前理解"的意义

无论何种文字,解释非仅关涉个别语词的意义,其关切的毋宁是:依据一定顺序排列而成之语词、语句的意义,借此足以表达一连贯的思想脉络[51]。虽然惟有透过对个别语词、语句的理解,才能获得其连贯的意义,然而,在一般语言中,每个个别的语词每次使用的意义未必均同。语词的意义大都有或大或小的变化范围,此处所指的,或应被了解的意义究系何者,经常须借助语词在文句中的位置,以及(在某段谈话或文字的该当位置上的)该当语词所处的意义脉络来确定。由此产生理解程序上的特点,大家称之为"诠释学上的循环"[52]。简要言之,其意指:每个语词当下的意义只能透过整个文字的意义关联来取得,后者最后又必须借助——构成它的——个别语词及语词组成的适切意义才得以确定;因此,每位解释者(或者每位想理解一段有意义关联的文字及谈话者)在探求每个语词的字义时,必须事先考量整个语句及文字的预定意义,以此预定意义为出发点,但是至少在疑问发生时,就应该回头去考虑起初假定的字义,然后在必要时或者修正此字义,或者修正其对整个文字的预定理解,直到两者相互一致为止。于此,可援引"诠释学上重要的情况"作为检查及解释的助力。

于此,"循环"这种象形的说明并不精确,因为理解的循环运动并非单纯地返回原来的出发点(若然,则其将变为一种套套逻辑),毋宁可以将整个文字的理解提升到新的层次。假使解释者原来假定的某一语词的意义,与其于解释过程中发展出来之整个文字的意义关联不一致时,其将修正第一次的假定;假使由可能的(=于此想像可及的)语词意义得出一种与其预定不同的意义关联,他就修正这项预定。这种预定及返视的过程可以多次重复,特别是最初只考虑整个文字中的部分(例如某个别语词或段落)时,尤然。即使其起初的意义预定完全获得确证,解释者于此亦并非回到原点,因为原先单纯的推测或假定于此已变得有充分的确定性。意义预定[53]具有假说的性质,其须借成功的解释来确证[54]。

因此,与数学上的证明或逻辑上的连锁推论不同,理解的程序不是以一种

"直线"、**单向的**方式在进行，毋宁是以对向交流的步骤来开展，开展程序则以各步骤的相互解明（并达到彼此一致的目的）为目标。虽然"精确"的学科对此种思考方式相当陌生，逻辑学家亦大多忽视它，然而，它在法学中有重大意义。这种思考方式不仅出现在依意义脉络以解释文字（参见第四章第二节第二款）以及依——至少部分借助该文字始能发现之——"法律目的"从事的解释之时，将规范适用于特定案件事实时（复参第三章第一节），亦同。于此，恩吉施[55]言及"目光之交互流转"（于规范之构成要件及案件事实间）。在针对"典型的"案件及案件类型，具体化须填补的评价标准时（见第三章第三节第四款），这种思考方法尤为显著。反之，"直线"的思考主要运用于"确定法效果的三段论法"（参第二章第五节第一款），假使涵摄本身足以解决问题，则此种思考方式亦运用于涵摄的过程中（参见第二章第五节第二款）。

理解程序的开端通常是一种——有时还相当模糊的——意义期待，它经常是在初次的匆匆一瞥中产生。解释者带着"先前理解"[55a]来面对各该文字，亦惟有借助"先前理解"才能获得前述的意义期待。先前理解涉及文字拟处理的事物以及用文字言说事物时所应用的语言。假使欠缺这两方面的先前理解就很难，或者根本无法构成一种"意义期待"。但是，若要进入理解程序中，解释者需要这种意义期待，即使在理解程序中可能证明它并不足够，必须作相应的修正。就有关事物，一个人愈是作长期并深入的检讨，他就愈能构成一个适当的意义期待，越能够快速地结束其理解程序。一个人如果对数学全无概念，在初次面对数学教科书时，就不免会有些惶恐无助。同样地，如果从来没有处理过法律问题，他也很难理解法律文字或判决的理由。解释法律或契约的法律家，乃是以其对于现行法的法律问题、问题脉络、思考方式以及借此限定的解决可能性之全部知识，以及他对于立法者或（在契约的情形）有法律常识的国民常用语言的了解为基础，以此来执行其任务。他的"先前理解"乃是一种长期学习过程的成果[56]，这个过程包括其法学养成过程，也包含其后他借着职业活动或职业外的经验取得的知识，特别是与社会的事实及脉络有关的知识。作为适切理解的前提要件，先前理解的重要性不容忽视。

然而，当一些诠释学派的重要学者（如加达默尔）时或也借用海德格的用语,将先前理解及借助它所构成的——对特定文字之——具体的意义期待,称为先入的判断(=成见)时,不免易致误解。因为依照我们的语言用法,无可避免地会有下述联想:它是一种会妨碍吾人正确理解的"错的"判断。它意指的恰好不是这个意思。加达默尔说:"先入的判断非指错的判断,对这个概念毋宁可以有正面及负面的评价"[57]。作为每次理解在诠释学上的前提要件,伽达默尔赋予其重大意义[58]。伽达默尔类推运用交谈中相互了解的方式,以此掌握对文字的理解。文字将一件事物提出讨论[59],它乃是针对那些就语言及其提及的事物有一定理解,因此有可能理解的人而发。

依伽达默尔之见,将文字、解释者及可能了解文字内容之人连结起来的共通基础,乃是语言以及两者共处的传统脉络。伽达默尔认为,传统脉络以及——存在其中的——历史事件的"作用史"对理解程序有重大意义,因为他特别关切旧文字,以及对过去借语言或其他方式所作见证的理解。将之转用于法学,"传统脉络"指的是:现行有效的规范与普遍承认的法律思考方式,其与之前许多法律家的劳绩之间的关联,它们或者是透过这些贡献才取得今日的形象,或者,今日的法学正是挣脱彼等的束缚始得成立[60]。事实上,不仅法律,特别是法院的裁判及教义学上的认识(或误解)所置身的传统脉络,乃是任何法律解释的背景,无论它是"历史的"、体系的或目的论的解释,均同。在理解法院的裁判时,此尤属不可或缺。

法律家所需要的先前理解,不仅与"法这个事物"、提及前者的语言、法律文字、法院裁判及(常用的论据所在的)传统脉络有关,先前理解亦须及于各种社会脉络,包括各种利益情境及法规范指涉之生活关系的结构[61]。法规范不仅是一种有法效力的规整,其规整的是特定的社会关系、社会过程及行为模式;然而,受法律规整,此亦仅是后者所呈现的多种面相之一耳。如果不能同时看到其他面相,法律家就无法了解有关的法律规定。例如,在住屋的租赁契约中,承租人首先关心的面相是:借助该契约,其住居需求得以满足。对出租人而言,主要的面相则是:以出租的方式来间接利用——或许是由他(以自己的费用)——为居住的目的而建造,他自己却不能或不愿直接利用的住屋。除了这些——比较涉及直接当事人——"私人"的面相外,质言之,除了他们的

"利益情境"外，还有一些一般社会政策及整体经济的面相：广泛国民大众的住居需要，其乃是公益应尽量满足的基本需求之一；因此，公益一方面要求，应制订一些规定以保护承租人免受过度榨取及突然解约的威胁，另一方面亦应考量出租人的利益，因为他也在住屋上投下资本，并因此承担费用。只有当他将今日的房屋租赁法解为一种尝试，一种试图尽可能"均衡考量"各种不同的面相以及房屋市场之供需关系的尝试，如是他才能真正理解这个法制。为获得此等理解，就这方面的面相以及为其基础之事实关系，亦须有一定的"先前理解"。认识与规定有关的事实关系，并非总是像前举的例子那样容易。对于仅在少数案件才会遇到的素材，法律家经常缺乏必要的先前理解。必要时，他必须努力去取得这些先前理解。在这方面，法学养成过程无疑仍有若干缺陷。

依埃塞尔之见，"先前理解"不仅可以就理解规范一事，促成一定的意义期待，对应由法官作成的裁判，在开始"严格依照规定"的法律解释，或者在作"教义学式"的考量之前，透过其长期职业经验所累积的先前理解，借着"径自诉诸前教义评价之各种显著可能"，其亦可形成法官关于"正当性的确信"[62]。依此，法律解释及教义式的考量都不过是法官事后所作的"一致性的审查"[63]，其目标在证实：被发现的决定与实证法的体系相符。因为埃塞尔认为，法律解释的各种方法是可以任意交换的（或者应该说：被法院认为是可以交换的），所以容易联想到，法官将会选择让他可以把——他认为正确的——决定解为合法的**解释**方式。依此见解，法官的先前理解不仅可以使——以决定为终局目标的——理解程序开始，透过"方法的选择"，还可以操纵整个过程向法官——基于其"正当性确信"——所预设的结论发展。

也许有些法官的确是以埃塞尔所描述的方式从事裁判。但是我们不能认为这种程序是正当的。埃塞尔似乎没有发觉，这样的程序隐含了严重的法官的自负。如斯进行的法官认为，依其"先前理解"，他们要比法律及——以法律为基准的——法律解释的结论聪明。此外，这种作法也与——一般法律见解所承认的——法官应受"法律与法的拘束"不符，假使我们严肃看待此项命令的话[64]。它要求法官，在作成决定时应先取向于法秩序的准则，即使在作价值判断时，亦同[65]。为达成此目标，法官必须一再进入理解程序中，努力获得前述准则的标准意义,这种理解程序要求他必须愿意,借透过程序获得的意义来质疑乃至修正其先前见解。假使他在进入理解程序之前,已经将自己的先前见解固定成一种"正当性确信",他就很容易欠缺前述意愿。必要的前提是:各种方法并非可完全由其任意选择,再者,假使以正确的方法来探究的话,至少在许多案件,法秩序还是可以提供一种——在最基本的裁判正义的意义下——"可以接受"的答案。

"先前理解"一词,今日有时也运用到另一种——与诠释学学者所理解者不同的——意义上[66]。于此,它不再只是使初步方向得以确定,让理解程序得以开始并向前推展的、对事物的初步理解,它变成判断者所承受的先入之见的拘囿,这些先入之见来自于判断者的社会周遭环境、其出身及其教育,并有可能决定其判断[67]。我们可以确定,没有人能完全摆脱此类先入之见,但是不能便认为它们是绝对、不可逾越的界限。然而,除了透过终生自我审查的过程以及不断重新返回"事物本身"的努力,否则毕竟不能克服此等先入之见。而这种意愿之具备,乃是对法官及学者必须提出的第一项要求。这种负面意义的先入之见不可与诠释学意义的"先前理解"混淆,前者是在努力获得事物知识时必须排除的障碍,后者则是使事物理解成为可能的(积极)条件。

第三款 作为辩证过程的规范适用

通常是为了将之"适用"到具体的案件事实,才对法规范为解释。在法律适用的过程中,应予适用的规范看来几乎像一个可用以测量待判案件事实的折尺,但也只是看来如此。若果真如此,首先必须应予适用的规范之前就已经如此确定,因此,其精确内容为何再无任何疑义。真是这样,自也无需解释。其次,在进行任何法的判断之前,待判案件事实的全部要件必须均已确定,而且完全适合规范所定的类型。事实不然。大部分的案件事实都极端复杂。为了将多数案件事实包含在内,规范必须被单纯化,由是,它仅能包含个别案件事实的少数面相及要件。其余均被忽略。因此经常发生下述问题:假使(由法律思想看来)不同事物不应作"相同"处理,以免作出"不正当"的决定,则不知规范所忽略的多种要素之中,是否亦有若干要素,其于具体案件中如此重要,因此绝不容忽略。果然如此,就会浮现以下的问题:能否为促成一"正当"的决定,而对被"适切"理解的规范,作一定程度的限制或差别化;可否援引"乍见之下"或者不能适用于此的其他规范;规范整体是否有——得借助规整的基本思想或一般的法律原则加以填补的——"漏洞"存在。在法律家适用法律的过程中,类此的考量会一再出现,它们使法律家将单纯的规范"适用"转变成继续规定规范内容,或加以补充的过程。于此,在法官的适用过程中,规范及规范整体会一直发展出新的层次出来:最高法院就一项规范所作的解释或补充,对于未来其他裁判具有示范作用,这些裁判本身也需要解释或补充,后者又变成法官裁判的标准及决定行为符合规范与否的准则。开始是似乎明确而容易适用的法律文字,最后则发展成一种环绕法律文字而产生的,由解释、限制及补充所构成的网络,它调节法律在具体情况中的"适用",广泛地改变法律的决定性内容,在极端的情况甚至改变到无可辨识的程度。这真的是一种奇异的程序结果,法律家通常竟仅将此种程序称为"规范的适用"。

前述情况曾促使伽达默尔特别强调:对于一般诠释学而言,"法诠释学具有例示的意义"。此例示意义在于:所有的"理解"均已包含有适用的要素。他提及[69]:"理解经常已含有,将被理解的文字适用于解释者当下情境之意"。"一如理解及解释,适用乃是诠释过程的构成部分"。理解常已经是适用[70]。此见之当否,有进一步深入考量的必要。

正确的是:对于他所提出的过去时代的见证与其现处时代之间的距离,历史学家应该予以弥补。假使他想提出这些见证,并且希望它们对现代"可以提供一些看法"的话,从过去的时代以来累积的经验及其自身的历史立场,他也必须一并考量。然而,如斯的"一并考量"自身的情况,仍尚非"适用"。法律家当然也必须考量,法规范立法当时拟规整的情境是否仍然存在,或者,因为"规范情境的转变",因此必须作不同的解释,特别当法律家在适用较古老的法律时,尤应留意此点。然而,这也只是在斟酌法律文字对具体案件的适用性之下,对法律文字为解释时应予考量的众多观点之一。对规范适用者而言,主要的问题还不是时间上的距离,毋宁是规范必然具有的一般性及每个具体"事件"的特定性之间的隔阂。弥补,或更适切地说:媒介两者正是"具体化"规范的任务所在,伽达默尔恰当地称之为"有创意地法律补充的贡献"[71]。然而,伽达默尔忽略了规范本身的准则作用。法律家会探究"应被理解之意义的规范性拘束力"[72],因其(正确地)视规范为一种准则,凭此可以衡量"案件"。问题在于:假使准则本身的内容直到"适用"程序始能终局确定,其如何能发生衡量的作用。对历史学家根本不生此问题,因为他不会想要将过去时代的准则适用在现代。

"准则"要求:将之一律适用于所有以其为准据的事件。这项要求不可能实现,假使就其内容"在每个时机,质言之,在每个具体的情况,都必须重新作不同的理解的话",而伽达默尔明白主张,此种说法亦适用于法解释。的确没有一个案件会在所有的角度上与另一案件全然相同。然而,假使仍然应该规定"相同"的准则,便不能容许因任何事件情况的变更,立即对该准则作新的不同解释,否则——作为"正义"的基本要素之———"相同标准"的想法将变成纯粹的幻想。因此,我们必须排除伽达默尔的若干主张[73]。于此须特别留意,每一个准则的(成功的)具体化,其本身均构成其他——依评价观点而论——同类案件的判断标准。这正是使"先例"具有重大意义的原因之一。

刚刚发布的规范,其内容仅有"或多或少"的确定性,在自兹开始的适用程序中,它慢慢会被具体化。然而,为适用而进行的规范解释,其并非仅由规范文字本身开始,在程序进行到一定程度时,经常同时要考虑迄今作成的解释。然而,这些解释对于法官从不具"拘束力":假使回到规范本身,考虑它(在法律脉络中应被理解)的意义内容及当下个案的特殊性(或一般情势的变化)之后,认为原来的解释不能维持,法官可以,有时甚至必须放弃旧的解释方式。只要观察**最高法院的**裁判就会发现:前述说法仅属皮相之见,前述情况并非常态,毋宁为例外,在大量的案件中,法官追随最高法院的先例,并非仅为节省时间或工作,盖如若不然,则"相同的标准"亦将丧失,并将造成严重的法的不安定状态。必须在适用的进程中,准则的内容才能达到足以保障在同类案件作相同适用的确定程度;只有那些尚未摆脱折尺形象的人,或者用现代一点的说法,那些认为规范适用一事已经被无所遗漏地规划完毕的人,才会对这种说法感到惊奇。除了(以其一度被法院赋予的解释方式)不变的规范适用以外,也一直有新的解释,借助它们——以其对将来的裁判所具有的示范作用——规范的内容被进一步具体化、精确化或被改变。假使不想对——依其结构为"辩证式"的——法规范适用程序作片面、错误的说明的话,就必须同时考量:规范的准则作用(其要求规范的相同适用)、一再出现之进一步的解释需求以及一旦作成的解释或具体化对未来的规范适用之"反作用"。

第四节 法学中的价值导向思考

（在针对法律事件的裁判下）解释法律时必须留意:于此,法律并非随意的陈述,而是应被遵守的规定、被定出来的裁判准则,简言之:规范。想要借规范来规整特定生活领域的立法者,他通常受规整的企图、正义或合目的性考量的指引,它们最终又以评价为基础。这些评价显现在:法律赋予特定利益广泛的保护,对其他利益则不予保护或仅予较小的保护,其命令或禁止特定行为方式,对于违反行为并胁以"制裁";权利之许予或拒绝,或者危险的分配。因此,要"理解"法规范就必须发掘其中所包含的评价及该评价的作用范围。规范适用则要求:应依据规范来评价待判断的事件,换言之,在判断事件时,应将规范所包含的评价依其意义付诸实现。约根森[74]适切地指出:法学及司法裁判的特色正在于:它们"几乎完全是在处理评价的事"。

假使以评价中立的事实概念来表达规范的构成要件,而只须透过逻辑程序即可将待判断的案件事实"涵摄"于此等概念之下,那么规范"适用"就无涉评价了。涵摄程序要求,在待判断的案件事实中,构成概念的全部要素一一出现。假使确定如是,依据逻辑的规则即应将案件事实归属于此概念之下。然而,作此等确定前,通常需要一系列的中间判断或补助判断[75]。例如,法律界定"消费物"为"以消费或让与为其基本用途之动产"(民法典第九十二条)。某类物品的"基本用途"为何,判断者得之于其社会经验。于此,他必须以经验为基础来作判断,此类判断极少是"精确的"。在其他情况,他必须判断人类的行为,例如,断定该行为是否已表达特定法效意思。这种判断非单纯的确定事实可比,它要求阐明意义。还有一类法定构成要件,其构成要素之一已需要评价,例如,民法典第一一九条所定错误的构成要件,其已包含"依事件合理的判断"之要素。如果认为,即使在适用此等——以如斯概念建构其构成要件的——规范时,亦仅是一种逻辑的"涵摄"过程,那可是一种错觉了。在作逻辑涵摄之前已经需要作一些——未必均属价值中立的——判断。

法定的构成要件并非全以概念组成。在很多情况,法律利用"类型",而非概念来描绘案件事实的特征,类型与概念不同,其并未借不可或缺的要素而被终局确定。或者,法律会包含"须填补"的评价标准,其直至"适用"于具体事件时,始能被充分"具体化"。这两种情形均非单纯地"适用"规范,毋宁在从事——须符合规范或准则意旨的——价值判断。"符合"与涵摄不同,其并非视为同一的过程,为获得"符合"的确信,需要各种媒介。法学主要关切的正是这些媒介工作,它们不是"逻辑上必然"的推论,毋宁是一些可以理解而且(在一定的界限内)有信服力的思想步骤。因此,不管是在实践(="法适用")的领域,或是在理论(="教义学")的范围,法学涉及的主要是"价值导向的"思考方式[76]。这种思考方式是众多思考方法之一,就此以及对此种思考方式的特质,即使许多法律家也未曾意识到,特别是那些将法学思考方法与涵摄或逻辑推论等量齐观,并且认为对价值判断不能作合理论证者,尤然。因此,希望能借以下的说明将先前的论述更明确化。

第一款　法适用领域中之价值导向思考

借"概念"与"类型"的差异,可以阐明"价值导向"思考的特征。前已述及,假使是借概念来确定——应适用之——规范的构成要件,因此,被确定的案件事实只须涵摄其下即可,则"法适用"的评价特质将隐而不显。然而,这种情况远不如大多数法律家(甚至许多"评价法学"的追随者)预期的那样多。只有当借列举——描绘其特征的——全部要素得以清晰界定者,始能称为严格意义的"概念"。此种定义的意义在于:"当而且仅当"概念的全部要素在特定客体上全部重现时,此客体始能被涵摄于此概念之下,质言之,可以归属到概念所描述的客体种类中。涵摄推论的"大前提"是概念的定义,其"小前提"则是——透过感官知觉予以证实的——确认客体 X 具备定义中提及的全部要素,结论则是 X 属于此概念所描述的客体种类,或者:X 是此概念所描绘之属类的一件"事例",对法律家而言:案件事实 X 乃是——以概念描述的——法定构成要件的一件"事例"。

然而,法律定义包含一个（或多个）不能作单纯涵摄的要素,此种情形亦非罕见。我们试以"物之重要成分"（民法典第九三条）的概念为例。依民法典第九三条,一物的"重要成分"系指"非毁损物之一部或变更其本质,不能分离者"。代替"变更其本质"这种几乎无法实际应用的要素,学界以解释的方式提出"并非无关紧要地降低其可用性或价值"的要素[77]。"并非无关紧要"不是一种精确的标准,毋宁为一种"滑动"的准据。在个别案件中,究竟是"还"无关紧要,抑或已"不再"无关紧要,不能借涵摄的方式来解决,其毋宁要求一种评价行为,后者则取向于下述标准:或者以"每个人"的认可为准,或者取决于之前的类似案件如何决定。然而,两者均是决定时的辅助手段,而仍无关乎必然的逻辑推论程序。

依民法典第九四条的规定,土地的"重要成分"包括土地上的建筑物,而建筑物的（因此也是土地的）"重要成分"则包含"为完成建筑物而附加之物"。至于何谓"为完成建筑物"而附加之物,一则取决于该建筑物的特定目的（例如:住屋、工厂、仓库）,其二则取决于:今日交易上认为完成此等建物所必要者为何。例如,倘建筑物系供人居停其内者,则暖气设备应认系"为完成建筑物"而附加者[78]。依今日的见解,诸如浴缸及洗手台等,亦均为住屋的重要成分[79]。因为它们被认为是住屋的"通常设备"。注释书中还例举许多其他事例,最后也不忘指出:其仍应取决于"当下个案的情况"[80]。这样的指示显示出:一般方式描述的个别要素——因此仅凭单纯的逻辑"涵摄"——仍有未足,毋宁需要作出一个能考虑多种歧异,以不同方式组合之观点的判断。于此要求的虽非价值判断,然而,它是一种必须借助特定社会经验始能作成的判断——诸如下述社会经验:为达成此类建筑物的使用目的所必要者为何,或者,依今日的交易见解其通常设备为何。在作成此类判断时,不能具有如同——以确定的感官知觉为基础而作成的——事实判断那样高的间主观的确认性。假使发展还在持续中,交易见解尚不十分确定,就没有明确的界限,有的只是"流动的过渡",因此,在个案中就有判断余地,在此等判断余地之内,此种或彼种判断——如法律家所说的——均是"可接受的"。虽然法学希望借解释的方式来限缩此等余地,但是它不会全然消失。至少在这种判断余地内,严格意义的涵摄不复可能。即使可以成功地透过解释澄清法律的概念,使大家获得一系列的观点以简化概念的适用,借助此等观点对概念的适用提供说理的论据,然而,这些观点未必均适宜为单纯的涵摄[81]。

有时法规范是在刻划一种类型,我们描绘、说明这种**类型**,使其可以应用,仅是指出若干确定、始终必要但也因此充分的要素,并不足以定义它;我们还是先以一个例子来说明前述意旨:民法典第八三三条意义上的"动物占有人"。我们会读到[82],动物占有人乃是"为其自身的利益,非仅暂时地将动物应用于其家室、经济营业或一般地应用于其支配范围之内的人,质言之,当动物属于其生活或经济范围之中时"。假使大家将此视为定义话,这个定义由来于帝国法院在一九〇五年所作成的裁判,其言及,任何人"将动物安置于其经济营业或——以最广义来理解的——家庭营业中,借此以帮助达成其目的时",其占有该动物[83]。于此,帝国法院首先诉诸日常生活的语言使用方式,惟此种方式仍须被限制。这个案件涉及的主要是以下问题:当马匹所有权人将马匹暂时无偿地交付他人经济营业处所使用时,于该时期中,其是否仍为"动物占有人"。帝国法院的答复是否定的,因为立法者课予动物占有人较重责任的理由,于借用时期内,在贷与人身上并不存在。因此,帝国法院作了一个以规定的立法理由为据的解释——法律目的之解释。它确定动物占有人之所以必须对动物造成的损害负责,乃是"因为他作为'业主',为自己的利益,使他人置身于动物所生的危险中,也因为在这期间只有他由动物获得利益"。因此,该法院正确地将动物占有人本身的利益当作主要的考量观点。而当动物由贷与人的经济营业处所脱离,进入借用人的营业处所之时,所有人缺乏前述的自身利益,在这个时期内,动物"作为营业手段,仅系为借用人的利益"。再者,贷与人在借用期间对这匹马也没有事实上的支配力,因此对动物致生的危险也绝无采取任何防止措施的可能。这些考量都是正确的。于此,这匹马在一段期间内,曾由一人的经济营业脱离而由另一人接收,此种情形显然促使法院对归入

"占有人"的营业处所一事,赋予特殊的意义。而因为许多人非因经济的目的,毋宁是基于业余爱好而拥有动物,因此会联想到,除了经济营业处所外,也一并考虑到置入家室之中。"经济营业"及"家室之中"正指出拥有动物的利益,同时也指出某种实力支配关系,借助后者,占有人始能影响该动物。然而,这些真的已经是可以满足全部要求的定义了吗?

假使"经济营业"及"家室之中"是两者择一的概念要素,那么"当而且仅当"两个要素之一存在,就可以肯定动物占有人的性质。带着狗流浪的手工艺人的例子,足以指出上述说法并不正确。由规定的基本想法看来,他无疑是"动物占有人"。或许也可以认为:不必要求须置入家室或经济营业之中,只须有事实上的支配实力为已足。然而,实力也可以由一人为他人行使之。而直接占有亦非必然的要求。假使一个人在旅行期间将他的狗托给熟识的人照管,在这个期间内,他是"间接占有人",而他仍是动物占有人,因为他人只是为**他的**利益管领该动物,而且只管领到他再度取回该动物为止。然而,"间接占有"有时并不能满足动物占有人性质的要求,前述借马的例子已经指明这点。虽然贷与人仍保有间接占有,而且对该动物的利益亦非终局归于消灭。作为贷与人,他可以随时或在约定的借用期间经过后,请求返还该动物。然而,在借用期间内,他对于这匹马的使用利益必须向借用人的利益让步,这匹马在这段期间内只为后者的经济营业目的服务。正是基于这点,帝国法院才将这段期间内动物占有人的附随危险完全责由借用人负担。然而,占有动物的利益也可以——几乎以相同的程度——同时存在于直接占有人与间接占有人上。假使有人基于对价,以营利的方式来照管动物(="狗的膳宿公寓"),我认为可以同时视其及将动物交托照管之人为动物占有人,因为不管是寄托人要求他方为其照管动物的利益,抑或受寄人借照管动物而得利润的利益,两者之间并无一方的利益显然"超过"他方的情形。

因此,不论是将动物置入家室或经济营业之中,抑或事实上的实力支配(不论是直接或间接占有),都不是动物占有人不可或缺的概念性的要素。上述因素之一只要与占有动物的利益结合,就变得重要了。而利益在不同的人可以有不同的程度;因此,它是一种"有阶段性"的要素。最终具决定性的是:

该利益至少与前述要件之一结合。于此,假使不能认为它们是概念性的要素,它们就是法律所意指的一种关系之征兆、象征,只要这种关系存在,就应当承担因动物危害所生责任的危险。这种关系为何,只能借助这些征兆,并透过具体的实例作几近的说明,而不能借助严格概念性的要素作终局的确定。

另一种不确定关系则源于时间因素的意义。前已述及,在所谓的定义中有"非仅暂时地"等语。大家会在注释书中读到:"暂时的丧失占有,例如动物逃逸,并不废止占有人的性质"[84]。然而,要到何时,丧失占有不再算是"暂时的"?就此也许可以回答:当不能再期待逃跑的动物会再回来时。但是什么情况才符合这个要求,这点又只能依有关的经验作几近的说明。或许可以认为,窃盗行为能立即终止动物占有人的性质,因为于此涉及"持续性的剥夺占有"。然而,预期行窃者应该可以立即查获,动物也随即可以取回的案例,仍然是可以想像的。于此是否应作不同的处理?措伊纳[85]曾就此为细密的考量。他认为,动物逃逸乃是一种典型的动物危险,因此(迄今的)动物占有人仍须为动物在逃逸之后造成的损害负责。虽然用以"确定占有人性质的,对动物典型的事实关系"于此不复存在,但损害仍来自动物事实上仍属于动物占有人范围的时期之内的危险,质言之,逃逸的危险。然而,仍然必须究问:这种主张可适用多久?无限期的危险承担显然不能接受。

关于"动物占有人",我们谈的不是一个——借着列举所有必要要素得以终局定义的——概念,我们处理的毋宁是一种类型[86],并且是一种"规范性的真实类型"[87],就此吾人其后仍将探究之。这里所谓的概念定义事实上是一种类型描述。诸如"事务辅助人"(民法典第八三一条)[88]以及"占有辅助人"(民法典第八五五条)等人的属类,其涉及者亦系未经概念性精确界定的类型。这里所指涉之人均与另一人处于某种社会关系,因此种关系,其必须(多少)服从另一人的指示,并且被划入后者的组织范围——民法典第八五五条再次提到"家务"及"营利性事业"的例子,然而,这两种观点都不能提供精确的区分标准。稍后我们会提到（在第四章第四节第三款中），除了"规范性的真实类型"外，法律关系，特别是债之关系的类型，作为"法的构造类型"，它们在法的适用程序中也扮演重要角色。

借助定义，概念可被确定到如下程度："当而且仅当"该定义的全部要素在具体事件或案件事实全部重现时，概念始可适用于彼。这不适用于类型。为描述类型而提出的各种因素不需要全部出现，它们也可以多少不同的程度出现。通常它们可以有不同的强弱阶段，而且在一定的范围内可以彼此交换[89]。其本身只具有征兆或象征的意义。重要的是它们在具体情况下的结合情形。具体案件事实是否属此类型，并非仅视其是否包含该类型通常具备之全部因素。毋宁取决于：这些"典型"的因素在数量及强度上的结合程度，是否足以使该案件事实"整体看来"符合类型的形象表现。类型不能定义，只能描述。我们不能把案件事实涵摄在类型描述下；然而，借助此种描述，吾人仍可判断某现象是否应归属某一类型。

假使类型不仅是个别要素的积累，毋宁是个别特征结合所构成的"整体形象"，那么必须问到：这个结合以什么为基础，换言之，促成类型成为统一的整体之因素为何？于此必须先指出下述重要之点：我们所说的"规范性的真实类型"，其虽然意指社会现实中经常会遇到的案件事实，然而，惟因其被"赋予"特定法效果，方取得其法律上的意义。正是基于对其之评价及拟赋予其之法效果，立法者先塑造出类型。在指出类型——特别是在价值导向的思考脉络中——所扮演的角色上，莱嫩著有贡献[90]。假使欠缺——促使立法者联结此种类型与该当法效果的——价值观点，规范性的真实类型及法的构造类型均属不可想像。让我们再次用"动物占有人"的例子来说明。法律希望将"因动物"加损害于他人的危险，归由为自己的利益而"占有"动物之人承担。而如前所述，占有动物的情形不仅包括——非暂时性地——对动物具有直接支配力，也包含借助他人（直接占有人、占有辅助人）的媒介而形成的支配关系。于此，重要的是占有动物的利益程度。所以然者，因为动物占有人责任背后隐含的法律思想正是：个人利益与危险统一的思想。亦应据此以决定孰为"动物占有人"。因此，"家室之中"或"经济营业内"等事例，以及其他所有在裁判先例中发展出来的观点,其说明价值均有限。如欠缺法律理由这种联系中心,它们都不过是多少具有偶然性质的、单纯的观点。

如果立法者想形成一个概念,借以描述一种案件事实的特征时,应尽量精确,其确定方式并应达到下列要求:在个别案件中,不须回溯到评价性的观点,径以涵摄的方式即可确认案件事实的存在。于此,立法者选择概念的要素时,当然也必须留意:借此等要素构成的概念,其的确足以涵盖拟意指的案件事实。不同处只在于:其选择如此的概念要素,以致"在适用概念时,概念要素存在与否的问题可以完全取代评价的问题"[91]。概念涵摄至少在"理想的情况"是一种价值中立的思考过程。借此,适用法律者得免评价性"衡量"工作之烦,而法的适用亦趋于"安定"。概念性确定的缺点则在于:概念性的要素经常不能涵盖——依法律目的——应包含的全部案件,或者相反地将不应包含的案件涵括进来。假使法律只作类型的描述,情形就不同了。莱嫩[92]说:"在描述事件的属类时,类型学的思考总是维持其与指导性价值观点间的联系,因为所有被考量的特征都取向于这个——促成整体类型的——中心价值,惟有如此它们'才具有价值'"。在针对具体案件作类型的归属时,必须一直同时考量此价值观点,因为只有它可以对下述问题作最后决定:依其程度及其结合的情况,出现的"特征"或"因素"能否正当化此等归类。因此,类型归属与概念涵摄不同,它是一种价值导向的思考程序。

在规范一种生活事实时,立法者通常可以选择,或者以概念性的方式,质言之,借助尽可能清楚地描绘其轮廓的,不可或缺并且终局确定的要素来指称意想的案件事实,或者以类型描述的方式,易言之,借着提出一些例示的特征或事例来描绘案件事实[93]。其选择此种或彼种方式宜均有其理由[94]。假使他已经选择概念性的确定方式,对此解释者不可径予忽略。然而,解释者(在可能的字义以及规定的意义脉络范围内)仍有作目的论解释的空间,此外,其亦可为类推适用或目的论限缩。如果有关规定涉及的是一种类型,因类型自始具有较大的变化空间及相对的开放性,解释就变成"比较有弹性"的程序。此外,"类型"与"概念"也并非截然对立。其中仍有一些流动空间。之前我们已经提及,以穷尽列举之要素描写的概念,有时可以包含一种具有如同类型的

"开放性"要素。让我们回想"为完成建筑物所附加之物"的例子。于此主要取决于：依交易上的见解，此类建筑物完成时，"典型上"应具备者为何。并一方面，除象征性的因素外，透过确定若干不可或缺的要素，类型也可以接近概念。类型描述也可以被当作形成概念的前阶段，有时，所谓的概念定义，事实上是一种类型描述。法院作类型式的论证亦非罕见，但是它经常宣称——本属正当的——类型归属的论证为一种——事实上不能维持的——概念涵摄。这种对类型式论证的欠缺意识，经常将说理贬抑为一种表象说理，其本有可能是切当的说理，假使法院明白地作类型式论证的话。

在法律运用须填补的评价标准来描绘构成要件或法效果时，特别需要运用"价值导向的"思考方式。"诚实信用"、"重大事由"、（给付与对待给付之间的）"适当关系"、"适当的期间"或"合理的裁量"等都是此种标准的适例。这种标准并非全无内容；它们并非"伪规范式的空洞形式"，可以和"全部或几乎全部的具体行为形式及行为规则相合致"[95]。其毋宁已各自包含特定——虽然不能作任何概念式的定义，但透过一般接受的事例仍得加以澄清的——法律思想。法社会成员一致的法意识多少可以填补其内容，此种法意识会受传统的影响，但同时也会不断地被重新形成。以没有疑义，或经长期司法检验的裁判事例为准则的法院，其几乎以此等法意识的"传声筒"自命。在这些案件中，每项裁判都将——隐含在标准中的——法律思想与特定案件事实联结起来，借此针对此种案件事实（指所有与此相类的案件）充实此思想以额外的内容，质言之，将此种思想"具体化"。每次成功的具体化——因其范例性的作用——都有助于此种标准的进一步具体化，然而这个过程永远不会"到达终点"。

具体化须填补的评价标准最终是不是一种"非理性的"过程，或者"价值导向的"思考于此亦可提供重要的帮助？我认为后者是对的；说理上的证明将于下文（第四章第三节第四款）提出。我们将发现，类型化思考——即塑造事件的类型并找出其典型的要素——于此亦扮演重要角色。然而，判断者在很多此类案件中仍有其判断余地，尤其在取决于特征的"较多"或"较少"时为然。

"适用"标准时必须要"具体化"标准（指继续确定其内容），而其又将影响标准未来在类似案件的适用,这种情形在须填补的标准中尤为显著。因为每次(成功的)具体化本身都成为比较事例,因此也成为进一步具体化的出发点。当判断者决定该标准对该当个案"可适用"或"不可适用时",此种标准必须被具体化。在具体化的程序中,透过个案的判断,原有的标准在内容上作了进一步的充实,并因之而继续发展形成。法的适用与法的续造并肩而来。我们既可以在对案件事实作法的判断,也可以在(法律内的)法的续造之脉络中处理这个过程,它同时属于这两个脉络。

第二款　法教义学领域中的价值导向思想

在所谓的"法适用"领域中,假使涉及的不仅是单纯的涵摄,而是评价性的归类或"具体化"时,价值导向的思考方式是不可或缺的;但是在非直接实务取向的法学理论的范围,质言之,在所谓的"法教义学"的领域中,情形似乎不然。依埃塞尔[96]之见,法教义学乃是"最终想构成一种独立体系之法概念及法制度的基本理论"。他认为,大家期待法教义学提供的贡献是:"将评价的问题转换为认识或真理的问题"。依埃塞尔之见,教义学直到今天还(不当地)"主张其学说应具有严密不可侵犯的权威",并且认为"仅仅凭借规范及教义学技巧即可解决新的社会矛盾,而不须形成新的社会合意"。[97]埃塞尔提及,"教义学思考是一种价值中立的概念工作"[98];他认为教义学的角色在于:使"个别领域上的正义的问题,在法律上可以操作"。这意指:"以一种思考方式来进行价值判断,或使价值判断变得可以理解,质言之,一种可以解为客体认识的'思考'方式"。依其见解,如是"将妥当性的考量转化为可以思考的问题及任务",正是"教义学最内在的、固有的要求"[99]。

埃塞尔所描绘的教义学形象,显然是以十九世纪末及 21 世纪初对教义学工作的基本想法为准据。这些想法包括:可以用——得径为涵摄的——概念来掌握全部的法律现象,想像有一种多少具封闭性,并且能以逻辑思考方式来答复新的法律问题之概念体系;认为在法学领域中,学术性的思考方式应与价值中立的客体认识之方式无异,换言之,纯科学论的学术概念。在使这些想法的不正确性逐渐显露出来上,埃塞尔自己也提供许多贡献。因此,如果我们正确理解其想法——基本上他认为双轨的程序是可行的——应该以前教义学式,或外教义学式的方式来发现法规范[100],而教义学以其迄今具有的风格,仍有一定的存在理由——其"安定性"的作用。"教义学式的掌握方式,可以描绘法律政策及正义精神的轮廓,使其实践并实证化"。此外,它"对于司法裁判的安定性具有重大贡献,当裁判中的评价被视为思考性的问题来解决,而且透过教义学上的概念形成,借着运用教义学上熟悉的用语来理解并介绍规整的特质,也能作较好的解决"[101]。此外,也可以将教义学视为一种"控制机关,它可以确保解答与其他既有规定彼此可以相容"。"透过强制要求,解答的尝试必须能纳入特定的观念世界中","我们可以进行一项合理性的检验,而假使我们严肃看待这项检验,它就可以指出这种解答对于相同体系其他部分的影响,并进而要求我们,或者形成另一种解决方案,或者检讨所有因此在体系中产生的后果"[102]。因此,埃塞尔仍然要将教义学解为一种"价值中立的"概念工作,但其任务只限于:将得之于他处的答案或评价,转换为一种可以被解为客观认识的、合理思考的语言,一种以此等语言构成的概念性体系,借此使司法裁判变得可行,并且可维持其安定性。

评价性问题的解答真的可以转换成一种不掺杂价值的概念,而且因此变得可以操作吗?还可以将(今日的)法教义学解为一种"价值中立"的概念工作吗?或者应该认为,教义学即或不是全部,至少在很大的范围上从事价值导向的思考?

在今天的教义学中,类型的描述(代替适于涵摄的概念之形成)已逐渐增加其重要性,仅就此点论,将法教义学解为仅系价值中立的概念工作,就不无可议。再者,在法律解释中,"目的性"观点经常有决定性的分量。虽然教义学不止于解释,但是没有它实在也不能想像。然而埃塞尔认为,教义学不是想由**概念的内容**获得评价性的关联(或意义关联),毋宁想借助一些——不须重新评价,因此只须借单纯涵摄即得确定其存在的——要素来定义概念。在所有情事中,是否均能成功地完成此项工作,则是另一问题。

然而,法律家所处理的概念,大部分是纯粹法技术性的概念,换言之,以形式逻辑为基础所构成的"种类概念"。它们只能帮助使法律一目了然,透过涵摄的促成来简化法的适用。属于此种概念的有:汇票、支票、支付通知、(土地登记中的)预告登记、异议、登记顺位、载入及注销登记等概念。这些概念通常在法律中已被定义,或者,其定义极易由法律本身解读出来。其属于名词定义,因此,必须借助立法者的规定或透过合意才能形成这些概念。而正因其系名词定义,其已切断与价值的联系,并且也不能借助它们获得新的认识。相较于之前借定义所置入者,它们不能提供更多的内容。依形式逻辑的规则,其彼此间只能安排出一种上下阶层的秩序(属概念、种概念),或者一种互斥析取的关系(或者……,或者),或类此的关系。此亦不可轻忽,因为遵守逻辑规则是所有思考方式的基本条件;然而,在内容上它不能增加我们的认识。教义学如仅以形成此等概念及解明其间的逻辑关联自足,对法律问题的解答,它就几乎不能提供任何贡献。而大多数"教义学式"的工作正是如此。

只有在分析新近教义学著作中表现的思考方法之后,我们才能答复,在今日的法教义学中,价值导向的思考方式是否也普受运用。就此,我们将在最后一章(第二节及第三节)中探讨之,因此,我们在此只提出暂时性的答复。价值导向的思考方式首先会出现在教义学不是以概念性,而是以类型性的方式进行的情况。此外,在努力塑造事件类型时,在以"整理"司法裁判的方式寻找适宜各该类型的评价观点时,亦同;于此涉及的司法裁判,其或者致力于须填补的标准之具体化,或者以——裁判者自己或许亦未充分意识的——法律原则为基础[103]。特别是在寻找"基本的"法律原则本身、对各该原则效力范围的量度、对多数原则的相互作用之认识、它们对于理解各该规整的影响,以及对原则有所限制或补充时,亦均属此。"法律原则"是与法理念有关的评价标准或价值优劣性的规定,它们尚未被具体化成可以直接适用的法规则,但是可以作为法规则的"正当化根据"。一如全部"须具体化的"标准,对它们不能作概念式的定义;然而,可以借一些事例来说明其意义内容。其显然性可以促成其广受同意,此显然性的证据见于:将之明定于实证法的规定内容中。其部分今日已明定于基本法中,亦因此获得宪法的位阶。

我们先以较新的教义学著作中关于法律行为部分的论述为例[104],于此可以发现,其不复以内容空洞的法律行为概念为出发点,毋宁着重法律行为——

作为私人自主之法的形成手段——的功能，或者将之视为"行为的类型"（弗卢梅）。其视私人自主之法的形成为负责之自我决定的表现，于此，责任表现在当事人对其相对人所受的拘束。此外，它们也肯定"信赖原则"在法律行为的交易过程中，亦得作为拘束力的基础。根据这些想法，它们尝试将法律规定解为法律原则交互作用后的结论，如是便更能理解这些规定，划清其彼此间的界限，填补其漏洞，最后使多数决定彼此可以协调。想当然耳，它们会特别细究法院裁判中出现的问题及其解决尝试，也会把新问题带进讨论中。这所有种种已非"价值中立的概念性工作"所可涵括。

财产权概念的探讨，例如基本法中财产权保障的问题，则为另一适例。于此，大家不会由民法典第九〇三条形式的概念定义出发来探讨。毋宁会回溯到财产权——作为"外在"自由范围之法的保障——的意义上。必须考量——作为其意义中心的——个人自由范围的思想，并兼顾法社会中因共同生活之必要而生之财产权的社会界限；由是，须观察关涉财产权的全部规定，才能了解"财产权"在吾人法秩序中的意义。当然必须透过许多媒介工作，才能将财产权的内容及界限具体化。巴杜拉[105]正确地说道：基本法提供的财产权保障范围如何，不能仅借"适于涵摄的构成要件要素"来解答，毋宁只能依据"法官多方面的评价观点"来答复，澄清此等观点正是教义学的工作。因此，巴杜拉将基本法意义下的"财产权"解为："任何一种具有财产价值，并且可以作为个人维生或从事经济活动的基础之法律地位"。此种概念界定并未切断概念与价值间的联系，"个人维生"或（个人）"从事经济活动"等，正明显指出此种价值联系。在较新的物权法著述中，我们也会遇到类似的——取向于财产权之法伦理及法政策作用的——"功能性"财产权概念[106]，由此概念出发，民法典上形成的所有权概念不过是一种根本未将原本意义表现出来的简单公式。就物权法的外部体系论，为显示所有权（作为最广泛的对物支配权）与所有其他"限制"（并因此而限制所有权的）物权的对比，此种简单的公式仍有其贡献；然而，在讨论财产权的内容及界限，例如，不动产、矿藏、动产、资本财货及日用品的所有权之内涵及界限何在时，即不宜作为根据。形式而仅作抽象一般描述的所有权概念，将会使取向于社会现实状况及财产权的功能所作的区分模糊化。但是当我们在讨论财产权"社会义务"的范围，或者探讨——就事物而言，质言之，就事物之功能而言——财产权必要的最基本内容为何时，则主要取决于此种区分。

因此，埃塞尔描述的教义学特征（即：最终想构成一种独立体系的根本理论），以及其所认为的，教义学所得主张之"严密不可侵犯的权威性"，均只能适用于"概念法学"的抽象概念体系，而不能完全适用于今日的法教义学。诸如期待权、缔约过程中的法律关系（作为"缔约中过失"的责任基础），具有保护第三人作用的契约，表象的法律责任，依危险范围分配举证责任，这些教义学上的词语并非由概念性体系演绎而得，毋宁是基于交易的需要或特定正义观念的要求，借检讨司法裁判而逐渐发展出来，并且亦将继续演变下去。正确的是：将之整理成学说之后，隐藏在词语中的法律思想才得以实证化并固定下来，司法裁判也才能将之视为确实的裁判准则而加以利用。假使"严密不可侵犯的权威性"意指：仅因其系概念性体系不能解决之新的法律问题，即可将之驳回，则上述说明正可以证明此说之不当，因为它们正是针对此等问题所提出的解答。为答复新的法律问题，"教义学"原无惧于修正，乃至突破概念性的体系。

有疑问的只是：一种对新的问题具有开放性，不把自己想像为仅由既定前提作逻辑推论的法学，质言之，采取理解及价值导向思考的法学，其是否仍适合"教义学"之名。假使大家视教义学为一种——由确定的原理以及，由此等定理逻辑演绎而得的推论结果所构成的——封闭体系，那么这个用语的确不适合今日实践性的法学。迈尔-科丁对今日法学的下述主张是正确的[107]：此种——将自己拘囿在狭隘的空间内，坚守过时的教条及由此推得的结论之——教义学的扭曲形象，已不能再适合今日的法学。他认为，法学之所以仍然呈现这种形象，应归责于法律家，因为他们选择了"教义学"这个用语。然而，"教义学"未必须如是理解。它也可以用来描述一种——以形成某些内容确定的概念、对原则作进一步的填补以及，指明个别或多数规范与这些基本概念及原则的关系为其主要任务的——活动。透过这种活动发现的语句，其之所以为"教条"，因为它们也与有法律所拥有的——在特定实证法之教义学范围内——不复可质疑的权威性。"教义学"一语意味着：认识程序必须受到——于此范围内不可再质疑的——法律规定的拘束[107a]。只有当法学脱逸出此等拘束，例如，当其亦一并考量——独立于实证法之外的——事物本身的结构时，它才不再适合"教义学"之名。

第三款 尼克拉斯·卢曼关于法教义学的论点

截至目前，我们检讨今日教义学事实上的研究方式，借此来检讨法教义学是否只限于将评价性的论点转化为（似乎）价值中立的，仅依逻辑标准即可进行涵摄的概念，借此使正义的问题在"法学上可以操作"。然而，我们可以而且也必须以另一种方式来设问：法教义学今日在实现法秩序的程序中以及，其以此在社会的脉络中之作用如何。关于教义学在——作为社会之部分体系的——法体系中作用如何，卢曼曾加以研究[108]。他提出的"关于教义学的论点"[109]尤其值得重视，因其能避免任何——在某些社会学的长篇大论中经常出现的——成见。

卢曼首先说明，对"教义学"一语"通常理解"的特征是一种"消极性的禁止命令：对论证环节中之出发点不容否拒"。这些出发点应免于受批判。对此不须反感，因为"社会学家们都知道，所有人类的交往都有一些不容否拒的前提。卢曼并未追问，今日教义学中的"不容否拒者"之性质为何：是一些概念、定理，还是所谓的逻辑上的不相容性，或者，（如吾人所主张的）是存在于宪法及整体法秩序中的价值决定与原则。他提及，在社会学上（与在学术理论上相反？）只能提出下述问题："如果大家想赋予这些'不容否拒者'教义学的形式，应将它摆在什么高度，质言之，应将之置于何等抽象的程度？"显然他认为"教义学"的抽象程度很高，因为他根本没有答复前述问题，径自继续说道，似乎"比较不应该把教义学的作用放在局限眼界上，而应该置重其促成抽象化及解释空间的贡献"。他认为，教义学的实证化作用"在于借着对这些消极性禁止命令的安排，使文字及经验的解释获得必要的弹性"。教义学对今日法律家的意义"并不在于确认原既存者，毋宁在其能保有批判所必要的距离，能组织一些考量、理由、关系权衡，借助它们才能超越直接的法素材，对之加以审查、整理,使其适于应用。"

我们暂时在这里中断一下。解除——法律及法官裁判中的——法素材的直接性及单纯的"既存状态",将之安排成一贯的脉络,而且因此能对其有新看法,使其有更高的解释可能性,这所有种种的确是任何教义论的基本功能之一。卢曼恰当地强调,吾人借此在处理法律文字及个别经验时,拥有较大的弹性——这也正是他对于"消极性禁止命令的安排"之理解。假使卢曼能进一步提及下述事实就更好了:欠缺一定的"不容否拒者",则不仅任何人际交往无由达成,也不可能构成法秩序,因后者正是以(明示或默示地)承认特定的"不容否拒者"为基础,即使于此必须牺牲部分个人生活及良知决定的空间亦然。在教义学尊重的最终"不容否拒者"的范围内,对这些蜂拥而至的大量规范及个别决定,教义学保持一定的距离,借此它可以将未形之于文者考量在内,改正不谐调者,在环境迁易时使"适用"保有一定的弹性。

卢曼继续说明,不论神学或法学的教义学史都清楚显示,教义学的作用"并不在束缚精神,毋宁要在处理各种经验及文化时,提高其自由程度"。只有坚守教义学扭曲形象者才会对这项说明感到惊异,任何曾严肃从事教义学的工作者都会证实前述说法。大家都知道,相较于受教义学训练的法律家,非法律家往往更"忠于文字本身",会对规定作严格,但经常并不合适的解释。因此,当卢曼提及:"即使在,并且恰好在社会期待拘束性之处,教义学经常可促使大家对此保持距离",我们必须同意其见解。它促成"怀疑的再生,提高——尚可承担的——不安定性"。虽然如此,于此仍须指出:大家对教义学未必都一致如此理解。假使认定其任务在于创建一封闭的、任何可能的"事件"都能用逻辑涵摄的方式纳入其中的体系,此种教义学即以提高安定性、排除可能的怀疑及追求(因为以"逻辑"为论证根据,因此)无可置疑的确定性为主要任务。教义学本身具有卢曼所强调的作用,只是长期以来隐而不显。直到"概念法学"失败,对这项认识的障碍才算排除了。

然而,假使认为教义学的作用只在于促成怀疑,提高不安定性,那可是一项重大误解。卢曼也只是说"尚可承担的"不安定性而已。在提及此点时,卢曼决没有下述想法:方法可以任意选择、"观点"可以任意交换、规范可以随意支配,而法官的裁判是纯粹的"决定"。他毋宁也坚持,教义学在法的实现过程中也具有操控的作用。卢曼在其后的一章中[110]针对"从结果出发所作的论证"以及,法律决定应取决于其预期将发生之实际结果的想法所作的批评,于此极具启发性。他提及[111]:"假使大家想将后果用作指引方针甚至正当化的观点,就必须有此等遮蔽的眼罩,借此,大家可以将全部附随后果,所有后果引致的后果,以及多数裁判累积起来的后果等扩张作用隔除于视线外。举例而言,(在诸如产品制造人责任中)因不利的法律地位,必须以提高价格来填补,这种可能引致的积累效果就必须忽略。因此,透过后果来正当化,"其本身必须以(假定其存在的)遮蔽眼罩的正当化根据为基础"。这自然是过甚其词了,假使法官不仅在解释法律,同时也从事"超越法律"的法的续造,则其无论如何均须虑及因此必然引致的相关社会影响;然而,他的下述主张是正确的:后果本身亦须被评价,而评价之标准必须具有法的性质。正如卢曼所强调的:"法与不法之划分"自不应取决于此等划分所导致的后果。再者,在缺乏充分资讯来源的情况下,法官无法综览全部的后果。若然,则法秩序中的评价标准即属不可或缺,由是,教义学的任务就在于整理这些即使在有疑义的案件中,也能协助作出以充分论证为基础,而非任一恣意决定的标准。借用卢曼的表达方式,我们可以说:教义学既可以提高,也可以限制裁判可能的"复杂性"。

卢曼则以另一方式得此结论。他认为[112],为多数事件所创造并将适用其上的法规范,其"操控层面"乃是必不可少的。欠缺此层面将无法之可言。由此层面才发生将规范适用于"事件"的问题。而没有一个"事件"与另一事件会在各方面完全一致;因此,"事件"是可变的。假使——依教义学的第一种作用——法规范的解释也是可变的,那么规范与事件的关系便是两个变元间的关系。一如卢曼所说的,它们是"双重可变"的。由此,卢曼提出教义学的第二种作用。它可以"限制因双方可变的关系所导致之变化的任意性,因为不仅事件应以规范为准,规范适用本身亦应取向于事件"。透过法素材的教义化,易言之,对法素材作概念与分类整理,可以使"经常被描述的,在规范与事实之间的眼光流转有所取则,其不仅须留意待判的具体情势,更应受法体系的拘束,因此也不致攀缘到法秩序之外"。而因为教义学将"反省事件类似性的理由",

其亦使裁判"取决于一些确定的观点"。在这个作用范围内，教义学定义了"属于法律上之可能者的条件"，即借着指出在何等界限内，裁判尚可称为合法（法律家称其为"可接受的裁判"），教义学再次限制规范及事件的可变性。

卢曼最后又将教义学所促成之提高及限制"复杂性"的双面程序，与作为法秩序顶点的正义理念结合在一起。相对于法的复杂性，教义学的概念性可以顾及正义理念。正义涉及整个社会对法秩序的全部要求，而教义学则是"法体系的层面，于此，前述要求被特殊化而变得可以操作"。必须形成一些区别合法与不法的基准才能完成这项工作。教义学研拟这类基准，因此其有助于"法体系的细分"，借此使法"依法固有的基准被运用"。如果用我们自己的话来说：教义学是最终的要求、被普遍接受的基本价值、原则及为数甚伙的"既存"规范间的桥梁，同时也是规范——间接也是前述原则——与其于不同情境之"适用"间的媒介。

假使前所论述者真是教义学的作用，就实在不能了解，作为一种"概念性与分类性的"思考方式，教义学如何能符合这些要求。"媒介"不能只**单向**进行，毋宁必须是一种对流的过程。"细分"同样也是一种取向于两个端点的程序，一方为统一的，另一方为多数的端点。而分类性的概念是不可变的，应始终以同样的方式来应用。为满足卢曼描述的"法教义学"的作用，法学需要一些概念及思考形式，在可得确定的界限范围内，它们是可变的，因此，特别是在适用于不可预见的情况，可以保持一定的弹性。虽然卢曼曾附带提及，取向于类型是"有益的"[113]，并且同样也附带[114]提及维尔伯格"可变体系"的想法。然而他又提及教义学"分类性的抽象化风格"，并且显然赞同埃塞尔，认为教义学是一种"价值中立的概念工作"。果真如此，它早就被免职了。卢曼提出下述问题[115]："在既存社会结构的条件下，教义学以及应借助它达成的法体系之细分，究竟还可能与否，如果可能，以何种方式"。如其取决于社会结构的条件，那么就像卢曼，我也不太敢作预告。而假使取决于法教义学本身，则吾人的答案如下：当而且仅当法教义学能够更成功地发展并应用价值导向的思考形式（诸如法的类型、功能性思考的法概念，"可变"及"开放"的体系），以及不是单向进行，而是对流思考的方法（诸如"具体化"及"类型化"、"类推适用"及"目的论的限缩"等方法),才能维持其地位并实现其作用。

第五节 法学对于法律实务的意义

法学首须履行一项实际的任务,此点应无疑义。这项任务在成文法的国家是这样产生的:法律不仅必须被一再解释,也必须被"填补漏洞",并且要配合情势的演变;此外,因为复杂性提高,对概观性及规范间的相互协调之需求亦相对增加;最后,因"同等标准"的原则(即正义的思想)会产生避免评价矛盾的要求。借着处理由法律及法院裁判中获得的素材,法学努力在现行法及其基本评价的范围内,取得解决法律问题的具体标准,并借此对法律事件作出判断。我们稍早曾提及,法学要作一些关于现行法的陈述,对此我们要补充如下:法学主要要作一些能获致裁判基准的陈述,它们可以转换为法律事件的裁判。借此,法学想帮助实务家,特别是法官及行政公务员,他们必须就具体的情况作符合法秩序的决定。实务家受到必须作出决定的强制,因此不能等到问题在教义学中被彻底讨论,并获致有说服力的答案之后再作决定。即使尚无充分的理由,他也必须"冒险"决定,就此而论,其无可避免会包含部分"意志决定"的成分。然而,在可能的范围内,他仍然应该以法律上的论据来支持其决定——因为依据宪法,他负有受"法律及法"的拘束之义务。这包括:在解释及补充法律时,他应该运用法学提供的认识及被普遍认可的法学方法[116]。另一方面,作为一种学术,法学应以诠释学上容许之价值导向的思考方法来说明并证实其说法,但是不须禁绝有根据的价值决定及意志决定。教义学家不像实务家那样受到必须作出决定的强制[117],他不仅有权利,有时甚至有义务容认,依现今认识的程度而言,现行法并未提供令人满意的解答,当他遇到不能以其他方法排除的缺陷而建议修法时,他也经常作此主张。

法教义学及法院实务两者处于一种特殊的相互关系。一方面,教义学提供实务界许多裁判基准,它们常被引用,有时经过修正,有时也被误解。另一方面,司法裁判提供教义学大量的"材料",由这些材料法学才能发展出新的基准。司法裁判依其本质比教义学更重视个案的联系,比较努力寻求"个案正义"。而教义学家显然较为留意事件的一般性及典型特征。虽然如此,法官也了解,其据以决定某一事件的标准,必须对**全部**同类事件均可适用。然而,作为裁判基础的裁判标准,其意义及作用范围在裁判中经常并未直接显现。通常必须深入地分析、比较大量的裁判理由之后,才能认识具决定性的考量及司法裁判选择的方向究竟为何。这又是教义学的工作。于此,下述事实为其默示的前提:其理由说明容有若干缺陷,但是法院的裁判结果大体上是"正确"合理的,(因此亦)能以实证法为其说理依据。这项(作为吾人工作假说的)前提未必总是被确证为真,然而这项条件仍经常存在,因此仍然可以基于此项假定开始工作。教义学有时当然也会对司法裁判作辛辣的、令人难以忍受的批评,于此,成见及自负有时也高度发展。然而整体看来,双方相互学习的意愿显然较之前要高。事实上,一系列构成今日现行法"坚实部分"的法概念及裁判基准,均系以司法裁判及法教义学的合作为基础,才发展出来的。

例如,司法裁判很快就采纳施陶布的"积极侵害债权"的理论,并坚守至今。它也接受缔约上过失的学说,并继续加以建构,教义学则在熟悉司法裁判的情况下继续扩充此学理[118]。司法裁判也采纳期待权、具保护第三人效力的契约、较新的不当得利理论(给付返还请求权优先)[119]、对民法典第一八一条作目的论的限缩等学说。由司法裁判开始发展出来的则有:民法中的客观的——类型化的过失标准及表见代理。它们同样也被教义学接受并继续发展中。重要的是:我们的最高法院在裁判理由中会讨论教义学的工作成果,即使其最终作出不同的决定。如是又再次促成双方的对话。

法学对于法律实务的意义不仅止于对司法裁判提供助力。其最重要的任务之一是:发现一些现行法迄今尚未解决的法律问题,借此促成司法裁判或立法的改变。新的法律问题产生的原因有:逐渐发展出来之新的社会事实、基于平均正义、保护经济上的弱者或危险防止的观点需要作新的规整。新发生的法律问题经常不是立刻呈现在眼前,在一段相当长的时间内,大家通常仍旧以并不适宜其特质的评价观点来处理它。例如,在处理危险责任时,开始很长的期间内,大家是以推定责任的办法来解决,直到下述认识贯彻以后,情形才有所改变:于此,事实上涉及损害危险的特殊归责形式。对于技术化时代提高的危险程度,司法裁判一方面以下列方式来对应:课予新的"交易安全的义务"、限制民法典第八三一条"免责证明"的可能性、变更损害赔偿诉讼中举证责任的分配(依危险范围分配举证责任);另一方面也以扩充契约性责任(契约上及前契约的说明及保护义务、具有保护第三人效力的契约)的方法来对应。保障受害者获得补偿的进一步措施,例如引进责任保险或其他的补偿准备,则需要法律的规定。愈来愈清楚显示,仅凭传统的手段、有责原则及损害完全补偿的原则("全有或全无的原则")不能获致令人满意的答案。而研拟新的解答则需要法学的参与。

在立法准备工作上,法学有三方面的任务:其一,将待决之务当作**法律问题**清楚地显现出来,并且指出因此将产生的牵连情事;其二,它必须与其他学科,特别是经验性的法社会学合作,研拟出一些能配合现行法的解决建议,供作立法者选择的方案[120];最后,它必须在起草技术上提供协助。在研拟解决建议时,比较法的方法一直扮演重要角色。例如,在一般的损害赔偿法、消费者保护、一般人格权的保护等法律领域中从事改革工作,特别是在一些今日必须以国际性眼光来规整的法律素材,诸如商业结社、有价证券、著作权等法律领域,如果缺乏比较法的研究,其改造殆属不可想像。对于实际影响情况的研究(因此应借助经验性的社会研究),对"法律事实"的深入讨论,对此均属必要,然而法学的参与亦不可或缺。法学从来都不只是"司法裁判之学",将法律政治上的要求表达出来,并且为立法者研拟新的建议[121],这一直是法学的任务之一。为了配合这项目标,法律家也一再进行法律事实的研究,并且也运用(从事此等研究所必要的)社会学的方法,诸如统计调查以及,对机关、社团的咨询等。然而,为了将所获得的认识转化为法律方案,其仍然需要应用精确的法学知识。

法律专家通常严格区分"基于现行法"以及,"由将来适当的法律"出发所作的陈述。此种区分仍应严守。并非所有法律政策上恰当的结论,均可在现行法的范围内,借方法上确实可靠的解释或法的续造来实现。此外,对于将广泛深远地影响多种不同生活领域的法律问题,只有能获致必要的宏观认识之立法者才适宜答复。法官不可剥夺立法者的决定权。因此,在对现行法作解释性的续造,或者——当要件具备时[122]——在从事超越法律的法的续造时,只在极小的范围内,才可以正当地考量法律政策的观点。就产品制造人对购买者或产品利用人因不能认识之产品瑕疵致生的损害,是否应负危险责任,司法裁判也未曾自作决定,依我之见,此种作法是正确的。当其显然应承担此责任时,司法裁判仅推定产品制造人的有责性[123]。直到一九八九年十二月十五日的"关于瑕疵产品责任之法律",不问制造人有无过失的制造人责任才被创造出来,而只有当他能证明,其并未将产品引进交易市场,或者可以认定,制造人将产品引进交易市场时,产品并无该瑕疵,制造人始不须负责。司法裁判开始的,最终由立法来达成。

即使司法裁判工作的相当部分未来将由电脑取代,法学参与司法裁判的发展仍属不可或缺。只要法律仍以口语撰写,其仍须解释,那么将其转译成电脑语言时,仍须对电脑提供适当的解释。然而,因为不能预见所有的事件情况,规定的解释仍然可能发生新的疑义,于此仍须对电脑给予新的指示[124]。解释的任务不会消泯,只会转移到他处。此外,也不能期待电脑会自发地确定"漏洞"存在,提供——并未输入其中的——所欠缺的规则。即使大家可以不用口语,完全以精确的电脑符号语言来撰写法律,只应用此等语言定义的概念,因此亦不须作进一步的解释,然而,诉讼当事人的事实陈述、证人的证词及其他诉讼参与者,其仍将广泛地应用口语。将法院所确认的案件事实,由口语转换为电脑语言时,解释的问题会再度出现。因为案件事实的描述将包含一些变数,用有限的电脑符号并不能完全掌握它们。而正是这种一再呈现新风貌之案件事实的变化可能性,其强迫决定者须一再审查、修正迄今的规范解释,借此使规范一直继续发展。即使将电脑应用到最低的层次(纯粹涵摄)上,对此亦不能有何影响。用——就全部有关的案件,之前已接受指示的——电脑来取代裁判个案的法官,至多只在下述情况可能实现:所涉及者是大量相同的事件,于此个案的个别情境、其轻微的差异、阶段性的过渡情况,以及未曾预期的事件形势等因素均不生重大影响。然而,此类事件固然在逐步扩充中,但也还是有许多其他——不仅需要作一般判断,也要求个别化的及类型化的判断之——事件存在。发展一些既能取向于一般评价观点及原则,又能兼雇事件及类型的关联性之标准,借此以促成有弹性的判断,此仍是法学的任务。

第六节　法学在知识上的贡献

　　法学或所谓的法教义学(非直接取向于个案的法学)能否提供知识上的贡献,特别会受到那些认为只有纯粹科学性的学科才能提供知识贡献者的质疑,认为法学的任务只在于协助实务的法律家(在今日恐怕占多数),亦同。即使在大学,今天对"纯理论",于实务并无直接助益的工作,大家如果不是断然排斥,至少也是持保留的态度。依广被采纳的见解,只有法逻辑学、法社会学及法史学才能扩充吾人的知识,法教义学则否。大家认为法教义学的任务只在于影响实务。此种见解特别源自黑克。他认为,"大家通常称为'教义性'法学的实用法学",其研究"终极唯一的目标在于影响生活",它并"不为其他不同于此的,诸如理论性的目标"服务[125]。此类说法亦常用于许多自然科学及医学;然而,即使后者系以实用为目的,亦无人争议其能否获得知识。之所以对法学独有争论,乃是因为大家相信,只有在不受价值影响的思考范围,运用可量化的方法取得者,才算是知识。正因大家认识到,法学并非"价值中立的概念工作",不是一种不折不扣的教义学(只能作形式逻辑的操作),毋宁主要在作价值导向的思考,正是此种认识使许多人拒绝承认法学亦能提供知识上的贡献。大家认为,假使对其研究标的(实证法)不能作合理、必然可证实的陈述,那么它只是单纯"意见的组织体"[126],虽然有一定理解上的作用,但不能谓有任何认识上的功能。因为意见与"知识"相反,既不能证其为真,亦不能证其为伪,因此,其具有任意性。

　　至少从马克斯·韦伯以来,大部分人似乎认为下述说法是颠扑不破的教条了:关于价值以及包含价值涵义的事物,不能有学术性的知识[127]。这个教条背后意指:在涉及人类行为模式、目标、目的、人类活动(诸如工业技术)有无价值以及人类应用的手段、力量之"正当"使用等广大范围内,不可能获得知识。今天没有人会再严肃地主张,这些问题对人类只具有次要的意义。加达默尔[128]的下述说法是对的:于此(指"无视于最终目标的决定论"),"方法上的实用主义竟以粗暴的非理性主义"终。我们在上文[129]已经提及：价值，例如正义的概念能否作若干可得论证的陈述，今日在法哲学及伦理学中有极端不同的答复。于此，我们不细究这个问题。我们要处理的是一个比较容易答复的问题：在一个由**评价准则**所构成的，虽然只是被粗略界定之**既有的体系**范围内，能否就其内容、效力范围及重要性作一些——于此体系范围内——可主张其具有"正确性"的陈述。就此，我们必须作肯定的答复。

即使不能作一些让每个人都信服的，关于"最终价值"的陈述，但是法学这项"事实"已经证实，下述贡献仍然是可能的：透过解释或针对"代表性"事件的具体化，将吾人不论得自何处（实证法或实证伦理）的既存评价准则加以澄清，使其可以应用并继续发展。虽然解释以及以此为据的推论不能具有如同测量、计算及纯粹逻辑性的思考操作那样的精确程度及逻辑上的严密性，然而，不能仅因此就认定其不具任何认识价值。法学性的论述经常不能完全被确证，因为在必须"权衡"不同的价值或利益，或者在将个案归属某一类型或某一标准的意义范围发生疑义时，判断者经常保有一定的裁量空间。然而，至少可以证明许多论述为伪，假使它们只是"意见"的话，证其为伪也是不可能的[130]。此外，法学论述在下述意义上可认其系**有根据的**：它们与其他确定的论述相合致，或者正好是后者所要求的。在价值导向的思考范围内作出——于此意义下——有根据的陈述，不仅是可能的，抑且是被要求的[130a]。大家不应（虽然事实上经常如此）将纯粹个人立场主张的"评价"与"价值导向的思考"等量齐观，因而将后者逐出学术的领域，若然，则无异宣告人类理性对大多数人类生活问题的破产。无论如何，法学都不应在此宣告上签署表示赞同。虽然许多法律家根本没有意识到，但是法学的确创造出一些价值导向的思考方法，它应该足以与原则上"不受价值影响的"学问并列。

否认法学具有知识价值的另一项理由是：克里施曼[131]所强调的，法学研究客体＝实证法的短暂性。他的名言常被引用："立法者修正了三个字眼，整个藏书就变成废纸一堆"。就此我们必须慎重一点。有许多法律问题的确受到时间及空间上的限制。它们出现，一旦使问题变重要的条件消失，它们也随即消泯无迹。然而，不是所有的法律问题均如此，许多问题会稍为改变其形态而一再出现。在契约法中有好些这类的例子,于此,下述问题会一再出现:**谁**可以缔结契约(行为能力的问题),契约**如何**成立(关于形式、意思表示的"到达"、意思表示的"合致"与"不合致"的问题),契约当事人是否**在所有情况下**均受契约拘束(契约有效要件以及错误、情势变迁或契约不完全履行的影响如何等问题)。不同的法秩序可能在不同的时代对之作不同答复;然而问题本身仍会一再重现。这点也适用刑法中错误及"超法律之紧急避难"的问题。在一个时代中,大家以为已经把问题解决了,但答案是以某种缺陷为代价换得的,因此答案并不能长期维持。借前述说明可以确认:的确有一些"法这个事物"固有的问题存在,或者更一般地说,的确有法"这个事物"存在[132]。

克里施曼及所有"实证主义者"的错误在于:他们只留意到法律规定的实证性,换言之,仅将之视为"已经被制定"的规定;而未视其为:在"正当"秩序的指导思想下,对于——因人际关系中可能或必然的情况而生之——**法律问题**提供的可能解答。这倒不是以为法学只是法律问题之学,而非对此问题所提供之答案的学问。问题本来就不能与其解答分离,而成为独立学科的研究客体。许多问题正是从对其他问题的解答中产生的。重要的是:法学可以研究法律问题及实证法对此等问题所提供的解答背后之特定法律思想("法律的理由")、其主导的法律原则、一定的事物结构以及,因此等结构而要求之差别处理,借助它们或者可以对前述解答提供根据(将之"正当化"),或者要求应提出新的解答。而只有大家理解待决的问题及其迄今的解决方式,才能真正了解新的解答。法学经常会追溯在其他法律状态中提出的解答,其故在此。就此而论,克里施曼的名言是错了。

法学陈述直接指涉的自然是此时此地的现行法。然而现行法也要答复一些不仅在这个社会,在其他社会亦将以类似形态出现的问题。质言之,其涉及的问题并非只是这个社会的问题,毋宁多少是一般法律问题。比较法不仅想介绍一些其他法秩序的知识,同时也能帮助解决法律问题及认定解决方案的价值[133]。假使不局限在特定实证法秩序的范围、思考手段,那么任何对法律问题严肃的处理,都能扩充我们对"法这个事物"的认识。

然而,黑克的下述主张是对的:对法学,**除了**它的实际任务(促进现行法的适用及续造)以外,不能要求它追求一种与此无关之"纯理论"的目标。法学最终的任务要协助法的发展。然而,假使法学不能获取知识,以促进对现行法、法律问题及其解决可能性的理解,则其对法律实践的贡献亦将极端有限。于此涉及的不仅是规范、法律制度以及、显现在司法裁判中的裁判准则之形式结构,其实质的正义内涵也是关心的重点。法学使我们充分意识到正义的内涵、发现主导性的法律原则,并且在不同的情境下将之具体化、发展成"内部"的体系,借此我们对正当法秩序的原则能有更好的认识[134]。此处的认识,不仅在特定实证法秩序范围内是"恰当的",它根本就是法(法这个事物)的认识。获取此项认识,最终虽然是法哲学的任务,然而法学也提供不可或缺的贡献。

第七节　方法论作为法学在诠释上的自我反省

在结束这些导论式的说明前,就法学方法论的任务及其地位亦须略加说明。它是否是法学的部分,因此像法学一样受特定实证法的拘束,或者它有独立于法学之外的基础?我们会发现,在一定程度上,两者都是。

首先,每种学科的方法论都是这个学科对本身进行的情况、思考方式、所利用的认识手段之反省。每个学科都会发展出一些思考方法,以及用以确定其素材及确证其陈述的程序[135]。对程序的反省不能独立于程序的应用之外,反省或者与应用并肩偕行,或者随应用之后而来,总之,反省必须与学科本身紧密相关。这项主张也适用法学方法论。因此,它是某特定法学的方法论——成文法或判例法的方法论,在一定程度上甚至是特定法体系的方法论。在继受其他法体系及其教义学的情况,继受国的方法论可能有不同的进行途径,此点基塔加瓦曾以日本继受欧陆法为例加以说明[136]。现代主要法系间的比较亦应包含各法系方法论的比较[137]。菲肯切尔所认定之比较方法论的任务还要广泛得多[138]。他将"方法论"理解为对法规范的特殊思考方式以及,依此实现法规范的特殊方式。除了检讨现代的方法论,他也将过去的法律思想,诸如希腊、罗马的文化列入考量。然而,其作品的重心仍在探究英美以及(今日）欧陆法学的思想方法。

然而，反省自己的作为，其同时也意味着与自己的作为保持距离。它意味着观察方向及设问方式的变更。于此，我们不再追问，究竟这种还是那种解释，此种或是彼种纳入评价标准意义范围的方式是恰当的，反之，在进入这些问题之前我们要探究：在解释法律或具体化须填补的标准时，我们在何时以及在何等条件下，可以认定此种解释或纳入方式是"恰当"的。因此，方法论不只要描述实际如何进行，同时也要追问某特定方法的价值及其可能的成效。就此而论，其进行方式不是"描述性"，而是"规范性"的[139]。其标准显然必须是该当学科的认识目标[140]。

法学的认识目标在于拟定及说明此时此地（规范意义上）现行有效的法规范，于此，现行有效的法规范并非全属"既有的"规定内容，毋宁是由（法律、裁判、行政处分及契约等）有关的法素材进一步发展出来的规定内容。之前已经一再强调，至少在工作假说的意义上，其前提是前述素材本身有一定的内在秩序，它们可以被视为：由针对法律问题所提出的，彼此相互谐调的答复所构成的尝试。假使欠缺这个前提要件，法学就只是收集及记录性的工作，恐怕它无论如何都不能满足这种定位。另一普受承认的前提是：借助被正确解释的规范以及适宜比较的诸多裁判，尽可能配合事物正义的要求来裁判嗣后的"法律事件"。因此，法学工作的目标是发掘规范内在的一体性及其一贯的意义关联，另一目标则是针对不同的案件情境将规范具体化。适宜法学的认识目标，并且使法学能达成其任务的方法，就可以得到方法论的认可，不然则否。

即使每个实证法体系的法学会各自发展出特有的方法论，其最后要解决的仍是同一问题：如何适当地认识"法这个事物"。只有以一独立于各该"实证"法秩序之外的，法这个事物的特质、其特有的性质为论题的学问，才能答复这个问题：法哲学。就此而论，里费尔的下述说法是正确的[141]："不管愿不愿意"，方法论会导向哲学。即使方法论本身没有意识到，每种方法论都有相应适切的法哲学。我们之前已经指出，在现代方法的论辩中，法哲学的基本立场处处可见：几乎异口同声地优先考量"个案正义"、对体系问题，特别是对认识问题的不同立场。然而，不能认为方法论因此就必须片面地从属于特定法哲学前提。法学方法同样也影响法哲学。例如,所有规则必然需要解释,都有漏洞,在很大的程度上"需要具体化",这些方法上的认识也可以质疑某些法哲学的基本立场,例如纯粹的"法律实证主义"或静态的自然法思想[141a]。

特定方法能否协助法学达成其认识目标及其实务上的任务,价值导向的思考是否有一些特殊的方法,如果有,应如何适当运用,这些问题都属于诠释学的研究范围。我们理解的"诠释学"是:研究"狭义的理解"(指:不是以不重视意义关联的方式来"说明"客体,而是对有意义之事物的理解)之可能性及其特殊方式的条件之理论[142]。假使法学方法论探讨的是理解法之意义关联的特殊方式,则前述一般的诠释学即为法学方法论的基础。

由是,法学方法论与一般的诠释学取得联系,因此也能对法学适用的方法提出批判性的标准,相对于法学及法学所属的法律体系具有相当大的独立性[143]。它特别可以指出,法学在个别方法的适用范围上以及在论证方式的逻辑结构上所犯的错误。例如,它可以指出:法律适用不能独立于解释及法的续造之外;只在极小的范围内,法律适用是以逻辑涵摄为基础,大部分则基于不同性质的判断;在法学中价值导向思考之不可或缺及其与个人评价之不同;最后它还可以显示:价值导向的思考方式可以运用哪些特殊的思考形式——类型、须具体化的标准、功能界定的概念。然而,也不容过分夸张方法论的独立性,以致认为特定法学方法论可以忽视——作为该法学基础之——法状态,究竟是成文法的体制而要求法院受法律及"法"的拘束,或者是判例法,或者是两者的混合体制。因为正是在考量此等法状态之下,才发展出此种或彼种与法学密切相关的方法,对此等法状态自不容弃置不问。然而,近数十年来的研究(如埃塞尔的探讨)也指出:特别是在牵涉到法官所从事的法规范的发现时,例如,在"概括条款"的领域,亦常有一些共通性存在,它们都只从事物(指:法规范的发现"这件事")本身出发,而指明其若干结构。

依此,法学方法论的特征即在于:以诠释学的眼光对法学作自我反省。"自我反省"指的不是对法律决定过程的心理分析,虽然这种分析亦自有益,但是于此所指的是:发掘出运用在法学中的方法及思考形式,并对之作诠释学上的判断。此外,它还要探究:特定方法可以提供的贡献为何,其不能贡献者为何,如何才是方法上"正确"的作法,何种作法实际上不能获得无可指摘的结论,因此可认其有方法上的错误。然而,我们也必须明白指出一种广泛的误解。法学方法论既非"法学的形式逻辑",亦非"解题技巧的指示"[144]。因此,方法论不是要列举一些确定的规则,只须遵守它们即可确保可靠的法规范适用。解释及所有与解释相关的作用,它们不是仅依确定规则进行的活动;解释者具创意的想像力乃是必要的要求。我们之前提过"诠释学上重要的情况",就此,我们应补充说明如下:穷尽列举诠释学上重要的情况是不可能的。就像多数的法规范,在适用方法上的指示时,当仍有相当的判断余地。方法上的提示提供方向上的协助,可以审查思考过程中是否遗漏重要的观点,可以强制解释者说明解释过程。然而,如果认为解释者应该盲目、毫无创意地服从这些指示,那就把事情看得太简单了。伽达默尔下述说法未必适用法律日常工作,但却是对所有重要法学研究的适当注脚:"对学术而言,方法上纯净固然是不可或缺的要求,但是所有研究的本质恐怕是发现新方法(它需要研究者的创意),而不是单纯适用通常的方法"[145]。然而,下述相反的推论也不正确:方法上的指示既然不是始终能以相同方式,作机械式运用的规则,它就是多余"空洞的公式"。这种推论实际上放弃了仍属可能范围内的理性,而完全任由纯粹恣意的个人主张作主[146]。

因为是特定法秩序之法学方法论,法秩序本身对法院的活动会有一定的要求,这些要求也会参与确定论证的方法及说理的风格,因此方法论也必须考量这些要求[147]。在我们的法秩序中,最重要的要求明白规定于基本法(第二十条第三项及第九七条第一项)中:司法裁判受"法律及法"的拘束。拘束的具体内容仍有争议。本书第一章已经指出,此法拘束的范围如何,在今日方法的论辩中占重要地位。同样地,我们现行的法秩序也委托法院从事(符合事物要求之)法的续造。法官如何符合这两方面的要求,使二者可以相互结合,这些都是方法论必须说明的。假使方法论指涉的法秩序,其不仅指示法官应"依经检验的学理",换言之,依普受承认的解释及法的续造之规则来裁判,毋宁对解释及漏洞填补已为详细具体的指示时,则方法论又应如何自处?这种情况发生在关于法律行为的解释,虽然这些解释规定本身也需要解释,事实上,我们也见过许多仅由其字义不能预期到的解释。另一个适例是刑法中类推适用的禁止。基于习惯法,英美法更禁止法律的历史解释,这对欧陆法律家而言几乎是不可理解的。对于这类规定,我们可以作如下的按语:因其本身需要解释,因此很少能达成立法者原来预期的效果。此外,因为这些规定拘束法院及其他国家机关,方法论应视其为既存的界限。然而,这不妨碍它由诠释学的角度对之为批评。于此它必须留意:解释及具体化法规范的方法规则,一方面必须满足诠释学上的条件,另一方面也必须有助于发现或续造不论是意义上或事物上都恰当的法规范,因此,此种观点亦不容忽视。

司法裁判承认的诠释学上正当的方法指示,其是否因此即具有法规范的位阶?对这个问题必须作否定的答复。即使法院长期不加置疑地加以应用,其仍不具习惯法的特质,其欠缺所谓的一般的法确信。当我们想放弃一些不可靠的规则,例如"例外规定始终必须作严格解释",将之强化为法规范的作法更会产生不必要的困扰。忽略某些方法上的规则(或适用此等规则时未尽必要的注意),虽然可能导致错误的解释,因此也可能导致错误的决定。然而,方法上的规则只具有辅助功能。忽略它并不必然使判决错误。

因为是规范性学问的上位科学,法学方法论也应用规范性语言。它就像法学所理解的那样来应用"法条"、"法效果"、"效力"等语词。此外,描述法学方法的惯用语,例如限缩解释、扩张解释、类推适用、目的论的限缩、评价标准的具体化,尚有其特殊之诠释学上的意义。它们成为法律家的"日常用语",因此,法学的方法意识越来越清晰,这点从"具体化"这个语词近四十年来逐渐普及于法院用语可见一斑[148]。源自一般诠释学的用语,例如类推适用,在法学及其方法论的脉络中可以有特殊的涵义。法学方法论既不能被诠释学,也不能被法学完全吸收,反之,它是两者坚定的媒介,其既不能归于此,亦不能归于彼。法学方法论一方面应"纳入该当法秩序中,以一定的方法说明其前提"[149]。然而,如果不能超越该当法秩序(包括与方法有关)的规定,它也无法作此种"说明",它必须基于诠释学的认识观点来作审查。新的诠释学上的认识(例如:"解释"不是单纯接受性的活动,毋宁是有创造性的作为)同样也能改变法学上的自明之理,就如同诠释学可以由法学应用的方法取得新知识一样。"媒介"必须以双向交流的方式为之。借着增强方法意识,方法论也想协助法学达成其实务上的任务。然而,其最初的目标在于获取法学知识。就此而言,它算是法理论学的一部分。

注　释

1　Hart, The Concept of Law, 1961 (deutsch:"Der Begriff des Rechts", 1978) S. 86ff. 提及规则的内部及外部观点。
适切地反对此种概念的替换者:R. Lautmann. Wert und Norm. 2. Aufl. 1971, S. 59f.
2　Gerhart Husserl, Recht und Zeit, S. 22. Zur Geschichtlichkeit des Rechts. 参照 A. Kaufmann, Rechtstheorie, S. 81ff.
3　Schelsky 因此指出,不能以为只有法社会学值得研究:Jb RSozRTh Bd. 3, S. 604.
4　Wieacker, Notizen zur rechtshistorischen Hermeneutik in Nachrichten der Akademie der Wissenschaften in Göttingen, Philologisch—historische Klasse, 1963, S. 3ff.
5　Naucke, Über die juristische Relevanz der Sozialwissenschaften, 1972.
6　Kaufmann/Hassemer, Einführung in die Rechtsphilosophie und Rechtstheorie der Gegenwart, 5 Aufl. 1989, S. 10.
7　G. Jahr u. W. Mainhofer (Herausgeber), Rechtstheorie, S. 311.
7a　3. Kap. Nr. 1 und 4. Kap. Nr. 1, S. 39ff und S. 83ff. der vollständigen Ausgabe.
8　Rechtstheorie, herausgeg. von A. Kaufmann, 1971, S. 3.
9　Hassemer, in Kaufmann/Hassemer, Einführung, S. 27.
10　在这个领域起带头作用的是:Ulrich Klug 的法逻辑学（die Rechtslogik）4. Aufl. 1982. 在方法论的范围内对此作充分运用者是 Koch 及 Rüssmann;对此亦具有重要性的是:Weinberger, Rechtslogik, 2. Aufl, 1989; Logische Analyse in der Jurisprudenz, 1979.
11　in Kaufmann/Hassemer, Einführung, S. 13.
12　Ebenda, S. 19ff., 23.
13　Krawietz, Das positive Recht und seine Funktion, 1967.
14　Noll, Gesetzgebungslehre, 1973; Rödig (Herausgeber), Studien zu einer Theorie der Gesetzgebung, 1976.
15　Achterberg, Theorie und Dogmatik des Öffentlichen Rechts, 1980, S. 178ff.
16　In JbRSozRTh Bd. 2. S. 51ff.
17　Ebenda, S. 75 (These 6).
18　W. Paul 采此见解:in A. Kaufmann, Rechtstheorie, S. 64f.

19 Schild（in Geschichte und System,Festschr. f. Erich Heintel,S. 165）适切地指出,法学家首先必须假定,立法者意欲追求"理性"（正义）,然后他必须"补完这项假定",易言之,他必须"将既存的法律解为正当的秩序",我们可以将此程序名为"事后的价值理解"。当然有可能会碰到龃龉之处,此正促使他提出批评及改正的建议,另请比较Ryffel,Grundprobleme der Rechts－und Staatsphilosophie,S. 48.

20 这类建议特别见诸德意志法律人年会的讨论。

21 Max Weber,Wirtschaft und Gesellschaft, § 1.

22 对于这个问题,请参见 G. Husserl,Rechtskraft und Rechtsgeltung,1925;或我的文章"Das Problem der Rechtsgeltung",1929,1967 新版;Henkel,Einführung in die Rechtsphilosophie,2. Aufl. 1977, S. 543ff. ; Festschr. f. Marcic, 1974, S, 63; Welzel, Die Frage nach der Rechtsgeltung, 1966; Engisch, Auf der Suche nach der Gerechtigkeit, 1971,S. 56ff.

23 Henkel,a. a. O. , S. 563ff. ; Engisch,Einführung in das juristische Denken 7. Aufl. , S. 170ff.

24 So Ottmar Ballweg,Rechtswissenschaft und Jurisprudenz,1970,S. 46ff. ; 51.

24a Engisch,Wahrheit und Richtigkeit im juristischen Denken,in: Beiträge zur Rechtstheorie,1984,S. 287.

25 〈Funktion und Kausalität〉 und 〈Funktionale Methode und Systemtheorie〉in dem Band "Soziologische Aufklärung", Bd. 1, 3. Aufl, 1972, S. 9 ff. und 31ff.

26 Podlech（ArchöffR 95,195）适切地指出,"纯粹以描述性的语言,不足以说明广义的当为领域"。Hare（Die Sprache der Moral,S. 123）则说明其所以如此的理由。他说到,"在语言中,价值语词具有推荐的特殊功能;因此它不能用其他——不具此种功能的——语词来代替"。Frankena（Analytische Ethik,S. 117ff.）将此种想法加以发挥。依其见解,价值判断之所以不同于事实主张,因其采取赞成或反对的立场,将推荐或指导表达出来。假使规范性意义的概念竟然可以借描述性的要素来界定,那么借助其他事实主张,就可以由此概念推论出其他价值判断。然而,由仅包含事实性陈述的前提,就只能推论出其他的事实。价值判断的特殊意义将因此丧失。因此,Frankena 适切地质疑,在价值判断的领域内,"如果不运用迄今常用的伦理性概念,是否能行得通,这些伦理性概念是用以采取积极或消极的立场,用以推荐、规定或评价的语词"。主要以语言分析为基础来澄清"价值"及"规范"二语时,R. Lautmann（Wert und Norm,2. Aufl. 1971,S. 104）强调,二语均具有独特的规范性要素,而此等要素"惟借助规范性语言的语词始能描绘"。作为描述"规范"的适当用语,如:"规定"或"当为"。他本身并未进一步分析这些语词,毋宁假定其规范性意义已足够显然。

27 N. Luhmann,Legitimation durch Verfahren,S. 28.

28 a. a. O. ,S. 33.

29 a. a. O. ,S. 87.

30　Luhmann 的研究所取向的乃是"价值中立的正当性概念"，S. 156.
31　S. 30.
32　S. 148.
33　In dem Bande"Theorie der Gesellschaft oder Sozialtechnologie"von J. Habermas und N. Luhmann, S. 221.
34　a. a. O. , S. 239.
35　In demselben Bande, S. 85f. 关于 Luhmann 的真理概念以及，此概念与 Luhmann 对程序之"正当化作用"的理解之间的关联，另参照 Esser, Vorverständnis und Methodenwahl in der Rechtsfindung, S. 202ff.
36　我非常清楚，Wittgenstein 借之所意指的不止于此。另参照 Pannenberg, Wissenschaftstheorie und Theologie, 1974, S. 211f.
37　Philosophische Untersuchungen Teil Ⅰ, Nr. 30.
38　a. a. O. , Nr. 182.
39　G. Husserl, Erfahrung des Rechts, in: Recht und Zeit, S. 68, 73ff.
40　Gadamer, Wahrheit u. Methode, 5. Aufl, 1986, S. 384.
41　Hruschka, Das Verstehen von Rechtstexten, S. 29ff. , 52ff.
42　Hruschka 则采不同的见解（a. a. O.）：之于他，"现行的"实证法并非"法这个事物"本身，毋宁已经是"法这个事物"（在语言上）的解释，这个事物本则是外于语言，超乎实证，并且（在诠释学的意义上）乃是认识"实证法"的前提要件而为其基础。
43　a. a. O. , S. 68f.
44　Esser, Vorverständnis und Methodenwahl, S. 14, 21, 41, 210.
45　虽然我并不完全赞同 Hruschka 对于"事物"的详细说明，特别是他关于"法的现象"之理论，然而，将作为诠释学上的先验存在，质言之，作为理解法律文字的前提要件之"法这个事物"发掘出来，这仍旧是 Hruschka 的功绩。
46　Gadamer 采不同见解（Wahrheit und Methode, 5. Aufl. 1986, S. 312）。他认为理解"始终是解释"。
47　Hruschka (a. a. O. , S. 6) 认为，解释并非认知的过程，毋宁为言语性的行动，是认知过程的"外表"、其表达及其客观化。理解当然要以陈述表达出来，但我不明白，为什么不能将——作为此陈述基础的——认知过程称为解释。
48　Hart (The Concept of Law, S. 121ff.) 也因此提及法的开放性（"open texture"）。
49　Mayer - Maly in Salzburger Studien zur Philosophie, Bd. 9. S, 127.
50　Dreier in RTh, Bd. 2. S. 37, 43.
51　Betti, Allgemeine Auslegungslehre, S. 140：于此涉及"语义学价值上的言说之整体"。
52　Heidegger, Sein und Zeit, § 32; Gadamer, a. a. O. , S. 270ff. , 296ff. ; Betti, a. a. O. , S. 219ff. ; 613ff.
53　与 Pannenberg (Wissenschafsteorie und Theologie, S. 195, 201) 的"前概念"同。

第二章　导论：法学的一般特征　127

54　同此，Hassemer（Tatbestand und Typus, S. 107）不以循环来比拟，而以螺旋来比喻。同此者：Weinberger（Norm und Institution, 1988, S. 179）提及"意义分析之螺旋式的进展"。另比较 A. Kaufmann, in：Festschr. f. Gallas, 1973, S. 20. Achterberg（Theorie und Dogmatik des öffentlichen Rechts. 1980, S. 181）适切地说到"诠释学上的辩证"。他强调，法官"必须一再地采用"此种方式。

55　Engisch, Logische Studien zur Gesetzesanwendung, S. 15.

55a　Gizbert - Studnicki, ARSP 73, 476.

56　Esser, Vorverständnis und Methodenwahl, S. 10.

57　Gadamer, a. a. O., S. 275.

58　a. a. O., S. 270ff.

59　a. a. O., S. 391.

60　对理解而言，即使是此等消极的关联亦有重大意义。例如今日关于"请求权"的理论仍受（其所克服的）诉权理论的影响，今日"目的"行为概念亦受（适相反对的）"因果"行为概念的影响。

61　这是 Friedrich Müller 所谓的"规范范围"。

62　Esser, Vorverständnis und Methodenwahl；尤其参见 Kap. VI.

63　a. a. O., S. 19.

64　Rupp in NJW 73, 1769，meine Abhandlung über "Die Bindung des Richters als hermeneutisches Problem"in der Festschr. f. Ernst Rudolf Huber, 1973, S. 291, und Picker in JZ 88, S. 3ff.

65　die Ausführung von P. Badura über"Grenzen und Möglichkeiten des Richterrechts"in der Schriftenreihe der Deutschen Sozialgerichtsverbandes, Bd. X, 1973. Badura 谓，法官受法律的拘束意味着："在寻求正当的裁判时，应借法律论证及说理的手段，使法律在宪法上的功能发生效力"。

66　Esser 显然以诠释学的意义来理解此概念，另请参见 den Bericht von Kötz in AcP172, S. 195.

67　就此适切的说明是：Ryffel, Rechtssoziologie, 1974, S. 350ff.

68　Gadamer, a. a. O., S. 330.

69　a. a. O., S. 313.

70　a. a. O., S. 314.

71　a. a. O., S. 335.

72　Apel in：Hermeneutik und Ideologiekritik, S. 33.

73　Gizbert - Studnicki 曾对 Gadamer 作下述批评（RTh 18, 354）：存在有"正当的及不能主张其为正当的"意义，此乃是解释的前提。假使没有文字正当意义的概念，解释根本无从说起。如是则将无理解与误解之别。

74　Stig Joergensen, Recht und Gesellschaft, S. 8.

75 详参见下文第三章。

76 Monika Frommel 在她的书中（"Die Rezeption der Hermeneutik bei Karl Larenz und Josef Esser",1981,S. 88）主张,我将"价值导向思考"解为"直观的评价","只要后者与一般承认之历史上流传下来的观念一致的话"。我想,以上的论述应该已经足以显示,我就此理解的实在不仅是直观的评价,毋宁更是借特定考量之媒介而得,因此可合理说明的评价,其可与"历史上流传下来的"评价一致,亦可偏离它。

77 Otte in JuS 1970,S. 154ff.

78 BGHZ 53,324.

79 Münch Komm/Holch 18 zu §94 BGB.

80 比较 Soergel – Mühl 的评论,Rdn. 20 zu §94 BGB.

81 Koch/Rüssmann 则采不同见解（Juristische Begründungslehre,S. 67ff.）。他们认为,透过解释可以使"模糊的概念"精确化,使被解释的概念在经过一些中间的步骤之后,换言之,间接地最终仍可供涵摄。他们说明的逻辑上的连锁推论（S. 14ff.）当然是极有助益的,然而,与他们的见解相反,我怀疑连锁推论的最终构成部分,必然都适于涵摄,因此,借助这些中间步骤,也未必能终局地定义概念。本文中的例子可以清楚显示这点。

82 Bei Soergel – Zeuner,Rdn. 12 zu §833 BGB.

83 RGZ 62,79.

84 Mertens in Münch. Komm. 21 zu §833 BGB.

85 Soergel – Zeuner,12 zu §833 BGB.

86 对于类型及其于法学之应用的重要论述有 Engisch,Die Idee der Konkretisierung in Recht und Rechtswissenschaft unserer Zeit,2. Aufl. 1968,S. 237ff.;308f.;Hassemer,Tatbestand und Typus, 1968; Leenen, Typus und Rechtsfindung, 1971; Kaufmann, Analogie und Natur der Sache, 2. Aufl. 1982, S. 47ff（mit weiteren Nachweisen in Anm. 122）。严予拒斥者：Kuhlen, Typuskonzeptionen in der Rechtstheorie, 1977; Koch/Rüssmann, Juristische Begründungslehre, 1982, S. 82ff.;采积极立场者：Pawlowski,Methodenlehre für Juristen,1981,Rdz. 145ff.

87 参见下文第七章,第二节第二款。

88 当注释书中（Soergel – Zeuner,7 zu §831 BGB）提及,"对于免责举证要求如此严格,不禁使人怀疑,于此涉及的是否尚系使用人自身的行为责任,抑或已逾此界限,而为他人行为负保证之责",其之为类型就更加显然了。

89 Engisch,Die Idee der Konkretisierung,S. 242ff;ders;1. Festschr. f. Karl Larenz,S,129f.（Anm. 17）;Kaufmann,Rechtsphlilosophie im Wandel,S. 310ff.;Harm Peter Westermann,1970,S. 103;Leenen,Typus und Rechtsfindung,1971,S. 34ff.

90 Typus und Rechtsfindung,S. 42ff. ,62ff.

91 Leenen,Typus und Rechtsfindung,S. 97.

92　a. a. O. ,S. 64.
93　Hassemer 采不同见解（Tatbestand und Typus, 1968, S. 109ff.)，他认为，因其与事实的关联性，所有法定构成要件的结构均是类型式的。
94　Leenen, a. a. O. ,S. 96ff.
95　Topitsch 却采此见解：Logik der Sozialwissenschaften, 8. Aufl. 1972, S. 28.
96　Esser in AcP 172, S. 98.
97　a. a. O. ,S. 101.
98　a. a. O. ,S. 103.
99　a. a. O. ,S. 113.
100　Dazu seine Schrift"Vorverständnis und Methodenwahl in der Rechtsfindung".
101　a. a. O. ,S. 103.
102　a. a. O. ,S. 104.
103　Pawlowski 也提及：以"比较式的类型建构"取得法的认识（Methodenlehre, Rdz. 418）。
104　Flume, Allgemeiner Teil des Bürgerlichen Rechts, Bd. 2, Das Rechtsgeschäft, 3. Aufl. 1979；Bydlinski, Privatautonomie und objektive Grundlagen des verpflichtenden Rechtsgeschäfts, 1967；Canaris, Die Vertrauenshaftung im deutschen Privatrecht, 1971.
105　In ArchöffR, Bd. 98, S. 153ff. ,164, 173.
106　Z. B. bei Wolff - Raiser, Sachenrecht, §51, .
107　Meyer - Cording, Kann der Jurist heute noch Dogmatiker sein? 1973.
107a　Selb in der Festschr. zu meinem 80. Geburtstag, 1983, S. 609f.
108　In der Shrift：Rechtssystem und Rechtsdogmatik, 1977.
109　S. 15ff.
110　S. 31ff. Pawlowski 也反对法官取向预期的后果而为裁判（Methodenlehre, Rdz, 75ff. ）。
111　S. 35.
112　S. 17ff.
113　S. 33.
114　In der Anm. 68 auf S. 84.
115　S. 23.
116　meine Abhandlung über"Die Bindung des Richters an das Gesetz als hermeneutisches Problem"in der Festschr. für E. R. Huber, 1973, S. 291ff.
117　当 Ballweg 将法学视为彻底受裁判强制影响的思考方式时，他忽略了这种差别（JbRSozRTh, Bd. 2, S. 45）。
118　其本身又变成其他（无原始给付义务的）债之关系的出发点；mein Lehrbuch des

Schuldrechts, Bd. I. §9 II.

119　就此特别重要的是 v. Caemmerers 的论述；vgl. seine Ges. Schriften, 1968, Bd. I, S. 209ff.

120　例如每年举行的德意志法律人年会的专家意见及报告，其经常提供此等方案。

121　因此，我认为 P. Noll 的文章标题（"Von der Rechtsprechungswissenschaft zur Gesetzgebungswissenschaft"）——"由司法裁判之学到立法之学"（in JbRSozRTh, Bd 2, S. 524）有点过甚其词。这种截然对立通常并不存在。

122　参见下文第六章，第四节第四款。

123　首先见于 BGHZ 59, 91.

124　A. Kaufmann（Festschrift für K. Larenz, 1973, S. 371）适切地指出，"只作过一次输入及程式设计的"司法裁判电脑，"连最坚定的实证主义者也会感到惊惧"。

125　Philipp Heck, Das Problem der Rechtsgewinnung und andere Schriften, Studien u. Texte zur Theorie und Methodologie des Rechts, Bd. 3, S. 146f.

126　O. Ballweg in JbRSozRTh, Bd. 2, S. 45f. Kellmann（in RTH, 1975, S. 85f.）引述许多类似主张，其均认为，法学上的陈述绝不能主张其具有正确性（指其为适切的知识）。Kellmann 自己认为，可以提出这种主张的只有少数"经慎思熟虑，而且能逻辑上一贯的法实证主义"（例如 Kelsen 的"纯粹法学"）；我认为这种想法太狭隘了。

127　Loos 认为（Zur Wert - und Rechtslehre Max Webers, S. 49），Weber 显然坚信"价值领域内无理性可言"，因此就此项主张是否须证明"根本未曾考虑过"。

128　Wahrheit und Methode, 3. Aufl., 1972, im Nachwort, S. 522. Ryffel, Rechtssoziologie, S. 195.

129　第一章第八节中。特别要提及的是：Perelmann, Ryffel, Coing 及 Henkel.

130　关于法律理论的证伪参见第七章第一节第四款。

130a　Neumann（in Kaufmann/Hassemer, Einführung in die Rechtsphilosophie und Rechtstheorie der Gegenwart, 5. Aufl. 1989, S. 382）适切地提及："法学的理论可以不被确证，但其可以，也必须被证实有无根据"。

131　Über Kirschmann vgl. S. 43f. der vollständigen Ausgabe.

132　Hruschka, Das Verstehen von Rechtstexten, S. 56ff.

133　Zweigert 及 Kötz（Einführung in die Rechtsvergleichung, S. 14）认为，获取知识乃是"法比较的原始作用"。

134　实证法的原则（包括"法伦理性"的原则）未必就是"正法"的原则，它依据实证法的标准，在实证法的脉络中发生效力。但是，实证法也取决于正义，因此它也是认识正法的入口之一。详见拙著 Richtiges Recht, S. 174ff.

135　Victor Kraft, Die Grundformen der wissenschaftlichen Methoden, 2. Aufl., Wien 1973, S. 11："学术方法……不仅用于发现知识，毋宁也说明知识的根据。它负有担保陈述之中包含知识的任务"。

136 Kitagawa, Rezeption und Fortbildung des europäischen Zivilrechts in Japan, 1970, S. 176ff.

137 Ansätze dazu bei David – Grassmann, Einführung in die großen Rechtssysteme der Gegenwart, 2. Aufl. 1988, S. 174ff. , 184ff. , 423, 489ff.

138 In seinem Werk "Methoden des Rechts in vergleichender Darstellung", 5 Bände, 1975—1977.

139 这适用任何学问的方法论。R. Lautmann (Wert and Norm, 2. Aufl. , S. 112, Anm. 6) 指出,"在方法的讨论中经常出现'应当'或类此的字眼"。方法上的规范确定"学术研究的进程",然而,这些规定不是一些逻辑学上的规则,毋宁只有推荐的意味。

140 Albert in: Topitsch, Logik der Sozialwissenschaften, 8. Aufl. 1972, S. 187.

141 Ryffel, Grundprobleme des Rechts – und Staatsphilosophie, S. 59.

141a 就此,Bydlinski 于其著作("Juristische Methodenlehre und Rechtsbegriff", 1982,)中详为论述。

142 Gadamer 所理解的,包含"说明"之"通用诠释学"的问题,于此可暂不置论。就此参见 Pannenberg, Wissenschaftstheorie und Theologie, S. 139ff. , 152ff. , 223.

143 Hassemer (in: A. Kaufmann, Rechstheorie, S. 30) 也提及方法论对该当法秩序的"相对独立性"。

144 Friedrich Müller (Juristische Methodik, 3. Aufl. 1988, S. 20) 亦同。

145 Gadamer, Wahrheit und Methode, S. 513 (Nachwort).

146 假使在伦理性的判断中放弃仍属可能的理性是可疑虑的(就此请参见 Frankena, Analytische Ethik, S. 127ff),在法律性的判断中,它就是不能容忍的。

147 Friedrich Müller, Juristische Methodik und Politisches System, 1976.

148 Engisch, "Die Idee der Konkretisierung in Recht und Rechtswissenschaft unserer Zeit," 1953, 2. Aufl. 1968.

149 Hassemer in "Rechtstheorie", S. 29.

第三章　法条的理论

第一节　法条的逻辑结构

第一款（完全）法条之构成部分

每个法秩序都包含一些——要求受其规整之人，应依其规定而为行为的——规则。假使这些规则同时是裁判规范，则有权就争端的解决为裁判者亦须依此为判断。大部分的法规则都同时是国民的行为规范及法院或机关的判断规范。此处所指的"规则"具有以下两点特征：其具备之有效性要求，质言之，其系有拘束力之行为要求，或有拘束力之判断标准——其规范性特质；其次，其非仅适用于特定事件，反之，于其地域及时间的效力范围内，对所有"此类"事件均有其适用——其一般性特质。法律规则可以出现在法律、所谓的习惯法中，可以由现行有效的法规范中推论出来，也可以透过具体化法律原则而得，这些都是法院经常从事的工作。而为了能由法律原则或须填补的标准——首先是在针对个案而为的具体化中——获得新的法律规则，它必须可一般化，换言之，必须能适用在相同或"类似"的案件。假使以该待判案件的"典型"特征为据来构成规则，就可以达到上述要求。

法律规则具有"法律语句"（法条）的语言形式[1]。以下要处理的正是法条。法条具有规范性的意义，因此与主张或确定事实的陈述语句有别[2]。同样地，其亦与一些关于现行法的语句，一些谈到法规范的语句有别。以下我们要进一步澄清此等语句与规范性语句（法条）之同异。

每个语句都是语言的组织体，它结合多数的语词。陈述性语句通常连结客体以及客体具有的性质或客体主张的行为方式。其适例如下:"这辆车是红色的"或"此时这辆车正以此时速行进中"。更复杂的陈述,如"这辆车正在超越一辆货车"或"在行进中,X 就在方向盘上被拦下来",也还是符合我们之前提及的基本形式。这些陈述语句的共同点在于其主张,于此描述的关系或事件,在过去或现在事实上存在或发生。为强化此主张,经常还加上:事实的确如此。因为此等陈述主张其确实如何,因此可以用真假的标准来衡量它们,换言之,可对之为"真"、"假"的评价。

我们任举一法条为例:租赁契约存续中,出租人应维持租赁物合于约定使用之状态(民法典第五三六条)。这段语句并未主张:出租人向来都或未来将采取此种行为方式。它只是规定:所有依此规定被视为"出租人"者,就租赁物应为一定的行为[3]。因此,大家不能探讨这种语句的真假,只能研究其是否有效,是否为现行有效之法秩序的构成部分[3a]。此等语句亦有别于下述陈述:此语句系现行有效之法规范。此陈述——一如任何其他陈述——亦有真假可言。

与其他任何语句相同,法条也是语词与语词的组合,借此,以一般方式描述的案件事实(构成要件)被赋予同样以一般方式描绘的"法效果"。赋予意指:当构成要件所描述的案件事实存在,法效果即应发生,易言之,即应适用于该具体事件。在前述例子,构成要件只借"出租人"一词来描绘。规定的脉络指出,于此,出租人意指将物出租于他人者,质言之,因接受对价(租金)而负提供他人使用租赁物之义务者(民法典第五三五条)。依此,民法典第五三六条的构成要件要求,(符合法秩序对此类契约之要求的)有效的租赁契约存在。规范对此等构成要件所赋予的法效果是:(法条已详细描述的)出租人保持租赁物合用的义务。"必须维持"[3b]与"应维持"或"有义务维持"同义。之前已提过,"应"或"有义务"的语词是规范性语言的关键字,如果想靠陈述事实的语言来定义它们,不免要丧失其特殊意义。法效果始终属于规范性领域。其与规范制定者借此追求的实际结果不同,由制定者的眼光看来,前者常只是达成后者的——多少恰当的——手段而已。作为规范性的事实,法效果(发生义务)借助法条的效力可发生(适用)于任何事例,至于借此想追求的实际结果则取决于诸多因素,在一些个案中其可能不发生。

例如,当立法者规定,将有害物质导入水域者,对受害者负损害赔偿责任,其目标有二:其一,立法者希望借此使受害者事实上得到赔偿;此外,相当高的损害赔偿义务具有吓阻作用,借此希望阻止潜在的水域污染者将有害物质导入水域。立法者追求的这些作用是否,或者在何种范围内会发生,取决于该当损害赔偿义务人的给付能力等因素,就赔偿义务的吓阻作用而言,则取决于较难透视的心理过程。然而,每次规范构成要件实现时,法效果均将发生。因为法效果既不在于将有害物质导入水域的 A 事实上填补了因此受害的 B 之损害,也不在于前述不确定的预防作用;而只在于:A 对 B 负有损害赔偿义务。法效果所以发生,因其系有效的法条所命令,更不取决于其他事实。将规范构成要件陈述的实际事件与法适用范围内的法效果结合,换言之,因构成要件实现,法效果即"有其适用",此正是——作为规范性语言表达形式之——法条的特征。

结合构成要件与法效果不是一种主张,毋宁是一种适用命令。制定规范者不是在陈述事实上如何如何,而是在指出法律上应如是,应予适用。假使不是因为之前公布的规范,其赋予规范制定者对他人发布此种具拘束力之适用命令的权限,那么他所说的自然是一些空话。然而,其涉及的不再是法条结构的问题,而是其有效性的问题,就此不拟更深入论究。

第二款 法条作为规定语句·对命令说的批评

迄今的说明很容易导致如下的联想:法条始终属于命令语句这种更一般的类别。关于命令句的语言形式及逻辑,哈雷曾经作过研究[4]。他区分个别及一般的命令。后者具有当为语句的形式。依其说明,依逻辑的推论规则,可以由后者推论出个别的命令。例如,我们可以由一般的法命令——(所有)出租人应于租赁期间维持租赁物合于约定使用之状态,导出对出租人 A 的下述个别的法命令:为维持其出租予 B 之租赁物的合用状态,应采取此种或彼种具体措施。为表示此命令"适用"于他,也可以说:就此,他负有义务。

法条真的要么是令行,要么是禁止,换言之,不是课予特定人作为义务,就是课予其不作为义务吗？这正是——在法理论学文献中极为流行的——命令说的见解[5]。它认为，所有的法律规定，最后都可以转化为令行或禁止一定行为的语句，质言之，转化为命令，并且"法条"一词只适用于命令。

然而，对于规定某人在一定前提条件下将取得或丧失权利的法条，我们又该怎样处理？于此所指的是，规定所有权、其他物权或请求权之取得或丧失的法条。真的可以把这些法条全部化为令行或禁止吗？温德施雷德[6]就真的认为：所有权的法律内涵只在于排除干涉的作用，换言之，在于针对全部人所为的——禁止侵害所有权人排他的物之支配的——命令。然而，此种见解并未契合所有权的意义。排除他人对所有权客体的干预，这不过是法秩序将此客体分派给所有权人，使其可以对之为事实及法律上支配的反面。所有权人依法可以依其意愿处置该物，为其目的使用、消费该物，或改变物的形态，乃至将之让与他人，因此，所有权人取得一个自由空间而得以发展其人格。所有权具有"分派的内容"及排除干涉的作用，两者是互为条件的。视其中之一仅系他者的"反映"，因而忽视前者，这种作法并无根据。将一物分派为所有权人在法律上的自主范围，与针对全部人所发的禁止"侵害"所有权之命令，两者同为所有权概念的必要要素，事实上，我们也可以将后者转换为针对全部人所发的，积极要求其尊重所有权人之自主范围的命令。这意谓：我们不能将其中之一划属他者，因此使之归于消灭。假使依某法条，A 丧失某物的所有权，而 B 取得之，那么该法条的效果就不只是：自此时起，全部的人都负有不侵害 B 对该物的所有权之义务；毋宁更具有如下的法效果：自此时起，B 在法律上得采取所有权人对物所得采取之任何措施。法效果事实上是：A 丧失所有权人之地位，B 取而代之，全部因所有权的权限移转所生之后果，亦一并发生。取得所有权、请求权及其他权利的情形，亦无二致。因此，许多法条的直接法效果并非课予或改变义务，毋宁是权利的取得或丧失。

对命令说而言，将规定权利之取得或丧失这一类法效果的法条，转换为命令，已属不易，假使是下述条文的话，就更困难了。规定代理权的赋予，意定代理权、处分权限或受领权限之取得或丧失的法条，这类"法律上之力"的成立，未必会相应地产生义务。当然经常只有在结合另一——由代理人于其代理权限范围内，以本人之名义，而与第三人缔结之——法律行为时，赋予意定代理权才发生实际的意义。假使前述法律行为是一项债权契约，基于此法律行为，本人对第三人，或第三人对本人将负有义务。为维护命令说于不坠，对此种情况，大家也许可以说：赋予代理权（法定或意定代理权）本身尚非"法效果"，毋宁只是对创设一个条件的简化说法，这个条件再加上其他条件（即缔结相应的法律行为）就可以导出——作为法效果的——义务。如是，则规定在何等构成要件下可以赋予代理权的法条，因欠缺法效果而非完全的法条，毋宁为——用以详述另一法条的构成要件要素之——不完全法条。当然会有不完全的法条存在，就此，我们稍后也要提及；问题只是：哪些语句算是不完全法条。逻辑上也许可以把不是令行或禁止的法条全数算是不完全法条，其仅用以补完令行禁止的语句。然而这种作法不能使法律构造更清楚，不能使理解及适用法律更容易，反而使它变困难。

有一类法条系规整人或人之集合的法律地位，例如，关于权利能力、行为能力、国籍及住所之取得。命令说也会将这些法条解为不完全法条，因为它们的法效果并未包含令行或禁止的命令。依此，则"人之权利能力始于出生之完成"并非完全法条，其毋宁只是在说明一项——会一再重复出现在所有课予某人义务，因而赋予他人权利的法条中之——构成要件要素。反之，如果认为权利能力、行为能力、国籍等法律上的地位是一种"法效果"，那么前述语句（民法典第一条）与其他规定权利或特定"法律上之力"之取得或丧失的法条一样，都是完全法条，虽然要等到它们作为其他法条发生其他法效果的要件之一时，它们规定之法效果的重要性才会充分显现。例如：取得人之权利能力乃是各该权利取得的前提，行为能力乃是意思表示有效的前提，对有关权利的处分权乃是该当处分有效的前提。依此，可能的"法效果"不仅是法律义务的产生、解消，还包括：权利的得丧变更、"法律上之力"（例如，意定代理权、处分权限）、管辖权限或个人法律地位的取得或丧失[7]。所有这些情况都涉及法律规范世界的改变。

依此，法条并非必然都包含令行或禁止的命令，但却都包含适用规定。其作为规范性语句的意义在于：法效果生效。逻辑上看来，它是一种假言语句，此意指：只要具体案件事实 S 实现构成要件 T，对于该案件事实即应适用法效果 R，简言之，每个 T 的事例都适用 R。

阿道夫·赖纳赫[8]适切地说明，包含适用规定而被他称为"规定性语句"的语句、陈述性语句及命令句三者的不同。他指出，规定与命令不同。命令指：向他人要求特定行为。规定的内容则未必是他人的行为。规定的出发点在于：应该如何。在规定中要确定"应该如何"。命令直接以服从为目标，规定的目标则在于，应视被规定者为标准而"适用"之。命令想达成的直接影响是对它的服从，此属于事实范围；规定追求的直接作用则是规定的适用，其属于规范（法律性之案件事实及关系）的领域。它们构成——非自然主义之实体论的——独立的存在层面，质言之，它们是尼古拉·哈特曼所说的客观精神领域的片段[9]。制定规范是创造性的行为，借此，案件事实及生活关系才在法适用层面上形成。

这倒不是说，完全没有一些已经表达出令行或禁止，因此可以被解为命令的法条存在。然而，即使在这种情况，这些法条的目标仍旧是：使法效果生效。我们可以视课出租人维持租赁物合用义务的法条为一种命令，即：对全部的出租人下令，要求其如斯的行为。不论其是否满足此命令的要求，换言之，不论要求的实效性，作为命令，法条仍可发生下述效果：对每个出租人均发生前述义务。法条之所以有这种——仅仅存在于法适用层面上的——效果，因为它不仅是一项命令，毋宁因其是——包含适用规定之——规定语句。然而，将规定语句与命令句混淆的现象，不仅发生在法律家，在逻辑学家以及伦理哲学家中亦极为普遍。包含主张的陈述性语句，其与命令语句（命令句）的差别倒是众所皆知。因此，发觉法条不是在作一些主张，毋宁在作一些规定时，大家就以为可以将之归入命令语句（命令句）的类别中。事实上，规定语句本身构成另一类语句，法条即其最重要的适例[10]。

第二节　不完全法条

法律通常都包含多数法条，其未必均是完全法条。有些法条是用来详细规定完全法条的构成要件、构成要件要素或法效果;有些则将特定案件类型排除于另一法条的适用范围之外,借此限制起初适用范围界定过宽的法条;再有一些法条,它们或就构成要件,或就法效果的部分,指示参照另一法条。在语言上,这些法条都是完全的语句,作为法条则属不完全法条。虽则不完全,而仍属**法条**,此意味:它们也分享法律的效力意义,它们不是陈述性语句,而是适用规定的部分[11]。只有与其他法条相结合,才能开展共创设法效果的力量。例如,民法典第九十条规定:"本法称物者,以有体物为限",该语句意指:只要法律用到"物"这个字,就只能将之解为"有体物"。这不是一种——法律撰稿者乃如斯认为的——陈述,毋宁指示所有法律适用者,应将"物"此一用语作如上理解。只有与——使用到"物"这个字的——法条结合时,此种指示参照才发生实际的作用。这些语句具有协助理解其他完全或不完全法条的功能。

第一款 说明性的法条

说明性法条,其或者详细描述应用在其他法条的概念或类型(描述性法条),或者在考量不同的案件形态下,将一般用语特殊化,或者更进一步充实其内容(填补性法条)。大多数描述性法条是针对构成要件要素所作的规定,而填补性法条则大多对法效果作进一步的说明。民法典中可以发现如下的描述性法条:民法典第九○条以下,二七六条第一项第一句、二七八及二七九条(说明民法典第二七五、二八○、二八五、三二三、三二五及三二六条的构成要件中所称之债务人的"可归责性"),二七六条第一项第一句(描述"过失"的概念),九三二条第二项(说明"善意"的概念)。民法典第二四九条以下的条文则属于填补性法条。其意义在于:进一步详细规定——由其他法条所生之——"损害赔偿义务"的内容。民法典第四六二条规定:"出卖人依第四五九、四六○条之规定,应就瑕疵负其责任者,买受人得请求解除买卖契约(解约)或请求减少价金(减价)"。须参照其所引之条文后,此一法条的构成要件始能确定;只有当其与此等条文结合之后,其始为完全的法条。而借助第四六五条以下的填补性法条,"解约"及"减价"等法效果才更详细确定。

法律中描述的债权契约类型,其亦仅具说明性的功能,虽则其出之以法效果规定的外观（或完全法条的外观）。假使视其为法效果的规定，大家就忽略了：各该法条所提及之典型的契约义务，并非源自各该法规范，毋宁是因契约的具体内容配合下述法条而生的：赋加义务的契约，其原则上具有法律上的拘束力。民法典第七〇五条适切地言及：因合伙契约，合伙人互负依契约所定之方法，促成共同的目的之义务。不是因为有民法典第七〇五条才产生这些义务，其毋宁源自该当合伙契约。当法律在民法典第六〇七条规定："以其为借用物而受领金钱或其他代替物者，对于贷与人，负有返还与受领物种类、品质、数量相同之物之义务"，此义务源于下述约定，被受领之物系被视为"借用物"而交付及受领的，第六〇七条不过在说明"借贷"一词而已。民法典第四三三条所提及之买受人及出卖人的义务，亦无不同（姑不论买受人的受领义务）。其意思表示符合典型契约之意义在于：物之出卖人及买受人借意思表示而受到——由法律详细规定其方式的——拘束。法秩序认可这些义务的方式是：就各种契约作一般性的规定，而非依民法典第四三三条。该规定的意义及作用在于：指出法律所理解的"买卖契约"为何，法律就买卖契约所规定的法效果即应适用之。因此，它是说明性的法条，而且是一种类型描述。法律用来开始规定各该契约类型（例如租赁、土地租赁、雇佣及承揽契约）的第一条，大概都是这种情况。法律指出各该契约当事人所负担之典型的契约给付义务内容，借以描述各该契约的类型。当事人之义务源于契约，后者之所以被称为——在法律意义上——典型的契约，因为当事人恰好是以这种方式来约定双方的义务。在法律法效果规定的背后，隐藏着一个定义或一种类型描述。法定的类型未必要作穷尽的描述。特别是在合伙，同样在雇佣、承揽、租赁，甚至在买卖契约，为能掌握各该类型全部可能的变化形态及其全部意义内容，而不仅是理解其大略，就必须追溯到该定义性规定之后的诸多法律规定以及，借此等后续规定表达的规范理念[12]。

第二款　限制性的法条

法条的构成要件经常规定得太宽，以致其字义涵括了一些本不应适用其法效果的案件事实。这样的构成要件就必须透过第二个法条加以限制。此类限制性法条的形式如下：假使（前规范的）构成要件 T 之外，另外还存在 M 这种特殊要素[13]，就不适用针对 T 所赋予的法效果。限制性法条包含消极性适用规定（＝不适用），只有将其与之前积极性的适用规定合并以观，才能了解其意义。立法者采取这种立法方式的理由可能是：假使将所有限制性因素全数吸收到积极性适用规定的构成要件中，句子可能变得过于重拙、不优美，或者根本不能理解。理由也可能在于透过"原则"与"例外"的模式来分配举证责任，在民法典中即是如此。

只有同时考量法律规定的全部，才能认识一项法条的真正适用范围，因此，原则上只有将积极性的适用规定与——对其为限制的——消极性适用规定结合在一起，才能获得完全的法条。因该法条之构成要件不仅要求特定事实存在，也要求某项事实不存在。后者可以称为"消极性构成要件要素"[14]。原则上立法者有充分的自由，或者以消极性构成要件要素的形态，直接将这些限制收纳于规定法效果规范之构成要件中，或者以消极性适用规定的形态，对前规范事后附加限制。民法典第三九八条规定，债权人得与第三人订立契约，将请求权让与第三人。这项规定又受到第三九九、四〇〇条的限制，依后两条的规定，请求权在一定情况下不得让与。立法者原本可以在第三九八条就规定，若无第三九九及第四〇〇条所定情事时，得让与请求权。如果尝试以这种方式改写第三九八条，我们会发现，这样的句子几乎是无法了解的。假使立法者这样作的话，那可真是低劣的作法。依民法典第九三二条的规定，所有权善意取得的前提还包括：所有权人并非以第九三五条第一项所定的方式丧失物之占有。无疑地，法律原本可以将这一点及欠缺善意，以消极性构成要件要素的方式纳入第九三二条的构成要件中，然而，该消极性要素本身又被第九三五条第二项所限制（因此，如有该项所描述的情事存在，则又适用第九三二条的规定），假使一齐以单一语句来表达这整个情况，则该语句之语言结构势将难以透视。因此，法律乃利用两次消极性适用规定的形式，以第二次消极适用规定来限制第一次消极适用规定。

这些例子应该已清楚指出，法律条文之间并非各自孤立存在，其经常是不完全的法条，只有相互结合才能构成完全的法条。这点在下述情形特为显著：

当法条于其构成要件或法效果的部分指示参照其他法条时。

第三款 指示参照性的法条

法条会在它的构成要件指示参照另一法条,这点我们在民法典第四六二条已经认识过了。为更详细确定买受人可据以请求解约或减价的瑕疵,第四六二条援引第四五九、四六〇条的规定。透过"负损害赔偿责任者"这些字,民法典第二四九条指示参照所有——由其构成要件可——发生损害赔偿义务的法条;它详细确定这些法条所模糊规定的法效果——"负损害赔偿义务"。构成要件的法效果常在参照其他法规范后,始得确定。这大多以"亦适用之"之类的用语来表达。

借着规定"违反以保护他人为目的之法律者,亦负同一之义务",民法典第八二三条第二项第一句指示参照第一项所定的法效果。民法典第三二四条第二项规定,其描述之构成要件,同样应适用第三二四条第一项针对可归责于债权人的给付不能而定之法效果。概括参照亦不乏其例。因瑕疵担保所生解约权之效果如何,民法典第四六七条即指示参照一般解除契约的详细规定。民法典第五一五条规定,关于买卖的规定准用于互易;民法典第五一八条第二项则规定,除若干限制外,关于租赁的规定准用于耕地租约。准用意指:借指示参照而被规整的构成要件,以及法效果被引用之法规范的构成要件,两者的个别要素,例如,互易及买卖契约的要素,彼此有如下的关系——依各该要素之作用及其于构成要件意义脉络中的地位而言,应等同视之,如是,则应赋予其相同的法效果。例如,在互易契约中,就其提供互易之物,各互易当事人均具有如同出卖人之地位。因此,各互易当事人(如同出卖人)均负权利瑕疵及物之瑕疵担保之责。就透过互易拟获得之物,各互易当事人均具有如同买受人的地位,因此,均拥有请求移转占有及所有权之权利。反之,关于买卖价金的规定则不能适用,因为在互易的情形不会有此等约定。这点在"减价"过程中会产生一些困难,就此,于兹不应深论[15]。即使法律未明白规定,被参照的法规范之适用,亦仅能是"准用"的性质。应避免不合事宜的等量齐观,换言之,不可自始排除事物本身(被规整的生活关系本身)所要求的差别处理。

指示参照是立法技术上避免繁琐重复的手段。透过拟制，法律同样可以达到这样的效果。

第四款 作为指示参照的法定拟制[16]

法学上的拟制是：有意地将明知为不同者，等同视之[17]。拟制与错误地一体化及错误的涵摄，其不同处正在于：为拟制者明知，被等同视之者实际上不同之处[18]。于此应分别作为立法技术的手段、作为判决理由的手段以及应用于学术中的拟制。

法定拟制的目标通常在于：将针对一构成要件（T^1）所作的规定，适用于另一构成要件（T^2）。则其与隐藏的指示参照并无不同[19]。不采取"T^1的法效果亦用于T^2"的规定方式，法律拟制：T^2系T^1的一种事例。因为法律并不在于陈述事实，其毋宁包含适用规定，因此，立法者并非主张，T^2事实上与T^1相同，或事实上为T^1的一种事例，毋宁乃是规定，对T^2应赋予与T^1相同的法效果。为达到此目标，他指示法律适用者：应将T^2"视为"T^1的一个事例。反之，假使法律不拟将T^1的法效果适用于T^2，则即使T^2实际上是T^1的一个事例，立法者仍可将T^2视为并非T^1的事例。于此，其事实上为一种隐藏的限制。

民法典第一一九条第二项规定，关于人之资格或物之性质，交易上认为重要者，其错误视为意思表示内容之错误（针对后者，第一一九条第一项已为规定）。借此，法律不拟陈述，由心理学或现象学的观点论之，性质错误与内容错误两者关系如何。就此为决定，既非立法者的任务，亦非其权力。借着将（在其详细描述的情况下之）性质错误视同内容错误，法律规定，这些情况应适用如同内容错误的规定。立法者之所以不作明白的指示参照，而采取拟制的形式，其理由可有数端。在对之前的法律作补充的情况，应用拟制的形式，其或者是要努力维持持续的表象：借着宣示现拟规整的案件事实从属于之前法律的构成要件，立法者使法律表面上维持不变。在法律发展的早期，怯于对既存的法律或习惯法作明白改变，这点也曾经发生一定的影响。此外，当立法者本身怀疑，T^2是否确为T^1的一个事例时，亦可应用拟制的方式。为彻底排除此类疑义,立法者以拟制的方式规定,二构成要件应等同视之。

因此种表达方式的联想作用,拟制也具有如下危险:忽略 T^2 与 T^1 事实上的不同之处,将等同平视扩及于事物上可以接受的范围之外[20]。以拟制表达的指示参照,也只可以作如下的理解:应"准用"被参照的规范。V.图尔适切地指出[21],法律上的等同平视,"其程度上可多少不等",换言之,不需要在每一点上都视为相同。假使立法者不想接受自己所规定的等同平视将导致之全部后果,那么必须依法律的目的作限缩解释。在民法典第一〇八条第二项、第一七七条第二项的情形,如受催告而未于所定期限内确答承认,则"视为"拒绝承认。对催告保持沉默,可以具有与表示拒绝承认相同的法效果,即:不得更为承认。借此,法律行为的相对人可以确定其法律上地位如何。重点并不在于,有承认权限者借沉默来表达其拒绝承认的意愿;即使他并无此意,法律行为相对人仍应受保护。因此,即使有承认权限者并无借沉默表示拒绝之意,其仍不得依民法典第一一九条第一项之规定,主张撤销错误的意思表示。就此,法律目的本身禁止将所有关于意思表示的规定,一体适用于这些法律拟制的意思表示。然而,假使有承认权限者是因为受诈欺或胁迫乃保持沉默时,民法典第一二三条即有准用的余地。

虽然运用定义的方式也可以达到相同的目标,法律有时也会利用拟制的手段[22]。民法典在第九二条第一项首先对"消费物"的概念加以定义,它开始说:"本法称消费物者,谓……"。反之,其第二项则一开始就说:"亦应视为消费物者有"。在第二项,法律原本也可以用下述语句开始:"本法所称之消费物亦包含",或者将此两项合为一个语句。何以第一项所指之物即应依定义为消费物,第二项所指者,则仅应依拟制而视为"消费物",理由实在看不出来。民法典第八一二条第二项规定:"依契约所为债务关系存在不存在之承认,亦应视为给付",于此,何以采取拟制的形式,理由亦茫未能见。法律原本大可用下述方式来规定:"……亦系本条所指的给付"。此处不过在说明"给付"的概念,就此,立法者有充分的自由。

最后可以确定,法定拟制是一种表达工具,其既可以实现指示参照的作用,也可以用来作限制或说明。该当的指示参照及限制之意义及范围如何,必须由各该意义脉络及法律的目的来探求，并加以限制，以上说明亦适用于案件事实"溯及效力"的拟制[23]。

供作法院判决理由手段的拟制其与法定拟制应作不同的评价。理由与法条不同，它要主张的是正确性（适切的认识）。它不是在从事规定，而是希望有说服力[24]。在法院判决的说理脉络中，拟制意指：假定案件事实中存在着一种足以发生法效果的构成要件要素，虽然其（应该）确悉，事实并非如此。长久以来，司法裁判经常运用拟制的意思表示此种说理方式，例如当它想免除责任时。于此，拟制掩盖了决定性的理由，将说理贬抑为表象说理。因此，它是法院所应避免的。

第三节 法条作为规整的组成部分

迄今的说明应足以显示：法律中的诸多法条，其彼此并非只是单纯并列，而是以多种方式相互指涉，只有透过它们的彼此交织及相互合作才能产生一个规整。法秩序并非法条的总合，毋宁是由许多规整所构成。在规整特定事项，例如，买卖法、租赁法以及侵权行为法时，立法者不只是把不同的法条单纯并列串联起来，反之，他形成许多构成要件，基于特定指导观点赋予其法效果。透过这些指导观点，才能理解各法条的意义及其相互作用。法学最重要的任务之一，正是要清楚指出彼等由此而生的意义关联。由法学的眼光来看，个别的法条，即使是完全法条，都是一个更广泛的规整之组成部分。

让我们以买卖法的一个句子为例：民法典第四四七条第一项。其规定："出卖人因买受人之请求，将买卖标的物运交清偿地以外之处所者，自出卖人交付其标的物于运送业者、承揽货运者或其他执行运送事务之人或机构时起，其危险移转于买受人"。如果先略过"清偿地"一语所隐藏的问题，似乎可以由法律文字本身来认定构成要件。然而，危险移转于买受人，此等法效果意指为何？由——于此应参照的——第四四六条可知，其涉及：（买卖标的物）"由事变而生之丧失或毁损的危险"。对该当法律关系而言，法律规定迄至某一时点危险由出卖人、其后则由买受人负担，其意义为何？在法律的意义上，由出卖人负担危险,其意指:危险发生时,其将丧失全部或部分的买卖价金请求权。而依民法典第三二三条第一项,因不可归责于双方当事人之事由,致陷于给付不能(指:不能依契约移转买卖标的物之占有于买受人,并使后者取得标的物的所有权),出卖人通常亦将丧失其买卖价金请求权。因此,物由事变而生的丧失,危险移转于买受人,意指:虽然已经不能再履行其义务,依民法典第三二三条之规定,出卖人原应丧失其买卖价金请求权,然而,于此种情况,出卖人仍保有此权利。在买卖标的物毁损的情况,民法典第四五九条规定,物之出卖人应担保,"其物在危险移转于买受人时,无(减失或减少其价值,或其效用之)瑕疵存在"。如有此种瑕疵,买受人得请求解除买卖契约或减少买卖价金(民法典第四六二条)。因此,物由事变而生的毁损,危险移转于买受人,意指:在此时点之后,或者是因运输途中的损害而生的物之瑕疵,出卖人对买受人不负担保责任,他不须担忧会丧失全部的价金请求权,或必须减价。从买受人的角度来看,危险意指:由此时点起,即使买卖标的物在运输途中(非可归责于出卖人而致)丧失或毁损,其仍须给付全额的买卖价金。直到把民法典第四四七条与双务契约的规则(民法典第三二三条)及买卖契约中物之瑕疵担保责任的规则(民法典第四五九条以下)结合起来,我们才能了解,原来第四四七条的意义在此。

如果追问,在"寄送买卖"的情况,因事变以致物丧失或毁损时,何以法律要将(全部或部分的)买卖价金请求权危险移转于买受人的时点,规定在将物交付于运送承揽人或"运送机构"的受托人之时,而非货物到达并交付于买受人之际,则"基于买受人的请求"等语,显然具有重大意义。因"买受人的请求"而同意将买卖标的物寄送买受人,并且是寄往"清偿地"(即:其依契约应履行之处所)以外之处所的出卖人,"严格说来"他所作的已经超出其义务的要求。他已经承受了额外的、附带的给付义务,其不拟同时承受额外的危险,依法律的评价,其亦不须承担。也只有将其置于有关规定的脉络之中,而不是孤立地考察该当规范,我们才能认识到规范背后的法律评价。向来虽然将法律分成许多表面上相互区别的条文,但不因此掩盖下述事实:这些条文本身只是一个比较广泛的语句组织体的构成部分,只有当它们与其他条文(法律中,其彼此可能相隔甚远)结合,对它们才能有全然的理解。

当多数的法条或规整相互竞合时,特别会显示出:只有从个别法条与其所属规整的关系,经常还必须由其与其他规整及各该规整之间的关系,才能真正理解各该法条的作用范围。

第四节 多数法条或规整的相会(竞合)

很多法条的构成要件彼此会全部或部分重合,因此,同一案件事实可以被多数法条指涉。大家称之为法条的相会(竞合)。假使两个法条的法效果相同,如民法典第八二三条的两项规定,则竞合亦不生如何的问题。A 因过失行为,或违反药物法的不作为而损害 B 的健康,依民法典第八二三条的两项规定均有损害赔偿的义务。B 的损害赔偿请求权在法律上有双重根据。假使两项规定的法效果不同,而且彼此并不排斥,就必须探究这**两种**法效果是否应并行适用,或此一法效果会排除另一法效果的适用。假使法效果间相互排斥,那么只有其中**之一**得以适用。假使法秩序同时要求 A 及非 A,就未免荒唐了。于此必须决定,二法规范间何者应让步。假使其中之一较早公布,则通常其应向较晚公布者让步,因为大概可以假定,立法者想借公布新规范来废止之前相反的规则。假使在同一法律中发现相互竞合的法条,就需要其他标准以便决定,究竟这些法条应并行适用,或只应适用其一,何者具有优越地位。就此,争议尚多[25]。

假定相互竞合的规范间,并无其中之一自始"位阶高于"他者的情况,即:要处理的是位阶相同的规范。宪法的位阶自然高于一般法律。企图以逻辑标准解决此等问题(同位阶的规范间何者得排除他者)的努力中,迪茨相信标准在于:规范的构成要件彼此是否有特殊性的关系。所谓逻辑上的特殊性关系,意指:特殊规范的适用范围完全包含于一般规范的适用范围内,换言之,所有属于特殊规范的事例都是一般规范的事例,假使特殊规范的构成要件除包含所有一般规范的要素外,至少还有一个额外的因素,即可符合前述要求。依迪茨之见,就其较为狭小的适用范围,特殊规范始终可以排除一般规范的适用,质言之,一般规范被特殊规范所限制[26]。这样一般化的结论并不正确[27]。假使竞合法条的法效果彼此可以相容,就必须依立法者的规定意向来决定,在其适用范围内,特殊规范的法效果仅欲补充,抑欲修正一般规范,或者拟根本取代一般规范的地位。这是(目的论或体系)解释的问题。只有当法效果相互排斥时,逻辑上的特殊性关系才必然会排除一般规范的运用,盖如不然,则特殊规范将全无适用领域。民法典第五六五条第二项相对于第一项而言,无疑就属于特殊性关系,并且具有限制性规范的性质。第一项一般地规定,终止"土地、房屋或登记于船舶登记簿上的船舶"租赁关系应遵守的先期通知期限。第二项则就终止"住屋"租赁契约应遵守的先期通知期限,有不同的规定。由法律的目的(保护住屋承租人)看来很清楚:对于住屋只适用第二项的期限规定,而不适用第一项。理解上,应该在第一项的"房屋"一语之前添加"除住屋外"的字眼。由是,第二项规则是第一项规则的限制,就清楚地显现出来。民法典第四六三条的情况则不然。虽然买卖标的物于买卖契约缔结时已欠缺所保证之品质,并且直到危险移转时该品质仍不存在,此等情况亦均是第四五九条第二项及第四六二条的适例。然而,第四六三条的法效果(不履行的损害赔偿)并未取代第四六二条所定法效果的地位,买受人亦可选择此两类法效果。恩内塞鲁兹-尼佩代因此称其为"择一的竞合"。于其适用范围内,第四六三条并未排除第四六二条的适用,只是对它有所补充及修正而已。

　　下述情况与特殊性的情形不同:两个规范的构成要件彼此部分重叠,质言之,有一些事件属于此规范,另一些事件属于彼规范的适用事例,更有一些事件两规范都可得适用。当某案件事实与两规范的构成要件相合致,前述问题又再次发生:两种法效果应同时发生,或其中之一排除他者的适用。于此仍取决于各该规范的意义、目的及其背后的价值判断。基于某些特殊的理由,法律可能想将特定事件作一致而终局的规定。假使因为部分这类事件也符合其他规范的构成要件,因而将其他规范也适用于此,则前述作特别规定的目标,于此部分就不能达成了。因此,应排除其他规范的适用[28]。反之,如果没有一个规范是穷尽性的规定,当二规范的构成要件重合,而且法效果彼此并不排斥时,则二者可以并行适用。例如,对所有权的妨害,既可依民法典第一○○四条,亦可依第八二三条第一项来判断。其法效果(不作为请求权以及损害赔偿请求权)彼此并不排斥,毋宁相互补充。以恩内塞鲁兹-尼佩代的用语来说,它是一种"重叠的竞合"。所有所谓的"请求权竞合"以及"请求权规范竞合"的情形均属此类[29]。

不仅个别的法条会有适用范围相互重叠的情形,整个的规整总体与其他规整总体也会有这种情况。私法中最常被探讨的竞合问题之一是:契约与契约外的损害责任之间的关系。对于两者,法律规定了许多部分相互歧异的法规范,其构成要件相互重叠的情况屡见不鲜。然而,并非所有的违约行为也同时都构成民法典第八二三条以下的"侵权行为",因此,于此并无"特殊性"的关系。然而,许多违约行为,特别是在违反契约上的保护义务的情况,经常也已经充分侵权行为的构成要件。大家或者可以认为:在违约的情形,鉴于所存在的特殊关系,法律想对它作穷尽规定,如是,则侵权行为法的适用即被契约法的规整所排除。然而,通说并不采此立场,其出发点是:原则上这两类规整总体可以并行适用[30]。因为侵权行为法在若干地方,对被害人的保护较契约法为优,大家希望把这些优点仍旧保留给被害人,即使其同时已构成违约行为,亦同。然而,在某些情况如果同时适用侵权行为法,将严重妨害契约规范原拟追求的规整。特别当侵权行为法与契约法对构成责任的有责性要求不同,或其消灭时效不同,即属此种情况。当立法者就特定情况,对违约损害赔偿请求权的成立,例外的要求加重的有责性(民法典五二一、五九九、六九〇、七〇八条)时,假使仍然可以依民法典第八二三条,有较轻的过失即肯定损害赔偿请求权的存在,则契约法前述规整将大都归于徒然。因此,通说于此也否认侵权行为的请求,换言之,契约法的规定于此可优先适用。然而,正如埃塞尔及施勒希特里姆所指出的[31],只有在下述情形,前述主张才算正确:契约法上减轻责任的规定,其目的的确是在免除所有的赔偿请求。依其见解,只有在下述情况才符合前述要求:债务人的行为所影响的,恰好是债权人对审慎履行契约给付的利益。只有在此时,减轻责任的规定对侵权行为的请求权亦得以贯彻。假使影响的是债权人保有其他法益的利益,换言之,假使受影响的是他的保护利益,即不得于侵权行为请求权中,亦主张应减轻责任。依其见解,在违反契约上的保护义务时，对于任何有责行为均应负责。

假使同一行为既构成违约行为，也构成侵权行为，则相互竞合的不仅是两项法规范，而是两项规整总体。原则上这两个规整总体可以并行适用，其涉及的是一种"重叠的竞合"[32]。这两类规整在一点上相同：原则上，它们都课有责行为以损害赔偿义务。当契约法规定加重的有责性时，其同时包含立法者下述**决定**：在欠缺此种有责性时，根本**不**应有损害赔偿请求权发生。假使于此还是坚持要适用侵权行为法的规定，那么立法者的决定就会因此付诸流水了。在此种情形，这两类规整陷于矛盾，通说采取有利于（依埃塞尔及施勒希特里姆之见，首先应限缩解释的）契约法规定的方式来解决。方法论上，这是为达成立法者在契约法上的决定，对侵权行为法规定的适用范围所作的目的论的限缩。相反地，在埃塞尔及施勒希特里姆不想让契约法上减轻责任的规范适用的情况（即违反保护义务的情形），则是对契约法规范的目的论的限缩。这两种意见应该选择何者，于此可以先暂且不论。

第五节　法律适用的逻辑模式

就像我们之前提过的，法条是以语言表达之行为或决定的规则。为发挥作用，其必须被适用。应该如何适用法条呢？

问题的答案似乎很简单，一个看来单纯的逻辑模式可以作为法条适用始终应遵守的界限。仅由迄今的说明所得的下述认识，就足以令人怀疑这个模式是否够用：我们不是在适用个别的法条，毋宁是整个规整，包括其中已经作出的"消极性"决定。然而，主要的困难是来自语言这种表达手段的性质，以及在（针对特定事实而拟订的）规整与（大多数被规定的）案件事实的流动性之间无可避免的分歧。吾人将于次章深入探讨此点。于此，我们暂且将此困难放在一边，先把注意力集中在逻辑的骨架上；对法适用而言，固然不能高估其意义，却也不可将之弃置不顾。

第一款 确定法效果的三段论法

之前已经提及，完全的法条在逻辑上意指：只要构成要件 T 在某具体案件事实 S 中被实现，对 S 即应赋予法效果 R。假使特定案件事实 S 在逻辑上看来是 T 的一个"事例"，就可认定：（以一般的方式写成的）构成要件 T 已经在 S 中被实现。因此，如果要知道，对某案件事实应赋予如何的法效果，就必须审查，是否应视此案件事实为构成要件 T 的一个"事例"，而因此可归属其下。若然，即可由下述形式的三段论法推得法效果。

假使任何一个案件事实实现 T，则应赋予其法效果 R（大前提）。
特定案件事实 S 实现 T，质言之，其系 T 的一个"事例"（小前提）。
对 S 应赋予法效果 R（结论）。

省略大前提中的假定形式，我们就可以将这个三段论法用比较简要的方式表达如下[33]：

T→R（对 T 的每个事例均赋予法效果 R）
S＝T（S 为 T 的一个事例）[34]
S→R（对于 S 应赋予法效果 R）

我把这些逻辑语式称为"确定法效果的三段论法"。在其中，一个完全的法条[35]构成大前提，将某具体的案件事实视为一个"事例"，而将之归属法条构成要件之下的过程，则是小前提。结论则意指：对此案件事实应赋予该法条所规定的法效果。

然而，这描述的只是一种最简单的情况而已。同一生活事件有时会同时实现不同但可以并用的法条之构成要件。就像之前提过的，一行为可以同时充分违约及侵权行为的构成要件。这两项规则所生的法效果都是：发生损害赔偿义务。我们可以描述如下：

$T^1 \rightarrow R$ $T^2 \rightarrow R$

$S = T^1$ $S = T^2$

$S \rightarrow R(T^1)$ $S \rightarrow R(T^2)$

于此，T^1 代表违约的构成要件，T^2 则代表侵权行为的构成要件。不论是依 T^1 或是依 T^2，或者依此二规范，都可以获得法效果 R。下述情形当然也是可能的：在两个可能的构成要件中，案件事实只充分其中之一；例如，该侵权行为并不同时构成违约。那么就可以产生下列模式：

$T^1 \rightarrow R$ $T^2 \rightarrow R$

$S 非 = T^1$ $S = T^2$

$S 非 = R(T^1)$ $S \rightarrow R(T^2)$

前述逻辑语式告诉我们[36]，某案件事实不能划属特定法规范的构成要件，尚未必导致该法效果的否定，因为同一法效果可以另一构成要件为根据。如欲否定某法效果（例如，损害赔偿义务），适用者必须确定，并无其他——规定同一法效果的——法条可适用于此。例如，因加害人欠缺责任能力，因此，既不能由违约，也不能由民法典第八二三条导出赔偿义务；然而，只要在该当事件中，民法典第八二九条所规定的特殊前提一一实现，则仍可以该条为赔偿义务的规范依据。由此可知，为解决一"法律事件"，必须彻底审查所有可能适用于该事件之规范的构成要件。

就像之前说过的，法律经常借消极性的效力规定，限缩一项适用范围过广的法效果规定。借此，原本包含于一项规范的构成要件之某部分，便排除于其适用范围之外。由是，唯有兼顾此限制性规范，才能得到完全的法条。因此，只是审查案件事实可否划属于此一适用范围过宽的规范之构成要件下，犹有未足；尚须审查，该事件是否不包含于限制性规范的构成要件中，只有当案件事实可归属于前一规范的构成要件，并且不归属于限制性规范的构成要件下时，前一规范所定的法效果才能发生。

第二款　取得小前提："涵摄"只是其中有限的部分

大家早就知道[37]，前述推论程序的主要问题在于：如何正确地形成前提，尤其是如何正确地形成小前提。至于大前提，大家切不可认为，单纯由法律条文的文字就可以得到大前提。每个法律都需要解释，而且不是所有的法条都规定在法律中。就此，我们在第五章及第六章再讨论。至于小前提的取得，质言之，作出如下的陈述：S 是 T 的一个事例，一般将此过程称为"涵摄"，并且认为其核心部分是一种逻辑的推演。推演模式如下：

T 藉要素 m^1, m^2, m^3 而被穷尽描述。
S 具有 m^1, m^2, m^3 等要素。
因此 S 是 T 的一个事例。

逻辑学将涵摄推论理解为："将外延较窄的概念划归外延较宽的概念之下，易言之，将前者涵摄于后者之下"[38]的一种推演。从事这种推论首先必须定义这两个概念，然后确定上位概念的全部要素在下位概念中全部重现，下位概念的外延较窄，因为除了上位概念具有要素外，它至少还有另一个要素。例如，"马"的概念可以涵摄于"哺乳动物"的概念下，因为所有定义"哺乳动物"的必要且充分的要素，在——被穷尽定义的——"马"的概念中一一重现。然而，作为法律适用基础的涵摄推论，并不是将外延较窄的概念涵摄于较宽的概念之下，毋宁是将事实涵摄于法律描述的构成要件之下，至少看来如此[39]。然而，如果精确地审视就会发现，不是事实本身被涵摄(又如何能够呢？)，被涵摄的毋宁是关于案件事实的陈述。确定法效果的三段论法中及涵摄推论中的小前提，其出现之——作为陈述的——案件事实，与作为生活事件的案件事实不同，后者是前者所指涉的对象。涵摄推论的小前提乃是如下陈述：法条构成要件所指陈的要素，其于陈述所指涉的生活事件中完全重现。为作出此等陈述，首先必须审查，被描述的案件事实(该当生活事件)是否的确具备有关要素。

用涵摄的方式适用法律时,其重心正好在:针对事件作出此等判断,就此,我们将在次章深入探讨。

判断被描述的案件事实是否具备法定构成要件特征时,首先必须留意,案件事实是以日常用语来描述,而法律用语则包含诸多抽象的专业用语及概念[40]。法律中提到的是意思表示的撤销。案件事实则谓:被告通知原告,他认为他不受原约定的拘束。为判断其是否为撤销的表示,就必须以——与用来描述案件事实——相同的语言来说明"撤销"一语意指为何,注释书中充斥这些说明。这些说明不是适宜作涵摄推演的定义。此外,其中还可以再插入其他涵摄推论,例如,某特定构成要件要素(如"动产")需要借助其他要素来定义时[41]。然而,定义的过程及以涵摄推论的方式进行的逻辑推演不能不断持续,早晚总是要作出根本性的判断,后者不能再以推论的方式取得,而必须以(自己或他人的)感知为基础(感知判断),或者以——特别是来自社会的——经验为基础。S 是 T 的一个事例,此种判断不是以借概念要素定义 T 及涵摄推论的方式取得的。依据一定的——虽然仍旧可以用语言表达,但不能再定义的——标准来判断被描述的案件事实,这是涵摄的前提。单单这点就足以让人怀疑,把形成小前提的过程称为"涵摄"是否恰当,因其遮蔽了判断这个重要部分。

此外尚有一点,逻辑学中之所以将概念涵摄于概念之下,并非出于偶然。涵摄模式的前提是,借着提出全部下述要素可以界定——与法条构成要件一致的——上位概念:必须而且只要具备此等要素,即可将之涵摄于此概念之下。只有当借着提出足够确定的要素可以穷尽界定 T,换言之,当借要素 m^1 至 m^x 来描绘 T 的过程,可以算是在定义概念时,才能将特定案件事实,以涵摄推论的方式归属于构成要件 T 之下。然而,之前已经提过,情况并非总是如此。对类型及须填补的评价标准,无法作这种定义,借着提出一些指导观点、特征及例子,虽然也可以描绘它们,使其轮廓清晰。然而,将某生活事件归入某类型或某须填补的标准之意义范围中,其并非涵摄,毋宁为评价性的归类。取代这种判断(=于此,构成要件要求的要素都具备)的是下述判断:依据有关的观点,待决的案件事实与另一——在判断上并无疑义的——案件事实相同或相近。当概念要素本身是一种"指导性"的标准时,亦可适用前述说法。在这种情况,将案件事实"归属"法规范构成要件的说法,可能比"涵摄"恰当。

然而,恩吉施于此仍然用涵摄的说法[41a]。他可以这样作,因为他并不认为,涵摄的本质在于待决案件事实的特征与上位概念的要素相同,毋宁在于待决事件与之前经裁判的事件相同。然而,没有一个事件可与他事件完全相同,因此,事件间的等视齐观只能以类推的方式为之。就此,比德林斯基[41b]正确地指出:如是,则演绎与(事件间的)类推间的歧异将因此泯没,而且不知此种作法的益处何在。对扬·沙普[41c]也可以作相同的评论,依其见解,法律不是就某抽象的构成要件,毋宁是就一系列相类似的个案为规定。然而,个案之是否"同被安置其中",正是问题所在。

然而,在法条的适用上,涵摄推论仍扮演重要角色。很多(但非全部)构成要件,已经由立法者或法学家大体上用概念的形态表现出来,对这种事例仍可用涵摄推论的方式作归类的工作[42]。即使如此,涵摄仍然是以对案件事实的——不再能从推论,而是借单纯的感知或经验为基础所作的——判断为前提。

称呼"这辆车是红色的"这一类简单的判断为涵摄,本来也无不可。然而,因为"红色"本身已不能再定义,因此,它至少不是一种借概念定义所为的推论,毋宁是一种以感知为基础,由感知者比较正在观察的客体与其他之前学到的"红色"客体,而作成的判断。假使"涵摄"一语用以指称特定的推论程序,则于此已非适当之处——同样地,在将事件划归于某类型或某须填补的标准时,并非"涵摄"适用之处。

第三款 借结论导出法效果

就针对个案确定其具体的法效果而言,确定法效果的三段论法中的结论,亦常嫌不足。三段论法的模式不当地过分简化此过程。大前提中的"R"意指被一般地描述之抽象的法效果,反之,结论中的"R"则是该当案件事实的具体法效果。提出与大前提抽象描述之变元相当的人、地、时等资料,有时固然可以求得具体的法效果。例如,假使 A 此人就 S 斯物取得时效的要件已然实现,则只须在三段论中的小前提确定此事实,即可借结论确定具体的法效果——A取得对S的所有权。但事情未必都这样容易。我们举出租人的修缮义务为例(民法典第五三六条)。假使依承租人之见,出租人未充分履行此项义务,承租人要请求的不是单纯地履行修缮义务,毋宁是请求出租人采取一些——依承租人之见——维持合用的必要措施。因此,除确定特定出租人V对承租人M有保持租赁物合用的义务外,为具体化法效果,尚须为如下判断:承租人请求的措施确为使租赁物合于约定使用状态所必要者。这项判断可以被视为下述推论的结果:

> V应保持租赁物合于约定使用之状态。
> 为使租赁物保持此状态必须采取某措施。
> V有采取某措施的义务。

　　这个三段论的大前提与第一个三段论法(确定法效果的三段论法)的结论相同。小前提则是下述判断的结果:于此,保持租赁物合用状态之必要措施为何?这项判断是以技术知识及社会经验为基础。结论部分才真正指出该案件事实的具体法效果。

　　假使法效果的规定是:A对B负赔偿其因某事件所生损害的义务,则经常必须经繁复的研究,才能确定损害的额度以及A所负损害赔偿义务的精确内容。在这类事实中,"确定法效果的三段论法"之结论(A对B负赔偿其因此所生损害的义务)常只是暂时性的结论,为终局及精确地确定法效果,经常需要其他更详尽的研究。这点也表现在诉讼法上:法院可以请求原因正当而先为中间判决,再继续确定请求数额的程序(民事诉讼法第三〇四条)。在刑事诉讼程序中,"确定法效果的三段论法"只能得到下述结论:行为人以有责的方式实现了刑罚的构成要件,因此应予处罚。然后法官才面对下述任务:在考量各种科刑应审酌的情事后,确定其具体的刑罚。因此,在很多情况下,"确定法效果的三段论法"尚不能精确规定法效果,毋宁只是划定一个仍须继续填补的范围而已。

前述说明只能适用在案件事实及法效果均相当确定的法条。有些法条运用不确定的概念、须填补的标准(如"诚实信用"或"重大事由")来规定案件事实或法效果,如是,则此处描述的涵摄程序并不能完全解决问题。稍后在第四章的第三节第四款、第六章的第三节及第七章的第三节中,我们将再提及这些情况。

注 释

1. 此处所说的"法条"(＝法律语句)与"法规范"同义。所以然者,因为法规范语言上只能以语句(或多数语句的综合体)的形式表达出来。Kelsen (Reine Rechtslehre, 2. Aufl., S. 73ff.)则只将"法律语句"用于指称法学中的语句。后者包含关于法规范内容及其效力的陈述:质言之,其系内容上与规范有关的陈述语句,而非规范。
2. 虽然法条也有所陈述,因为它指出,受规整者应为何行为,或其应如何判断。然而相较于规范性功能,陈述性功能显然基于次要地位。法条并不主张某些事物是如此,而是在作规定、给予或拒否的表示。就此请参见与此相类的高权命令的问题:Hare, Die Sprache der Moral, S. 35,37ff. 关于规范性语句及陈述性语句见:Weinberger, Rechtslogik, 2. Aufl., S. 53ff., 235ff.
3. 法及伦理在它处或者不同,但它们均运用"规定性"的语言,此种语言与用以陈述事实的语言有典型的差异。参照 Hare a. a. O., S. 19ff.
3a. Weinberger (a. a. O., S. 259)正确地指出,效力概念在法规范上的功能,相当类似于真假概念在陈述性语句中的角色。
3b. Weinberger (Norm und Institution, 1988, S. 61)正确地说道:"当为语句将义务表达出来。大家可以不用'你被命令必须清偿债务'('你应该清偿你的债务')之类的语句,而说'你负有清偿你的债务之义务'"。
4. Die Sprache der Moral, dtsch. Ausg. 1972 (engl. Ausg. 1952).
5. 此说可以追溯到 Thon, Rechtsnorm und subjektives Recht, 1878, S. 3; Jhering, Der Zweck im Recht, 3. Aufl., Bd. 1, S. 330; Bierling, Juristische Prinzipienlehre, Bd. 1, S. 30。嗣后的代表人物:Binder, Philosophie des Rechts, S. 702 ff.; Nawiasky. Allgemeine Rechtslehre, S. 8; Engisch, Einführung in das juristische Denken, S. 22 ff., 200f. (Anm. 6b). 其反对者:Zittelmann, Irrtum und Rechtsgeschäft, S. 204, 222。依其见解,法条包含与立法者的规定相关的陈述。类此见解:Werner Goldschmidt, Der Aufbau der juristischen Welt, 1963, S. 6,21, 284ff. 采批判立场者:Henkel, Einführung in die Rechtsphilosophie, 2. Aufl. S. 43ff.; Klug, Logik und logikkalkül 1962, S. 115f.; Esser, Vorverständnis und Methodenwahl, S. 34; Hart, The Concept of Law, S. 27ff.; Bydlinski, Jur. Methodenlehre u. Rechtsbegriff, S.

197ff.

6 Vgl. dazu S. 31 der vollständigen Ausgabe.
7 在一篇关于权利之形式结构的文章里，Jürgen Schmidt（in Rth 1979，S. 71）认为，究竟只要借助禁止规范来定义权利（这是命令说），或者要结合禁止规范及容许规范来定义它，在事情本身并无不同，只是语言上的差异而已。这或者是对的，然而，法秩序不仅包含禁止及容许性语句，还有多种不同的效力规定，因此，命令说不足以说明法律语句（法规范）与其他语句（特别是陈述性语句）不同的特征所在。
8 Die apriorischen Grundlagen des bürgerlichen Rechts, Neuausg. 1953, S. 170ff.
9 Henkel, Einführung in die Rechtsphilosophie, 2. Aufl. S. 186ff., 550 f.; Coing, Grundzüge der Rechtsphilosophie, 4. Aufl., S. 298.
10 Vgl. meinen Beitrag in der Festschrift für Engisch, 1969, S. 150.
11 Bierling, Juristische Prinzipienlehre, Bd. 4, S. 222; Solmó, Juristische Grundlehre, S. 186.
12 Leenen (Typus und Rechtsfindung, S. 162 ff.) 清楚指出此点。详参见下文第四章第四节第三款。
13 此种要素亦可是消极性的要素；其适例参见民法典第二八五及四〇〇条。
14 Jutta Minas-v. Savigny, Negative Tatbestandsmerkmale, ein Beitrag zur Rechtssatz- und Konkurrenzlehre, 1972.
15 Vgl. mein Lehrbuch des Schuldrechts, Bd. II,1,13. Anfl., § 46.
16 关于法定拟制的文献浩如烟海，于此仅特别指出以下著述：Bernhöft, Beitrgäge zur Erläuterung des Bürgerlichen Gesetzbuchs, Heft 6,1905; ders., Festschrift für Ernst Imanuel Bekker, 1907, S. 241 ff.; Bierling, Juristische Prinzipienlehre, Bd. 1, S. 101 ff.; Demelius, Die Rechtsfiktion in ihrer geschichtlichen und dogmatischen Bedeutung, 1858; Esser, Wert und Bedeutung der Rechtsfiktion, 1940; Hans Albrecht Fischer, Fiktionen und Bilder in der Rechtswissenschaft, AcP 117, S. 143ff.; Solmó, Juristische Grundlehre, S. 524 ff.; Stammler, Theorie der Rechtswissenschaft, 2. Aufl., S. 199ff.; v. Tuhr, Der Allgemeine Teil des Deutschen Bürgerlichen Rechts, Bd. 1, S. 24; Bd. 2, Teil 1, S. 13,422 ff.
17 Demelius, a. a. O., S. 39, 76; Fikentscher, a. a. O., S. 184.
18 Bierling, a. a. O., S. 101.
19 Esser, a. a. O., S. 26ff.
20 Esser, a. a. O., S. 31ff.
21 a. a. O., Bd. 2, Teil 1, S. 13.
22 Esser (a. a. O., S. 98ff) 称之为"定义性拟制"。
23 v. Tuhr, a. a. O., S. 25ff.
24 大家会留意到，于此所指的是判决理由。判决主文本身可产生确定力，是一种效力规定；因此它还必须受其他标准的衡量。

25　用语本身就尚未澄清。有些人（特别是 Dietz）只把下述情形称为"法律竞合"：一规范排除另一规范的适用。这与刑法学的用语方式相当。在民法学中"法律竞合"用来指称所有下述情形：同一案件事实符合多数法条的构成要件。然后再进一步区分重叠的、择一的及排斥性的法律竞合（Enneccerus－Nipperdey）。假使多数请求权基础的法规范可适用于同一案件事实，则或称为"请求权竞合"，或称"请求权规范竞合"。我建议用"规范竞合"的名称，因为它涵括更广，足以指称所有法条相竞合的情况。在广泛的文献中我特别强调如下著述：Dietz, Anspruchskonkurrenz bei Vertragsverletzung und Delikt, 1934；Enneccerus－Nipperdey, Allgemeiner Teil, § 60；Georgiades, Die Auspruchskonkurrenz im Zivilrecht und Zivilprozeßrecht, 1968；Hruschka, Pflichtenkollisionen und Pflichtenkonkurrenzen, Festschr. f. Larenz, 1983, S. 257；Lent, Die Gesetzeskonkurrenz im bürgerlichen Recht und Zivilprozeßrecht, 2 Bde, 1912/16；Maurach, Deutsches Privatrecht, §§ 54ff.；Mezger, Strafrecht (Lehrbuch), § 69；Schlechtriem, Vertragsordnung und außervertragliche Haftung；Eine rechtsvergleichende Untersuchung zur Konkurrenz von Ansprüche aus Vertrag und Delikt, 1972；Rud. Schmidt, Die Gesetzeskonkurrenz im bürgerlichen Recht, 1915；Engisch, Einführung in das juristische Denken, 7. Aufl., S. 162f.

26　因此，Minas-v. Savigny（Negative Tatbestandsmerkmale）把所有限制性法条算作竞合的法条（虽然只是"表面上竞合"）。法条如果显然是另一法条的限制，大家通常不把它算是竞合的问题，只在有疑义时，乃可。

27　Enneccerus－Nipperdey, a. a. O., § 60, II.

28　同此，见 Dietz, a. a. O., S. 62。于此他适当地名之为"因穷尽规整而来的补充性"，而未称其为特殊性关系。买卖瑕疵担保的规定（民法典第四五九条以下）与因性质错误而生的撤销权之规定（第一一九条第二项）即为适例。因第四五九条意义下的物之瑕疵，未必因欠缺交易上认为重要的物之性质所致，因此两者并无逻辑上的"特殊性"关系存在。然而，假使同时适用民法典第一一九条第二项的话，若干物之瑕疵责任规定的目的就全被解消。因此，通说以目的论法律解释的方式来排除第一一九条第二项的适用。参见拙著 Lehrbuch des Schuldrechts, Bd. II, 1, 13. Aufl., S. 73f.

29　此种区分涉及下述问题：多数赋予请求权基础的规范均可适用时，是发生多数的请求权，其追求同一目标，但可以分别让与、请求，或者只有一个请求权发生，而它在法律上有多种根据。就此请参见前提及的 Georgiades 及 Schlechtriem 的著作以及拙著 Lehrbuch des Allgemeinen Teils, 7. Aufl., § 14, IV.

30　Dietz, a. a. O., S. 69ff.；Georgiades, a. a. O., S. 84ff.；Schlechtriem, a. a. O., S. 27ff.；Esser, Schuldrecht, 4. Aufl., § 112, V；以及拙著 Lehrbuch des Schuldrechts, Bd. II, 12. Aufl., § 75, VI.

31　Esser, a. a. O., § 112, V, 3；Schlechtriem, a. a. O., S. 333, 346ff.；388 ff.；

418ff.

32　Im Sinne von Enneccerus－Nipperdey, a. a. O., §60, I.
33　Engisch, Logische Studien zur Gesetzesanwendung, S. 8ff.
34　我必须同意 Koch/Rüssmann (a. a. O. S. 64)的见解,等号实在不能很清楚地将意旨表达出来。S 和 T 绝不会相同,因为这中间有特殊及一般的差距。其彼此相等仅意指:除了其他特殊要素外,所有作为 T 的特征之要素,在 S 也都存在。我实在想不出适当的符号来表达这个想法。
35　更精确地说:包含——适用此法条——这种内容的陈述。
36　Engisch (a. a. O., S. 13)也指出这点。
37　Engisch, a. a. O., S. 13, 18.
38　Hoffmeister, Wörterbuch der philosophischen Begriffe, 2. Aufl. 1955.
39　Engisch, Logische Studien, S. 22ff.
40　关于不同的"语言层次"参见 A. Kaufmann, Die Parallelwirkung in der Laiensphäre, 1982, S. 27ff.
41　Koch/Rüssmann (a. a. O., S. 15)同此例同此见。
41a　Engisch, Einführung in das juristische Denken, 7. Aufl. S. 56, und, ausführlich, S. 213.
41b　Bydlinski, Juristische Methodenlehre und Rechtsbegriff, 1982, S. 397.
41c　Jan Schapp, Hauptprobleme der juristischen Methodenlehre, 1983, S. 31ff.
42　对这点如果也要否认,则其之为错误,就一如认为:归属始终应以涵摄方式行之。

第四章 案件事实的形成及其法律判断

第一节 作为事件及作为陈述的案件事实

法条要适用在实际事件,即事实上发生的案件事实上。而之前已经提过,这只有在已发生的案件事实被陈述了之后,才有可能。在判决的事实部分出现之"案件事实",是作为陈述的案件事实。基于此项目的,事件必须被陈述出来,并予以整理。在无限多姿多彩,始终变动不居的事件之流中,为了形成作为陈述的案件事实,总是要先作选择,选择之时,判断者已经考量到个别事实在法律上的重要性。因此,作为陈述的案件事实并非自始"既存地"显现给判断者,毋宁必须一方面考量已知的事实,另一方面考虑个别事实在法律上的重要性,以此二者为基础,才能形成案件事实。法律家的工作通常不是始于就既存的案件事实作法律上的判断,毋宁在形成——必须由他作出法律判断的——案件事实时,就已经开始了。

关于如何形成确定法效果的三段论中之小前提,恩吉施[1]分为三个构成部分来说明:

1. 具体的生活事件,实际上已发生之案件事实的想像,
2. 该案件事实确实发生的确认,
3. 将案件事实作如下评断:其确实具备法律的构成要素,或者更精确地说,具有大前提第一个构成部分(=法律的构成要件)的构成要素。

为了能与法定构成要件要素相比较,判断者必须将其对已发生之案件事实的想像表达出来,并且要能配合法律的用语。时间上,不是形成(作为陈述的)案件事实以后,才开始评断案件事实符合(或不符合)法定构成要件要素,

两者毋宁是同时进行的，因为如前所述，在形成案件事实之时，就必须考量个别事实的可能意义。此外还必须确认"该案件事实确实发生"，换言之，作为陈述的案件事实恰当地反映了事实上发生的案件事实（＝实际事件）。就此，我们在本章的结尾还要再谈。

判断法律事件的法律家大都以"未经加工的案件事实"作工作的起点，其多出以讲述的形式。讲述中会包含许多对最终的法律判断不生影响的个别情事、情势，因此，判断者考量之后，也会将之排除于最终（作为陈述的）案件事实之外。一位妇人在把骨头递给邻居的狗，而被狗咬伤手臂时，她可能会讲述事实如下：这只狗让她觉得有点同情，因为它看起来很瘦，它的反应让她很惊讶，因为这只狗认识她，而且之前她也经常给它东西等等。她或许不会提到：邻居曾警告她，不要给狗东西，因为它还很小，并未完全驯服。这种情况或许会有法律上的意义，因为妇人可能会因此构成民法典第二五四条的与有过失。基于民法典第八二三条可能有法律意义的另一情事是：邻居是出于业余爱好，还是基于职业或营利的目的而饲养这只狗。假使当事人没有主动提及，对事件作法律判断的法律家，应该追问所有和法规范的判断有关的情事。他将以这种方式缩减或补完原本的讲述（＝未经加工的案件事实），借此使终局的案件事实只包含全部——在法规范的适用上有意义的——实际事件的构成要素。因此，（最终的）案件事实是思想加工处理后的成果，处理过程并已包含法的判断。在这个过程中，个别事实或事件已经运用一些表达形式（例如：狗、咬伤、伤害到手）来描绘，这些表达形式已经可以轻易地涵摄于法律概念之下——动物、身体的伤害；对于邻居警告性的话，也赋予一定的意义。最后，陈述案件事实的语句也已经把一种模糊暗示的关系表达出来："邻居的狗"。这些字意指：这狗属于家庭范围，属于邻居的支配范围。虽然还需要进一步审查，但已足以联想到：邻居乃是民法典第八三三条所指的"动物占有人"。"动物占有人"一字尚未出现于案件事实的描述中，因为要答复动物占有人为谁的问题，尚须经法律的判断，而假使有必要作此种判断，则尚须补充以其他事实乃可。所有经法律判断的案件事实都有类似的结构，都不仅是单纯事实的陈述，毋宁是考量法律上的重要性，对事实所作的某些选择、解释及联结的结果。

这个例子还指出，应该依据何种观点，选择作为陈述的案件事实中应接纳的事实。某种程度上，实际发生的案件事实会包含一种足以引发法律问题的"核心"[2]。此处的核心是：狗咬人的动作以及因此对妇人造成的痛苦与其他不利，例如，支出医疗费用，丧失工作所得。这个事件中牵涉的法律问题有：就这些损害，这位妇人能否向狗的占有人或他人请求赔偿。法律家会提出这个问题，因为他知道民法典第八三三条。向法律家请教的妇人，则不需要具有这些特别知识[3]。一方面她有免于受损害的利益。另一方面，也许她由其他事例知道，被狗咬伤者可以由狗的占有人获得赔偿。最后，也许她的"法感"告诉她，在这种情况应该有所补偿。一旦法律问题被提起，为了答复问题，我们就需要一些足以提供答案的法条知识。这些法条针对特定构成要件，赋予负损害赔偿义务的法效果。其构成要件包含一系列以一般的方式描绘出来的、个案决定系诸其存否的情境。只要确实取决于它们，而判断者又能知悉其于个案中的存否，判断者便会将之收纳于案件事实的描述（＝作为陈述的案件事实）中。

然而，我们可不是因此而陷于循环论证了吗？为了对实际发生的案件事实作法律上的判断，判断者必须把它陈述出来，陈述中又只采择与其法律判断有关者。对法律判断是否具有意义，取决于可能适用于案件事实的法条。以其描述的案件事实为起点，判断者进一步审查，可以适用在案件事实的法条有哪些，根据这些法条的构成要件再进一步补完案件事实，假使法条本身不适宜作立即的涵摄，便须针对案件情境作进一步的具体化。只有在考虑可能是判断依据的法条之下，成为陈述的案件事实才能获得最终的形式；而法条的选择乃至必要的具体化，又必须考量被判断的案件事实。然而，只有下述情形才构成错误的逻辑上的循环论证：当判断者把实际事件中未获证实者加入作为陈述的案件事实中，或者，当判断者"曲解"法条，以便可以得到判断者希冀的结论。这两种情形均不能容许。恩吉施[4]曾提及"在大前提与生活事实间之眼光的往返流转"，朔伊尔德[5]则说："在确认事实的行为与对之作法律评断的行为间的相互穿透"。它们都指称我们所熟悉的相互解明的过程，一种"诠释学意义上的循环"[6]现象。我们不能把案件事实与法条间的"眼光之往返流转"想像为：只是判断者眼光方向的改变，其毋宁是一种思想过程，于此，"未经加工的案件事实"逐渐转化为最终的(作为陈述的)案件事实,而(未经加工的)规范条文也转化为足够具体而适宜判断案件事实的规范形式。这个程序以提出法律问题始,而以对此问题作终局的(肯定或否定的)答复终。

对方法论的分析而言,有必要分别观察这个彼此相连的过程之个别阶段。然而不可由此推导出如下的结论:规范适用的过程(其同时也是规范具体化的过程),始终都可以被区划。本章只处理(终局的)案件事实的形成及其法律判断。而如前所述,作为陈述的案件事实只容接纳在实际事件中有根据的部分。关于判断者如何确认实际发生的事件,这个问题先暂时放在一边,让我们先处理下述问题:应该如何选择法条,以便作法律判断及形成终局的案件事实。

第二节 选择形成案件事实之基础的法条

首先是以下述方式,来选择从事法律判断及形成终局案件事实之基础的法条:判断者以"未经加工的案件事实"为出发点,将可能可以选用的法条一一检试,排除详细审视之后认为不可适用者,添加经此过程认为可能适用的其他条文。例如,当发现履行请求权不存在时,他将再进一步审查,是否有信赖利益的损害赔偿请求权,或不当得利返还请求权存在。为了能根据这个观点彻底审查案件事实,他或许需要一些迄今尚未留意的其他事实,并且将它补进终局的案件事实中。比尔林称之为[7]"持续进行的方法上的实验",实务有意无意地倚此为助。而假使它是在——构成法秩序的——无数法条中所作的没有选择性的检试及实验,它将是不太有成功希望的冒险。再者也不能保证,判断者已经发现所有可能的法条。

这正是所谓的"外部"体系之重大实用意义所在,它是由抽象的一般概念,依形式的归类观点所构成的。在最后一章将指出,这种体系虽然不具有,或者只具有极小的认识价值,但是在作为辨识方向的助力上,却具有重大价值。假使欠缺这种体系,面对案件事实寻找适当的法规范者,就必须无助地胡乱摸索。只有依靠这种体系,大家才能在某种程度上依据一定的方法,寻求可能应该援引的法条。首先,熟悉体系的判断者能随即将事件划定范围,因为他能认识可得适用的规范所属的领域。让我们再以狗咬伤人的事件为例。习于运用现行法体系的法律家首先会知道,妇人对于狗的占有人是否有损害赔偿请求权,是一个私法上的问题。此外他也了解,私法上的损害赔偿请求权可以基于不同的事由而发生,而因为妇人与狗的占有人之间并无契约关系,因此,在各种不同的事由中,只有侵权行为及危险责任(民法典第八二三条以下及第八三三条以下)的事由才有可能。因为妇人的损害来自于狗(动物),所以他会联想到第八三三条。此外他也知道,民法典中关于损害赔偿请求权的一般规定出现在第二四九条以下。只要他考虑到这些规定,他就会留意到民法典第二五四条,亦即:该妇人可能有与有过失的问题。然后他会再探究,该妇人对于哪些损害有赔偿请求权。就此,民法典第二四九条可以提供资讯,而因其涉及以民法典第八三三条为基础的请求权,因此亦须参照民法典第八四七条。假使事件的发生已经有点久远,他会考虑到时效的规定,尤其是民法典第八五二条。相反地,他自始就认识到,于此将不至于适用债权契约、物权法、亲属法及继承法的规定。他不是毫无计划地在整个民法典,乃至其他有私法性质的法律之中胡乱搜寻,毋宁自始就将自己局限在有可能的规定领域之中。

　　选择应适用法条的过程,自然未必像前举的事例那样简单。生活经验上看来简单的事例,可能可以从完全不同的法律角度来观察,诸如债权法、物权法及亲属法上的观点。于此,应适用公法或私法,也可能会有疑问。同样地,对某事件也不是这两个法域的全部规范均可适用,毋宁只是其中的部分。对应该适用公法还是私法发生疑义的判断者,首先必须寻找区别这两类规定整体的标准。为此,他必须认识所有——出现在已发生的案件事实中——就前述区别标准而言重要的情境。他必须把这些情境纳入他形成的(作为陈述的)案件事实之中,因为它们对之后的考量及裁判有一定的影响。假使就像我们所举的狗咬伤人的事例那样,没有任何动机使我们怀疑,是否应依私法来裁判,那么这一方面的问题及考量就不会被提出。于此又再次显示:作为陈述的案件事实之终局形成,取决于可能适用于该事件之法规范的选择,而这项选择却又一方面取决于判断者已知的情境,另一方面取决于他对于——案件事实所属的——规范整体之认识如何。

第三节　必要的判断

仍然很少人留意到，在判断案件事实是否符合法条的构成要件时，判断者需要作各种不同种类的断定。即使坚认，将特定案件事实归属某一规范的构成要件，其始终是属于逻辑推论过程的"涵摄"之人，也必须承认，这种涵摄是以一些单纯的（即：不能再透过推论来求得的）判断（＝断定）为前提，这些判断指出，规范构成要件中的某要素存在于此。事实上，法律适用的重心不在最终的涵摄，毋宁在于：就案件事实的个别部分，判断其是否符合构成要件中的各种要素。我们现在要处理的，正是这个法律适用的核心部分＝对案件事实作必要的判断，于此，对之前已经提过的，我们不介意作部分的重复。

第一款　以感知为基础的判断

作为陈述的案件事实首先指涉实际的事件或状态，它告知我们：在彼时彼处曾有此事或彼事发生。关于事实的陈述，通常以感知为基础。判断者以自己的感知，或者以告知此事之人的感知为基础。个别的感知会以日常经验为据而连结成一些观念形象，后者可用来指称前者。这中间已经包含了一种"注解"。例如，某人在无云的天际，水平面的上方感知有黑暗的形体存在，他可能会把这个形体解为"乌云"或"山脉"。假使他进一步的感知与之前的"注解"不符，他将修正之前的注解。某人看到一只狗跑来跑去，同时听到他认为是狗吠的声音。把这两个感知连结起来，可以成为一个观念形象：他在特定地点看到的这只狗正在吠叫。通常把这些——以感知及对感知的注解为基础的——观念形象连结成陈述，即我们所谓的"未经加工的案件事实"。

法律上重要的事实，其可以透过感知来确证者，有如下的适例：某人在特定时点的出生及死亡，某人的身体受到伤害，物的毁损，物的大小、重量、外观、化学及物理上的状态，土地的位置，信件在某一地点于特定时点的寄出与到达，证书的真伪，在某特定情况实际被说出来的话。这些事实在诉讼程序中可以被证明，而假使有人争议，也必须被证实。然而，法律的构成要件不只包含透过感知就可确证的事实,部分构成要件也指涉一些以特定方式来理解的事实及事件,特别是人的行为及意思表示,例如,被解为有法效意思的表示。此外,构成要件经常已经要求对实际发生的事件作法律性的评价。为认定案件事实是法规范构成要件所指的情事,需要作的判断不只是感知及与感知相连结的观念形象。经常还会牵涉到其他——以对人类行为的解释,以社会经验乃至以评价为基础的——判断。就此,我们马上要作更多的介绍。

为完整起见,我们还要提到:法律的构成要件(要素)也可以是法律关系。例如,下述情事也可以是构成要件要素:某人是某物的所有权人、某人是另一人的法定代理人,某人有行为能力或只有限制行为能力,某人是一法人的董事或其他机关[8]。假使上述构成要件要素的存否有争议,就必须进一步探究:该当法律关系所取决的事实、行为或事件是否存在。假使作为构成要件前提之一的法律关系,其存在本身并无争议,有疑义的只是其他构成要件要素或法效果的部分,则前述进一步的探究,自无必要。在特定时点某法律关系存在,这固然不是透过感知可得确证的自然事实,但仍不失为现行法世界中的一种"事实"。因此,虽然它本身就是一种——将法条适用于特定生活事件所生的——法效果,其仍然可以作为其他法条的构成要件要素。

第二款 以对人类行为的解释为基础之判断

在不是仅以感知为基础的判断中,最重要的是:以对人类行为的解释为基础所作的判断。感知只能接触到人类行为的外观部分。大部分的人类行为是目的取向的作为。我们之所以能理解这些作为是基于我们由自己,或是由他人而得的经验。因此,除了对身体动作,以及因此所致的外观世界之改变的感知外,在很多情况,还必须对有目的取向的事件作一注解乃可。我们看到一个人把钥匙插入钥匙孔中扭转,于是乎我们把这个行为即刻解为"用钥匙开门"。或者,当我们看到一个买受人对出卖人,或一个客人对服务员递出一张钞票,我们会随即把这个过程注解为"给付"。假使某人在与人争论的过程中,用硬物击中其争论对手,后者应声而倒,我们将毫不迟疑地将之解为故意的身体伤害。我们之所以能随即把感知的外部行为解为一种目的取向的作为,因为我们拥有下述经验：人们在此种情况而有斯种行为，其通常的目的为何。假使此种行为可以有多种不同目的，而且情况也具有多义性时，我们就必须作进一步的考量。最初以为可能的注解，在深入认识事情的情况后，可能会被证实是错误的。如是，则判断者必须更正最初的注解。于此应该指出，相较于连结感知与观念形象，在将某人的行为解为特定行为时（例如，解为用钥匙开门，解为给付，或解为身体伤害），以先前经验为基础的注解，其所扮演的角色要重要的多。

特别需要注解的是口头或书面的意愿表达，尤其是意思表示。于此，能直接感知的仍是外部的历程，例如，发出的声响或写下的字形。我们之所以能将之理解为包含特定内容的意愿或意见的表达，乃是根据一种——以该当语言的认识为基础的——注解，该当语言则是言词或字形的作者用以使他人理解的工具。鉴于语言表达形式可能具有多种不同意涵，在注解这类表示时还需要认识：言语所指涉的情况、言说者的特殊习惯以及言说者假定言词受领者会认识的情境。法律家知道，只要其内容有争议，大部分的表示都需要解释。关于意思表示的解释，以下（第四节第二款）我们还要说明。于此只须确定，解释意思表示的主要目的在于：探求法秩序对此种状态主要要赋予的意义为何。因此，意思表示的解释不仅需要——以语言理解及社会经验为基础的——注解，还会受特殊法律要求的影响。

第三款　其他借社会经验而取得之判断

即使非关对人类行为的注解，判断特定事实是否为法律构成要件所指称者，经常也不只依靠感知，更需要借助社会经验。由是，某物（依民法典第四五九条的意义）是"有瑕疵"的，这种判断本身就包含"规范性因素"。当某物不是处在它"应有"的状态时，我们称它是"有瑕疵"的。何谓其应有的状态（＝法秩序所要求的性质），则规定于民法典第四五九条。它规定的标准是：此类物品在无瑕疵状态下的价值，或者，"通常或契约预定"的效用。契约预定的效用为何，必须透过解释契约的途径来确定。至于"通常效用"或物的价值则为社会经验的客体。判断者应该如何获得这些社会经验，不是此地的讨论标的。于此只须指出：探求物"应有的性质"与追问其实际上的性质不同，不能仅以感知判断为基础，毋宁须借助社会经验始能形成其判断。就像先前提过的，在判断某物是否"为完成建筑物而附加之物"（民法典第九四条第二项）时，也必须借助社会经验才能决定。然而，社会经验并不保证能获得一个确实可靠的判断，可能仍有判断余地存在。

我们再举一个例子来显示此种判断的特点。依民法典第九五〇条，如果不是"加工或改造之价值，显然不及材料之价值"，则任何"加工或改造一种或数种材料而成为一新动产者，取得该新动产之所有权"。因本条所生的诸多问题中，于此只选择其一来讨论：被制成的东西何时构成"新"物。学生 A 用线锯把不属于他的木片锯成数片，并将之组合成小木盒。于此，相对于原来的木片，小木盒无疑是一个"新"物。我们把案件事实转换如下：A 把一个——原本由未经加工的木头松散组合而成的——小木盒拆卸开来，以高明的木刻功夫装饰木盒的周边，而后再把它组合起来。此时，木盒还是"原来"的木盒，只是外观及价值有所改变而已，或者，已经是一个"新"物？就此，这个脉络中经常被援引的"一般的交易见解"并不能提供答案。因为根本不能确定，关于这个问题，在一般交易中是否的确已经形成一种坚定的看法。假使为了能进行涵摄，尝试对此作概念式的定义，就会发现：实在很难找到一种——在所有的情况下，都能符合法律意旨的——标准。可能可以把形式及外观上的改变当作指标，然而，其既非使改变的东西成为"新"物的必要条件，亦非其充分条件[9]。语言上的标准也类此。假使交易上现在赋予此物其他名称，这固然是支持其为"新"物的论据。然而，也不是在所有情况下，它都具有决定性，因为语言的用法未必精确，也可能摇摆不定。我们是应该说，经过木刻装饰的木盒仍然是"木盒"，因此仍然是同一个东西，还是应该说，它已经变成一个"艺术作品"，之前则绝对不是，因此应该认为它是一个"新物"？或者，我们应该以制造出来的东西的不同用途为准，换言之，取决于该当的使用目的[10]？从第九五〇条的后句也可以发现，相较于单纯的材料所有权，立法者赋予创造价值的活动比较优越的地位。这就让人联想到"经济的观察方式"，依此则主要取决于：透过加工或改造创造出——与材料的价值相较——并非微不足道的新价值。然而，全面的修理工作也可以符合这个要求,而依一般的见解,经修理之物仍非"新物"。经修复之物只是回复到之前的状态;它又能达成原来使用的目的了。事实上,我们的语感也反对将修复之物称为"新物"。由以上说明可知,没有哪一种标准具决定性,重要的毋宁是多种标准的共同作用,于此具决定性的是:在个案的特殊情境下,何种标准比较"有分量"。奥特[11]正确地指出:不是透过将事实涵摄于一个——以一般交易见解为据的——语句之下,毋宁是以比较、衡量诸多事实为基础而取得的最终决定。其过程与将事物归属于某一类型的程序相类(参上文第一章第四节第一款)。就前面的例子来说,我将肯定木刻装饰过的小木盒是新物,因为外观上已有重大转变,也取得新的意义(艺术作品),其价值也大幅提高。显然,东西是否为"新物"的判断,并非基于感知所作的事实确定,毋宁是根据社会事实以及,(依法规范的基础思想)评价前者而作成的评断。之所以还不用"价值判断"一词,因为在大多数此类事件中,只须取向于相关的社会事实已足以解决问题。

法官不是在每个个案都必须自己作前述的评断;所谓的"一般经验法则"经常已经帮助他勾画好轮廓。例如,可以将下述情况视为一般经验法则:橘子和柠檬的交易通常是以数量或重量来约定的,换言之,它们是"代替物"(民法典第九一条),或者,土地上能否建筑是交易上认为"重要的"性质。法官可以依自己的社会经验,或者,在一些法学的注释书中找到这些经验法则。它们可以帮助法律判断,某种程度上也可以促进法律适用的公平性。一旦司法裁判承认土地上能否建筑是土地交易上的重要性质,只要还没有相反的经验法则出现,以致动摇前述经验法则,法院就会一直维持这个见解。如是,则其有助于确保司法裁判的公平性及持续性,因此,此等法则具有类似法条的功能。然而,其毕竟并非法条,因其不具规范上的拘束力,而作为经验法则,其正确性取决于:相应的经验继续存在。只要这点发生疑义,法官就不能再倚赖它们,而必须依据法定的评价观点,重新评断原来的经验法则之基础事实。

第四款 价值判断

前已提及,在依据社会经验判断特定事件时,如果欠缺可用的"一般经验法则",则判断者必须比较、"衡量"诸多事实,换言之,必须依法律规定的观点来评断各该事实的重要性。而假使将案件事实涵摄于法律规范的构成要件之前,必须先依据"须填补的"标准来判断该案件事实的话,判断者于此就必须作价值判断了。此类须填补的标准有:"善良风俗"(民法典第一三八、八二六条,不当竞争防止法第一条)、"诚信原则"(民法典第一五四、二四二条)、交易上"必要的注意"(民法典第二七六条第一项第二句),以及(作为即时终止持续性债之关系的前提之)"重大事由"。依司法裁判的见解,"在考量所有的情事下,依诚信原则足以认为,不能期待契约当事人的一方继续其债之关系时"[12],即可以认定有"重大事由"存在。在其他脉络中,司法裁判也应用"期待可能性"这样的标准,例如,作为法律行为的基础丧失时,以及发生"超过应该负责程度的困难"。在考量信赖基础动摇、不曾预见的困难情事等情况下,何时足以认为,不能再期待契约当事人一方坚守契约(仍依既有的约定履行契约),这个问题显然无法作一般的答复。为了更详细确定法效果,法律常指示应依"衡平"的标准;例如,在由契约当事人一方片面决定,或由第三人或法院判决来决定给付的内容时(民法典第三一五、三一九条)以及,在定慰抚金(民法典第八四七条以下)或依民法典第八二九条所生赔偿义务的额度时,即有此等规定。共有团体之各共有人得依其应有部分,请求"就共有物为——依公平衡量,可认为——适于共有人全体利益之管理及利用"(民法典第七四五条第二项)。只要把其他法律也考虑进来,这样的例子不胜枚举。

部分前述的"概括条款"还指示参照其他法秩序外的规范,例如,"善良风俗"就要参照当时被承认的社会伦理[13]。然而,在某种情况下,当时具支配力的社会伦理之要求为何,经常亦难以确定。什么是伦理上容许的,什么已经不被容许,今天在很多领域上不能得到一致的见解。因此,司法裁判转而依法秩序,特别是宪法的基本价值标准来审视"具支配力的社会伦理"[14],换言之,司法裁判是依据特定的法律评价标准及许多它自己发展出来的基准,来具体化"社会伦理"。立法者审慎地规定过失的标准是:欠缺交易上"必要的"注意,而非"通常的"注意。在个别情况下,"必要的"注意为何,一方面取决于避免损害他人的目的,另一方面则须考量行为人的能力以及交易上不能完全避免、因此可以容许的危险。至于这些观点在特定情况下的具体要求为何,其仍须由司法裁判作最后的决定。在评断某行为"有过失"或"无过失",某行为是否仍符合"善良风俗"、诚信原则",能否"期待"义务人继续契约关系提出原定给付之前,判断者必须先填补判断的标准,使其具体化到可以适用于一个——在所有与判断有关的重要观点上,均与当下的个案相类似的——事件。判断者于此必将事先考量法律效果:判断行为是否"有过失",其主要涉及——依法律的评价——该行为是否适宜作为负责的根据,在判断是否尚"可期待"契约当事人的一方继续契约关系时,主要牵涉到契约拘束力的价值位阶如何。在判断案件事实是否为须填补的标准所指称的事实时,不可能不考虑:依法律的意义,于此,"适当的"法效果为何。

(此类案件事实的)"适当"法效果为何,这是一个评价性的问题。于此,判断者必须在规范划定的界限内自为评价。问题只是:能否以及如何基于法律的考量,正当化这些价值判断。这里必须先解决的问题是:价值判断在逻辑学上或语义学上的意义为何。

首先大家会把"价值"或"评价"理解为:采取立场的内心活动。于此,要判断被评价的客体值得或不值得追求,值得或不值得同意,相较于另一客体,应优先考量它或劣后。每个合理的人都会认为值得追求者,我们可以称之为"善",例如,和平、健康、独立自主、免于强制及贫困。凡行为之能助长或维持此种或彼种"善"者,我们即予认可,反之则不予认可。认可或不认可表现在价值判断中,后者可以是伦理性的价值判断,假使其取向于特定的法律原则,则是法律性的价值判断。

假使价值判断是一种采取立场的表现,那么它首先是判断者的立场。但不能由此就推论出:价值判断不过在陈述判断者内心的评价行为而已。朔伊尔德[15]却采取这种看法。依其见解,价值判断是判断者就其"本身的心理事实"所为之陈述。朔伊尔德认为,判断者依此确认下述事实:他"鉴于既存的案件事实而作出'违反善良风俗'的评价"。依朔伊尔德之见,判断行为中的评价行为是一种感情的行动,是以人的愿望为基础之非认识性的行动。因为朔伊尔德将价值判断理解为:就"本身的心理事实"所为之事实判断,因此,他没有认识到，此处不是要确认一项事实，毋宁是对案件事实的评价。"此种行为违反善良风俗"，"此类要求与诚信原则抵触"之类的判断，主要不是想说明，判断者是这样感觉的，毋宁认为该当的行为或要求"理应获得"此种评价，由法律的角度看来应获得如是的判断。弗兰肯纳[16]曾提请大家注意，依伦理性语言的意义，伦理性的判断也主张，它在客观上有其正当依据。哈雷[17]也提及：某人有一种负有义务的感觉，与某人"负有义务"，这两句话所指并非一事。第一句话在确定一件心理事实，后一句话则在作一个价值判断。哈雷明白反对，"将心理学式地确认负有义务的感觉，与对于义务所作的价值判断混为一谈"。假使连伦理性的价值判断都主张，其应为任何合理的人所认可，于此意义上它是"正确的"，那么依法秩序的标准所作的法律性的价值判断，就更是如此了。这一类的判断不只是要陈述判断者个人的评价如何，主要想指出：基于法律的观点，依法秩序的要求及评价标准（它们当然是来自判断者审慎形成的确信），该当案件事实**应当如何判断**。

问题只是：如何以及到何种程度，可以借他人得以明了之取向于法秩序的考量，来正当化这些主张。如果把"评价"想像成：不能借合理的考量取得，因此是"非理性的"，主要基于感情而作成的判断的话，那就错了。当然，日常生活中纯粹"感性的"评价仍占多数，在政治讨论及法庭中，这种评价也不能完全排除。然而法律家的任务恰好在使评价"客观化"。借助前述"价值导向的"思想，法律家必须从事取向于法律原则的评价。

于此，法律家胜过——作类似尝试的——伦理哲学家，因为在法秩序、宪法以及被接受的法律原则中存在一些有拘束力的评价标准。虽然法律家"适用"它们之前，仍然需要作一些进一步的动作，例如具体化的行为；然而，至少继续行进的方向已经事先确定下来。"正当化"一项决定——对法律家而言——意指：说明这项决定切合这些基本标准以及后者在法秩序中的进一步发展，包括由司法裁判推演出来的一些裁判标准。这经常是一种错综复杂，具体细节有时难以透视的程序。"诚实信用"、"衡平"或"期待可能性"之类的用语，其意义云何，固然不能用文字说明或定义的方式作穷尽的说明，然而，借助一些"清楚的"例子，还是可以显现出它们的意义。（运用这些用语的）立法者立法时考虑的无疑是：依此等标准对之为判断，将获致一般认可的事例。这些标准包含一般的法律思想，后者则要求取向于特定观点。例如，"诚实信用"的标准指向下述两个观点：对自己所引发并为他方所接纳的信赖，应予兑现；在双方当事人的关系中，应考虑彼此的立场。"衡平"则意指，对于在契约当事人（民法典第三一五条），或者在加害人与受害人的关系上（民法典第八四七条）取得一种对双方均属恰当的平衡状态。当法律家说：（法律关系参与人的）机会及危险、利益与负担必须处于一种"均衡的"关系，彼此衡突但都值得保护的利益必须相互"协调"，则其所指与"衡平"并无不同。仅由这些一般的法律思想及原则，当然不能直接得到具体的决定，然而，它们也不是全无内容的。说明一些"清楚的"事例，然后比较其他同样以此为据的事例，最后，进一步推演出比较特定的法律思想（它们是透过分析一些——出现一般法律思想的——事例而获得的），借助这些方法，司法裁判逐渐充实原本相当"不确定的"标准之内容，针对特定的事例及案件类型将之具体化，最后终于创造出由诸多裁判典范所构成的脉络，大部分新发生待判断的事例，亦均可归属到这个脉络的各该位置上去。对此而言，对民法典第二四二条的评释，是一个令人印象深刻的例子。

让我们再深入观察一下此处适用的事件比较及类型化的方法[18]。我们会再次发现：于此，思想的过程不是单向进行，毋宁是对向交流的，质言之，一方面是由一般的法律思想趋向于——应依其而为判断的——事例，另一方面则是由此等事例，经由典型的事例及比较特定的法律思想，而趋向于此一般原则。虽然没有一个事件会在所有各方面都与另一事件——雷同，然而，还是有许多事例，它们在一些特征上，并且在一定的程度上相类似。因为对"相同的事件"作相同的处理是正义的基本要求，因此，必须先认识：对必要的（应依此一般标准而为的）评价而言，何种情事在何等范围内是重要的，只有当它们在全部情事上都——雷同时，对于（而且只对于）它们应作相同的处理。由是我们可以用显然"违反诚信"、"违反善良风俗"或"不公平"的事例作出发点，在思想中对它们作一些转变，借此来探究：对此种评价具决定性影响力的情境究竟是什么。我们马上被引导到一些比较特定的评价观点上："禁反言的原则"、

"信赖滥用"、"权利失效",或者——在考虑到"善良风俗"时——"钳制性的契约"、"过分限制职业自由"、"故意损害第三人"、"充分利用其独占地位"等观点。不可避免的,于此既会有相互重叠之处,亦会有一些尚未被充分填补的空间存在。法院裁判的事件愈多,提供比较的可能性也随之增长;因此,作出确实可靠的裁判之机会也随之增加,而残留的——必须作不那么确定的裁判之——判断空间也将随之缩小。因此,每次判断个案时成功的具体化,其同时也是对标准本身的续造。之前(上文第一章第四节第一款末)就已经指出:于此,法律适用及法的续造相伴随而来,它们本属同一过程。

这种具体化的方法当然有其界限。对案件的分析也许不够充分,比较性案例的决定也许经不起事后审查的考验。对特定案件类型的判断原本并无疑义,因为一般价值意识的转变(在所谓的"善良风俗"的问题上,尤为显著)[19],可能会有争议。司法裁判不能长期忽略此等转变,假使它想与一般法意识及伦理意识配合的话。此外,对新发生的待决事件,可能会欠缺比较性案件。除了多少算是"典型"的事件外,也一再会出现非典型的事例。于此,法官对自己的裁判无法作彻底的说理,如是,而且**只有**如是,法官个人——对如何算是合乎标准——的确信才具有决定性的影响力。这些残余的不确定性姑且不论,对于大部分待判断事件而言,法官仍然能以充分的理由正当化他必须作的价值判断。假使把(本身被正当化的)包含在裁判中的评价,也看作是"现行法"的一部分,则以事件比较以及将事件归属某案件类型之方法取得的裁判,在现行法上亦有其根据。至少在涉及价值判断时,我们对法律的论证说明就不能要求,它必须具备像数学或物理学证据那样的逻辑严谨性。于此,"论证"意指:借助可理解的考量,依现行法来正当化裁判。即使无法完全实现这个要求,正确执行职务的法官仍然应该尽可能朝这个方向努力。

第五款 留给法官的判断余地

不仅在具体化须填补的评价标准时,有时在依社会经验判断案件事实,在将事件归属某一类型(例如,"动物占有人"、"占有辅助人"、"从物")时,都会有判断余地留给法官,就此,法官不能再透过一些——足以说服所有人的——考量来填补[20]。这种活动空间的发生原因如下：待判断的事件正好发生在许多——均与之相似——其各自有不同判断之事件的边界上。当法律不以确定一定数量的方式来划定界限时，例如，只规定在给付与对待给付之间存在"显不相当的关系"时，或者，只提及"非微不足道"地减损其价值时，法律就欠缺精确的界限而留有中间地带，于此间作此种或彼种裁判均无不可。在"流动的过渡阶段"也有类似的情况，例如：日与夜之间，树林与森林之间。虽然运用事件比较的方法，经常也可以给多数案件带来确实可靠的结论，然而，在"轻"过失与"重大过失"之间还是不能划定精确的界限。在个案留有判断余地的情况，即使法官不能作终局彻底的论证，其仍应依合乎义务的裁量，为法定标准或类型所要求的裁判。以认识自命的科学家会说，对他来说作这种判断是不可能的，因为标准太不精确，而且以其从事认识工作的地位而言，也不容许他作这一类的判断。然而，法官不能以"不清楚"为由拒绝裁判，与科学家不同，他被课以裁判强制。就眼前的法律案件，他必须作出决定，因此，就既存的案件事实，他必须作出此种或彼种判断。在这类案件中，司法裁判不可避免会有不确定的危险，这是必须接受的。法官于此只须穷尽法律性考量可以提供的所有具体化手段，并借此取得"可认为正当的"决定，即为已足。当一项决定，既有理由可以支持它，也有理由可以反对它，而正反的理由都同样可以成立时，它就是一种"可认为正当的"决定。在外行人期待可以确证的"正确性"之处，法官却经常以决定"尚可认为正当"自足，因为不可避免经常会有判断余地存在，而法官又负有裁判义务。关于这一类事件，法学只能作如下的陈述：裁判"尚可认为正当"，或裁判已不复"可认为正当"。此类陈述本身当然也需要符合陈述正确性的要求。

可以想像，当法官最后终于在两个均可认为正当的判断中作出抉择时，他事先已经考量过各该判断的后果（即：由各该判断将推论出的案件裁判结果）。因为法官希望尽可能对事件作出"正当"的裁判，在事件中实现正义也是司法裁判的正当意愿，因此，预先考量法官自己认为正当的事件裁判，原无不可。然而，法官未必始终能预知，何种决定是"正当"的。因为在困难的事例中指出何者为正，较之指出何者显然不正要艰难得多，所以法官至少可以用这种方法避免显不正当的裁判[21]。假使可能的决定中没有一项决定是显不正当的,那么这一类事件的最后决定就取决于法官个人的价值理解及确信。于此当然有下述危险:在法官没有意识到的情况下,一些成见流入法官的判决中。必须要求法官:尽量免于受成见束缚,尽量明白表明其裁判动机,最后并应由错误的裁判中学习。假使法官欠缺这些意愿,则即使是显然的法感,也有可能使法官误入歧途[22]。

只有相信所有人生事件都可以无所遗漏地被合理化,相信可以完全排除有创意的人性之人才会觉得:有时还是会有一些——法官个人正确性的确信有最终影响力的——判断余地存在,是一种"令人难堪的残余"。相反的见解则认为:一如其他生活领域,在法律适用的领域中,个人决定的因素仍属不可避免。恩吉施曾经说过[23],法"就其全部构成部分而言,是一种有机的,与人结合出现之活泼的精神产物。授权得为裁量决定,无异于在法的具体化上,对追求意义实现的人格加免。于此,主观上正确的就是正确的"。这当然只适用于留给法官的判断余地范围内。法学固然一再努力缩小这个活动空间,然而,其完全消失则既不能预期,也不值得期待。

特别是在针对个案将须填补的标准具体化时,在部分将案件事实归属某一类型的情形,在一些有流动性的过渡阶段存在时,法律适用者会拥有**判断余地**,其应与行政人员的裁量权限相区别,后者是法律赋予行政人员的**决定空间**。对"裁量"概念所发表的文献几乎已经不可能再遍览[24],于此仅作若干原则性的评论。一般认为,在若干事件中赋予行政人员行为及形成的裁量,其意义在于:行政可以依时间、地点及既存情事之不同,在多种法律准许的措施中选择其一,甚至不采取措施,于此,指引行政抉择的比较不是合法性,毋宁是合目的性的考量。依今日的见解,赋予行政的裁量空间也有其界限,或者是透过赋予裁量权限的法律本身,或许是透过宪法原则或一般的法律原则(例如,比例原则)来界定。行使裁量而逾越此等界限者,即属违法。行政法院监督行政合义务地行使其裁量权。假使行政机关采取的措施尚在裁量空间范围内,这个措施就是合法的,即使另一措施更合目的。行政法院审查的只是合法性而非合目的性。法律当然也可以运用所谓的不确定的法律概念(须填补的标准)

来描述,在何种条件下,行政机关应拥有裁量空间[25]。假使这些条件存在,行政机关就必须采取一定的措施,那么裁量空间就没有逾越判断余地的范围。前提条件存在时,行政机关是否尚有裁量空间,有多大的空间,均须作个别的审查。无论如何,在法律适用者的"判断余地"以及行政机关的裁量(行为裁量)之间至少有一点不同:在具体化须填补的标准之程序中,是透过法院范例性地取得个别决定,因此,是由法院来协助缩小残余的判断余地的,在行为裁量时,法院就不具有相同强度的影响。然而,(被解为恣意禁止的)平等原则仍然可以导致:在某种程度上,行政机关必须受自己向来实务的拘束。

不论是——适用不确定的法律概念或评价标准时的——判断余地,或是行政机关的行为裁量,两者都不能与刑庭法官在确定具体刑罚时所拥有的裁量(=量刑)权限相提并论。量刑一方面必须严格取向于法律思想以及法秩序所承认的各种刑罚目的。另一方面,各种目的之间的相歧,应考量的个别情事之多样性以及认识工具的有限性,这种种都使比较可能性以及恪遵正当标准发生重大困难。但是法官仍然应该努力以相同的标准为据,并努力澄清其考量。然而,我们不得不同意恩吉施[26]下述说法:"即使理论及实务一再努力希望为量刑带来正义,然而,一方面目的思想仍有重大影响,此外,也不能借理性完全排除个人性的残余,换言之,在决定行为上仍有个人因素"。在经过审慎考量而划定的决定空间内,法官只须具体确定精确的刑罚,于此仍须考虑的只是实现法规范的利益,也就是黑格尔所说的[27],"不管以何种方式,(在一定界限内)作出决定的利益"。借着发展出一些清楚实际的量刑标准,使法官对刑罚范围的决定尽量可以理解,换言之,使法官的决定空间(于此范围内,他只需要作决定)尽量缩小,这也是法学的任务之一。

第四节　意思表示的解释

第一款　确定法效果的意思表示

由单一或多数——以发生法效果为目标的——表示所构成的案件事实

（法律行为），也是具有法律意义的案件事实。就像所有的意见及意志表示，它们也需要解释。意思表示不仅是——**法律**可赋予一定法效果的——案件事实，反之，**其内容本身**亦同时指出：应发生此种或彼种法效果。例如，终止的表示意指：被终止的法律关系应于一特定时点结束。移转某物所有权的契约则意指：该物之所有权应移转于取得者。债权契约是指：此人对另一人应为一定的给付。意思表示不只是表达特定的意见或意向，依其意义，其系一种适用的表示，亦即：一种以法效果被适用为目标的行为[28]。法律行为是一种本身已经包含应赋予之法效果的案件事实。因此，它和其他有法律意义的案件事实有重大的不同。

之前（在第三章第二节第一款中）已经指出：法律上有效的债权契约，其之所以能使当事人就契约的主要给付负履行义务，是因为当事人透过契约使自己负担义务。义务的发生不是始于：法律针对此等构成要件赋予此等法效果，毋宁来自"有效的债权契约"本身，前提是：该当法秩序原则上认可这一类契约，质言之，在"私法自治"的前提及界限内，买受人负给付约定的买卖价金之义务，因为他在一个"买卖契约"的法律行动中，使自己承担此项义务。这项义务不是民法典第四三三条第二项所创设的，其毋宁只是与第一项配合而清楚指出，法律中的"买卖契约"应作何解。假使还不清楚，此方或彼方当事人在契约中自承的义务为何，就不能确定，于此涉及的是买卖或其他类型的契约。因此，为判断契约类型，法律家首先必须答复的问题是：当事人作了什么约定？我们马上会说明，为答复此一问题，法律家必须解释契约当事人的表示。只有当我们确定，当事人约定了哪些法效果，才会再陆续提出下述其他问题：法律上此等约定应如何归类，如何判断，应将之视为买卖契约、混合赠予、租赁或其他契约。

将某一具体契约归属到某一法定契约类型中，或将之视为"混合类型"，其具有双重意义。其一，此类契约可能会有一些特殊的效力要件，例如，如果是赠与承诺，就有民法典第五一八条的要式要求，如果涉及土地买卖，就有民法典第三一三条的要式要求。就是否违反法律的禁止命令，是否需要行政机关的许可等问题，契约归类亦有其意义。此外，可否适用补充当事人约定之（大部分质属补充规定的)法律规范,亦取决于契约的归类。举例来说,假使确定所涉及的是买卖契约,而非"混合赠与",而且当事人并无其他约定,即可适用民法典第四五九条以下关于物之瑕疵的规定。补充性的契约规范得否适用,取决于对具体契约的法律判断,后者又系诸当事人的约定。

关于契约当事人究竟如何约定的问题,绝不只是确认事实、心理学上的解释、意见或动机研究的问题而已。当事人双方不只是(不具拘束力的)通知对方,其期望或意向为何,反之,他们合意:在他们彼此的关系上,应适用特定的法效果。因此,在探求"意思表示"的内容时,法律性的判断已经有一定的影响。当客户在一个店铺向售货员说:"请给我一公斤的苹果",依情境而言,其并非意指:该客户希望获得这些苹果的赠与,依该当情境毋宁应认为:他"想购买"这些苹果,换言之,为此他愿意负给付买卖价金之义务。于此,重要的不是:其意确实如此,具决定性的是:依该当情境,售货员只能将其表示理解为买卖的要约。客户必须受其意思表示的拘束,而且该意思表示在法律上必须作如是理解。

第二款 法律行为的解释

假使当事人对意思表示在法律上的标准意义有争议,法院就必须对它作解释。表示在客观上虽然有多义性,然而,表示者及受领表示者对之有相同的理解,表示即应以此等理解适用于当事人间。法秩序没有任何理由可以把不是双方意指的涵义强加给他们。假使受领表示者对表示的理解,与表示者所意指者不同,在法律上既非当然取决于事实上所意指者,亦非当然取决于实际上所理解者。法秩序保护受领表示者,以依该当情境可以(并且必须)理解的意义来掌握意思表示。因为这个意义与事实上所意指的,或实际上所理解的未必一致,因此,它是一种具规范性的表示意义。规范性的表示意义为何,其标准在于"受领意思表示者的理解水平"。

在探求规范性的表示意义时,解释者必须作哪些考量?首先他必须把自己置入表示受领者的情境中,了解所有表示的受领者在表示到达时认识,或可得认识的情境。他将表示的受领者理解为:熟悉一般语言用法,熟习该当交易领域的特定语言用法,并且了解交易习惯的交易参与者。这样一位表示的受领者,将会考量表示者显然会列入考虑的情况,例如:既存的业务联系关系、先前的承诺、过去的表示。在探讨规范性的表示意义时,应该假定表示的受领者会仔细地审查这个表示。假使一个仔细审查表示的受领者发现,表示本身有多义性,他将会努力去认识表示者的意见究竟为何,必要时会追问。假使他尽了应有的注意之后,将表示作一种理解,表示者就必须让这种表示意义适用,即使其原本意指的并非如此。表示者本来就应该努力,以受领表示者可以理解的方式来表达。然而,假使表意人所意指者,与受领人对表示的理解相歧,法律仍旧赋予表意人因内容错误而撤销其表示的可能性(民法典第一一九条第一项)。此处自不须深入探究法律行为的解释及意思表示错误的详细理论内容[29]。

对个别意思表示(包括使契约成立的双方当事人的表示)的解释,应与补充性的契约解释相区别,后者系指:解释契约所创设的,适用于当事人之间的约定[30]。和任何规定一样,当事人间的约定也会有漏洞,有时连当事人间的约定是否已经包含某一问题的解决方式,都不无疑问。针对这点的"补充性契约解释"的标准是:契约的整个意义脉络、双方共同承认的契约目的以及双方共同想像的契约利益状态。那又必须问到:在此情况下,什么是任何当事人都会认为符合正当利益权衡,因此他方当事人也可以接受的要求。法律把这种补充性契约解释的标准称为:"诚实信用"原则(民法典第一五七条)。因此,只要还在双方的表示所容许的范围内,应尽可能解释当事人所约定的规整,使其对双方当事人而言均属正当。只要契约的规整是由当事人"自由"(未受他方胁迫)约定的,就是"正当的"规整;然而,只要还有解释的空间,解释时就应尽可能实现"契约的正义"。然而,法官不可以自己的评价标准取代契约当事人的价值决定。解释契约时,始终应受双方当事人共同接受之评价基准的拘束,否则就不算是契约解释了。

我们还可以把个别意思表示的解释理解为:基于法律观点,对既存的事实所作的判断,"补充性的契约解释"则不仅如此。它已经涉及对法效果作更详细的确定。于此,法效果不是从法律规定中推论出来的,毋宁是由当事人在契约当中所确定,而由法官作彻底思考而得的规整。就像法律漏洞的填补是借助解释达成的,"补充性的契约解释"也建立在下述可能性上:相互协调的规整,其所能包含的内容,实际上超过语词、文句所直接陈述者。两者都涉及诠释学所熟习的"意义过剩"、"意义内容"及"意义形式"间可能的分歧现象。贝蒂[31]说:"意义形式具有漏洞及未完成的性质,这才造成补充性解释的问题"。然而,两者的方法不同,在很大的范围里,法律规定彼此相互协调而且取向于特定指导思想,反之,契约的规整大多残缺不全,规整的背后又是彼此相歧的利益。假使法律就特定契约类型备有任意性规定,而且具体的契约又充分符合该类型,则通常可以借法律的任意性规定来填补"契约漏洞"。然而,假使具体契约与(任意性规范针对的)一般类型相去太远,那么将任意性的法规范适用于契约,恐怕未必能切合契约基础的利益情境与契约意义。就如同根本欠缺任意规定的情况(特别是当交易中发展出新的契约形态,而法律尚未为特殊规定时),于此,"补充性的契约解释"就是填补契约漏洞的可能途径。

第三款 将债权契约归属法定的契约类型

特别是在债法领域中,民法典包含许多任意性的规定,部分是对债权契约及双务契约所作的一般规定,部分则针对特定的法定契约类型。在适用后者之前,必须先将具体的契约归属于该契约类型的适用范围之内。依据流行的见解,这应该用涵摄推论的方式来进行。然而,之前已经说过,涵摄推论的必要条件是:大前提是可以穷尽定义的概念,因此,只有当我们能用确定的要素,穷尽地定义法定契约类型,才能够进行涵摄。对若干契约类型而言,法律似乎也提供了这一类定义。例如,法律规定,物之买卖契约者,谓当事人约定,一方应负移转财产权于他方,假使他方尚未占有该物,并负移转占有之义务,他方为此须支付价金。租赁契约者,谓当事人约定,一方于租赁期间内,负有使他方得使用该租赁物之义务,他方就此应支付租金。然而,在"雇佣"、"承揽"等契约类型,对其究竟能否作精确的概念规定,即不无疑义,就此,许多尝试在概念上清晰区分两者的(徒劳无功的)努力,足资证明[32]。当法律将借贷描述为:当事人约定,一方得视金钱或其他代替物为"借用物"而受领之,我们无论如何都不能将之视为定义,因为被定义之名词出现在定义描述中。民法典第七〇五条就合伙所作的定义不够精确,因为"共同的目的"这种要素过于空泛,无助于精确界分。

事实上,法律概念性规定的背后,经常还是类型。这首先表现在:"买卖"及"租赁"的要素可以用不同的方式结合,因此会有混合类型,例如,各种租卖的类型[33]。在"混合赠与",关于物之财产权的移转——依当事人的想法——部分基于对价,其余则否。如果把买卖、租赁及赠与视为古典逻辑中的概念,前述混合类型即不属于各该概念,如是,则混合类型即不能归入法律的体系中。没有人会满足于这种单纯的否定,毋宁总是要追问:它们究竟"比较接近"哪一种契约类型。那么,大家就已经在作类型化思考了。无疑有无数"混合"的契约类型存在,这足以显示:所谓的法律定义,实际上是被简化的类型描述[34]。在透过各种概念要素所划定的买卖或租赁契约的"类别"中,还可以区分出各种不同的——可以接受他种契约类型要素的——类别。例如,信用买卖(其典型是分期付款买卖)就带有贷款的要素。巴勒施泰特[35]曾指出,他所谓的"与市场有关的种类物的买卖"含有(以置办义务的形态出现之)承揽契约的要素。把合伙分为不同的合伙类型更属常见[36]。这所有种种都支持下述说法:不应该把民法典中的"契约类型"视为古典逻辑中的概念[37]。具体地说,它们是"法的构造类型",质言之,法律关系的类型(下文第六章第二节第二款及第三款)。

之前(第二章第四节第一款)已经区分概念及类型如下:概念的外延透过其定义要素被终局地确定,类型则否。描绘类型的"特征",至少部分可以不同的强度出现,在一定的程度上也可以彼此交换。重要的是它——由法定或约定的规整中获得——的"整体形象",由此可以发现特定指导性观点。特定类型容或有若干不可放弃的特征(例如,租赁契约的有偿性,买卖契约中移转买卖标的物所有权及支付买卖价金的义务),由是,概念规定似乎是可行的,然而,一旦有偏离一般形象的情形,返回到类型化思考又是不可避免的。类型在内容上要比概念丰盈得多[38]。人合性合伙的"典型"特征是所有合伙人对于利益及损失的分担,所有合伙人对于合伙事务均有执行、发言及控制的权利,质言之,一种属人的信赖关系。然而,这种信赖关系可以有不同的阶段。前述若干"特征"也会出现在"有等同参与性质的"法律关系;类型比较将指出:其均具有"合伙类型"的因素。

只有用类型化的观察方式才能对转变过的类型及混合的类型作适当的归类。对于"某物"是否属于某概念所界定的类别,只能有"是"或"否"的答案。依此,某特定契约只能是买卖契约或租赁契约,是雇佣契约或承揽契约。反之,依类型化的观察方式,同一个契约可以在若干观点上属于此类型,在其他角度上属于另一类型[39],或者,不同类型的特征可以特殊的方式结合成一个新的类型。在混合类型的契约,假使不仅涉及个别的给付义务,毋宁牵涉整个契约关系的存在(或存续)与否的问题时,究应适用何种规定则取决于:在契约的整体形态中,究竟是哪一种契约类型的要素"占优势"。例如,在具有等同参与性质的土地租赁契约中,关于契约的终止,仍然适用土地租赁法的规定,而非合伙法的规定,虽然——一如前述——它也具有若干合伙的特征。同样地,在出租房间并附带供应饮食的情况,关于契约的终止,具决定性的仍旧是规范住房租赁的规定。因此,除了作类型"归属"外,尚须"衡量"不同的契约要素对整个法律关系所具有的意义。

如前所述,与纯粹概念性的观察方式相比,类型化的观察方式有相当大的弹性,这种弹性似乎是以法安定性较小为代价而取得的,但也只是似乎。事实上,只要有可阶段化的过渡范围或混合类型存在,而没有确定的界限,司法裁判就不是以概念性的方式作决定性的陈述,毋宁多少是以感觉的方式。类型化方法的要求,是希望以一种与(反正已经不足以解决问题的)涵摄逻辑不同的方式,从事合理的归类。此种方法(就像其他种类的"衡量")在临界情况不能保证可以获得唯一确实可靠的结论,总是还有判断余地存在,这非但不足以用来反对这种方法,毋宁更可以支持它。因为任何实际的观察者都不会草率地否定这种判断余地存在。将契约归属于法定契约类型时,必须保留一定的弹性,因为在债权契约的领域盛行契约自由原则,其结果是:交易上大家未必会坚守法律规定的契约模式,毋宁经常会作一些转变,并且发展出一些新的类型。当然并不排除有下述情况存在:还是有全部细节都符合法定的契约类型特征,对一般形象没有任何偏离的契约存在,于此,法院只须用涵摄的方法,将之归属到(被解为定义的)类型描述之下即可。然而,只要偏离显然可见,或者,契约类型的定义不够精确以致不能发挥作用,类型化的方法就必须出面取代概念的方法。

第五节 实际发生的案件事实

法官的任务是针对实际发生,而非想像出来的案件事实作法律上的判断。因此,案件事实的形成及其法律判断,一方面取向于可能适用的法条之构成要件及包含其中的判断准则,另一方面则以——法官能够确定的——实际发生的事件为准。作为陈述的案件事实应该借助语言及其各种表达形式,切实反映实际发生的案件事实,这一类陈述会借着诉讼程序慢慢在法院之前呈现,并且应该告知法院:发生如此而非如彼的事实。然而,法院可以应用什么手段来认识实际发生的案件事实呢?

第一款 诉讼程序中的事实确定

被陈述的案件事实,其与实际发生者究竟是否一致,面对这个问题的法官通常不能亲身感知事实,他必须凭借他人的感知来答复问题。然而,法官仍然有可能在事后亲自看到属于案件事实的客体,诸如:行为的工具、当事人就其解释有争议的文件、意外事件的地点以及被毁损之物的残余。然而,通常关切的过去事件本身,却不可能再感知了。于此只能借助曾经感知该事件之人,由记忆中将之搜寻出来,并且在法院作证。然而,作过实务工作的法律家都知道,大多数证人的证词有多不可靠:感知、注解和回忆都会发生错误,表达也不精确,而且证人多少也会不知不觉地加入自己的立场(有意的伪证就暂且不提了),这所有种种都会影响证词的价值。因此,为了获得事件的适切形象,法官不能立即信从某一证人或甚至当事人一方的陈述,反之,他必须判断这些陈述的可信度。对法官而言,这项工作相当困难,特别是当他从不认识证人时,外表的印象常会使他陷于错误,存在的成见未必会立即显现出来,有时证人的表达方式不好，甚至证人还可能受到威吓。

假使没有一个证人可以基于亲身的感知来陈述特定事件的话，要认识过去的事件就更加困难了。于此，法官就只能由所谓的间接证据推得过去事件的形象了。假使事件属于内心世界（例如，特定的意向、动机、善意或恶意），就只能借间接证据（外部的迹象）来推论它，因为这一类事件他人根本无法直接感知。"间接证据"是一些事实或事件，其本身固然不是待决的案件事实本身的构成部分，然而可以由其推得属于案件事实的过程[40]。在这个推论程序中，"大前提"通常是一项所谓的"经验法则"、自然法则或具有概然性的规则[41]，小前提则是具有间接证据性质的事实，后者可借由诉讼程序中的自认、亲眼目睹或可靠的证词确保其存在。假使可以确定，在某一时点，A 正停留在某处，那么在同一时点，A 就不可能出现在他处，因为下述大前提被认为是绝对可靠的：没有人能在同一时点出现在两个不同的地点。然而，大前提通常只是具有概然性的规则，甚至根本尚未被证实其足够可靠。如是，则由此推得的结论只能说：待证事实相当可能，或者，有点可能[42]。假使有一家商店遭窃，而发现某人夜间出现在商店附近，手臂上还挟带着可疑的包裹，就此他又不能提出合理的说明，我们就有理由可以认为，他相当有可能就是盗窃犯；但不能仅凭此就认定他确实是盗窃犯。假使有其他间接证据存在，前述可能性就会提高，例如，我们在嫌疑人身上发现与用以侵入商店的工具相类之物。在大多数的案件中，只要达到可能性极高的程度，法官就会形成——案件事实的确是此种，而非他种情况的——确信。即使达到这么高的可能程度，在数学或严格自然科学的意义上，它仍然不是"证据"。然而，在诉讼法的语言中，"被证实"意指："法院就一项事实主张的正确性获得确信"[43]。虽然根据既存的间接证据只能认定：事实的主张非常可能是恰当的，法官还是可以获得前述的确信。可能性程度必须多高，才能作为此等确信的根据（法律家称之为"邻近确实可靠的可能性"），这不能以精确的百分比来表达[44]。依今日的诉讼法，法官虽然可以"自由地"评价证据，实际上他仍然必须努力排除一切可能错误发生的根源，仔细地形成确信。于此，人格特质的参与也是不可或缺的：法官职业伦理中审慎判断的态度。

确认过去实际发生的事件，其可能性不仅受限于人的认识能力，诉讼法本身也加以限制，乍听之下一些人或许会觉得诧异。但它特别表现在民事诉讼中所谓的当事人进行原则。依此，法院只能考量已经由当事人（以主张的形式）提出，因此已经成为审理客体的事实，或是对法院而言"显著"的事实。如他方当事人争执主张的事实，则须以证据证实之；如系他方当事人所承认或不加争执的事实主张，则即使法官并不确信其为正确，仍应径认其为恰当。因此，法官有时在法律上被强迫以某一案件事实为其判断基础，虽然他个人确信：此事实实际上并未发生过。因为民事诉讼法希望，由诉讼当事人自己决定，提出什么事实，并对之进行讨论，因此会得到这个乍看令人惊异的结论。然而，在今日的民事诉讼中，当事人进行原则特别会受到法官询问权（民事诉讼法第一三九条）的严重限制。即使在适用"职权调查原则"之处（特别是在刑事诉讼程序），由法院发现真实，仍有一定的界限。某些人有拒绝证词的权利；秘密录音，以及以违反法律规定的方式取得之犯罪嫌疑人的证词，原则上均不得利用。对于法院发现真实所加的上述限制，其目的在保护其他更优越的法益，特别是不容放弃的犯罪嫌疑人的人格权，以及值得保护的第三人的利益[45]。真实发现固然是诉讼法的一个重要目的，但并非其唯一目标。就像其他法目的，在一定范围内，它必须向其他更重要的目的让步。

第二款 "事实问题"及"法律问题"的区分

大家向来区分"事实问题"（＝实际发生者为何的问题）与"法律问题"（＝实际发生者，依法秩序的标准应如何安排的问题）。通常是以下述程序来答复法律问题：透过涵摄，将被认定的案件事实归属于法条的构成要件之下。然而，如前所述，仅有极小部分是真正的逻辑学上的涵摄。很多情况实际上涉及的是：依经验法则所为之判断，对于人类行为及表示的注解、类型化的归属，或者，在须填补的准则之界限内所作的评价。事实及法律问题的区分贯穿整个诉讼法，当事人进行原则更以之为前提。就"事实问题"，法官系依据当事人的主张与举证而为判断，关于法律问题，法官则应依其本身的法律认知来决定，而不须取决于当事人的主张（法院能认识法的内容）。只有事实（实际状况及实际发生的事件)才适宜并且必须证明。对事实的法律判断并非——应由当事人提出之——证明的客体,毋宁是法官考量及决定的标的。在另一问题上,这个分别也扮演重要的角色:能否针对一项判决向第三审法院上诉。"事实"也包括心理上的过程及包含其"内在"层面的行为[45a],可以说:事实乃是任何在时间之流中有一席之地者。

只有在乍看之下,才会认为这种区分没有问题。事实上,其是否,或者在何种程度上可行,乃是极有争议的问题[46]。

困难的根源在于:在提出实际上是否发生某事的问题之前,首先必须以某种方式把"某事"描绘出来。它可以用一般用语,或者用法律用语来描述。如果是后者,那么在提出"事实问题"时,似乎多少已经有法律判断的影响了。然而,许多表达方式是法律用语及日常用语共有的,法律用语中的这一类表达方式,只有在少数的"临界事例"才具有精确的意义。姑且先不论临界的事例,于此,运用这些表达方式来提出事实问题时,还没有法律判断掺杂其中。在之前的狗咬伤人的事例中,可以提出下述的事实问题:A 妇人在某日被 N 的狗咬到手臂并因此造成身体的伤害,此事实际上是否的确发生? 直到进一步问道:是否因此实现民法典第八三三条第一句的构成要件时,这才是一个法律问题。于此,只须以简单的涵摄,即得确定狗为"动物",妇人 A 为"人"。有疑问的是:N 是否为"动物占有人"。为答复此问题,必须探究其他事实,后者又必须以日常用语来描述,例如,必须要探究,他是否为了利用,或者是基于嗜好,以自己的费用将这只狗纳入其家室之中。这个问题虽然是基于法律判断上的疑义(N 是否为动物占有人?)而提出的;但是问题的提出还没有影响到问题的答复。因此,如果只是提出特定事实是否存在(或是否的确发生)的问题,而该特定事实又是以日常用语来描述,则事实及法律问题的划分仍属可行,即使原属日常用语的表达方式亦为法律用语所采纳,亦无不同。然而,对已发生的事件,借下述表达方式所为的归类,则属于法律问题:只能透过法秩序,特别是透过类型的归属、"衡量"彼此相歧的观点以及在须具体化的标准界定之范围内的法律评价,才能确定其于既存脉络中之特殊意义内涵的表达方式。属于事实问题的是:当事人在缔结契约时说了些什么以及此方或彼方当事人于此所考量的是什么，至于对每位当事人而言，其表示将以何种意义发生作用，质言之，意思表示的规范性解释的问题，则属法律问题。假使在下雨而路面湿滑的街道上，A驾驶车辆转弯时车子打滑以致发生车祸，那么，关于街道的状况、车速以及A驾车的方式如何，这些属于事实问题的领域。至于在此种情境下，这种驾驶方式是否"有过失"，则为法律问题。这个问题（就像意思表示在法律上的规范意义为何的问题），在诉讼程序中无从以证据来证实。反之，法律问题的答案所取决的实际状态，则可以（必要时，亦必须）以证据来证实。

然而，在某些事例，事实及法律问题如此接近，以致两者不可能再截然划分，例如：当案件事实只能以本身已包含法律评价的用语来描述时。要描述某人是否制造"扰乱安宁的噪音"，除了指出确否扰乱安宁之外，实在很难用其他方式来描述，除非当时对声响的强度作过精确的测量。此等噪音确曾"扰乱安宁"，这个判断一方面包含——为提出事实问题而——对已发生事件的描述，同时也隐含了对已发生事件的法律评价。假使当时曾精确地测量声响的强度，然后再讨论这种声响强度是否"扰乱安宁"，情形就不同了。于此，在对其作法律评价前，仍然可以用物理学的概念，精确地确定现实发生的事件。至于事件依法定的判断标准（扰乱安宁）应如何评断，则纯属法律问题。在提出下述事实问题时，法律问题已掺杂其中：当A汇一笔钱给B时，A究竟是要把这笔钱送给B、借给B，还是向B清偿其买卖价金的债务。A的行为是否（借"可得推论的行止"）已包含将适用于他的意思表示（虽然在一定情况下，他仍然可以撤销该意思表示），则纯属法律问题。

虽然所有案件事实的形成，最后都取向于其可能的法效果，然而，事实问题及法律问题彼此还是可以区分的。即使会预先考量现实事件的法律判断，判断者通常还是可以先独立于对事件的法律判断之外，依自然的经验以及（以前者为基础而形成的）日常用语来掌握现实发生事件之实然，并以语言的方式将之反映出来。然而，马上就必须对它作法律性的判断，后者又会使其他事实问题发生。这些事实问题的发生虽然是法律问题所促成的，然而，这一类事实问题的表达方式，却大都可以和法律问题相区别。

依据我们的法律，对一项判决何时可以向第三审法院声明不服，同样也取决于事实及法律问题的区分。只有以"不适用法规或适用不当"(民事诉讼法第五五〇条)为理由,才能提起第三审上诉。当法院就确定的案件事实所为的法律判断有错误时,换言之,在答复法律问题时犯错,即可认其适用法规不当。然而,司法裁判并未始终坚守这种区分。例如,在判断某行为是否"有过失"时,司法裁判认其为法律审法院可得审查之法律问题,反之,就其系"轻"过失或"重大过失",则认其为不得审查之"事实问题"。这并不一贯。两者涉及的都是评价问题——法律问题。在解释个别的意思表示时,包括在探求其法律上的标准意义(规范性的解释)时,司法裁判也认定其不能作为上诉第三审的理由,除非有违反一般解释原则、违反思考法则或一般承认之经验法则的情形。这种作法显然不能以下述主张为根据:于此涉及者系"事实问题"[47]。于此显然并非以"事实问题"及"法律问题"的界分为标准,来否定其提起第三审上诉的可能性,毋宁是基于其他考量。当法律问题的最后答案取决于对案件事实之无数的细节考量,而它们在个案当中各不相同时,例如,在解释个别契约或针对个案具体化一般的标准时,于此,事实审的法官比较能接近事实,因为他可以运用他的询问权作进一步的澄清,而法律审的法官则必须依赖事实审法官所媒介的案件事实。于此,事实问题及法律问题以不可分解的方式纠结缠绕在一起:法官最后如何判断个别事件,在很大的程度上取决于判断时他考虑了哪些情境,乃至于他曾经尝试澄清哪些情况;选择应予考量的情事,则又取决于判断时其赋予各该情事的重要性。假使主要取决于该当案件的个别细节,而不是——在其他案件也会重复出现的——典型特征,那么第三审法院统一法律见解的目的也不如此显著。因此,对这一类事件赋予事实审法官一定的判断余地,于此范围内的判断并可免于受第三审法院的审查,宜无不当。然而,其与事实问题及法律问题在逻辑及方法论上的区分,已无任何关联。

注 释

1　Logische Studien zur Gesetzesanwendung, S. 19.
2　Zur Bedeutung der Frage für die Sachverhaltsbildung vgl. Hruschka, Die Konstitution

der Rechtsfalles, 1965, S. 20ff.

3 Vgl. Hruschka, a. a. O., S. 48.
4 Engisch, Logische Studien, S. 15.
5 Scheuerle, Rechtsanwendung, S. 23.
6 参前文第二章第三节第二款。
7 Juristische Prinzipienlehre, Bd. 4, S. 47.
8 Vgl. hierzu Bierling, Juristische Prinzipienlehre, Bd. 4, S. 25ff.; Enneccerus—Nipperdey, Allgemeiner Teil, § 136 Zu Anm. 4.
9 Vgl. Westermann, Sachenrecht, § 53, ll, 3.
10 Engisch, Vom Weltbild des Juristen, 2. Aufl. 1965, S. 158.
11 In Jus 1970, S. 157.
12 Vgl. BGHZ 50, 315.
13 而非"绝对的伦理法则"或特定"高级伦理学"; vergl. dazu meine Ausführungen in Juristen—Jahrbuch, Bd. 7, S. 98ff.
14 Teubner (Standards und Direktion in Generalklauseln, 1971, S. 91)适切地把下述情形称为"正当性控制"：依法规范、法原则及宪法的评价标准来衡量——以经验的方法求得的——社会规范。
15 参见其著作"Rechtsanwendung", S. 111f.; 162.
16 Analytische Ethik, S. 131.
17 Die Sprache der Moral, S. 208.
18 Vgl. hierzu meine Ausführungen in der Festschrift für Nikisch, 1958, S. 292 ff. und Leenen, Typus und Rechtsfindung, S. 66ff.
19 Vgl. dazu Rother, Sittenwidriges Rechtsgeschäft und sexuelle Liberalisierung. AcP 172, 498.
20 Hart (The Concept of Law. S. 121ff.)提及"法的开放结构"，他意指的也正是这种判断余地。
21 Podlech (ArchöffR 95, S. 190)反对此见解，他认为：尝试"想用只适合作粗略原则性决定的标准之正义，来抓住细微的案件事实差异"是不可行的，"因为不论是日常语言或是法律教义体系性的论证都不能适当地表现这种差异"。我意指的也不是这个。我关切的只是下述问题：在临界的事件中，质言之，当此种及彼种判断都是"可以接受"的情况，法官可不可以将决定诉诸其个人关于"正当"决定的确信。只有在（以这种方式可以避免显然不正的裁判）这种程度上，才有判决的客观化可言。在其他情形则仍取决于法官个人，正如 Podlech 所说的，"法适用机关成为偶然的发生器"。
22 Vgl. dazu Brusiin, Über die Objektivität der Rechtsprechung, S. 47f.
23 Einführung in das juristische Denken, 5. Aufl., S. 132.
24 不求完整地指出下述文献：Bachof, JZ 1955, S. 99ff.; JZ 72, S. 641; Ehmke, Ermessen

und unbestimmter Rechtsbegriff im Verwaltungsrecht, 1960. Engisch, Einfürung, S. 118ff.；Forsthoff, Lehrbuch des Verwaltungsrechts, 9. Aufl. , S. 80 ff.；Jesch, ArchöffR 82, S. 163；Klein, ArchöffR 82, S. 75；Rupp, Grundlagen der heutigen Verwaltungslehre, 1965, S. 200ff.；Schima, Der unbestimmte Rechtsbegriff, in：Österreichische Akademie der Wissenschaften, philosophisch — historische Klasse, Jg. 1967, S. 185；Ule in Festschrift für Walter Jellinek, 1955, S. 309f.

25 Hierzu Vgl. die Entscheidung des gemeinsamen Senats der obersten Gerichtshöfe in NJW 72, 1411 — mit Anm. von Kloepfer — und den Aufsatz von Bachof in JZ 72, S. 641.

26 Einführung, S. 132. Vgl. auch seinen Beitrag über den Ermessensbegriff in der Festschrift für Karl Peters, 1974, S. 15.

27 Rechtsphilosophie，§ 214。虽然（就像 Hegel 所强调的）在理念上，只有一个刑罚是"正当的"。但正如 Hegel 所说的，我们无法"合理地确定"应该剥夺其自由到哪一钟点，课予罚金到哪一分钱。

28 Vgl. meine Schrift "die Methode der Auslegung des Rechtsgechäftes", 1930 (Neudruck mit Nachwort 1966), S. 34ff.；mein Lehrbuch des Allgemeinen Teils, 7. Aufl. , § 19, I.

29 Vgl. dazu mein Lehrbuch des Allgemeinen Teils der deutschen bürgerlichen Rechts, 7. Aufl. 1 § 19, II und die Literaturangaben zu § 19.

30 Vgl. dazu mein Lehrbuch des Allgemeinen Teils, 7 . Aufl. § 29, I u. II.

31 Emilio Betti, Allgemeine Auslegungslehre als Methodik der Geisteswissenschaften, 1967, S. 281.

32 Dazu Leenen, Typus und Rechtsfindung, S. 147.

33 Leenen, a. a. O. , S. 143ff.

34 H. P. Westermann, Vertragsfreiheit und Typengesetzlichkeit im Recht der Personengesellschaften, S. 105 f.

35 in der (ersten) Festschrift für Nipperdey, 1955, S. 264, 280.

36 Westermann, a. a. O. , S. 103ff. Kritisch W. Ott, Die Problematik einer Typologie im Gesellschaftsrecht, dargestellt am Beispiel des schweizerischen Aktienrechts, 1972.

37 就此，Leenen, (a. a. O. , S. 162 ff.) 曾深入说明其理由。

38 A. Kaufmann, Rechtsphilosophie im Wandel, S. 312.

39 典型的建筑契约究竟应归属雇佣或承揽契约，司法实务很长一段时间都摇摆不定。其认为两者间有概念性的对立存在，因此认为只能作此或彼的答复。当联邦最高法院决定把（包括建筑师承担监工工作的）建筑契约归属承揽契约后，这种归属所导致的（建筑师酬庸请求权的）消灭时效上的后果，又使之不无疑虑。他认为三十年的消效时效的期间并不恰当。因此他改变向来司法裁判的见解，把民法典第一九六条第七款的"劳务给付"解释为：亦包含因承揽契约所为的劳务给付（BGHZ59, 163）。从事物本身而论，他已经承认承揽契约也可以包含雇佣契约的特征。

40 证人、鉴定人或当事人的陈述则不是这种事实,即使法官可以由此推得结论,亦同。Engisch 采不同见解,他认为这些陈述可以算是"广义的间接证据"(Logische Studien, S. 64ff)。

41 Koch/Rüssmann(a. a. O. , S. 285ff.)称第一种情况为确定的,第二种情况为统计的经验法则。

42 Koch/Rüssmann, a. a. O. , S. 287ff. , zur Geltung statistischer Erfahrungssätze dort S. 332ff.

43 Blomeyer, Zivilprozeßrecht, § 66, I; Rosenberg/Schwab. Zivilprozeßrecht, 14. Aufl. , § 113, I.

44 依 Koch/Rüssmann(a. a. O. , S. 308)之见,这是一个程度的问题,"特别是准备以什么程度来分配危险的问题"。此处涉及的危险是判决错误的危险;法官应尽可能降低这个危险。而假使提出的事实,不足以使法官对其主张的正确性产生确信,就必须由负举证责任者承担此项危险。

45 Heinrich Henkel, Strafverfahrensrecht, 2. Aufl. , S. 269; Karl Michaelis in Festschrift für Ernst Rudolf Huber, 1973, S. 326f.

45a Zum Begriff der Tatsache Mitsopoulos, Studi in Onore di Tito Canacini, 1984, S. 441.

46 Engisch, Logische Studien zur Gesetzesanwendung, 2. Aufl. 1960, S, 82ff. ; Henke, Die Tatfrage, 1966; Rechtsfrage oder Tatfrage — eine Frage ohne Antwort, ZZP 81, 196; Kuchinke, Grenzen der Nachprüfbarkeit tatrichterlicher Würdigung und Feststellung in der Revisionsinstanz, 1964; Mitsopoulos, La distinction du fait et du droit, in: Revue Hellénique de Droit international, 20. Jg. 1968, S. 3; Scheuerle, Beiträge zum Problem der Trennung von Tat — und Rechtsfrage, AcP 157, 1; Schwinge, Grundlagen der Revisionsrechts, 2. Aufl. 1960; Nierwetberg, JZ 83, 237.

47 Vgl. hierzu Henke, a. a. O. , S. 188ff.

第五章 法律的解释

第一节 解释的任务

第一款 解释在法律适用程序中的作用

如前已述(第四章第一节),法律适用是一种对向交流的过程,于此,必须在考虑可能适用的法条之下,由"未经加工的案件事实"形成作为陈述之终局的案件事实,同时也必须在考虑终局的案件事实之下,将应予适用的规范内容尽可能精确化。而我们之前(第二章第三节第一款)也提及,"解释乃是一种媒介行为,借此,解释者将他认为有疑义文字的意义,变得可以理解"。对于适用者而言,恰恰就是在讨论该规范对此类案件事实得否适用时,规范文字变得有疑义。之所以会对法律文字的精确意义,一再产生怀疑,首要的原因是:法律经常利用的日常用语与数理逻辑及科学性语言不同,它并不是外延明确的概念,毋宁是多少具有弹性的表达方式,后者的可能意义在一定的波段宽度之间摇摆不定,端视该当的情况、指涉的事物、言说的脉络,在句中的位置以及用语的强调,而可能有不同的意涵。即使是较为明确的概念,仍然经常包含一些本身欠缺明确界限的要素。让我们回想一下"为完成建筑物而附加之物"(民法典第九四条第二项)以及"新物"(民法典第九五〇条第一项)的要素吧[1]。许多最重要的法概念在法律中并无定义,例如:"法律行为"、"主观权利"、"违法性",其他法律定义则或者并不完全,或者有多义性,例如,民法典第二七六条对"过失"所作的定义。同一用语在不同法律,有时甚至在同一法律都有不同的使用方式,例如"处理事务"之于民法典第六六二、六六七以及六七五条。

联邦行政法院一项1957年的裁判² 足以显示，一般语言的用法多么欠缺一义性，于此，该法院必须解释负担平衡法第二三〇条第二项第三款中所谓的"儿女"之意义。法院要处理的问题是：至少在没有嫡亲儿女存活时，是否可以将已故负担平衡请求权人的媳婿或孙儿女解为该法所称的"儿女"？法院认为，"儿女"的概念在一般语言中不是只有一种意义。其首先指涉的当然是嫡亲的儿女；但有时也有广义的用法，因此也可以包含媳婿，乃至其他"受到有如家庭成员的照料"之人。因此，解释法律规定的法官必须研究，"立法者一般针对应予适用的法律，最后，特别针对应予适用的个别规范时"，其分别赋予该概念"何等内容及界限"。依据该语词在该当法律之其他规定的用法，法院获得以下的结论："儿女"于此应作狭义理解，其仅包含嫡亲的儿女。

此外，因为针对同一案件事实，有两个法条赋予彼此相互排斥的法效果，如此亦将产生解释的必要性。即使多数法效果并不相互排斥，仍然会发生如下的问题：它们应并行出现，或者此一规范应"排斥"另一规范的适用（规范竞合的问题，上文第三章第四节）。由是，法律解释的任务就在于：清除可能的规范矛盾³，回答规范竞合及不同之规定竞合的问题，更一般的，它要决定每项规定的效力范围，如有必要，并须划定其彼此间的界限。

解释的标的是"承载"意义的法律文字，解释就是要探求这项意义。假使要与字义相连结，则"解释"意指，将已包含于文字之中，但被遮掩住的意义"分解"、摊开并且予以说明。透过解释，我们可以"谈论"这项意义⁴，换言之，我们用其他语词更清楚、更精确地表达它，使它可以传达给他人。解释程序的特征是：解释者只想谈论文字本身，并不想对它有何增减。然而，我们也知道，解释者绝不只是处在消极被动的地位（上文第二章第三节第二款）。如果不是之前对要处理的事物已经有所理解，文字本身不能告知些什么。它只向对它提出正确问题的人作答。适用法律者则必须先将未经加工的案件事实，转化为终局的案件事实之后，才能提出问题。为提出正确问题，他更需要认识法律语言以及规范的规整脉络。解释者本身对解释的结论也会有一定程度的影响，至少在提问题的方式上,这点是不容置疑的。因为设问同时也限制了答案的可能界限。稍后我们会发现,法院对规范所作的新的、范例性的解释,也会改变实际的规范适用,换言之,会改变规范实务。然而,这通常并非解释者的企图;他只是想认识:从正确的理解看来,规范"原本要表达的内容"。他不只想提出"**他的**"解释,毋宁想说明规范本身、规范的规整脉络本身所要求的解释,借着自己的陈述,他只想让规范"本身开口"。这是我们于此采取的出发点,至于——几乎是背着解释者——透过解释,依靠实际上有效的规范而实现(经常也能实现)的改变,我们将在下一章讨论。

司法裁判及法学以如下的方式来分配各自的解释任务:后者指出解释上的问题,并提出解决之道,借此为司法裁判作好准备;前者则将法学上的结论拿来面对个别案件的问题,借此来检验这些结论,并促使法学对之重新审查。待判事件促请法官超越目前的程度,对特定用语或法条作进一步的解释,然而,他的解释也不能只考量该当个案,解释结果必须也能适用在其他同类事件。假使就同一规定,法院于同类事件忽焉如此,忽焉如彼解释,则其将抵触正义的要求(相同的事件应作相同的处理)以及——法律追求的——法安定性,例如,假使就负担平衡法同一规定中的"儿女"一语,端视期望的结论为何,忽焉作狭义,忽焉作广义解释。在前述事例中,联邦行政法院正确地拒绝作如下尝试:为追求该当个案结果的合理性,偏离向来对该法律的理解。然而,在我们的法秩序中,法官并不受先前解释的拘束。假使该当法院确信,采取别种解释更有根据,则其自可(有时甚至是必须)背离先前的解释。然而这一类的事例比较少,为了取得——就事件本身而言——比较正确的判决而容许改变司法裁判,其所导致的——相对的——法的不安定性,是必须付出的代价。

虽然法院或法学界的解释,都必须是对规范适当并且有充分根据的认识,可主张其为"正确的"解释;但是没有一个解释可以主张它是终局并且——可适用于任何时间的——"绝对正确的"解释。它绝不可能是终局的解释,因为生活关系如此多样,根本不能一览无遗,再者,生活关系也一直在变化之中,因此,规范适用者必须一再面对新问题。基于下述理由,它就不可能是最终的解释:解释始终都与该当法秩序的整体及其基础的评价准则密切相关。下述关于正当防卫规定的解释,在 21 世纪初,基于当时流行(并且为立法者所支持)的见解,认其为正当,今日则不然:假使对侵害别无其他适当的防卫方法,即使只是为了防卫价值微小的财产,仍旧容许受不法侵害者对加害人的健康乃至生命作防卫行为[5]。正当防卫权本身也被课予一定的界限。在一定的程度上,每个法律解释都有其时代性。这倒不是说,解释者必须立即屈从每种时代潮流或时尚。司法裁判的持续性,借此而形成之国民的确信——将依迄今有效的标准来裁判他的事件,两者都有其价值。只有当一般价值确信彻底变更时,特别是当这种变更已经表现在新法,或者已经获致广泛的同意时,解释者才不能回避。

解释究竟是一种"学术"或是一种"艺术",这是多余而无益的问题,因为提问的方式根本就错了。如果以"纯科学性"的学术概念为基础,它就不是一种学术。前已述及(上文第二章第三节第二款),解释程序不是一种单向前进的过程,毋宁是一种对向交互澄清的程序,借此可以确认或扬弃原来预期的意义内涵。这种程序要求一种付出创意的精神工作。就此而论,有如艺术的创作。然而,它与形式的赋予或形成无关,毋宁要适切的陈述规范的内容及其适用范围。和所有其他陈述一样,这种陈述也必须符合"正确性"的要求。虽然未必能符合,要求本身并不受影响。于此"正确"不是指永恒不变的真理,而是指就此法秩序于此时的正确性。只要我们摆脱纯科学性学术概念的狭隘看法,作为一种依循方法进行,借以求得"正确"陈述的活动,解释仍是一种学术活动。

萨维尼[6]认为,他先把解释视为一种"学术性的活动,是法学的起点与基础",然后又将之描述为一种不能仅由规则即可求得的"艺术",两者间并无矛盾存在。因为萨维尼尚未受实证主义学术概念的影响,依其见解,学术是一种"自由的精神活动",其可以参与法的创造。因为包含创造性的特质,学术与艺术有近似之处。萨维尼认为,可以将包含在解释之中的,自由的精神活动规定如下:由是"我们可以认识法律的真理,确切地说,运用通常程序可得认识之法律的真理",如是,显然他也赋予法律陈述真理的概念。

然而,何谓"认识法律的真理"? 换言之,我们必须面对解释目标为何的问题。

第二款 解释的目标:立法者的意志或规范性的法律意义?

本书的全文版曾经指出,十九世纪后半叶,法哲学及方法论的文献就法律解释的目标已经形成两种见解[7]:一方面是——以探究历史上立法者的心理意愿为解释目标的——"主观论"或"意志论";另一方面是——以解析法律内存的意义为目标的——"客观论"。主观解释论的代表学者有温德施雷德及比尔林,菲利普·黑克在某种意义上亦属此派,客观解释论的代表则有克勒,宾迪希及瓦赫,稍后的拉德布鲁赫,绍尔及宾德尔。两说对立的情况在现代仍继续存在,甚至在同一本著作中,在最高审级的各法院间也不乏其例。

例如恩内塞鲁兹-尼佩代的教科书[8]首先提到:解释应该以"澄清法条的标准意义"为目标。如此看来,它似乎采客观论的立场。然而,之后却又再度提及:(得以民法典第一三三条的法思想为基础,而且今日也应该坚守的)主观论要求探究"立法者考量的命令内容"。依此,则解释的标准应该是"法律中表达出来的立法者的意志,换言之,立法者借文字显示的意义,前提是这项意义(即使并不充分)已经被表达出来"。假使由此可以确定该书采取主观论的立场,那么它后来又背离这个立场了,因为最后它又提及:根本不需要追问,参与立法程序的那些人在想什么;也不该把立法者想像成一种生物(!),应该追究的毋宁是:"立法行为中,(在理由、意义和目的上)具规范性的意志内容为何",(即使并不完全)它在法律之中也已经显现出来了。对于读者来说,这些句子如何与该书所持的主观论立场协调,仍然是个谜。谜题的解答或许是:该书的第一位作者恩内塞鲁兹的确坚决地支持主观论,稍后的作者尼佩代则倾向于客观论,他又不愿明白与其前辈的见解决裂。因此,他尝试把两方面的主张融为一体,然而,依前引文句可知,其尝试并不成功。

两说均有其部分的真理,因此都不能毫无保留地接受。主观论的真理在于:法律与自然法则不同,它是由人类为人类所创造的,它表现立法者创造可能的——符合社会需要的——秩序的意志。法律背后隐含了参与立法之人的规定意向、其价值、追求,以及其对于事物的考量。今日法律见解所要求之"受法律的拘束"(基本法第二十条第三项、九七条第一项),不仅指受法律文字,也包含(立法当时的)立法者之评价及意向的拘束。但这还不是全部。客观论的真理在于:法律一旦开始适用,就会发展出固有的实效性,其将逾越立法者当初的预期。法律介入——立法者当时不能全部预见的——多样而且不断变更的生活关系中,对一些立法者根本没有考虑到的问题,法律必须提供答案。一段时间以后,它渐渐地几乎发展出自己的生命,并因此远离原创者原本的想法。就此而论,法律与其他精神创作并无不同。适用中的法律属于——尼古拉·哈特曼之阶层论中的——客观精神的存在阶层。它的特质在于它既非物理,亦非心理上的存在,毋宁是精神的存在[9],它存在于时间中,并且与之一齐演进。"主观的"解释论不能切合此事实。

主观论只包含部分真理,仅此已足以明了:不向客观论借用一些思想是不够的。除了实际的意志,温德施雷德还想认识立法者"真实的"意志,这是由立法者的考虑可以推得之合理结论。在比尔林的心理倾向理论中,除了实际存在的标准外,因为援引"诚实信用"作为补充的解释标准,于是又增加一种规范性的标准。施塔姆勒赋予主观或历史的方法优越的地位,但他也不放弃,透过解释使陈旧的法律配合时代的需要和观点。因此,他提及:"较古老的法规范之意愿内容",在现代只能以"此时立法者所意愿者"主张其效力[10]。纳维亚斯基也持相同的看法:标准在于"可得认识的,制定规范者的终局意愿"[11]。于此已经以预期之今日立法者的意志,来取代历史上立法者的实际意志,因此,可以认为他们已经背离了严格的历史解释。假使是以"理性之立法者"的合理考量,取代历史上的立法者,依据前者的意志来解释规范时,结论亦无不同[12]。然而,借此只能获得如下的结论:解释的最终目标不是探求历史上的立法者之意志。然而,如果因此认为历史上之立法者的规范企图及其——可认识的——规范想法,在解释上完全没有意义,那就太过分了。如是,就完全忽略了主观论仍有部分真理。

法律是原创者——企图创设完全或部分的法律规整之——意志的具体化,此中既有"主观的"想法及意志目标,同时也包含——立法者当时不能(全部)认识之——"客观的"目标及事物必然的要求。如果想充分了解法律,就不能不同时兼顾两者。每个立法者都不能与其时代的法律观及当时的表达方式分离,他同时也面对某些——源自其时代脉络的——法律问题。因时间的演进,某些问题的重要性泯没,某些新问题日益重要。法律解释者都希望,在法律当中寻获其时代问题的答案。假使在一定的程度上,使法律也参与(历史的)时间之流,这样的解释便能满足前述要求[13]。虽然如此,它仍然与源头结合在一起。除非它们抵触现今的宪法原则或普遍承认的法律原则,否则,(可得认识之)历史上的立法者的规定意向及其明白的价值决定,解释时也不容弃置不问[14]。如若不然,我们就不能再称之为"解释",称其为"置入"或更妥当。法官依宪法应受法律的拘束,这正明白指出:相对于其他权力,立法权在创法的程序中有优先的地位(这并不排除司法权有参与创法的可能),这个要求会付之流水,假使解释时可以完全忽视立法者的意向的话。在这点上,方法论与宪法的考量会交织在一起。

依上所述,法律解释的最终目标只能是:探求法律在今日法秩序的标准意义(其今日的规范性意义),而只有同时考虑历史上的立法者的规定意向及其具体的规范想法,而不是完全忽视它,如此才能确定法律在法秩序上的标准意义。这个意义是一种思考过程的结果,过程中,所有因素不论是"主观的"或是"客观的",均应列入考量,而且这个过程原则上没有终极的终点[15]。某些人以类似主观论的说法,将法律的标准意义描述为"法律的意志"。然而,只有个人才有意志可言,在共同之意志的情形,可以承认这多数人有其意志。"法律的意志"这种表达方式,不当地把法律拟人化,而这种拟人化只是用来遮掩——立法者原本的意向与法律"经演进之后"的标准内涵之间的——紧张关系,这种遮掩并不济事,紧张关系仍然存在。"法律的规范性意义"则将此紧张关系包含在内,而非排除于外,其仍须与立法者的意志取得联系[16]。

假使不应该放任由解释者个人自由解释,而应以确实、可事后审查的方式来从事,我们就必须提供解释者一些可作为准则的解释标准。法学方法论也的确发展出一些标准。依前述说明,大家应该不会对下述现象感到诧异:这些标准有的取向于历史上之立法者的意志,有的则以规范性意义脉络为准则。萨维尼就已经区分"文法"、"逻辑"、"历史"及"体系"的解释因素。并且也已经提及:这些要素不应个别地发挥作用,毋宁应相互合作。我们即将要讨论的——部分与萨维尼之理论重叠的——解释标准,并非——像很多人所想的——是不同的解释方法,毋宁是一些解释观点,任何主张其解释结果正确(指:作出适当的陈述)者,对这所有的解释观点都必须一并考量。然而,不同的解释标准(例如,法律的字义及其意义脉络)经常还容许有许多解释可能性,有些解释标准有时不能发挥作用,例如,不见得总是能确认历史上之立法者的规范理解。在不同的观点之间经常需要作"比较衡量"。只有在对之作个别说明之后,才或许能澄清不同观点的重要性。之后我们才能深入讨论:结论符合事物的正义,其是否也是正当性的标准之一。

第二节　解释的标准

第一款　字义

文字的解释都始于字义。字义是指一种表达方式的意义,依普通语言用法构成之语词组合的意义[17],或者,依特殊语言用法组成之语句的意义,于此,尤指该当法律的特殊语法。之所以先考虑语言的用法,因为应该可以假定:当大家想表达些什么,通常会以一般能够理解的方式来运用语词。立法者会运用一般的语言,因为他是针对国民而立法,希望他们可以了解。此外,他还广泛地运用法学术语,借此他可以作精确的陈述,可免于很多繁琐的说明。这些术语经常也以一般语言为基础,因为法律是针对所有人的规定,与所有人有关,因此,起码的一般理解性是必不可少的。在涉及一般人的法律领域,换言之,在日常事务的领域,法律语言已经成为一般用语的构成部分,虽然运用时未必如此精确。借此,每个人都可以直接进入法的世界[18],大家也需要这个管道以便能经营适当的社会生活，因为现行法秩序也是社会的一部分。因此，法律语言不能像其他一些学术语言，能独立于一般语言的用法之外。法律语言是一般语言的特例，但绝不是与后者完全脱离的符号语言。就像我们一再强调的，其影响是：法律语言不能达到像符号语言那样的精确度，它总是需要解释。

一般语言富有弹性，饱含细微的差别，并且具有适应性，这些特质是优点也是缺点。它们造成的结果是：仅由语言用法本身不能获得清晰的字义。反之，它会有或多或少的意义可能性及意义变化可能性，因此，必须依据言说的脉络、其处理的事物本身或相关的情境，才能决定所指究竟为何。与此相应的法律解释标准有：法律的意义脉络、立法者的规定意向，以及被规整的事物领域之结构。法律的意义脉络及部分的规整目的，也可以由法律本文的字、句（依一般语言用法，或法律的特殊语法应有）的意义推知。于此又再次涉及——以"诠释学上的循环"之名而著称的（上文第二章第三节第二款）——预想及返观的程序，交互澄清的过程。只依靠一般或特殊的法学语言用法，固然还不能终局地确定于此脉络，于法律之此处，某用语之意义究竟为何，然而，如果欠缺这种认识，则解释的理解程序根本不能开始。之所以说解释均始于字义，其故在此。

如果某些用语在法律语言中已有特定涵义（例如，契约、请求、法律行为之得撤销或无效、继承或遗赠），通常即以此特定涵义来运用这些用语。如是，则许多一般语言用法的意义变化可能即被排除于外，可能的意义范围也因此大幅缩小。有时一旦澄清精确的法学语言用法，就已经完成解释的工作，假使没有任何理由显示，立法者于此恰好要偏离这种用法的话。但是此种偏离并非全无可能。民法典在第九十条将"物"定义为"有体物"。虽然如此，大家还是一致地认为第一一九条第二项所称的"物"是指"交易的标的"，此种理解方式与一般的语言用法极为吻合。民法典第九十条的定义指涉的显然是可作为物权的标的，反之，民法典第一一九条第二项之"交易上重要的性质"，所涉及的是交易标的的性质，此等交易标的固然多属第九十条的"物"，但不必然如此。另一个例子：民法典在第一八四条第一项把"承认"界定为，对某一法律行为的事后同意。于此立法者考虑的是私人的同意表示；监护法院的同意（民法典第一八二一条以下），即使事前所为者，亦称为"承认"。机关所为的其他同意表示，亦同此。总之，即使以定义的方式确定法律的语言用法，仍然不能保证，该用语在该当法律的每个地方都作相同的理解。然而，主张应作他种理解者，就此应特别说明其理由。

依此，法律的特殊语言用法通常应优先于一般的语言用法，但是一旦发现有有意偏离前者的情形，即应返回到后者。在很多情况，一般的语言用法不能提供很多资讯。但是它可以指出一定的界限，意义只能在此中寻获。如果已经被字义明白排除在外，就不能再依解释的方法，将之视为该用语的标准意义。迈尔·海奥茨[19]适切地指出："依此，字义具有双重任务：它是法官探寻意义的出发点，同时也划定其解释活动的界限"。字义可能范围外的说明，已经不再是阐明，而是改变其意义。这不是说，法官始终都不能逾越字义范围；然而，其只有在特定要件下始被容许，而且已经属于下一章要处理的，公开的法的续造的领域。当法院强调规定的意义及目的应优先于"语言上明确的"字义时，当它主张解释不应局限于字义范围之内时，事实上它从事的是漏洞填补、类推适用或目的论的限缩，假使其所得的结论确已逾越语言上可能的字义范围的话。我把"可能的字义"理解为：依一般语言用法，或立法者标准的语言用法（这可能只在特殊情况下才存在），这个用语还能够指称的意义[19a]。语言上可能的字义未必始终能精确界定，因此在某些事例，究竟是还在作扩张解释，或者已经是透过类推适用在作漏洞填补，有时不无疑义。即使不能精确地划定界限，仍然不影响这种——不是那么概念式，毋宁是比较类型式的——区分。大多数的情况还是可以确定，某种解释方式已经逾越了该当用语的意义界域——其可能的字义[20]。例如，要求对男女应予相同的待遇；依可能的字义，"男士"一语自不包含妇女（反之亦然）。那就只剩下类推适用的可能了。之所以有必要区分解释以及——补充或改造法律的——法的续造，乃是因为：为保障法律作为优先适用的决定标准之地位，只有在满足特定条件的情况下，才可以从事法的续造。在此不须特别强调刑法上禁止类推适用的特殊问题。类推适用的禁止也出现在其他法律领域[21]。它不同于禁止解释，后者原则上是荒谬而无效果的。解释及（补充或改造法律的）法的续造，两者的界限只能是语言上可能的字义，实在不能发现其他的界分标准。此种界分也受到学界[22]及实务界[23]的普遍承认。

探求可能的字义及标准的字义时，应以立法当时的语言用法，或现时的用法为准？立法者当然是以当时的语言用法为据。假使牵涉的是法律术语，而且立法者是以当时理解的意义来运用，就应该以当时的意义为出发点。假使直接从今天的意义出发，有可能会背离立法者的意向。关于一八六五年普鲁士一般矿业法第一四八条所称之"拥有矿井者"，是仅指矿井所有权人，或者也包含质权人或用益权人，联邦最高法院在裁判时正确地审查：当时的立法者是否会区分矿井所有权人及拥有矿井者[24]。假使当时的立法者和我们一样区分两者，就可以认定：他没有要排除质权人或用益权人责任之意。于此，如果还想狭义地理解"拥有矿井者"，将之解为"矿井所有权人"，就必须提出一些特别理由，例如，依规定的目的或基本思想应如此解释等等。就此，联邦最高法院也正确地采取这种看法。假使立法当时并未赋予用语特定意涵，情形就不同了。假使可以获得能配合规范目的或基本思想之较佳解释的话，于此似乎可以用今天可能的字义为解释的界限。不管如何，今天的读者是以当下的语言认识来掌握规范的意义，解释以此为基础，比较不会使他遭遇不能预期的状况。

下述情况恐怕是一个临界事例：借武器或其他危险的器具伤害人体者，应处以较重的刑罚。用盐酸攻击人时，联邦宪法法院把这种情形当作刑法意义上的使用"武器"[25]。该法院认为，以往的语言用法虽然只称机械性的工具为"武器"，然而，因为技术的发展，这种语言用法已经有所转变，发生化学作用的工具也被视为"武器"。依其见解，对"武器"一词，依今日的语言用法作广义的理解，事实上也能配合刑法规定的意义及目的。这项裁判特别受到 G. 赖尼克及 D. 赖尼克[26]的批评。他们表示，刑法上的"武器"概念并非空白概念，可以依当时的语言理解来任意填补；毋宁应依立法当时的理解来解释。将此概念转而应用于非机械性的攻击工具，事实上已经是一种（被禁止的）类推适用。恩吉施[27]认为：这项裁判"至少是有疑义的"。我则认为尚属适当。

字义或者是由一般的语言用法获得，或是由法律的特殊语法，或是由一般的法学语法中获得，无论如何，它在解释上一方面可以当作第一个方向指标，另一方面也可以——依当时或今日的语言理解——划定解释的界限。可以说，它已经划定进一步解释活动的界域。

第二款　法律的意义脉络

当一种表达方式依其语言用法有多种意义可能性时，通常可由其使用脉络推知，具体情况下究竟应考虑何种可能性，虽然这种推论未必是终局而精确的。由上下文脉络可以确定某段文字应作何解，同样地，法律的意义脉络也有助于个别字句的理解。于此涉及的不过是前述（第二章第三节第二款）所谓的"诠释学上的循环"之最简单形式。一如前述（第三章第二节），法律经常由不完全的法条（说明性的、限制性的或指示参照性的法条）所构成，它们与其他条文结合才构成一个完全的法条，或相互结合成一个规整。只有视其为规整的部分，方能获悉个别法条的意义。假使想了解无权利人善意取得的规定，而且不想作出草率的推论，那么除民法典第九三二条外还必须考虑第九三五条。当法律指示参照其他规定时，为了解指示性规范的适用范围，必须一并考虑被参照的条文。如果想大概地认识法律所说的"占有"，不能只读民法典第八五四条。假使只从这个条文来理解占有的话，这个理解必须马上被修正，因为法律并不视所谓的占有辅助人（民法典第八五五条）为"占有人"，毋宁以间接占有人（民法典第八六八条）为占有人。初学者很难掌握法律对"占有"与"所有权"的区分，因为在一般语言用法上，两者常被同义地使用。为正确了解其不同之处，必须比较这两类规整。类似情况有：权利能力与行为能力，当事人能力与诉讼能力、义务与责任。只有相互比较之后，才能充分理解各该概念。

除了这种帮助理解的作用外，法律的意义脉络对解释而言还有另一种功能：促成个别法律规定间事理上的一致性。在多种字义上可能的解释之中，应优先考量有助于维持该规定与其他规定——**事理上的一致性**者。联邦最高法院关于民法典第九一二条"越界建筑地租"额度的一项裁判,对以事理上的一致性为基础所作的"体系"解释,可以提供一个适例[28]。依民法典第九一二条第二项,地租之数额,"以逾越疆界时为计算之标准"。问题是,在计算地租时究应以逾越部分的土地于此时点之交易价值为准,抑或应以下述方式计算的较高价值为准:改建时,仅以剩余土地改建,与并同被越界部分土地一起改建,两者之间的价值差额。联邦最高法院首先正确地指出,于此仅凭民法典第九一二条第二项的字义不能作终局的决定。其进一步援引民法典第九一五条第一项作为比较,依此,租金请求权人(越界土地之所有权人或其权利继承人)得随时请求地租义务人"受让其越界建筑土地之部分所有权,而补偿其相当于越界时该部分土地价值之金额"。联邦最高法院认为,被越界土地的价值仅系越界时的交易价值,而非指其后更高的改建时的价值。越界土地所有权人移转土地所有权时,其得向义务人请求之金额,显然即系依民法典第九一二条所得请求的越界建筑地租之即时的资本化。因此,联邦最高法院得出如下的结论:在决定地租额度时,亦应以民法典第九一五条所认定的价值为基准。

民法典第九八七条以下规定,未占有其物之所有权人与物之占有人间的请求权关系。第九九〇条区分取得占有时善意之占有人与非善意占有人。只有对那些客观上并无——足以对抗所有权人之——占有的权利,因此依民法典第九八五、九八六条有返还其物义务之占有人,此种区分始有意义。学理上也获致下述结论:民法典第九八七条以下的规定只适用于,对所有权人并无占有权利,或已逾越其占有权利的占有人。前提是:彼此相关的规定脉络应该相互一致。

条文之间是否休戚相关,法律的外部体系可以提供一些指示。由民法典第八四二条以下对赔偿义务范围的界定以及"慰抚金"规定于"侵权行为"款中,可以推出:这些规定只适用在该款所称之"侵权行为"而生的损害赔偿义务,而不适用于违约所生之赔偿义务。如若不然,则此等规定宜置于债法总则章关于损害赔偿义务之内容的部分(民法典第二四九条以下)。然而也不能过分高估这种——基于条文在法律中的体系地位,质言之,——基于"外部体系"

而作的论证[29]。例如,民法典的物权法中就规定了一系列的"法定债之关系",例如,未占有其物之所有权人与无权占有人的关系(民法典第九八七条以下),或者,所有权人与用益权人之间的关系(民法典第一〇三六条第二项,一〇三七条以下),这些关系的发生基础固然是物权法上的法律关系,然而,此种关系之内容则从属于债权法的规定。反之,债权法中也会发现若干有物权法内容的规定,例如,法定质权的规定。因规定间的休戚相关,法律外部体系的归类有时会偏离基础的概念体系。后者也可以作为解释的基础,例如,不认识处分行为与债权行为的区分,就不能理解民法典第八一六条。然而,有些规整不能无所遗漏地纳入概念体系中,例如,预告登记及亲属法中的"义务性权利"[30]。此外,概念体系只能作粗略的校准,如何精确确定坐标,仍有很大的空间。概念体系本身不能说明,民法典第一一九条第二项所谓的物之"性质"所指为何,在何种情况可以认为某性质系"交易上重要的"。于此的解释必须求助于其他考量,例如,历史上的立法者之规范考量,规定的"合理意义"以及,规定中的危险分配。

答复法律意义脉络的问题时,不能完全与可能的字义及其他解释标准分离。只有留意到规整的目的,才能理解法律的意义脉络及其基础的概念体系。法律为维持和平而赋予占有暂时性的保护,使占有在物权移转及举证责任分配上扮演一定的角色,反之,其视所有权为法律所完全保障的对物支配,认识上述情况后,才能真正理解占有及所有权的不同规定方式。只在认识到其中隐含的法律——对相互竞争的所有权(维持其所有权)以及信赖让与者权限之善意取得人的利益所作的——评价之后,才能真正了解民法典第九三五条第一项。基于此种价值判断,我们才能确定规定所说的"遗失"意指为何[31]。于此,理解程序的往返流转的特质又再次显现出来:首先由两项规定的意义脉络才认识到,民法典第九三二条所宣示的规则被第九三五条第一项所限制。限制理由何在的问题又引导我们到立法者的构想以及构想中包含的利益评价,由此出发,眼光又回到个别表达方式(于此:"遗失"一词)的意义,借此更精确地加以界定。如果借此发现的解释存在于可能的字义范围内,对之又别无疑虑之处,循环就取得终点。

意义脉络的标准首先要求考虑上下文脉络的关系,这是理解任何意义相关的谈话或文字所不可或缺的。此外,它也意指规整脉络中许多条文间事理上的一致性、对法律的外部安排及其内在概念体系的考虑,然而,这所有种种对解释的价值都有限。经常只有追溯到法律的目的,以及(由准则性的价值决定及原则所构成之)法律基本的"内在体系",才能真正理解法律的意义脉络。意义脉络的问题本身已经引出目的性的标准。借此可以确认弗里德里希·米勒[32]的下述主张:不应视"传统的解释规则"为各自独立的"方法",而对之作个别观察。在具体的程序中可以证实,它们不仅相互补充、支撑,毋宁自始就交结在一起。主张解释者对不同方法有选择权之人,应该也要考虑前述说明。

第三款 历史上的立法者之规定意向、目标及规范想法

假使依一般或法律特殊的语言用法获得的字义、依法律的意义脉络,或依法律基本的概念体系所得的解释结果,仍然包含不同的解释可能性(也经常如此),就会发生下述问题:何种解释最能配合立法者的规定意向或其规范想法。由此就进入解释的"历史性"因素,在探求法律的规范性标准意义时亦须留意及此。虽然法官仍然可以依目的论的解释或法的续造之方式,适应新的情势并补充法律,立法者的规定意向及其为此所作的价值决定,对法官仍是有拘束力的准则。探求"立法者"的意志或其规范想法时,首先会产生下述问题:"立法者"究系何人。

现代国家中,立法者通常不是个人,毋宁是一个集会(国会),在有些国家还由两院构成立法团体,甚至可能是有投票权的国民全体。假使想探究所有参与法律决议,所有对法律草案表示同意之人对法律规定的个别想法的话,可想而知,这种努力必然会徒劳无益。这些想法根本无从究诘,即或可以,如其彼此相歧,又应以何者为准?有人假定,立法团体的成员通常会"采纳法律原起草者赋予其草拟之法律文字,并于立法理由中说明的意义"[33]。依此,"立法者的意志"即是各部会中负责起草法案之公务员的规范想法,或者是提出法律案或参与法律文字形成之国会议员的想法。大多数国会议员根本没有能力就个别法律的细节形成个人的见解。他们有意见,或他们事实上同意的,乃是法

律的规定意向或法律的目的,法律对社会政治的影响(尤其在措置法),整个法律的"倾向"。或许还会对一些先前有争论的个别问题表示立场。然后,基于下述信赖,他们就对整个法律表示同意:法律文字吻合其认可之目的及其认定应予考量之观点,而且法律适用机关及法院将依此解释法律。因此,他们是针对法律文字整体,而不是针对个别法律文字的特定解释表示同意。

依前所述,则"立法者的意志"只能是已显示之立法者的根本意向以及在立法团体或其委员会的讨论中曾经被提出并且并无异议的想法。解释时如果要探讨立法者的规范想法,即应以此为准则。至于具体的规范想法,换言之,个别规定或个别用语之精确意义及其适用范围的想法,就只能期诸法律文字的起草者及审查法案之委员会的成员。然而,不论是就团体成员个人,抑或就团体整体而言,其均非"立法者"。虽然如此,他们的意见对解释仍有重大价值,因为我们假定:他们在选择表达方式时,就其适用范围增加思虑,再者,他们也会努力选择一些能配合——他们支持,并且也详细研究过的——立法者规定意向的表达方式。但是对解释者而言,这还不算是具有拘束力的准则,也不乏解释者偏离此等想法之例,因为法律起草者对规范环境就算不是自始就评估错误,其规范想法经常也不能完全掌握规范的适用可能性[34]。

通常可以由法律制定史中获得关于法律起草者规范想法的资料[35]。依民法典第一九七条,利息、租金及地租、退职金、赡养费"及其他有规则地重复出现的给付"请求权,因四年间不行使而消灭。曾发生盈余分派请求权是否亦属本条所称之"有规则地重复出现的给付"的问题,因为这种请求权虽然会定期发生,但其额度常有更易,有时在没有盈余的情况,还根本不发生此等请求权。联邦宪法法院对此问题作出积极的答复[36]。字义本身容许作此解释。民法典第一九七条的制定史显示,第一次草案中的用语是:"所有其他——在有规则地重复到来之期间——应给付的请求权"。于此,"有规则"指涉的显然是日期,而非给付额度的高低。起草者后来虽然改变表达的方式,但并不拟作任何实质的改变。因此,额度之更易无碍于将盈余分派请求权归属于"有规则地重复出现的给付"之中。假使归类不取决于相同的额度,则时或不发生请求权,亦不妨碍此归类。联邦最高法院其实还应该再指出:请求权之不发生毕竟只是临界事例,一般而言,虽然额度不能确定,但应预期会有盈余。

认识参与法律准备及起草工作者之规范想法的根源有:不同的草案、讨论记录及添附在草案中的理由说明,认识参与立法行为者之想法的根源则为国会的报道。这些文件本身也需要解释,解释时特别应考量当时的语言理解、学理及司法裁判(假使法律起草者明白采纳它们,或者明显受其影响的话)以及立法者当时身处而必须予以考量的事实状态=规范环境。最广义的历史研究在这一点上可以协助法律解释。

假使立法者的规定意向及目的还不能由法律本身、法律的前言、指导性规定、标题、法律的意义脉络及由此显现的价值决定得到的话,前述的认识根源亦有助于探究此意向及目的。一项规整经常只能合理地追求一个目的。然而,一项法律规整常不只要实现一个目的,毋宁常以不同的程度追求多数的目的。关于限制行为能力人之法律地位的规则(民法典第一〇七条以下),其首先要追求的目标是:保护未成年人,使其免于受自己可能不利的行为后果之影响。然而,在(依立法者的想法)可以符合前述目的及社会期待的范围内,其同时也赋予未成年人为法律行为之可能性。民法典一一〇、一一二、一一三条即用以实现此目标。最后,法律并未将未成年人的相对人之"对立利益"完全置之度外,这特别是借第一〇八条第二项、一〇九条及一一一条来落实。但法律并未规定,为保护——不知有限制行为能力,或未得允许的情事之——善意相对人,限制行为能力人未得允许而缔结之契约亦视为有效的契约,其只是规定,在限制行为能力人的法定代理人承认契约之前,善意相对人得行使其撤销权。未成年人为单独行为时,对相对人之保护更为周致。

如果能澄清这些不同的规整目的及其包含之立法者的评价,就可以由此推论出若干个别规定的解释。例如,明显居优越地位之保护未成年人的目的,其将支持下述作法:民法典第一〇七条所说的,使未成年人"纯获法律上利益之行为"应作狭义解释[37]。依此,重要的不是:具体法律行为之整体经济效果对未成年人有利与否。该行为是否有利于未成年人,应由法定代理人判断。依此,未成年人只能独立自主地从事根本不会为他自己带来任何法律上不利后果的法律行为,因此根本不需要判断,利益是否已经超越不利的后果[38]。另一方面，保护限制行为能力人的规定，也不需要应用到该目的范围之外。假使未成年人未得其法定代理人之允许，为善意取得人之利益处分非属于他，亦非盗赃遗失之物，此等处分行为仍为有效之法律行为。虽然不能为他带来任何法律上的利益，但同样也不会为他带来如何的不利，因该法律行为生效而受影响的不是他的财产，而是迄至当时之所有权人的财产。于此涉及的是——既未为未成年人带来法律上的利益，亦不致产生如何的不利之——所谓的"中性"行为。因此，通说——与民法典第一〇七条严格的文字相反——承认此等法律行为之有效性[39]。然而，于此涉及的不仅是狭义的解释，毋宁已经依据——作为规定基础的——保护思想而修正规定本身的文字。修正的基础见于另一"中性行为"的事例：民法典第一三五条。依法律目的而修正法律文字，其已属目的论的限缩或扩张之范围，换言之，已经是一种"法律内的"法的续造（下文第六章第二节第四款）。

目的论的解释意指：依可得认识的规整目的及根本思想而为之解释。在个别规定可能的字义，并且与法律之意义脉络一致的范围内，应以最能配合法律规整之目的及其阶层关系的方式，解释个别规定。于此，解释者必须一直考虑规定整体所追求的全部目的。这些目的固然大部分为立法者所认识，然而，他不需要连目的之所有具体推论都——认识。解释者虽然以历史上的立法者所确定之目的为出发点，对此等目的的推论结果却必须深思熟虑，使个别法律规定均取向于确定的目的，因此，解释者事实上已经超越了历史事实上的"立法者的意志"，而以法律固有的合理性来理解法律。

埃姆斯特·施泰因多夫建议[40]，除了法律的目的，也应该承认"法律政治"为另一种解释标准，尤其是在经济法的领域。他认为，对于解释而言，"法律性的构想及已经成形的构成要件"，其重要性小于"法律政治"。然而，不管"政治"这个难以捉摸的概念如何界定，很多法律的目的当然存在政治的界域中。依我之见，"法律政治"即是法律在政治上的目标。假使法律的目标存在于经济政治的领域内，则法律"合目的论的解释"正意指：应以最能达成该经济政治目标的方式解释法律。因此，我认为："法律政治"与法律(在政治上的)目的并非不同的解释标准。

第四款 客观的目的论的标准

许多立法者借法律追求的目的,其同时也是法律的**客观**目的,例如:维持和平、正当的纷争裁判、规整的均衡性(完善地考量受影响的全部利益)。此外,我们要求规整应"适合事理"。只有假定立法者有此意向,才能借解释的途径获得一个——对具体的个案而言——"恰当的"解答。

因此就产生两类客观的目的论的解释标准,当迄至目前讨论的各种标准不能获致毫无疑义的解答时,它们就会发生决定性的作用。其一涉及被规整之事物领域的结构,质言之,连立法者也不能改变之实际的既存状态,假使他要合理的立法的话,在作任何规整时,他都必须考虑及此;另一类则是一些法伦理性的原则,其隐含于规整之中,只有借助这些原则才能掌握并且表达出规整与法理念间的意义关联[41]。之所以称之为客观的目的论的标准,因为立法者立法时是否意识到它们的意义,并不重要。

只有一并考虑——被解释的规范所拟规整之——事物的特质、其特殊结构,才能答复何种解释"适当"的问题。这点特别显示在下述情况:规范(或规范整体)拟规整一广泛的生活领域,但法律本身没有足够的资料来界定这个领域。当规范涉及"新闻"、"学术"、"艺术"、"竞争"、"自由业"、"保险业"时,即属此类。弗里德里希·米勒[42]称此等规范或规整指涉的领域为"规范范围",而将之解为:"规范计划视其为一种规定范围而'拣择出来',或创造出来的部分社会事实领域之基本结构"。他提及,法规范"不是一种权威式地覆盖在事实之上的形式,毋宁是由被规整的社会领域之事物结构中获得的,对前者所作的整理或安排之结论",这尤其显现在宪法领域。他举联邦宪法法院在"Mephisto"判决[43]中对艺术性质的深入考量为证。事实上,"规范范围"的既存结构确系客观的解释标准。它们是客观的目的论的标准,之所以要求应依此解释,因为法律应该以追求**适合事理**的规整为目标,在有疑义时亦应如此假定。然而,假使立法者为追求他认为更优越的目的而有意地背离此等结构时,只要解释的结果不致因此完全悖理的话,解释时即不可将此等结构列入考量。

于此会发生下述问题:"规范范围"的事物结构与所谓的"事物的本质"是否(以及在何种程度上)相同,我们将在他处(第六章第四节第二款)对后者作更详细的说明。事实上,这两个概念在很大的范围上相互重叠。然而,法律家经常将"事物的本质"想像为已经存在于"事物"(即生活关系)之中的——即或轮廓式或断简残篇式的——秩序,可以由存在的事物本身获得的规范性因素。想像"规范范围"已经有一定事物上的结构组织,此尚未包含前述规范性因素,因此其结论不若"事物的本质"那么广泛。某特定生活范围是否(以及,在何种角度上)需要规整,未必已由其事物结构所预定,艺术及学术的情况即是如此。一旦要规整它,则只有当规整本身适宜其事物的结构,才能被称为"适当的"规整。当法律家取向于"事物的本质",其视后者为借事物的结构已预先确定之规整,虽然在具体的细节上,该规整仍有变化的空间。而假使"事物的本质"已预作规整,则此规整亦为客观的目的论的解释标准。

由法的客观目的产生之客观的目的论的标准中,来自正义思想,要求(依该当法秩序之一般评价而言)同种的事物(或具有相同意义的事物)应予相同处理的原则,尤具重大意义。对评价上相同的构成事实作相异的评价,其构成评价上的矛盾,而与——被解为"同等标准"的——正义理念不能相容。因此,尽量避免这种评价矛盾既是对立法者,也是对解释者的要求。对后者而言,此要求意指:在法条可能的字义及意义脉络范围内,应选择尽可能避免评价矛盾的解释方式[44]。然而,这并不必然可行,此处涉及的是一种——只能以逐渐接近的方式来实现的——法伦理上的要求[45]。然而,"评价矛盾"不应与"规范矛盾"混淆,后者系指:不同的规范赋予同一案件事实相互排斥的法效果。这种规范矛盾必须被清除,或者赋予其中之一优先适用的地位,或者限制两者的适用范围,因为逻辑上不能想像,彼此相互排斥的法效果竟可以并存。在一个法秩序内,评价矛盾有时固然必须容忍,然而,因其抵触同种事物应作相同评价、相同处理的原则,因此应尽可能避免。

如果把民法典第一〇七条解为:未成年人亦不得独立为所谓的"中

性"行为,对民法典第一六五条就会产生评价矛盾,后者涉及的正是未成年人"中性"行为的一个特别重要的情况。只要依今日通说的见解来解释民法典第一〇七条,就可以避免这种评价矛盾。与避免评价矛盾有关的问题尚有:就善意占有人向所有权人返还其已收取之孳息的义务,对民法典第九八七条以下所作的解释。依此等规定,除"逾分的孳息"外,只有无偿取得占有时,善意占有人才需要返还其于请求返还所有物之诉讼系属前取得之孳息,并且是依返还不当得利的规定(第九八八条、第九九三条第一项)确定其返还范围。有偿取得占有之善意占有人得保有其收取的孳息。反之,民法典第八一八条第一项规定,不当得利返还请求权的范围及于已收取之孳息。如是,当善意占有人依无效的买卖契约同时取得物之占有及物之所有权(基于所有权移转行为的"抽象性质")时,则其受不当得利法之规范,因此依民法典第八一八条第一项有返还其已收取之孳息的义务。反之,假使不仅买卖契约,连物权移转行为亦属无效时,则善意占有人反得保有其已收取之孳息。假使认为民法典第九八七条以下就孳息所为之规定系一种穷尽的特殊规定,于其适用范围内,其他规定(包括不当得利的规定)尽被排斥(帝国法院即采此见解:RGZ 163,352),如是,则虽无法律上的原因而毕竟曾取得所有权的占有人,就关于返还孳息一事,其地位反劣于无法律上理由而取得占有,但从未取得所有权者。如是将构成一种评价矛盾,因为如果要对这两种情形作差别处理的话,曾取得所有权之占有人应享有较佳的处遇。为避免此等评价矛盾,帝国法院宣称,无法律原因之取得亦属无偿取得,然后迂回透过民法典第九八八条,又可以将不当得利的规则适用于此。然而,将无法律上原因之行为与无偿行为等视同观的见解,毕竟不能维持。比较正确的做法是:为避免可能发生的评价矛盾,不可视民法典第九八七条以下的规定为——于其适用范围内,可以排斥其他规定之——穷尽的特殊规定,对第九九三条第一项(后段)应作如下的限缩解释:其并不影响第八一八条第一项之类的不当得利请求权之存在[46]。

解释时取向于——超越个别规整之——**法伦理性的原则**，例如，信赖保护原则以及为自己的事务范围中之缺失负责的原则，其有助于避免评价矛盾。然而，这些原则在个别的规整中有不同的，有时甚至不一贯的形成方式，它们也可能与其他同位阶的原则或法律目的竞合。因此，解释法律时，必须一直留意：某种法定规整还给何种原则保有多大的空间。

各该原则之适用范围及其相互作用的标准均存在于法的"内部体系"[47]。"法律的理由"经常源自于此。"法律的理由"一语具有多义性。它可以意指目的、"合理的理由"、规整的原则。立法者未必自始就意识到这些规整内含的原则，它有时是由学界嗣后整理出来的，因此应视为一种"客观的目的论的"标准。例如，在现代危险责任发展之初，尚未认识到它的基本原则，毋宁只视其为不能以反证推翻之推定过失的责任。视其为一般有效之过失原则的例外，而为了同时兼顾此原则，只要被害人于此有轻微过失，即排除前述推定责任。直到认识危险责任有其独立的——民法典起草者未曾认识的——责任原则，下述见解才得以贯彻：即使在铁路运送责任的情形，仍应依民法典第二五四条来处理被害人的与有过失。

> 于此，为避免"不能容忍的"评价矛盾，司法裁判将制定于民法典之前之一项法律的明白文字以及民法典立法者明显的意志弃置不顾。依一八七一年六月七日帝国赔偿责任法第一条关于铁路赔偿责任的规定，假使可以证实不幸事故是"因死者或伤者本身的过失所致"，则铁路方面不负赔偿责任。帝国赔偿责任法发布后三十年，民法典在第二五四条对所有损害赔偿义务作一般的规定：在被害人有"与有过失"的情况，应依双方造成损害的比例来分担损害责任，换言之，赔偿请求权不致完全丧失。负责使帝国赔偿责任法配合民法典的立法委员会，其仍保留该法第一条的规定，因其认为：在（其仍认系属过失原则之例外的）铁路运送责任的情况，任何被害人的过失都足以排除铁路方面的责任[48]。虽然如此，帝国法院仍然很快地[49]，并且之后又不断地继续适用民法典第二五四条于铁路负危险责任的案件，因此，其实际上已排除帝国赔偿责任法的规定（即只要

被害人有过失,即完全排除铁路方面的责任)。联邦最高法院赓续这种裁判见解,并说明其理由如次[50]:民法典公布后,在所有引入危险责任的法律中,立法者均宣示得适用民法典第二五四条,应认为:即使在危险责任的情况,依民法典第二五四条来权衡双方与有过失的情形符合"一般的法律见解"。"曾主导第二次审查委员会关于民法典第二五四条能否适用于赔偿责任法第一条的讨论之民法施行法第四十二条的思想,不能再主张其效力"。"没有任何立法理由足以说明,被害人与有过失,何以对铁路营运者之致人于死或致人受伤所负的责任,应发生此等影响,而对铁路营运者就物之毁损所负的责任以及汽车或航空器或电厂业者所负的责任,即应有他种判断"。这些句子已明白显示出:由历史解释过渡到客观的目的论的解释。联邦最高法院认为下述情形是一种应予避免的评价矛盾:与于其间所有其他立法者规整的危险责任相反,只有在铁路责任的情形,才例外地不适用民法典第二五四条所定的损害分配原则。联邦最高法院认为这种评价矛盾是不能容忍的,因为不能发现这种不同的规整有何合理的根据。新修正的赔偿责任法第四条本身就明白指示参照民法典第二五四条。

就同一法律问题,假使较新的法律针对其他的地域及事物范围,作不同于较旧法律的答复,在法秩序中就会发生嗣后评价矛盾的情形。如是,则有时必须适应较新的立法,来解释较旧的法律。在前述——牵涉普鲁士矿业法第一四八条中之"矿井拥有者"概念之解释的——裁判中[51],联邦最高法院为支持其——与向来司法裁判——不同的见解(即:矿井承租人及受益权人亦包含于此概念中),乃进一步指出,许多新的法律都作与此解释相应的规整。例如一九三四年五月十二日普鲁士石油法及一九三四年十月十六日普鲁士磷法中均以下述标准准用普鲁士矿业法第一四八条以下的规定:为自己的计算而经营业务者应承担补偿责任。尚有许多法律及命令包含此类规整,特别是一九六八年六月十一日诺德尔海恩-威斯特法伦邦对普鲁士矿业法的第四次修正法。这些新的法定规整指出:"不同的立法者却一致认为:像帝国法院的裁判那样,将矿井损害的赔偿义务限由矿井所有权人负担,这是一种不能让人满意的解决方式。其一致认定:有必要让事实上取得土地资源者(单独,或与矿井所有权人一起)负担补偿责任"。基于另一观点,值得再次说明这项裁判:为支持其各自不同的解释,帝国法院及联邦最高法院均援引"法律的理由"为根据。帝国法院认定的法律理由是:矿井所有权人既被授予——限制土地所有权之——矿井所有权,因此,"使享受物权者及其权利之继承人,就其被赋予之特权承担补偿的义务",乃是合理的[52]。联邦最高法院则认为,损害赔偿义务之法律理由不在于特权之授予,而在于矿井权利之行使,在出租的情形,其行使者正是承租人。只有考虑当时尚未认识危险责任原则的情况,才能了解帝国法院的看法。帝国法院无法发现,责任的根据在于:土地所有权人之损害系矿业经营的典型危险,属于营业的风险范围。它没有要求责任的根据存在于危险的活动中,而认其存在于国家授予矿井所有权的行为中,盖认此行为系对土地所有权的"限制"。今日因危险责任的发展,才肯定法律的理由在于:损害的风险应归由创造风险之营业承担。依此观点可一贯地推论出:矿井拥有者应包含为自己的计算而营运矿井者,他有时是承租人或受益权者。

最后,联邦最高法院的这次裁判,也为各种不同解释标准的协作提供一个令人印象深刻的例子。依法律语言用法中"矿井拥有者"一语的(过去及今日的)字义,依今日的教义学重新理解之法律的理由以及较近明白的立法趋势,三者均指向同一方向。所有这些论据总合起来的份量如此之重,因此,联邦最高法院终于决定扬弃被坚守了数十年的解释方式。这种司法裁判见解的改变,形式上看来虽然只是修正以往不能再维持的解释,实质上已无异于一种法官的法的续造。

第五款 合宪性解释的要求

作为解释准则的许多法伦理原则中,其享有宪法位阶者更显重要。尤以宪法基本权部分中之原则及价值决定为然,例如:"人性尊严"的优越地位(基本法第一条)、对人的自由范围之广泛保护(具体表现在基本法第二、四、五、八、九、十一、十二条)、平等原则(落实在基本法第三条第二项、第三项),此外尚有——具体显现于基本法第十九条第四项、第二十条第三项以及司法权一节中的——法治国思想以及,议会民主制与社会国思想。普遍承认,即使在解释单纯的法律时,在具体化"概括条款"时,亦须遵守前述诸原则。在位阶上宪法规范高于其他法规范,因此,抵触宪法原则之一般的法律规范将归于无效。行宪后的法规范是否抵触宪法,惟联邦宪法法院有决定权。该法院在许多裁判中[53]宣示:只有当一项规定无法作"合宪性"解释时,始能认其为违宪并因此无效。因此,必须先探究,依"一般的解释方法",被认定违宪的解释是否是"唯一可能的"解释,如是,则该规定无效,或者,结果合宪的解释仍属可能[54]。相对于其他将使规定违宪的解释,应优先择用依其余解释标准仍属可能,且并不抵触宪法原则的解答。以此种方式被解释的规定是有效的规定。由此可以推得:在多数可能的解释中,应始终优先选用最能符合宪法原则者。因此,"合宪性"也是一种解释标准[55]。

贝特尔曼[55a]反对联邦宪法法院的做法,他认为,假使审级法院选择的解释违宪,联邦宪法法院应撤销审级法院的裁判,而不是以另一种内容的裁判来取代它。如是,则联邦宪法法院不仅决定审级法院的判决应否维持,还进一步决定有关规范的内容为何。对此应采取何种看法?问题并不在于,在不同的解释可能性中,联邦宪法法院单纯地选择了一种可以维持原判决的方式。各种解释方法之间固然没有僵固的位阶秩序,但是我们将指出:它们也不是可以任意交换的。可以在两个同样很有根据的解释中作选择的事例,毋宁并不多见。而只有在这种情况下,联邦宪法法院才可以用自己的解释来取代审级法院的解释。否则,即应撤销违宪之审级法院的判决。

如果合宪性解释要维持其解释的性格,它就不可以逾越法律字义及其意义脉络所划定的界限。联邦宪法法院就曾多次提及:"鉴于规定的明显字义",合宪性解释已不复可能。合宪性解释也不可以对法律的目的恝置不顾[56]。然而,假使立法者追求的影响作用超越宪法容许的范围,依联邦宪法法院之见[57],可以将法律限缩解释至"合宪的"范围。于此,重要的是:"立法者所选择的准则,在依宪法能维持的程度内,亦被维持"。事实上,此处涉及的不再只是解释,毋宁是一种目的论的限缩(下文第五章第二节第三款),质言之,一种合宪的法之续造[58]。此处的标准不再是该当规定的意义及目的,毋宁是合宪性的要求加下述努力:在合宪性要求容许的范围内,尽量维持规范的存续。

法治国、社会国原则、基本法第三条的一般平等原则为具有宪法位阶的法伦理原则,固然都是直接有效的现行法,然而,它们或者根本未曾,或者仅部分形成——已详细界定其构成要件及法效果的——法条[59]。作为"原则"它们是须填补的准则,就其具体化,一般立法者及司法裁判均同被召唤。于此,立法者依宪法享有具体化的优先特权[60]。此意味:原则如有不同之具体化可能性时,法院应受立法者选择之可能性的拘束,不得(依"合宪性"解释,或修正法律的方式)以另一种——依其见解应优先抉择的——可能性取代前者。只有而且只要当立法者的规整根本抵触宪法原则,换言之,根本算不上具体化的可能方式时,该法律即因违宪而归于无效。此亦适用于行宪前的法规范。只有在下述两种情形,法院才有直接具体化宪法原则的机会:法律漏洞不能以其他方式填补,或者,法律本身——特别是应用诸如"善良风俗"之类须填补的概念——赋予法官具体化的余地。

联邦宪法法院一再提及基本法的价值秩序,有时甚至称其为一种"价值阶层秩序"[61]。当审级法院的确定判决违反宪法时,宪法法院有权审查。此尤以下述情况为然:"判决的基础根本错认基本权的意义及效力范围,或者,解释的结论与基本权规范及其内在的价值阶层秩序根本不能相容"[62]。然而,"价值秩序"甚至"价值阶层秩序"是容易产生误解的用语。它不是一种由"本身"有效的多数价值(及其各自之阶层地位)所构成的完整目录[63]。提出这种目录,其逾越立宪者的能力及权限范围。正确的是:基本法的基础确系存在于对若干一般人类价值(特别是人性尊严及人格价值)的信仰,正是为了保护这些价值才赋予个人(受广泛保护的)基本权,也因此才将若干法伦理及宪政原则提升为具宪法位阶的现行法,例如:平等原则、法治国及社会国原则。同样正确的是:各种基本权及各种原则并非毫无关联地并行适用,毋宁在意义上彼此相关,因此可相互补充、相互限制。当联邦宪法法院提及宪法是一种"意义整体"或"基本价值体系整体"时,其所指亦仅此耳[64]。而绝非主张:个别基本权或宪法原则的"价值地位"可以直接由基本法中直接读出。由下述情况就可以了解,该法院绝非采此见解:在遇到基本权或其他宪法保障的法益之间发生冲突时,联邦宪法法院主要是借"在个案中之法益权衡"的方法来解决的(这点我们将在下文第五章第三节中提及)。

假使要详细确定基本权的界限,而该基本权依宪法又可以借"一般的法律"加以限制时,联邦宪法法院由"合宪性解释"的要求推得一项特殊的结论:在解释用以限制基本权之"一般的法律"时,亦须考虑被限制的基本权本身及其崇高的价值位阶,借此,基本权在一定程度上可保有其优越性。于是就产生联邦宪法法院所说的[65]"下述意义之交互作用:字义上说来,'一般的法律'固然可以划定基本权的界限,但同时也必须基于基本权在民主国家中的重大价值来解释该法律,因此其限制基本权的作用也受到限缩"。联邦宪法法院称此为:基本权对于——用以限制基本权的——普通法律的"影响作用"[66]。假使涉及的"一般的法律"是"概括条款"(民法典第八二六条),那么这点就可以理解,因为在具体化该法律时,基本权的优越价值自不容弃置不顾。因被限制的基本权之意义及其优越的价值地位,由是要求对"一般的法律"作限缩解释,这点又促使联邦宪法法院在基本权与法律拟保护的法益之间作"法益权衡"。联邦宪法法院显然不是把"一般法律"本身的字义当作限缩解释的界限,只要是维持基本权的优越价值所必要者,联邦宪法法院也会更正法律。此处涉及的不仅是单纯的("合宪性的")解释),毋宁是以宪法规范以及(以此为据的)价值优劣决定为据,而从事的法律更正。

第六款 各种解释标准之间的关系

业已多次提及,前述各种标准并非——可由解释者任意选择之——不同的解释方法[67],毋宁为各有其重要性的指导观点。这些观点与萨维尼所提出的四项解释要素并不完全重叠,毋宁已经超越它们。至于各观点之间的关系如何,可说明如次:

1. 由一般的语言用法获得的**字义**,其构成解释的出发点,同时为解释的界限,在可能的字义范围外,即使以"扩张"解释之方式亦不能谓合于字义者,不能视之为法律的内容而加以适用。通常字义并不明确,经常仍包含多种意义可能。下述——经常听到的——主张——明确的表达方式不须再作解释，多少容易造成误解，因为大多数日常用语，甚至法律用语都是不明确的，数字及专有名词或属例外。由字义已经"明确地"得出某种意义，这种确认本身经常已经是一种解释的结果[68]。法律的特殊语言用法通常应优先于一般的语言用法，除非由其他标准可知，法律有意偏离其固有的语言用法。有时由法律的特殊语言用法已经足以确定其意义，于此，则只须求得法律的语言用法，并且确定其不拟偏离其固有的语言用法，解释即告结束。还能考虑的就只剩法的续造，假使其要件具备的话。然而，法律的语言用法通常还包含不同的意义可能；如是，则须取决于其他标准。

2. 在探求某用语或某语句于某文字脉络中的意义为何时，法律的**意义脉络**（其"前后关系"）是不可或缺的。在探求法律的特殊语言用法，确定法律不拟偏离此用法时，亦无不同。此外应期待：同一规整中的不同规范，其彼此在事理上应相互一致。因此，在有疑义时，应选择能维持一致性的解释方式。可以由法律的外部体系及其基础的概念体系，来求得规定间在事理上的相关性。但是对这两者都不能过分高估，因为法律未必一直坚守体系，若干规定也不能（全然）纳入概念体系之中。

3. 假使法律的字义及其意义脉络仍然有作不同解释的空间，则应优先采纳最能符合立法者的**规定意向**及规范**目的**之解释（历史的目的论的解释）。立法者的规定意向及目的可以由立法当时的历史情境、规整的动机、立法者的意向声明、官方的立法理由说明以及规整本身（假使其明确地取向于某目的的话）求得。原则上，法官在解释法律时应受法律目的及其基础之立法者价值决定的拘束。

4. 反之，准备及起草法律者详细的**规范想法**则不具此拘束力。虽然如此，由草稿、讨论会记录及理由说明中获得之具体的规范想法，其对规范内容的理解仍是极有价值的协助资料。但是它们通常并非就是真正的立法者意志之表现，此何以其不能拘束解释者。此外，它们经常只及于规范及其适用情况的部分，而未包含全部角度，仅因此，解释者即不得不超越它们。

5. 假使前述标准仍有未足，解释者即不得不求助于**客观的目的论的标**

准,虽则立法者本身对此未必有充分的意识。这种客观的目的论的标准,一方面包含规范范围的事物结构,另一方面包含法秩序中的法律原则。此外,正义的命令(受相同评价的事物应受相同处理)要求:尽可能避免评价上的矛盾。因此,在可能的字义及意义脉络范围内,解释者应优先采纳足以避免评价矛盾的解释。

6. 具有宪法位阶的法伦理原则,对解释具有特殊意义。**"合宪性"**解释要求:依字义及脉络关系可能的多数解释中,应优先选择符合宪法原则,因此得以维持的规范解释。在具体化宪法原则时,法官应尊重立法者对具体化的优先特权。假使原则的具体化有多种可能性,只要立法者的抉择并未逾越其被赋予的具体化空间,则法官应受此抉择之拘束。不论是立法者或是法官,当他在作"合宪性"解释的具体化工作时,他都必须留意多数宪法原则之间的相互作用,它们不仅相互补充,也彼此限制。

依此,则字义及脉络主要发生限制性的作用。在它们所划定的界限内常还有多种解释可能性。最重要的常是目的论的标准。起草法律者的规范想法可以作为补充材料,其有时可发生决定性的意义,例如,当法律起草者选择表达方式发生错误时。

依此虽然还不能构成一种固定的——各种标准之间的——位阶关系[69],依此得以终局地确定个别标准的重要性;然而,它们毕竟不是无所关联的并立关系而已。字义可以划定规定**可能的**解释界限,因此应该由此开始解释的工作;由此自然很快会趋向——该规定与其他规定之间的——意义脉络。而惟有基于对规整目的的认识,才能理解前述意义脉络。标准重要性如何,很大部分取决于其将造成如何的结果。标准也经常相互支援,就此请参照前述联邦最高法院关于"矿井所有权"的裁判。下述情况特别会发生矛盾的结果:立法以来已经经过长久时间、规范环境变化、基本的法律原则演变,以致以历史上的立法目的及法律起草者的规范想法为准据的解释变得不能接受。规范环境的变化,我们会再作补充说明。在基本的法律原则发生演变时,则依前述避免评价矛盾的说明来处理。假使以往的解释抵触宪法原则,则应审查合宪性解释是否可能,如果可能,则应优先选择此种解释方式,如否,则规范即因违宪而归于无效。整个说来,多数解释问题可如是以符合方法要求的方式获得解决。

由法律制定史而得的论据何时必须向客观的目的论的标准让步,原本妥当的解释何时必须向另一种取向于现代标准的解释低头,对这些问题终究无法作精确的答复,对于这点大概不致于感到惊奇吧。我们已经一再强调,解释不是计算题,而是一种有创造性的精神活动。在遇到临界事例时(它们经常会到达最高法院,由其作成裁判),解释者所从事的工作,与依据须填补的评价标准来判断案件事实以及就案件事实作归类的工作,并无大异,解释者于此都拥有判断余地,于其内,多数不同的裁判都是"可接受的"。虽然有判断余地存在,但不能因此就认为依方法从事解释是没有价值的,甚至认为可以任意"选择方法"。解释者必须考虑各种不同的解释观点,并说明其选择某种观点为决定性标准之理由[70]。法院就此常有欠缺。在穷尽所有获致确实可靠的结论之方法以后,法官才可以作出只对自己负责的决定。于此,他也必须清楚表明其抉择的价值判断。

第七款 解释法律与解释法律行为之比较

之前(第四章第四节第二款)在探讨案件事实的法律判断时,已经稍为提及法律行为的解释。为确定两者同异之处,自然会想到将两者作一比较。在最近一本关于法律及契约解释的书中[70a],作者主张:如果略过其中(重要的)一点,这两种解释事实上遵循相同的原则。我认为这项主张是错的,理由简短说明如下:

解释法律行为时(特别是契约,遗嘱则暂且不论),主要涉及的问题是:为表示及受领表示的双方当事人对表示的意指及理解不同,因而争论标准的意义为何。原则上应取决于表示者的意指,假使——对受领者而言——该意指已清楚显示于表示之中的话。受领者于此也必须尽力探求表示者的意指,必要时应进一步询问。假使受领者能够认识的话,表示者的特殊语言用法也必须考虑。假使受领者所理解的,显然不同于表示者的意指,特别是当表示者有误写、误算或选择错误用语的情形,于此,表示的标准意义是受领者可得理解的意义,但表示者仍保有——因意思表示内容错误——依民法典第一一九条第一项撤销意思表示的权利。只有在表示被双方作同一理解时,表示的标准意义方才不取决于该当表示客观可得理解的意义。

反之,在解释法律时,双方当事人(制定规范者及受规范者)的理解及理解可能性如何,并不重要。于此,制定规范者及其语言用法处于中心地位。该当受规范者事实上如何理解,并不重要。策勒也指出,于此应假定制定规范者想创造出合理的规整。此外尚取决于规整的前后关系(脉络关系),其目的及历史上的立法者之意向。就此,准备及起草法律者的声明及理由说明,可以提供一些资讯。解释法律行为时,并无类似情形。此外,法定规整背后还隐含着——可期待其存在之——创造正当规整的立法企图、法伦理性的原则、该当规整所涉及之"事物的本质",最后还隐含下述要求:相同事物应作相同处理及避免价值矛盾。这些在解释法律行为时,都不重要。

然而,法律行为或法律的解释,都同样涉及:探求言语表达的"正确"(法律上标准的)理解。之所以需要解释,原因均在于日常语言的多义性、开放性以及排除此等情况的必要性。除此之外,这两种解释都各有其特殊任务,所涉及的当事人利益也各自不同。如果想将原本适用于此的解释原则,转用到另一种解释上,必须极度审慎为之。

第三节　影响解释的因素

第一款　追求正当的案件裁判

法官是针对具体的待判案件而从事法解释工作。德国法官(至少在民事法领域)认其任务在于:就被托付的案件作出"正当的"裁判[71]。只要在法律容许的范围内,这种追求是妥当的(上文第三章第三节第五款)。法秩序整个臣属于正义的理念,有义务服从其所提要求,而且法秩序(规范意义上的)效力要求之最后根据也在此。可以假定,法律倾向于促成符合正义的解答。对民事法官而言,"正当的"案件裁判意指:考虑到双方当事人合理的愿望,促成利益均衡的情况,因此,每一方当事人(只要他也合理地考量他方的利益)都能接受的裁判。这个目标未必都能达成，但是追求它们是法官职业伦理上的要求。

为达成这项目标，有些法官尝试把法律解释及适用这套——繁复又未必令人满意的——方式搁置一旁，直接依法官的"司法感受"（＝借法官活动而清晰化的正义感受），依其所认定之当下案件的"正当""公平"决定而为裁判。这样形成的裁判，其理由是事后追加的，于此，说理的方式取决于目标（＝预先取得的裁判）。之前（第二章第三节第二款）曾经提及，这种作法并不妥当，因为法律于此不再是发现裁判的准则，而且显然有操纵法律的危险。当然也不能禁止法官就待判案件形成预定见解。他或者会期待，法律将证实此见解。然而，对法律的忠诚义务要求他，同意让法律修正其预定见解。硬将他希望的结论塞入法律之中，是不被容许的。从追求正义的角度来说，只有当法官无论如何都能事先认识正当的裁判时，前述做法才不会令人生疑。情形恰好不是这样。不管是法感（伊赛），或是法官的先存理解（埃塞尔），乃至一般"理性法的考量"（克里勒）都不是——足以让我们放弃正确理解法律这条"迂回道路"的——确实可靠的路标。再者，在若干事物领域，法律有充分理由优先考量法的安定性、合目的性及实用性，而非个案正义。其中隐含之立法者的价值决定，法官也不可轻易弃置不顾。

因此，案件裁判合乎正义，这固然是法官活动中值得追求的目标，但并非另一解释标准。这项目标只能在现行法以及普遍承认之法律原则的范围内，因此也只能透过前述解释规则或（被许可的法官之）法的续造（下文第六章）来实现。这并不是说，追求"个案正当"的解答，在解释上全然不发生任何作用。它甚至具有重大意义。它向来是促使大家对法律解释重新彻底思考，并寻求新观点的动力所在。法官期待，而且也可以期待：一般而言，法律应该可以使他获得正当的，或至少（在正义的观点下）"可接受"的决定。如果期望落空，他就有足够的动机质疑原本的解释、重新审查解释之当否。然而，在具体的个案中"正当"的解答为何，有时极有疑义；在某些事件中，根本没有唯一正当的解答。然而，有些决定则显不正当。如果某种解释迫使法官作此决定，则个案正义对法官就具有警告的意义。他必须自问，其所采取的假定本身是否有误，无论如何他将发现一个较好的途径。他也将考虑"超越法律的法的续造"之方式。

因此,法官虽然负有实现正义的义务,这究竟不能改变下述情况:依据宪法他必须依据——为整体法秩序之构成部分的——法律来裁判,而非依据其个人的"正当性确信"。假使在解释及具体化其中的评价准则上,法律并未赋予法官自为判断或评价的空间,法官就必须严守——依据符合方法要求的解释及法的续造所获得的——法律及法的结论。只要没有误导法官依自己的想像来操纵法律,在法官的裁判过程中,个案正义的追求仍旧是一种妥当的因素。它是促使一再重新审查的必要动力;然而,因为它经常诱使法官超越明定的法规范,以自己的正义观来代替法定标准,它又是危险的。对此,方法上的指示助益有限。在法律忠诚及个案正义间一再发生的矛盾情况中,法官最后只能依其良知来作决定。在今日显然是比较倾向于有利于个案正义的一方[72],所以如此,与今日立法者威信的减损息息相关,他经常未用足够的时间、努力彻底考量其用语是否妥当,本来可以(而且也必须)期待他作成的决定,他疏未作成的情形也屡见不鲜。这两种情形都令人极端疑虑。特别是在今天社会关系复杂的时代中,审慎制定的法律以及严肃对待"法律及法"的拘束之法官,两者对法治国而言均属不可或缺的要求。

第二款 规范环境的演变

会导致重新审查,乃至改变迄今的解释之许多因素中,规范环境的演变有举足轻重的意义。涉及的情况是:历史上的立法者针对规整的事实关系及习惯,发生如此重大的改变,以致既存的规范不再能"适应"变更后的事实关系。于此显现的是时间的因素。作为历史事实,法律与其时代有一种功能上的关联性。但时间并非静止不动者,立法当时,以立法者所预期的方式发生作用者,其后可能发生非立法者所预期,或非其所愿意认可的作用。然而,法律借其得适用于将来多数事件的性质,尝试保障人际关系一定程度的稳定性,它是许多人安排未来时的前提条件,因此,并非**任何一种**事实关系的演变,马上就可以改变规范内容。毋宁是先发生一种紧张关系,只有当迄今的法律理解变得"显"不充分,大家才会透过变更解释,或借助法官的法的续造,寻求新的解答[73]。

新的解释如果想维持其解释的性质,就不能逾越法律(当时或者——为作出比较"符合时代"要求的解释——今日的)字义及脉络所划定的范围,通常也不可将法律目的恝置不问。假使原本的目的不可能再达成,或者已经达成,因而丧失其客体时,则又不然。于此须先究问:在今日法秩序范围内及事实关系中,该法律可否追求另一合理目的。假使答案是否定的,那么在今天适用该法律就会造成全无目的、全无意义的结果,因此即不宜再予适用。于此种极端情况,即可适用罗马法谚:"法律理由停止之处,法律本身也停止"[74]。如果某规范恰好是针对特定暂时的事实关系而制定的,一旦此关系不存在,前述情况就会发生。反之,假使规范尚有合理的理由或目的存在(即使其并非立法者当时虑及者),则仍可依适宜此目的之解释来运用它。更常见的情况是:鉴于事实关系的改变,只能借助"比较广义"或"比较狭义"的解释方式,才能达成原始的目的。司法裁判中有一系列的事例。以下将举出若干道路交通的事例,其于今日,与本世纪初相较,自是大不相同。

第一个事例是:道路交通法第七条所谓的车辆"在运行中",应作何解释。帝国法院采狭义解释,认为:只有当车辆借其马达动力正在移动之中,才能认为车辆在运行中。在暂时中断移动的情形,则尚将之视为运行的必要条件。依联邦最高法院的见解[75],前述判断"鉴于车辆交通及其危险的高度成长,不再能符合道路交通法第七条的意义及目的"。车辆长时间以停车的状态停放在快车道上,在车辆交通上同样构成其他交通参与者的典型危险。依其见解,停驶的车辆在公路上造成的交通危险甚至大于行驶中的车辆。联邦最高法院于是宣称:"下述做法是必要的,而且依道路交通法之责任规定的意义及目的也是正当的:当一辆车撞上停止的车辆而发生意外事故,则不仅行驶中的车辆,停止的车辆也被视为在运行中,因此,依危险责任的观点,双方车辆拥有者均负损害赔偿义务"。虽然立法者在一九〇八年仍然认为,车辆的危险主要来自于马达动力而来的迅速移动,但无碍于:"在运行中"的概念可以配合今日交通情况的经验及必要性,作不同的理解。"于此,法官如过分执着——虽然过于狭隘的——机械性运行概念,他就无法善尽其义务"。

第二个事例涉及：刑法典第二四三条第一项第二款所谓"围绕的空间"等字的解释。因为汽车盗窃事件日渐增加，有人希望改变这几个字的解释，以便能作更强的保护。帝国法院认为："围绕的空间"只能是被划定界限的土地或水域，因此，汽车、汽车住房及船只这类移动物体即不属之。联邦最高法院扬弃这种——由字义上说来亦无必要的——限制[76]。因为帝国法院所作的限制既非字义，亦非规定目的所必要者，因此，于此涉及的事实上是一种"配合时代"的解释，而非——于此应被禁止的——类推适用。

最后要谈一个限缩解释的事例。联邦最高法院认为：民法典第七〇八条的责任减轻规定，亦可适用于合伙人或配偶在道路交通上的行为的过失[77]。然而，依联邦最高法院之见，民法典第七〇八条的责任标准"一般并不适用于道路交通法"。该法院提及，"依立法史及法律的目的，该规定原本不拟适用"，于此，其原本"只想规范合伙人之间的财产关系"，于此，该法院只是揣测立法者的意志，而并未提出任何证明。我认为重要的事实上是：在今日的事实关系上，驾驶车辆（即使是纯为自身的利益）绝不能被视为第七〇八条所意指的仅属驾驶者"自己的事务"[78]。因为这种行为的任何疏失都不仅危害行为人本身，亦将危及第三人。（即使在合伙人之间）此种过失责任的减免，绝非法律意旨所在。依循此种思想过程，于此即涉及（"自己的事务"等字的）限缩解释，否则就必须视之为目的论的限缩。

由是，规范环境的演变可以导致迄今标准的规范意义之改变——或限缩之，或扩充之。除此之外，整个法秩序内部结构上的演变[79]也可以造成法律解释的转变，例如，明显的新的立法趋势、法律理由或客观的目的论标准的新解，以及配合宪法原则对行宪前的法制作必要的修正。这些之前都已经提过。只要法院相信，迄今的解释因假定错误，或推论不够可靠而错误时，它就可以放弃此种解释。虑及时间的因素，以往正确的解释，今天可能不然。但是却很难精确确定，从哪个时点开始，解释不再是"正确"的。原因在于：变更解释的演变是持续性,而不是一次完成的。在"其间",或坚守固有的解释,或转向符合时代的新解释,两者均是"可接受"的。原本可以算是合宪的解释,因为标准事实关系的演变,之后可能变得不然[80]。如是,则须在多种——依其他标准认为可能的——解释之中,选择今日认为符合宪法要求者。

假使涉及民主法治国的组织,或牵涉借基本权显现之价值秩序的宪法规定,在认定因环境演变所致之"意义演变"时,即须特别审慎。宪法本身有更高的稳定作用,此何以修宪程序特别繁难。因此,透过新的解释以改变宪法内容,亦应有严格的界限。界限何在的认定则非方法论的任务,而是宪法学的职责[81]。联邦宪法法院在"国会议员津贴"案[82]中判定:基本法第四八条第三项保障对国会议员"提供适当,足以维持其生计的补偿",其"基于前述……演变已获得新的意义";该法院要求立法者制定与此相应的新规整。然而,于此并未涉及前指的"根本"规定。

第四节 若干解释的特殊问题

第一款 "狭义"及"广义"解释;"例外规定"的解释

经常有人提及某项规定应作"狭义"(限缩)解释,或"广义"(扩张)解释。其意指为何,未必十分清楚。恩吉施[83]指出,这对概念至少有四种不同的意义。他自己选了一种以主观解释论为基础的意义。依此论,在可能的字义范围内,应依据隐含其中之"立法者的意志"(即:起草法律者的规范想法)来探讨用语的意义。依此,如狭义理解较能符合"立法者的意志",则须为"限缩"解释;如广义理解较能符合此意志,则须为"扩张"解释。然而,之前已经提及,法律起草者的规范想法只是多种解释标准之一,再者,其对解释者不具拘束力。解释的最终目标不是探求历史上的立法者之"实际意愿",毋宁在寻找法律在今日法秩序的标准意义。这当然要在用语的字义范围内为之。但是我们也知道可能的字义是变化不定的。在各种不同的意义可能中,如果其中一种较他种的适用范围狭隘,则称之为"狭义",其有更宽广的适用范围者,则称为"广义"。如表达方式源于日常用语,则狭义者常与所谓的核心范围重叠,后者系依该用语之用法首先意指者;广义者则经常包含边缘范围,后者系依一般语言用法有时亦将意指者。假使逾越了——尽可能作广泛理解的——边缘范围的界限,则已非解释,同样地,如将无疑属于核心范围的现象排除于外,亦已非解释。前者涉及类推适用,后者则为法律的目的论的限缩。

依一般的语言用法,(亲属意义中的)"子女"之核心范围首先包含生身子女(一亲等直系血亲卑亲属)。联邦行政法院即作此解——狭义解释。假使把继子女、养子女,甚至媳妇均包含在内,则属"广义解释"。如果把孙子女纳入其中,则已逾越可能的字义范围,而只能以类推适用的方式得之。反之,如将部分的生身子女(如已婚的子女)排除于外,则亦非字义所许。对字义的核心范围附加额外的限制(于此将已婚的子女排除于外),此已非解释,而系基于"目的论的限缩"所作的规范变更。依今日普遍的见解[84],在民法典第六七五条中,"事务管理"一词作比较狭义的,与该用语——在一般语言用法中——的核心范围一致的解释,在民法典第六六二、六七七条中则作最广义的理解。一九七八年修正前,责任义务法第一条的"铁路"一词系作广义解释,质言之,亦包含有轨电车、地下铁及齿轨铁道。民法典第一二三条第二项第一句中的"第三人"一词在今日系做"狭义"解,曾以受领表示者之代理人或履行辅助人之身份参与该法律行为者,或在利益上与之相结合者,均非此处的"第三人"[85]。在一般语言用法上,该用语既可指称(除受领表示者外之)"他人",亦可指称未参与(此处涉及的事件)者。如采第二种解释(=今日的见解),则许多——依第一种解释原可包含在内之——人将被排除在外[86]。

经常有人说:"例外规定"应作狭义解释,而且不得为类推适用[87]。这样一般性的说法并不妥当。首先,何时存在有"例外规定",本身即有疑义。弗里德里希·米勒[88]就正确地指出,要决定是否为例外规定,首先必须"借助所有可能的具体化手段来决定,必须具备何种规范性内涵,才能算是例外规定"。这不仅取决于法条的规定方式。即使要限制某项法规范的适用范围，立法者经常并不立即将之表现在基本构成要件的规定中，毋宁常事后以限制性法条、"消极性适用命令"的形态来表现（参上文第三章第二节第二款）。将民法典第二八五条（因不可归责于债务人之事由致未为给付者，债务人不构成迟延）解为（确定迟延要件之法律定义的）民法典第二八四条的"例外"，是一种错误的理解。只有将两条规定合并以观，才能充分显示迟延的要件。于此，法律之所以将要件之一（给付之迟延须可归责于债务人）另为规定，只是想借此将举证责任的分配表达出来。同样也不能将民法典第九三五条第一项视为同法第九三二条的"例外"，因为只有合并考察这两条规定，才能认识立法者的构想：将保护善意取得者的法律思想，与自愿丧失所有物支配力之所有权人的利益应让步的想法结合起来。相反地，民法典第九三五条第二项则的确是一种——基于实用考量——对前项规定所作的例外。总之，是否为例外，非关规定方式，毋宁是以事物本身为基准所作的判断。

只有当以事物为准确属例外，前述解释规则才有（有限的）价值。以事物为准确属例外，特别存在于下述情形：法律希望赋予一项规则尽可能广泛的适用范围，仅在特定（严格限制的）事例，容许突破此项规则，立法者认为，假使在此种事例亦贯彻此项规则，实际上并不可行或并不恰当，因此愿意放弃其适用。于此为避免与立法者原本的规整企图背道而驰，乃禁止对例外规定作过宽理解，或将之类推适用于其他事例。但这并不意味，例外规定"应尽可能作狭义"解释，或其无论如何均不得作类推适用[89]。具决定性的仍是：立法者将此类事例排除于适用范围之外的理由。就此，参与立法程序者的规范想法可以提供一些资讯。假使其确仅针对此类事例，则不得将其他事例引入其中，即使由用语的字义而言，其本属可能之事，亦同；然而，假使因此将抵触平等原则，则又另当别论[90]。

第二款 习惯法与判例的解释

就原始意义而论，习惯法系指：长时期，事实上被普遍遵循之人际关系上的行为规则，循行者并具有借此以满足法律命令的意识。因此，仅有事实上的行止态度,其尚不足以证实习惯法的存在,此等行止态度必须是并随之法确信的表现。如是则必须以特定意义来解释行止。惟其如此,正如佐姆洛所说的[91]:解释一项被视为习惯法的规则,将与确定其是否存在的问题融合在一起。不仅在研究其内容为何的问题上,事实上,惯行的社会行止是否构成"习惯法",这个问题本身就已经是解释性的理解问题。此处涉及的不是既存文字的解释,毋宁必须先将行止所显示的规范,以文字表达出来。于此,语言的形成具有如下作用:将未形诸言说的,该当社会行止所具有的法律意义诠解出来。

迪特尔·内尔[92]的下述说法是正确的:"习惯法的理论本身不能让人满意"。就此,不宜于此作深入研究[93]。实际上,原始意义的习惯法在今日几乎并未发挥如何的作用。今日在实务上具有重大意义的,毋宁是借所谓的"判例"而创造出来的"法官法"。其是否为具有规范性拘束力之法规范,稍后将论及之(下文第六章第五节)。假使与一般的法确信一致,并且事实上几乎未被质疑过,则"向来的司法裁判见解"即已达到习惯法的程度。借此种方式产生的习惯法,与因社会成员之实践而发生的习惯法,在解释上有很大的不同处。

如前所述,在因实践而生之习惯法的情形,首先必须以文字表达出隐含其中的法规则。或者由法院、私人的记载,或者以鉴定意见的形式来表达。无论如何,它都已经是一种解释结果:就特定(之前已确定其存在的)社会行止,在考虑其特殊的法律意义内涵之下,所作的解释。于此,解释的标准既非可能的字义(解释之前,根本尚未以文字的形态来掌握这项——即将被表达出来的——规则),亦非立法者的意志。就此,所有(大多在未经深思的情况下)依习惯法而行止之人的(或者清晰或者模糊的)想法,其助益也有限。仍可考量的是与下述标准的意义关联:法伦理原则、客观的法目的、特定的法律评价准则、"正派行止"的期待以及针对此类事例对前者所作的具体化。今日所有习惯法规范均应作"合宪性解释"。就像制定法及法官的裁判一样,习惯法也是从一种比较具体的角度(并且在形诸文字之前)来表现"法这个事物"[94],因此,"理解习惯法的可能条件"也是:解释者对于——隐含于其"先存理解"之中的——"法这个事物"的取向。

取向于"法这个事物"也是理解法院裁判的最终条件。然而,裁判已经以文字将其中的法律思想表现出来。由"一向的司法裁判见解"发展出来的习惯法,必须回归到文字的表达形式上。它们一如立法者的文字表达形式,也需要解释。可能被视为"判例"的法院裁判,同样也需要解释。它们需要解释的程度,恐怕还高于法律。因为它们与案件事实紧密相关,因此,显现在裁判中的准则,其适用范围如何,能否适用于其他事例,将更滋疑义。事实上,许多法律工作及裁判均与解释最高审级法院之裁判有关。然而,相较于对法律及法规的解释,学理上一直严重忽略法院裁判的解释。

解释法院裁判主要涉及:理解法院的思考过程,清楚地表达其中的思想并划定其界限,及区别支持裁判的主要理由与"装饰性的附件"。然而,法院在裁判理由中表达的法律见解——与法律不同——并无直接的规范效力。判决理由本身不是要制定法规范,毋宁只在表达一种法律见解;然而,其对于法院就该事件的裁判具有决定性的意义(只要它不是"旁论"),系说理脉络中必不可少的部分,如是,则解释裁判的目标只能是:探求法官实际上的法律意见。

通常可供认识法院法律见解的资料,不过是写成文字的判决本身。因此,具决定性的是字义及意义脉络。就字义而言,特别应注意法律的语言用法;意义脉络则包括待判的案件事实。说理的脉络中出现矛盾、漏洞,亦非罕见的现象。那就要研究,在可能的字义及意义脉络范围内,是否有一种足以排除矛盾并弥缝漏洞的解释存在。假使确有此种解释,且亦有其合理的意义,则应依此种方式来解释判决。因为在有疑义时应假定:即使其说理有瑕疵,法院仍然会努力作逻辑一贯的思考,形成无漏洞的思想脉络[95]。假使在解释的界限内,不能以解释的方式排除矛盾,并补充思想脉络中欠缺的部分,就无法确定法院的法律意见。

就当下的待判案件,法院经常会表达(至少就其表达形式而言)超越裁判该案件所必要之法律见解,法院有时还有意地采取此种做法。于此,解释的任务即在于:将原本过宽的表达形式限制在法院所意指——由案件事实的关联性可得之——较为狭隘的适用范围上。法院经常为了说明,先前的裁判对当下的裁判而言并非"判例",以致采取过宽的表达方式。

在一九五七年的一项裁判中[96],就何时构成民法典第一二三条的"不法胁迫",联邦最高法院提出下述"要旨":"民法典第一二三条中的不法性之前提是:债权人认识,或必须认识——足以赋予其胁迫行为伦理上的可非难性之——事实;可归责的不认识,与认识相同。绝不能因债权人对事实作错误的法律评价,而排除胁迫行为的违法性"。稍后的一项判决[97]则涉及下述问题:某人因可归责的错误,误认其对被胁迫者有请求权,并因此而为胁迫行为(胁迫的内容是:实现此客观上并不存在的请求权),此胁迫是否不法。联邦最高法院对此为否定的答案。"任何人在有疑义的法情境下,基于客观上可以接受的法律观点,认定其有请求权存在,进而胁迫其相对人:假使后者不为特定意思表示,其将实现其请求权,仅此尚不足构成违法"。这项裁判与之前的裁判并不矛盾。虽然之前的裁判曾提及,绝不能因债权人对事实作错误的法律评价,而排除胁迫行为的违法性。然而,由裁判的脉络可知,"对事实作错误的法律评价"仅意指下述情况:债权人由已知的事实,就其胁迫的不法性作了错误的法律推论。在第二件裁判中,胁迫者不仅对其胁迫行为作了错误的法律评价,毋宁在评价所系的法律先决问题上(即:关于请求权的存否),已经作了错误的判断。这不仅是法律评价本身的错误,毋宁是评价基准的错误,假使此种错误无可归责,则其足以排除行为的违法性,先前的裁判亦倾向于此。借此,第一项裁判中原本文义过宽而易引致误解的要旨,就被限制到实际意指的涵义上,于此,理由的脉络(包括当时的案件情况)具有决定性的影响。

这个例子可以清楚地指出,(联邦最高法院所采行的)在裁判之前添加类似法条的要旨,这种做法是多么危险。这些要旨不过是裁判理由中蒸馏出来的结晶,与案件事实密切相关,在很大的程度上本身也需要解释。然而,其表达方式类似法条,因此会引致下述印象:要旨本身可以独立于被裁判的案件事实之外,其具有——可适用于同类情况,并且已经确定的——规则的特征。可能会忽略:法官首先考虑的是他裁判的事件,相较于立法者,他比较不能预见他的"要旨"未来可能适用的情况[98]。联邦最高法院本身就经常被迫限缩,或扩张自己提出的要旨。

法院裁判及其理由不只是解释的标的,同时也是学术批判的客体,这些批判经常获致下述成果:理由中根本未提及,或仅隐约提及,法院本身可能也尚未意识到的法律思想,它却可以对裁判结果作更恰当的说明,借着学术批评,它得以清楚浮现于意识中,并清楚划定其适用范围。其已非单纯的"解释",因于此已逾越法院裁判理由之字义及意义脉络的界限,理由本身被证明有缺陷,因此需要一些额外的补充。

第三款　关于宪法解释

有疑问的是:迄今所述的种种法律解释原则,是否可毫无保留地适用于宪法解释,或者,于此尚须留意其他观点。宪法解释的问题,在 1950 年代之初曾经有热烈的讨论,1976 年,迪特尔及施韦格曼曾将迄至当时所发表的一系列论文集结起来,重新发行[99]。弗里德里希·米勒及马丁·克里勒在方法论上的著作,大都取向于宪法解释的问题。

过去四十年中方法论辩上的主要问题及其解答建议,许多在今日的讨论中重现,就此不须感到讶异。对于价值及"正确性",究竟有无作有根据论说之可能,这个问题我们今天还是会面对,在不同的解释方法之间可以作任意选择,这种主张也还存在,我们也还会碰到"观点归类"的思想[100]以及解释的后果如何的问题。假使涉及的是某项法律规定是否"合宪"的问题,那么相较于规范或整个规整的均衡性及事理上的适当性,"个案正义"自然比较不受重视。大家认定,宪法(特别是基本法第三条)强制规整必须满足前述要求。迪特尔在前述文集[101]的导论中正确地指出:一如所有法律,宪法使我们必须面对"意志与表达方式,意志与理智"之间的关系。和所有的成文法一样,宪法也会有"'文字之法'与'行动之法'关系如何"的问题。借此他同时划定了该文集的讨论范围。

文集中的第一篇文章(作者:福斯特霍夫)[102]极力强调宪法的安定作用以及宪法解释的静态特征。其以为,宪法作为成文法,亦应适用与法律相同的解释规则,如是"始能证实其意义,并控制其执行行为"。福斯特霍夫所谓的"适用于法律之解释规则",即是萨维尼发展出来的解释方法。法律不能容许恣意而行的解释方式,其将因此等恣意性而被否定,或趋于解体[103]。福斯特霍夫认为,取向于宪法的意义体系,以宪法的基础价值为准则,这种较新的解释理论可能会导致宪法的否定或解体。因为"借精确的(?)法律解释手段"无法获得这种意义体系[104],因此,这种体系就存在于"规范以及借解释可得接近的内容之外"。"放弃解释技术的古典规则,这意味着法律概念解消于内容之中",规范因此丧失其显著性[105]。与此相应,"法治国将会被改造为司法国"。依法治国的见解,法官应立于"宪法之下",假使法官依(其所认定之)宪法的价值秩序来解释宪法,那么不管他是否愿意,他将成为"宪法的主人"[106]。福斯特霍夫虽然保证,他只是要描绘已经开始的发展,但他显然不赞同这种发展。他认为,这种危险的发展趋势,其部分原因应归责于对传统法学方法的背离,转而倾向于一种"人文科学"的方法。

福斯特霍夫忽略了下述事实:宪法本身要求应尊重特定价值及意义关联。他也忽略了:萨维尼的方法论至少在"体系的"要素上(萨维尼原称之为"哲学性的"要素),并未排除意义的问题。再者,将"法学"与"人文科学"的方法对比并不妥当,因为法学的方法本来就是一种(特殊形态的)人文科学方法。哈勒巴赫[107]在该文集的第二篇文章中就对福斯特霍夫提出上述批评。依其见解,法学本来就是"人文科学的学门,因为它面对的对象正是人类及某种人类精神的具象化(以'语言创作'的形式表达出来之'人的作品')",因此,"'在存在上',其必然取向于理解性的解释"[108]。但这并不意指:相较于其他人文科学,法学在方法上不应有其特点,法学的个别领域中也不能有进一步的分别。福斯特霍夫反对"解释方法的恣意性",这自然是正确的。然而,他相信"真正人文科学式的解释忽略此点,因此将造成方法恣意的多样性"[109]。福斯特霍夫对瓦解现象的批评固非无据,但其并非因转向人文科学的方法所致(依吾人的用语:其并非因倾向于价值取向的思考所致),毋宁系源于未充分应用此等方法、背离所有的方法,而倾向于纯粹"观点归类"的思考方法。

文集的最后一篇文章(作者:哈贝勒)[110]与福斯特霍夫的立场适相反对。哈贝勒比较不把宪法视为"已被制定"的规范,毋宁更视其为"在公众活动中的法",质言之,一种"公共程序"[111]。主持此程序者,特别是联邦宪法法院。此种程序需要一种"开放的"解释,"开放的解释准则"[112]。他认为,这并不是"古典解释规则"的彻底推翻,毋宁比较类似"在有生命力的宪法主干上进行的'角力'"。"发生史的解释"应该转化为"发展史"的解释;由是,历史的解释方法获得一"新的,有限的正当化"[113]。所有的解释目标均系"(对未来)开放的,能获得正当、'合理的'利益均衡之宪法理解"[114]。哈贝勒正确地强调,法院的法适用及因此获致的宪法实践,两者构成一种持续的程序,于此程序中,解释是促使规范一再重新适应时代环境的因素;但他过分低估宪法安定性的作用及其对解释的意义。

此处并不适宜进一步研究文集中的其他文章,更不能探讨全部(几乎已无法遍览)的文献[115]。前述检试应已足以说明,在宪法解释的问题上,意见可以如何分歧。

如果问我的意见,我认为:一般解释原则至少在原理上可适用于宪法解释。和其他法律一样,宪法作为成文法也是一种(大多以日常语言写成的)语言创作,也需要解释,宪法中的语句也具有规范的特质,宪法的拘束力也绝不小于其他法律,毋宁还更加强大。就此而论,我的立足点与哈勒巴赫一致。即使联邦宪法法院也不"高于"宪法,毋宁应"立于其下";然而,它被赋予特殊的宪法解释权限,在法官裁判自由所及的界限内,也具有续造宪法的权限。有问题的只是:相较于其他解释,宪法解释的界限是否较宽。方法选择上的恣意性,或赋予立法者几乎与此相等的衡酌权限,两者与宪法拘束的要求都不能相合。因此,宪法解释亦须遵守所有解释标准。贬抑制定史上的标准,我认为并无正当理由[115]。基本法的作者认为自己受到历史持续性的拘束,其溯至保尔斯基尔克宪法直至威玛宪法。鉴于德国人与其历史之艰难关系,尤应尽可能维持此持续性。这不是说:解释可以不考量事实关系的演变(参上文第三节第二款末)。

尚有疑义的是:基本法赋予联邦宪法法院的地位,是否已经强迫它必须作一些裁判,其不再单纯以法律性考量,毋宁更须以"政治性"考虑(关于公益、社会的法治国能否发挥功能之类的考虑)为说理根据。疑义之所以产生,乃是因为基本法(特别是基本权的部分)经常运用尚须填补的概念及伦理性标准(例如:人性尊严);此外,基本法常以空洞公式的方式界定基本权(例如,基本法第二条第一项),因此常有非常宽的解释空间。伯肯弗尔德在他收录在前指文集的文章中[116]也提及:于此,"仅由文字的形式、语言的意义及规整的脉络",解释"尚不能取得其充分的联系点"。在涉及宪法原则的具体化,质言之,针对特定环境确定其作用范围并进一步充实其内容时,此等标准显然更是不够。在运用事件比较方法,借此形成类型时,又经常欠缺适当的比较事例。还可以考量的是客观的目的论的标准,特别是事物领域的结构。于此,法院经常必须基于合目的性考量为裁判,这点与立法者相当类似。此外,莱尔歇[117]在前述文集中还提及"政治活动者之间的意见歧异",例如联邦与各邦的争议,"通常多少是独一无二的事件"。于此,甚至裁判先例的标准也付之阙如。如是,则法院须自为适宜的判断,而且这只能是一项政治性的判断。法院于此会特别考量,裁判对宪法状态之继续发展影响如何,例如,对联邦与各邦的合理协作,对"公家"履行特定任务将会发生如何的影响,在特定情况下还要考量,此等裁判将会产生如何的财政负担及其他后果。

因此,事实上必须承认,赋予联邦宪法法院规范审查权以及对特定政治争议的裁判权限,已经触及最广义的法解释之界限,逾此界限,联邦宪法法院就必须取向于预期的后果以及——对社会而言——后果的合目的性及可承受性而为裁判,换言之,其必须作政治性的裁判[117a]。克里勒极力强调法院裁判应取向于预期的后果,理由或即在此。就这一点,克里勒在文集的跋语部分针对(我们之前介绍的)卢曼的见解(第二章第四节第三款)展开论战[118]。依克里勒之见,取得裁判的最重要要素是:预期将发生的后果,并且以"更根本的利益"为准,对涉及的利益作"无所偏倚的衡量"。就此,最后我想指出:在通常(特别是民事)法院的裁判活动中,预拟之裁判可能导致的广泛后果(例如,因法律要求的破产宣告、契约无效,而将导致之违人心愿的后果),通常对裁判不生如何的影响。因为法院通常不能正确遍观可能的后果;其次,立法者(借破产宣告及契约无效的规定)就此已先为决定,此等决定非法院所得推翻;最后,法律上有利的一方当事人预期,法院将依法律把权利判归于他。就此而论,应支持卢曼的见解。只有在涉及会发生重大经济影响的原则性裁判时,才应该有不同的做法,例如,最高法院对于担保让与、财产全盘让与及延展的所有权保留等制度的首度认可;克里勒想到的或者是这类事例。在这些事例中,假使借狭义的解释手段不能获致确实可靠的结论,或许可以从事"超越法律之法的续造",如是,则法院自应考虑其一般经济上及社会上的后果,它也的确会这么作。

这对民事法院而言只构成例外,却比较能普遍适用于宪法法院。虽然在宪法诉愿的情况,经常也可以借例行一般的法解释手段来裁判。此处亦不乏比较性事例。然而,假使裁判对社会未来将产生重大影响的话,那么这些手段就不够了。于此,宪法法院承担了维持法治国之秩序、功能的责任。它可不能依下述罗马法谚来裁判:实现正义,覆灭国家。实际上没有一位宪法法官会这么作。于此,放弃后果衡量绝不可行,就此而论,克里勒的主张是正确的。然而,宪法法院也未必能确实综观所有(遥远的)后果,虽然其可能性要大于民事法院。但这也必须付出代价。至于对预期后果的评价,主要当然取自于"公益"思想,特别是法治国功能之维持及改善。就此意义而论,它自然是政治性的裁判,然而,宪法法官于此仍应尽可能摆脱其本身主观的政治意见,其对特定政治团体好恶之感的束缚(大部分的宪法法官也确能如此),努力寻求一项没有成见的,"合理的"裁判。

注　释

1　前文第一章第四节第一款及第三章第三节第三款。
2　NJW 57,1963.
3　Vgl. Engisch, Die Einbeit der Rechtsordnug, S. 46ff; Bydlinski, Jur. Methodenlehre und Rechtsbegriff, S. 463f.
4　Vgl. Hruschka, Das Verstehen von Rechtstexten, S. 5ff.
5　Vgl. dazu mein Lehrb. des Allgemeinen Teils des BGB, 7. Aufl., S 15, I b
6　System der heutigen Römischen Rechts, Bd. 1, S. 206f., 211.
7　Vgl. die Angaben S. 32ff. der vollständigen Ausgabe; Engisch, Einführung S. 88 ff.; Lüderitz, Auslegung von Rechtsgeschäften, 1966, S. 11ff.
8　Allgemeiner Teil des bürgerlichen Rechts, 15. Aufl. § 54.

9 Vgl. Heinrich Henkel, Einführung in die Rechtsphilosophie, 2. Aufl., S. 550ff.
10 Stammler, Theorie der Rechtswissenschaft, S. 617.
11 Nawiasky, Allgemeine Rechtslehre, S. 130.
12 依 Zygmunt Ziembinsky (RTh Beiheft1，1979，S.215ff)之见，法学一向依此种"方法模式"在进行。
13 Gerhart Husserl (Recht und Zeit, S.26)适切地指出："假使法规范在今日应作——与其三十年前生效时——不同的解释，其正当根据在于规范之历史性的时间结构。只有与时偕行，法规范才能发生适用的作用。"
14 就此，我与 Engisch (Einführung in das Juristische Denken, 7. Aufl., S. 249 Anm.104b)的意见一致。
15 我们可以和 Koch/Rüssmann (a.a.o., S. 178)一样，把这种主张称为"统一说"。
16 Betti 也强调，法解释是一种"有规范性任务的解释"（Allgemeine Auslegungslehre, S. 600ff)。他并且认为(a.a.o., S.632)，无疑地"法解释也必须考量制定法律的过程，包括制定的方式、原本设想的规定以及当时对相互冲突的利益如何评断、衡量。即使其若干表达形式有矛盾之处，仍应坚守这些判断。为了确定因社会环境的改变以及法秩序中新方向的出现，法规范意义有多大的变更，就需要先认识——隐含在法律本文之中，并且构成规范的法律目的之——原始评价。因为只有借原始评价的媒介，才能够（并且正当地）针对现代对法律本文作适当的配合改变。于此必须对（维持法规整的安定性、持续性之）静态利益与（针对社会发展的方向作相应的配合、改变的）动态的要求作稳定的衡量。这些说明应予赞同。它们指出，以探讨法律（今日的）规范性意义为目标之解释，其绝不能无视于历史上之立法者之意向，因此可以避免主观及客观解释理论的片面性。
17 关于语言性表达方式之意义，及如何依一般语言用法以确定其通常意义，参见：Koch/Rüssmann, a.a.o., S. 126ff.,)188ff. 他们在第一二八页以下所讨论之——在联邦最高法院的裁判中论及的——"窗户"一语的意义，尤其有启发性。
18 Vgl. hierzu Gerhart Husserl, Recht und Zeit, S, 72ff.
19 Meier—Hayoz, Der Richter als Gesetzgeber, S,42, lhm folgen die meisten; so Bydlinski, Juristische Methodenlehre, S. 423; Fikentscher, Methoden des Rechts, Bd, IV, S. 294f.; Raisch, Vom Nutzen der überkommenen Auslegungskanones für die praktische Rechtsanwendung, S. 29; Zippelius, Einführung in die Methodenlehre, 4. Aufl., S. 43; auch Zeller, Auslegung von Gesetz und Vertrag. 1989, S.153ff.
19a 虽然一如 Christensen("Was heißt Gesetzesbindung?"1989, S.79)所说的，一般的语言用法只能"透过举例"，而不能借精确的定义来描述，但它仍是可确定的。每个语言专家都能马上认识，某个用语的一般用法并不包含某种意义，这并不需要有精确的定义存在。因此，还是可以个案地决定，某种解释是否已经逾越可能的字义。
20 反之 Schiffauer 则认为，这个界限"在实务上不能作间主观的确定"。因此，他否认可能的字义可以作为（狭义的）解释与法的续造之间的界限（Wortbedeutung und Rechtserkenntnis, 1979, S. 36ff.）类此：Wank, Die Juristische Begriffsbildung, 1985, S. 23ff.

21 关于类推适用之禁止参照 Canaris, Die Feststellung von Lücken im Gesetz, S. 183ff.
22 So von Enneccerus — Nipperdey, Allgemeiner Teil, § 57III, besonders Anm 4; Dahm, Deutsches Recht, 2. Aufl., S. 66; Engisch, Einführung in das juristische Denken, 7. Aufl., S. 82 und 249 (Anm. 106b); Krey, Studien zum Gesetzesvorbehalt im Strafrecht, 1977, S, 127ff, 146ff.; Bydlinski, Jur. Methodenlehre u. Rechtsbegriff., S. 467ff.
23 BGHZ 46, 74, 76.
24 BGHZ 52, 259, 262.
25 BGHSt 1, 3.
26 In NJW 51, 683.
27 Einführung, S. 153.
28 BGHZ 57, 304.
29 Vgl. dazu Herschel in BB 1966, S. 791.
30 Zu diesen Vgl. Gernhuber, Lehrbuch des Familienrechts, 3. Aufl. §§ 2, II, 6; 49, III, 1—3; 65, II, 2.
31 Westermann 适切地指出（Sachenrecht, § 16, 4），自愿地放弃占有与遗失的区分，其对于民法典第九三五条特具意义，因此必须根据第九三五条的典型利益情境出发来作反省。于是他由此出发，换言之，由法律借"表现原则"与"原因原则"的组合而显现的评价出发，将遗失界定为非自愿地丧失直接占有。
32 Friedrich Müller, Juristische Methodik, 3. Aufl., S. 212.
33 So Engisch, Einführung, S. 95.
34 Vgl. BVerfGE 54, 298.
35 虽然也会出现一些听来正好相反的句子，然而，只要能由其中找到一些对法律解释重要的说明，各最高审级法院还是会援引法律制定史为主要根据：BGHZ 46, 80.
36 BGHZ 28, 144, 149f.
37 Vgl. mein Lehrb. des Allgemeinen Teils, 7. Aufl, 1989, S. 107ff.
38 通说如此，Stürner 则建议（AcP 173, 402），应该只考量通常会对未成年人的财产造成危害之法律上的不利。
39 So v. Tuhr, Allgemeiner Teil, Bd. II, 1, S. 341, Anm. 49; Enneccerus—Nipperdey, Allgemeiner Teil, § 151, Anm. 7; Flume, Allgemeiner Teil, § 13, 7b.; sowie die meisten Kommentare. 这无碍于使无权处分的未成年人，依民法典第八一六条及其他侵权行为的规定负责。这种不利的后果并非来自其所施行之法律行为的内容，毋宁系依该当情事，基于法律规定而发生者。

40 Steindorf in der Festschr. f. Karl Larenz, 1973, S. 217.

41 至少在其他标准不能发挥作用,或者会导致荒谬的结论时,应该考虑这一类的标准,这点 Bydlinski 也同样加以强调:Juristische Methodenlehre und Rechtsbegriff, S. 453ff. 这包括"事物正义"的标准(Fikentscher, Friedrich Müller)以及法伦理性的正当标准(Coing, Kriele, Pawlowski)。于此,用语的不同并非重点。Koch/Rüssmann (S. 169f., 222ff.,)虽然否定"客观的目的论的"解释,但其所指显与上文不同。

42 Friedrich Müller, Normstruktur und Normativität, 1966; Juristische Methodik, 3. Aufl, S. 141ff.

43 BVerfGE 30, 173. 关于这项判决参见下文第五章第三节。

44 Hagen 曾提及(Festschr. f. K. Larenz, 1973, S. 868),"对相关事物问题之教义学上的解答,存在有足以推定符合法律评价的解释规则"。

45 Engisch 很适当地指出,评价矛盾未必能借解释来排除,其亦非如"规范矛盾"那样,非排除不可。事实上,不同事物领域,或不同时代制定的各种法定规整之间常不免有评价矛盾存在(Die Einheit der Rechtsordung S. 63)。并参见:Engisch, Einführung, S. 163ff.; Canaris, Systemdenken und Systembegriff in der Jurisprudenz, S. 113ff. 以及第六章第三节第三款。

46 今日的通说:Wolff-Raiser, Sachenrecht, § 85, II, 6; Westermann, Sachenrecht, § 31, III, 1; Münch/Komm, Medicus, Rdn. 1 u. 7 zu § 893 BGB; vergl. auch der BGH, LM Nr, 15 zu § 812 BGB。尚须留意:除因无法律上的原因,受领原标的物而生之给付性不当得利返还请求权(依第八一八条第一项及于已收取之孳息,此——如前所述——不为第九八七条以下所排斥)外,对占有人所收取的孳息,所有权人尚得基于侵害性不当得利返还请求权而为主张(Vgl. v. Caemmerer, Festschrift für Rabel; Bd, I. S. 362ff.)。此种请求权则为民法典第九九三条第一项所排除,因——如 v. Caemmerer (a. a. o.)的切实说明——后者正植基于所有权的归属功能之上,其一如所有物返还请求权,乃用以保护保有权的分配内容。因此,就此等请求权而言,民法典第九八七条以下确属特殊规范,其重要性显现在下述情况:占有人系由第三人,而非由所有权人取得该物,因此,所有权人并无给付性不当得利返还请求权时。于此,占有人(除逾份的孳息外)不须向所有权人返还孳息;就此,他只与第三人有关。

47 就此参见下文第七章第三节。

48 Vgl. Friese in NJW 51, 336.

49 联邦最高法院认为,这在一九〇二年 RGZ 53, 77 的裁判中就已经发生;这项见解并不正确。于此,铁路方面有可归责的事由存在。帝国法院在 RGZ 56,154 的裁判中明白表示,民法典第二五四条亦得适用于铁路的危险责任。

50 BGHZ 2, 355.

51 BGHZ 52, 259.

52 RGZ 71, 152, 155.

53 BVerfGE 2,266,282;8,28,34;9,194,197ff. ;12,45,49ff;14,56,73;16,306,329;7, 306,318;18,18,34;19,1,5;242,247;268,281;21,292,305;33,52,65;48,40,45;49, 148,157;69,1,55;27,297,355.

54 Vgl. BVerfGE 59,350ff.

55 Vgl. dazu Spanner, ArchöffR 1966, S. 503,507ff., Friedrich Müller, Juristische Methodik, 3. Aufl. S. 85ff,; Prümm, Verfassung und Methodik, 1977, Zippelius, in: Bundesverfassungsgericht und Grundgesetz, S. 108ff.

55a Bettermann, Die Verfassungskonforme Auslegung, Grenzen und Gefahren, 1986.

56 联邦宪法法院(BVerfGE 8, S. 34)明白指出:"此种合宪性解释亦绝不容许偏离或伪造主要的立法目的"。(在 BVerfGE 54, S.299)它更清楚指出:"依联邦宪法法院的司法裁判,解释不能赋予——定义及意义上明确的——法律相反的意义、彻底重新规定其规范内容,乃至偏离立法者的主要目的。"

57 BVerfGE 33, 52, 70.

58 Val. hierzu Koch/Rüssmann, a. a. O., S. 266ff。即使(依一般原则容许的)法的续造也必须是合宪的;相对于依一般原则可能,但不符合宪法要求的解释或续造,合宪的法的续造有优越地位。

59 Val. Göldner, Verfassungsprinzip und Privatrechtsnorm in der verfassungskonformen Auslegung und Rechtsfortbildung, 1969, S.24, 30ff., 40.

60 So zutreffend Göldner, a. a. O., S. 182f., 208, 237.

61 BVerfGE 7, 198, 215;27, 1, 6;30, 173, 193.

62 BVerfGE 32, 311, 3161.

63 Friedrich Müller, Juristische Methodik, 3. Aufl., S. 59; Zippelius, Wertungsprobleme im System der Grundrechte, S. 193ff.; Böckenförde, NJW 74, 1529, 1534.

64 So in BverfGE 30, 193("Mephisto"—Urteil).

65 In BVerfGE 7. 198("Lüth"—Urteil). Ebenso BVerfGE 12, 124;25,55;42,150.

66 BVerfGE 27,79.

67 So aber Kriele, Theorie der Rechtsgewinnung, S. 25f.

68 Esser (Grundsatz und Norm, S.253)也采此见解,他认为:"每个法律适用都已经是解释,因为即使认定文字字义本身如此明确,以致根本无须为解释,这项确认本身也以解释为基础。"同此:Weinsheimer, NJW 59, 566; Rittner, Verstehen und Auslegen, 1967, S. 63.

69 Koch/Rüssmann(a. a. O., S. 176 ff.)及 Alexy (Theorie juristischen Argumentation, S. 302ff)肯定有一种阶层秩序存在。两者之根据均在于法律拘束的优越性。两者均认字义、意义脉络及历史上的立法者之规整意向,优先于客观的目的论的标准,惟 Alexy 认为,只有当没有"合理的理由赋予其他标准优越性"时,始适用前述说明(S. 305)。主张历史上的立法目的优先者尚有 Hassold (in meiner Festschrift 1983, S.

217，232）。Coing (Rechtsphilosophie, 4. Aufl. S. 329f.)则强调，所有的标准均应留意，他拒绝承认各标准间有一阶层秩序存在。持此见解者尚有：Zippelius, Juristische Methodenlehre, 4. Aufl. 1985, S. 55; Hassemer, ARSP 1986, S. 204。关于阶层问题复参见：Bydlinski, Juristische Methodenlehre u. Rechtsbegriff, S. 553ff,; Engisch, Einführung, in das juristische Denken, 7. Aufl. 1977, S. 94ff., 242；关于实务的程序，见：Raisch, Vom Nutzen der überkommenen Auslegungskanones für die praktische Rechtsanwendung, 1988.

70 因此，我不能同意 Adomeit (in seiner Schrift "Normlogik — Methodenlehre — Rechtspolitologie", 1986, S. 165)的下述说法：之所以选择此种或彼种论证形式乃个人政治立场的抉择，不能由方法论预为决定。

70a Zeller, Auslegung von Gesetz und Vertrag, 1989, S. 427ff.

71 前联邦最高法院院长 Bruno Heusinger (in seiner Schrift: Rechtsfindung und Rechtfortbildung im Spiegel richterlicher Erfahrung, 1975)可为代表。于前揭文中(S. 5)，他提及："我认为，司法裁判比较不是逻辑性的玻璃珠游戏，毋宁是一种——取向于符合正义之合理结论的——目的性行为"。虽然他也同时强调法律及法的拘束，然而这项拘束力不须强到"必须形式逻辑式地从属于法律，乃至不惜发生荒谬的结论"。

72 典型的例子是联邦宪法法院就（侵害人格权时）"慰抚金"的认可与否所作的裁定；NJW73,1221,于此，与（可能导致的）"在个案中对正义的伤害"相较，联邦宪法法院不在乎在"法律忠诚"一词之前，添加——略带贬义的——"形式"等语。Vgl. zu dem Beschluß meine Abhandlnng in Archiv für Presserecht, 1973, S. 450.

73 假使 Diederichsen 所说的"不可忍受性论据"具有说服力的话(Festschr. f. Karl Larenz, 1973, S. 177)。

74 Über die Herkunft dieses Satzes aus der Kanonistik und seine Geltung in älteren gemeinen Recht vgl. H. Krause, Sav Zkan AA 46 (1960). S. 81.

75 BGHZ 29, 163.

76 BGHSt 1, 167.

77 BGHZ 46, 313.

78 Vgl. dazu meinen Aufsatz in der Festschrift für Harry Westermann, 1974, S. 299ff.

79 由是，联邦宪法法院(E 7,342,350)就否定——民法典施行法第三条、第五五条及第二一八条的——"法典化原则"在劳工法上的适用可能性，因为"民法典颁布以来的社会演变"，劳工法已逐渐由私法脱离。

80 在关于理发业营业时间的规整上，联邦宪法法院就采此见解：BVerfGE 59,336,365f，它很早就指出，即使联邦宪法法院曾于稍早的裁判中肯定某规范的合宪性，只要符合下述条件，重新提请解释"无论如何"是容许的："如其以先前的裁判理由为出发点，并说明促成其偏离前裁判之新事实的话"：BVerfCE33, 199,203f; ebenso BVerfGE 39, 169, 181.

81　Dazu Lerche, Stiller Verfassungswandel als aktuelles Politikum, in Festschr. f. Maunz, S. 285; vgl. auch BVerfGE 2, 380, 401, 422.
82　BVerfGE 40, 296, 315. Zu diesem Urteil Pawlowski, a. a. O., Rdz, 387.
83　Einführung in das juristische Denken, S. 100ff.
84　Vgl. mein Lehrbuch des Schuldrechts, Bd. 2, §56, I und V.
85　Vgl. mein Lehrbuch des Allgemeinen Teils, 7. Aufl., §20, a.
86　So BGH, LM Nr. 30 zu §123 BGB.
87　Vgl. hierzu RGZ 153, 23; BGHZ 2, 244; 4, 222; 11, 143; BSG, NJW59, 168 Kritisch dazu Enneccerus — Nipperdey, Allgemeiner Teil, §48, 1, 2; Engisch, Einführung in das juristische Denken, 7. Aufl. S. 151f., Weinsheimer, NJW 59. 566.
88　Friedrich Müller, Juristische Methodik, 3. Aufl., S. 211.
89　参第六章第二节第二款（类推适用民法典第六四五条）。
90　参见 BGHZ 17, 266。于此联邦最高法院不仅对例外规定作狭义解释，鉴于情势的变更，其甚至偏离字义而作目的论的限缩。
91　Somló, Juristische Grundlehre S. 373. Ähnlich Bierling, Juristische Prinzipienlehre, Bd. 4, S. 299.
92　In der Festschrift für Wilhelm Felgentraeger, 1969, S. 353.
93　Die letzte größere Bearbeitung ist die "Theorie des Gewohnheitsrechts" von Hans Morke, 1932.
94　Im Sinne von Hruschka, Das Verstehen von Rechtstexten, S. 27ff; 56ff.
95　法官说理的目标在于：使诉讼当事人及寻求权利保护者确信裁判的正确性（指：与法律及法一致）。Wilfried Schlüter（Das Obiter dictum, 1973, S. 97）正确地强调，如果要达到上述目的，说理本身就必须具有"合理可解、可审查，因此可讨论的说理脉络"。虽然未必全部判决都符合这项要求，但可假定，法院努力想满足这项要求。
96　BGHZ 25, 217.
97　LG Nr. 28 zu §123 BGB.
98　Schlütes（Das Obiter dictum, S. 31）就适切地指出，"因为它不能像国会的立法者那样拥有多方的认识资料、意见资讯，因此，它比较不能提出那些针对未来的行止规范"。
99　Dreier/Schwegmann, Probleme der Verfassungsinterpretation, 1976.
100　在一九六一年的德国公法学家会议（其议题为"宪法解释的原则"，一九六三年发行），第一位报告人（Peter Schneider）强调其与人文科学之诠释学的一般理论间的关联。第二位报告人（Horst Ehmke）则明白采取"观点归类"的思考方式。他要求，宪法解释也应该"依据问题，为问题解答发展出一些合乎事理的规则"，并假定最后的标准是"所有合理并正确思考者的同意"，而非一种"客观的实质的法律原则"。
101　a. a. O., S. 13.

102 Die Umbildung des Verfassungsgesetzes, a. a. O., S. 51 (zuerst gedruckt in Festschr. für Carl Schmitt, 1959. S. 35).

103 a. a. O., S. 53.

104 a. a. O., S. 54.

105 a. a. O., S. 63.

106 So Forsthoff in seiner Schrift "zur Problematik der Verfassungsauslegung", 1961. S. 33.

107 Auflösung der rechtsstaatlichen Verfassung? a. a. O., S. 80; zuerst in ArchöffR 1960. S. 241.

108 a. a. O., S. 101.

109 a. a. O., S. 103.

110 Zeit und Verfassung, a. a. O., S. 293; zuerst in Ztschr. f. Politik, 1974. S. 111.

111 a. a. O., S. 298.

112 a. a. O., S. 307.

113 a. a. O., S. 311.

114 a. a. O., S. 306.

115 Vgl. hierzu die umfängliche Bibliographie in dem Sammelband von Dreier/Schwegmann, S. 329lf.

116 联邦宪法法院似有如斯倾向。它一再提及,对于宪法规范的制定史,虽然不能完全恝置不顾,但其不具决定性意义;BVerfGE 62,45 及其内援引的较早裁判。反之,Sachs (in DVerwBl 1984, 73ff.)尝试证明,该法院之解释实务与通说的解释理论一致。

117 a. a. O., S. 267.

117a 不同见解:Badura, Die Bedeutung von Präjudizien im deutschen und französischen Recht, 1985, S. 67,依其见解,"对于下述假定,联邦宪法法院迄今的实务不能提供何等依据:必须远离法律性论证、说理的坚实根基"。

118 Kriele, a. a. O., S. 332f.

第六章 法官从事法的续造之方法

第一节 法官的法的续造——解释的赓续

把注意力集中在法实务的法学，其首要任务在从事法律解释，但其任务不仅止于此。大家日益承认，无论如何审慎从事的法律，其仍然不能对所有——属于该法律规整范围，并且需要规整的——事件提供答案，换言之，法律必然"有漏洞"。长久以来，大家也承认法院有填补法律漏洞的权限。因此，提供法官一些——可以适宜事理，并且他人可以理解的——完成此项任务的方法，也是法学的重要志愿之一。法官的法的续造，有时不仅在填补法律漏洞，毋宁在采纳乃至发展一些——在法律中至多只是隐约提及的——新的法律思想，于此，司法裁判已超越法律原本的计划，而对之作或多或少的修正。这种"超越法律的法的续造"当然也必须符合整体法秩序的基本原则，实际上常是为了使这些原则能（相较于法律所规定者）更普遍适用，才有法的续造的努力。

然而，法律解释与法官的法的续造并非本质截然不同之事，毋宁应视其为同一思考过程的不同阶段。此意谓：如果是首度，或偏离之前解释的情形，则法院单纯的法律解释已经是一种法的续造，虽然法院多未意识及此；另一方面，超越解释界限之法官的法的续造，广义而言亦运用"解释性"的方法。狭义的解释之界限是可能的字义范围。超越此等界限，而仍在立法者原本的计划、目的范围内之法的续造，性质上乃是漏洞填补＝**法律内的法的续造**，假使法的续造更逾越此等界限，惟仍在整体法秩序的基本原则范围内者，则属**超越法律的法的续造**。虽然这三个阶段之间不能划出清楚的界限，然而其各自有其典型的方法，因此仍有必要区分三者。此外，不能拒绝裁判的法官有为法解释的义务,如法律有漏洞,亦有填补漏洞的义务,反之,只在有重大事由的情况,法官才会决定从事超越法律的法的续造。

前已提及,司法裁判的变更解释,在性质上已属法的续造。假定新解释为嗣后司法裁判所维持,因此在法律生活中被遵守的话,则更可肯定前述说法。我们也一再提及,司法裁判针对具体事件而具体化须填补的标准,其亦属于法的续造。法院对法律规定的第一次解释,其构成对法律规范的"续造",因为在多数文字上可能的意义中,它选择其一,称其为恰当的意义,将原来存在的不确定性排除。然而,解释者的意图非在续造规范,毋宁希望认识文字原已包含的意义,并将之表达出来。只想将"被正确理解"的文字本身已经意指的表达出来,此正是解释者典型的立场。他无意增添减损文字,而只想将之表现出来。然而,只有能提出正确的问题并能理解语言者,文字才向他表达其意旨。我们了解,在某种程度上,每项解释都是企图理解者有创意的成果。假使从事者对此有充分的意识时,那么在超越狭义解释界限之法的续造中,其创意成分更高。但是单纯的解释中亦有创意成分。其间仅有程度上的不同。因此,解释几乎可以不间断地行入漏洞填补的阶段,于此,认识主体首次意识到,他在从事法的续造,就此而论,开放的法的续造亦于焉开始。因此,对下述情况不须讶异:解释之际发生作用的标准(特别是立法者的规整意向、目的及客观的目的论的标准),其对于法律漏洞的填补,亦具有重大意义。以此,解释几乎可以没有中断地过渡到开放的法的续造之阶段[1]。

在把法与法律,法律与立法者的意志等视同观,在对法采工具性的见解,或者在认为法的安定性及司法裁判的可预见性较实现正义重要的时代,倾向于将法官的职务限制在法解释上,否定法官得为超越法律之法的续造[2]。基于"禁止拒绝权利"的观点,由法院填补法律漏洞的必要性,在十九世纪原则上已被承认[3]。但是因过分高估概念式思考,并认定法秩序"逻辑上的封闭性",因而主张法秩序无漏洞者,亦不乏其人。21世纪初的利益法学及自由法论即反对此见解。漏洞概念的重要性在于:只有当法律有"漏洞"存在时,才承认法官有法的续造之权限。如是,漏洞概念即具有下述作用:划定法官得为法的续造之界限[4]。法院新近主张的法的续造权限愈来愈宽(依事物情况,其必须如此)⁵,因此,漏洞的概念日益扩充。如果不想让漏洞概念空洞化,就不应将法官的法的续造权限局限在漏洞填补,虽然最高法院实务长久采此做法。对于(不仅是漏洞填补之)超越法律的法的续造,其标准不仅是法律本身,反之,必须以法秩序的意义整体为准据。基本法的规定方式(基本法第二十条第三项:行政与司法应受"法律及法的拘束")也指出:尚有其他标准存在。由规定的方式可知:"法律"与"法"虽非对立的词语,然而法的意义内涵显然超越法律。

学说上对前述规定形式的意义有许多争论⁶,联邦宪法法院的见解是⁷:"传统上法官受法律的拘束(这是权力分立原则,因此也是法治国原则的重要构成部分),这项要求——至少在表达形式上——在基本法中被转化为:司法受'法律及法'的拘束。依一般的见解,这意指:对狭隘的法律实证主义的拒绝。这样的表达形式可以维持下述意识:一般而言,法律与法固然经常重叠,但未必如此。法并不等同于成文法律的总体。除了落实国家权力的实证规定外,法还包含其他来自合宪法秩序的意义整体,对法律可以发挥补正功能的规范。发现它,并将之实现于裁判中,这正是司法的任务"。联邦宪法法院又说道:法官具有发现法规范这种有创意的任务及权限,这点在基本法的法秩序中,并无疑义。它认为:各最高审级法院自始就应该主张这项权限,立法者也应该明白赋予它们的大合议庭续造法规范的任务。在某些法律领域(如劳工法),"因为立法迟迟未赶上社会发展的脚步,司法裁判具有特殊的重要性"。有疑问的只是:对于法的续造而言,"因法治国的理由绝不可放弃的、司法裁判应受法律拘束的原则",将受到如何的限制。鉴于前述说明,似乎不须再引证各最高审级法院的陈述,它们主张:它们拥有"将隐含在立法者、法秩序或一般价值秩序中之一般性法条演绎出来"之法的续造的权力⁸。前联邦最高法院院长霍伊辛格在一九六八年三月三十日的离职致辞(本人获得其打字稿)中强调,法律赋予联邦最高法院两项特殊的司法裁判任务:维持法秩序的一体性及法的续造。前者要求,对于同类事件须作相同处理。作为法官,"只有当我们今天在这个具体个案中认为正确的,在明天及后天仍然经得起考验,质言之,可以继续与法秩序结合",才能经得起自己的检验。"作为法官,我们并不想僭取立法权,但是我们也深切地意识到,于此界限内,仍有宽广的空间提供法官作有创意的裁判、共同参与法秩序的形式"。

然而,如果希望法的续造结果可被视为现行法秩序中的"法",法的续造就必须依循一定的方法。如若不然,则法院事实上在僭取不属于它的权力。法院逾越固有的解释,乃至法律内的法的续造的界限而从事法的续造时,其宪法上的界限何在,这项问题与法的续造在方法论上有无根据的问题密切相关。

第二节 法律漏洞的填补(法律内的法的续造)

第一款 法律漏洞的概念及种类

只要法律(更精确地说:体现在法律、习惯法及一贯的司法裁判中,立即可供应用之法条的总体)有"漏洞",法院就具有续造法的权限,此点并无争议。"法律漏洞"的概念虽然不能界定法的续造之可能界限,却足以划定——应受法律的规整意向、计划及其内含目的拘束之——法律内的法的续造之界限。反之,只在特殊条件下,才容许法院作"超越"法律的法的续造(下文第四节)[9]。何时存在有"法律的漏洞",这点需要更详尽的说明。或许可以主张,当而且只有当法律(以下均以"法律"指称体现在法律及习惯法中,宜于适用之法规则的总体)对其规整范围中的特定案件类型缺乏适当的规则,换言之,对此保持"沉默"时,才有法律漏洞可言。但却也有所谓的"有意义的沉默"存在。例如,民法典对(今日所谓的)房屋所有权原本并未规定,这并不构成漏洞。民法典的立法者基于土地法律关系明确性的考量,有意地不将房屋及其他建筑物部分的特别物权纳入民法,虽然他们对此等规定并不陌生。因此,如果要把房屋所有权制度引入现行法秩序中,就需要独立的——改变民法典部分规则的——法律。不容许借司法裁判来创设(或重新引入)这种法制度到我们的法秩序中,因为法律于此并无"漏洞"。此外也有下述情况:依法律可能的字义,似乎已经包含可供适用的规则,然而,依规则的意义及目的,其不宜适用于此。于此,法定规则需要另一(并未包含于法律中,惟依其意义及目的诚属必要的)限缩规定,就此未为规定,亦可被视为一种"漏洞"。因此,"漏洞"与"法律的沉默"并非一事。

"漏洞"一语已指出不圆满性。因此,只有当法律在特定领域中追求某种多少圆满的规整时,才有提及"漏洞"的可能。因此,强调漏洞概念与追求广泛的、整体法秩序的法典化密切相关,后者始于十八世纪,在十九世纪达到巅峰。即使依据整体法秩序全法典化的想法,也只有在所牵涉的问题本身需要并且能被法律规整时,才有"漏洞"可言。即使在十九世纪,法学也承认有所谓的"法外空间"——法秩序不拟规整的范围。"法"也者,基于正义的要求(特别是对所有人适用同一标准的要求),对于人际关系的规整。因此,纯粹内在心灵的过程、行止、思想、感觉、意见、确信、好恶等等,依其本质非法律性规定可及。假使与将之表现于外的行为结合,法秩序亦将对之为评价,但其本身不能作为法律规整的客体。有些行为举止固然涉及人际关系,但依该当法社会或文化社会的见解,对之不宜积极规整,或宜由其他社会规范(诸如伦理、礼仪)来规整。打招呼、告别、称呼以及聚会的方式,所有涉及仪节、品味及礼俗领域的事项,都属于这个领域[10]。企图以法律规整这个领域,这将抵触其所表达之人的价值。就"得体的行止"未作规定,这并不构成法秩序的漏洞。要精确地划分法律规整(尚属可能或必要)的领域及法外空间,有时当然不无疑义[11],但是为界定漏洞概念,此种区分仍属必要。不论个别的法律或整体法典,只有在非属"法外空间"的问题上欠缺规则时,才有"漏洞"可言。

有人认为,假使不加入法律欠缺的规定,法律规范根本无法适用时,此时才构成法律的漏洞[12]。在规范本身不圆满时,可称之为"规范漏洞"[13]。审慎制定出来的法律很少会有规范漏洞。民法典第九〇四条第二句是一个适例。它只规定:依第九〇四条第一句不能禁止他人干涉其物的所有权人,得请求赔偿其所受损害;其并未提及,得向何人请求赔偿。假使干涉者与因干涉受利益者并非同一人,则两者均可能是赔偿义务人。在这个漏未规定的问题(孰为赔偿义务人)被答复之前,民法典第九〇四条第二句显然还不能适用。齐特尔曼[14]

之所以将此种漏洞称为"真正的漏洞",只是为了与其所谓的"不真正"的漏洞相区别,但是他也认为,后者经常也必须加以填补。

大部分的法律漏洞,并非涉及个别法条的不圆满性,毋宁是整个规整的不圆满性,易言之,依根本的规整意向,应予规整的问题欠缺适当的规则。我们称此等漏洞为"规整漏洞",其大多是齐特尔曼所谓之"不真正"的漏洞。于此,如不予补充而径自适用法律,仍可获得答案,答案是:因该问题未被规整,因此该当案件事实将不生任何法效果。假使这是一个针对(属于法律规整范围,因此)并非法外空间的问题所作的答复,则其无异权利的拒绝。为作出满足权利的裁判,法官必须以合于法律的规整意向及目的之方式,填补法律规整的漏洞。今日所谓的"积极侵害请求权"即是规整漏洞之适例。在债之关系存续中,因债务人不为此关系要求的行为而生之问题,民法典原拟为广泛的规整。然而,关于"可归责于"债务人的情况,法律却仅就有责地不为给付或迟延给付为规整。法律起草者以为,如是已包含所有债务人违反义务的类型;然而,依法律规定的形式(字义、意义脉络),质言之,客观而言事实不然。民法典生效后数年,施陶布[15]即已发现下述漏洞,此后学说及司法裁判亦追随其见解[16]:债务人可借其他方式违反义务,例如,提出有害的给付,违反契约关系所生的保护义务。依根本的规整意图,必须期待对此等事件也有所规整,因此可认为,于此已涉及法律的"漏洞"。假使在此等事件中竟不发生任何法效果,则将不利于债权人正当的期待(债务人应为合于债之关系的行为),乃至不利于法律生活的安全。整体的规整(其希望赋予任何人,不论是债权人或债务人,其应得者)亦将因此贬值。因此,规整的目的要求填补漏洞,对他种违反义务的情形,法律规整亦可提示进行填补的方式。

规范漏洞及规整漏洞均是法律规整脉络范围内的漏洞。欲判断是否确有此类漏洞存在,须以法律本身的观点、法律的根本规整意向、借此追求的目的以及立法者的"计划"为准。法律漏洞是一种法律"违反计划的不圆满性"[17]。而作为法律基础的规整计划,则必须透过法律,以历史解释及目的论解释的方式来求得。于此又再次显示,欠缺房屋所有权的规定何以并不构成民法典的漏洞:依立法者的计划及规整意向,其原不拟准许此制度。最晚在二次大战后,因经济及社会政策的理由,立法者这项(消极性的)决定被证实是错的。但是它不是一种法律"违反计划"的不圆满性,而是一项法政策上的错误,因此,法院并未被要求应补完该法律。只有借新的立法规定,才能修正(今日认为错误的)先前的立法决定,借公布房屋所有权法,立法者也确实作了新的规整。法律漏洞以及法律政策上的错误,这种必要的区分将趋于模糊,假使我们(与宾德尔一样[18])在下述情形就承认有漏洞存在的话:"当既存的社会、经济关系对法秩序所提出的要求,在法秩序中未获实现时"。如是,则须以法律之外的标准来衡量法律,借此以确定漏洞之存否。因此,假使民法典并未规定,至少在一定情况下,兄弟姐妹之间亦有扶养义务,或者,当民法典坚持,须以手书方式作成自书遗嘱(虽然打字机在今日如此普遍),其均不构成民法典的漏洞。扶养请求权之赋予,准许以打字方式制作自书遗嘱,在法律政策上或许是理想的,也有理由向立法者要求为此等规整,但法律并不因缺乏此等规整变得不圆满,至多只是需要改善而已。

为界分法律漏洞以及法律政策上的错误,必须究问:以法律本身的规整意向为准,法律是否并不圆满;或者,只是法律决定本身无法经受法政策上的批评。但是两者都涉及评价的问题,而非单纯的事实判断或逻辑推论,黑克及宾德尔也清楚地看到这一点[19]。在这两种情况,我们都必须作如下的判断:法律欠缺其本应包含的规范。只是两者的判断标准各有不同:一方面是法律本身的规整意向及其内存的目的,另一方面则是以法政策为据,对法律提出的批评。假使法律并无不圆满的情况,只是有法政策上的错误,那么并无漏洞填补的空间,至多只能作超越法律之法的续造。法院何时有此权限,在受法律"及法"的拘束范围内,其如何能为此等续造,就此,稍后再予讨论。

于此不可对法律的"内存目的"作狭隘理解。应考虑的不仅是立法者的意向及其有意的决定,反之,已经显现在法律之中的客观的法目的、一般的法律原则亦须加以考量。内存于任何法律中的原则是:**同类事物同等处遇**。假使法律以特定方式规整案件事实 A,对于评价上应属同类的 B 事件则未有规则,此等规整欠缺即属法律漏洞。依民法典第四六三条第二句,出卖人故不告知瑕疵,买受人(除请求解约或减价外,)亦得请求因不履行所生损害之赔偿。

假使出卖人对买受人诈称其物具有事实上并不存在的优点时,又应如何?法律并未提及此类事件。依法评价的观点而言,两者并无不同,出卖人都认识到,买受人对于物之性质有所误认,并故意利用此误认。出卖人自己造成买受人的错误,或只是利用其已知的错误,两者的差别对行为的评价并无影响。因此,依同类事件应受相同处理的原则,这两类事件应受相同的规整。通说也承认,于此已有漏洞存在,应以类推适用的方式予以填补[20]。假使法律对第一类情况未予规整,则其将无漏洞可言;如是,则在两类情况均只有一般的瑕疵担保请求权,或者,因缔约上的过失而生之请求权。这些请求权与民法典第四六三条第二句不同,其均不能请求履行利益。立法者既然决定,在故不告知瑕疵的情形赋予买受人此种请求权,则其(对故意诈欺有利性质存在的情形)欠缺相同的规则,由法律的内存目的、法律本身的评价而论,已构成漏洞。

法律的"漏洞"并非"未为任何规定",毋宁是欠缺特定——依法律的规定计划或其整体脉络,得以期待——的规则,此点如何强调均不为过。其常被误认[21]。只有在考虑法律所追求的,对事物作穷尽,因此"圆满"并适当的规整之下,才能认定法律"有漏洞"或不圆满。

有时会将法律漏洞与"法漏洞"[22]加以区分。后者不是指个别法律本身(以其规整计划为准)的不圆满性,而是指整体法秩序的不圆满性,这或者源于法律对整个应予规整的范围未加规整,或者其欠缺某种——依不可反驳的交易需要,或一般法意识认可的法原则——确属必要的法制度。于此必须先指出,假使欠缺是立法者有意识的决定,则即使欠缺此等制度,亦不能谓有"法漏洞"存在。立法者假使有意地对特定问题不为规整,将之划属"法外空间",于此亦无"法漏洞"可言。剩下的是卡纳利斯[23]所谓的"原则漏洞或价值漏洞"及下述情况:因技术、经济或社会关系的发展,原本(并不重要,亦不致产生如何的法律问题,因此)可以不加规整的领域,今天变得需要加以规整。例如,机动化交通工具出现而且道路交通日渐繁忙之后,严密的道路交通规整才有其必要。假使还没有空中交通,当然也没有规整的必要。之所以必须规整某些货物或给付的分配,是因为该等货物、给付有不足的情形。即使坚持要用法漏洞这种表达方式,首先应享有填补此等漏洞之权限者,也是立法者。他才有权公布一般性的，每个人都有遵守义务的规范。司法裁判只能就已发生的事件作事后的判断，其至多只能期待：其于此发展出来的裁判标准将影响未来的行为。法治国原则所包含的权力分立原则要求，司法裁判应尊重立法者的规范制定特权。然而，假使立法者未发挥其功能，而司法权如果不自己发现规则，将产生完全不能符合最低的法安定性及正义的要求之状态时，则前述要求亦不完全禁止司法权自己去寻求规则，事实上它也多次这样做。关于此类事例，稍后在"超越法律的"法的续造中，还要提及。无论如何，绝不能由此推论出：司法裁判具有填补此等（非属"法律漏洞"的）"法漏洞"的一般权限或义务。

之所以应该反对（非属法律漏洞的）"法漏洞"的概念，则因其与"违反计划的不圆满性"思想不能配合。因为只有个别法律才有计划或特定的规整目的可言，对法秩序整体则不能如是说法。其过于分歧，并且一直在演变之中，因此无法将其所有构成部分归入一整体计划之中。原则上只有完全法典化的法秩序才能配合一种法计划的想法。如是，则"法漏洞"意指：以整个法典化计划为标准所认定之制定法的不圆满性。这"整体计划"根本就不存在。虽则如此，法秩序的所有规则仍应符合下述要求：逻辑上彼此不相矛盾，评价上具有事理上的一致性。然而，仅因不同领域规定时间上的距离，评价上的矛盾就未必能完全避免。维持法规范及不同规整之间内在评价上的一致性，是立法者、司法裁判及法学界必须一再重新面对、完成的任务。稍后还会说明，我们所追求之法秩序的一致性（"内部"体系），不是一种"封闭"的，毋宁是一种"开放"的体系，其绝无终结之时，毋宁始终在演变之中[24]。（被解为整体法秩序"违反计划之不圆满性"的）"法漏洞"的想法，其与"开放体系"的思想无法配合。嗣后我们将不再使用"法漏洞"的用语，"漏洞"意指的则是法律的漏洞。

法律漏洞可以再分为"开放的"及"隐藏的"漏洞，以及自始的和嗣后的漏洞。就特定类型事件，法律欠缺——依其目的本应包含之——适用规则时，即有"开放的"漏洞存在。就此类事件，法律虽然含有得以适用的规则，惟该规则——在评价上并未虑及此类事件的特质，因此，依其意义及目的而言——对此类事件并不适宜，于此即有"隐藏的"漏洞存在。漏洞存在于限制的欠缺。而之所以称其为"隐藏的"漏洞，则因乍看之下并未欠缺可资适用的规则[24a]。

此种漏洞在民法典中的范例是：民法典第一八一条并未针对（即使在抽象上亦）无利益冲突的情形作限制性规整。通常借"目的论限缩"的方式（下文第三款）[25]创造出欠缺的限制规定，借此以填补此类漏洞。

究竟是开放还是隐藏的法律漏洞，其取决于：能否由法律获得一项一般的法条，而欠缺的规则恰是对此法条的限制。民法典就预约根本未为规定，因此，就预约生效的形式要件，自然也没有规整。而假使当事人不缔结符合法定形式要求的主契约，而签订非要式，却能发生与预定之主契约相同拘束力的预约，其足以破坏若干法定形式规定的目的，因此，针对要式契约的预约，原本存在的一般法条（法律行为原则上无形式要求）即应被限缩。此等限制之欠缺即属隐藏的漏洞。对所谓的"积极侵害请求权"欠缺规定，其亦非开放的漏洞，而是隐藏的漏洞，如果我们假定有下述的一般法条存在的话：只要法律未有明白规定，则债务人不负损害赔偿之责，亦不承担任何法律上不利的后果。事实上，齐特尔曼就认为有所谓的"一般的消极原则"存在，其意指：除非法律有特别规定，"所有的行为均免于刑责，免于补偿之责"[26]。假使依此作彻底思考，那么除了规范漏洞（齐特尔曼所谓之"真正的漏洞"）外，就只剩下隐藏的规整漏洞，由此亦可以明了，齐特尔曼何以称之为"不真正的漏洞"。在刑法，的确可以承认有此种一般的"消极原则"。由此可以推论出：只有在开始该当行为之前，法律明白规定该行为的刑事可罚性时，始能对此科予刑罚。在民事法或其他法律领域，则不能承认有此等"一般的消极原则"存在，盖依此原则只要法律未有明白规定，所有的行为均不生任何法律效果[27]。没有哪个法律提到它，再者，鉴于生活关系的多样性及其持续演变的性质，这个原则也完全不实用。因此，还是可以坚持有"开放的"及"隐藏的"规整漏洞存在，端视其属于下述两种情况中之何者：对于（依其基本的规整意向而言）应予规整的事件类型，法定规整欠缺适当的规则；或者，虽有规则存在，惟依规则之意义及目的，针对此等事件类型应作限制规定，而法律就此付之阙如。

考虑到时间的因素，我们可以区分自始和嗣后的漏洞，前者又可分为立法者意识到的，以及立法者并未意识到的漏洞。假使立法者开放某问题不为规整，将之让由司法裁判及法学来决定，于此即有立法者意识到的漏洞存在。然而，多数涉及的是用语不明确的问题，换言之，仅是解释的问题，而非关漏洞填补。当立法者忽略了——依其根本的规整意向——应予规整的问题，或误以为就此已为规整时，即属立法者并未意识到的漏洞。因技术、经济的演变而发生新的——属于规整的目的范围，属于法律基本意向的规整范围，质言之，属于须被规整范围内的——问题，其系立法者立法当时尚未见及的问题，如是即发生嗣后的漏洞。嗣后的漏洞亦可分为"开放的"及"隐藏的"漏洞。就转录文学作品的朗诵或音乐于录音带，联邦最高法院所作的裁判[28]，即**属嗣后隐藏的漏洞**之适例。依其见解，此等行为构成作品的复制，仅著作权人有权为此。它们并非——其间已被废止的[29]——一九○一年六月十九日"关于文学作品及音乐著作物之著作权的法律"第十五条第二项之例外规定规范的对象。虽然当时未为规整的问题，今日已有法律规定，然而，联邦最高法院前述裁判在方法论上仍有其重要意义。

依前引规定，假使系专供个人使用且非为营利之目的，在未得著作权人同意的情况下，对文学及音乐著作亦得为复制。问题在于：该规定是否亦可适用于转录录音带之行为。联邦最高法院认为：二审法院以为，依该规定之文字，此等行为亦为规定所及，此点应予同意。然而，一九○一年制定该法律，乃至一九一○年修订该法律的立法者均不可能认识到：在家中以简单的，不须任何专业技术知识的机械化动作，就能将各种表演转录到录音带上。这种案件事实超乎立法者的想像范围。因此，即使语言文字上非常清楚，仍应进一步追问：法律规范的意义内涵是否的确包含此等案件事实。"要将（在公布法律史上未被认识的）新的案件事实涵摄于法律之下前，必须审查，字义上包含新事实的法律规定，依其基本的法律思想是否确可适用于此"。依该法院之见解，第十五条第二项系"下述法律基本思想的真正例外：著作者应由其私人作品获得经济上的收益"。如是，则"不得超越其原本的意义及目的"而限制著作者的复制权。依该规定之目的，其不应包含该当案件事实。私人录音的复制自由将使一些并非立法者所预想之人获益，并且其侵害著作权人复制权程度之大，亦超越立法者原本的想像。如此严重的危害著作权人的经济利益，将与著作权法的保护思想背道而驰。于此，利害关系人的下述利益必须让步：著作权法上的请求权不及于其私人的范围。联邦最高法院误称此为该规定的"限缩解释"，因为该法院自己也强调，用录音带录音亦属该规范之适用范围，其完全为该规定的字义所包含，因此，此处涉及的是附加的限制。该限制之必要性源自：被限制适用之规范的（有限的）目的及法律的根本思想。明白的限制规定之欠缺乃是一种"隐藏的漏洞"。其亦系嗣后的漏洞，因为法律生效时，该当案件事实尚不在"立法者的想像范围内"。此等案件事实发生后，始有限制——现在看来似乎过宽的——法律规范之构成要件的必要，如不为此等限制，将"违反计划地"损害法律的基本思想。此项裁判同时指出：表达形式及实质内容上均属例外规定者，对之不仅应作狭义解释，在发生新的（仍为规定字义所包含，惟将使规定之适用范围过度扩充，以致抵触立法者之规整意向的）案件事实时，则尚须运用目的论限缩的方法。

在一项将原本适用于商业雇员的商法典第七四、七四 a 条类推适用于所有劳工的裁判中，联邦劳工法院认定有嗣后的法律漏洞存在[30]。前述规定涉及竞业禁止的有效性或部分有效性。对于营业雇员，类此规定出现于营业法中，对于既非商业亦非营业雇员的劳工，有关限制仅见于民法典第一三八条。然而，联邦劳工法院认为，法律制定以来，事实关系已有如此重大的演变，对抗竞业禁止应有逾于民法典第一三八条的保护，其并应一体适用于全部劳工。当时立法者的假定：在商业雇员的情形，才特别有必要就竞业禁止为规整，这项假定在今日已不正确。联邦劳工法院认为，对于所有其他劳工，欠缺像适用于商业雇员那样详细的法律规定，其构成一种嗣后的开放的规整漏洞。然而，此种说法未必妥当，于此并不欠缺可资适用的规则，只是不如是详尽而已，民法典第一三八条乃是一种概括条款。联邦劳工法院为此裁判的动机乃是：就对抗竞业禁止一事，对不同类的劳工给予不同程度的保护，质言之，违反平等原则的问题。即使此等区别原本尚属合理，今日则不然。但并不因此即发生

"漏洞",毋宁发生一种(事后的)评价矛盾,联邦劳工法院尝试以超越法律的法的续造之方式,排除此等矛盾。

第二款 填补"开放的"漏洞,尤其是透过类推适用

填补开放的漏洞,通常是以类推适用,或回归法律所包含的原则之方式行之。取向于"事物的本质"也是一种可能的方法[31]。类推适用系指:将法律针对某构成要件(A)或多数彼此相类的构成要件而赋予之规则,转用于法律所未规定而与前述构成要件相类的构成要件(B)。转用的基础在于:二构成要件——在与法律评价有关的重要观点上——彼此相类,因此,二者应**作相同的评价**。易言之,系基于正义的要求——同类事物应作相同处理。以回归法律所包含的原则之方式来填补漏洞,其基础在于:法律未明白规整之案件事实,(亦)切合该原则,而例外不适用该原则之理由并不存在。

二案件事实彼此"相类似",此意指:两者在若干观点上一致,其余则否。假使在所有可能的角度上,两者均一致,则两者根本就是"相同的"。有关的案件事实既不能相同,也不能绝对不同,它们必须恰好在**与法评价有关**的重要观点上相互一致。事实是否如此,不能仅凭"一致"及"不一致"等逻辑学上的基本范畴来决定,毋宁必须先澄清:在法定规则中表现出来的评价之决定性观点何在。接着是积极地确定:在所有这些观点上,待判的案件事实与法律上已规定者均相一致;然后是消极地确定:两者间的不同之处不足以排斥此等法定评价。因此,法学上的类推适用无论如何都是一种评价性的思考过程,而非仅形式逻辑的思考操作[32]。法定构成要件中,哪些要素对于法定评价具有重要性,其原因何在,要答复这些问题就必须回归到该法律规整的目的、基本思想,质言之,法律的理由上来探讨。

将法律规定类推适用于法律并未提及,但应作相同评价的构成要件之适例系:(之前在漏洞概念处已经提及的)民法典第四六三条第二句。故意诈称买卖标的物具有实际上不存在的优点与故不告知瑕疵,就出卖人均认识买受人对物之性质有所误认,并且故意利用此项认识促使买受人缔结契约而论,两者并无不同。于此,故意利用已知的买受人的错误,其显然是法律评价的关键

所在。反之,出卖人究竟只是借"不告知"瑕疵以维持买受人的误认,换言之,只是未曾向买受人为必要的说明,抑或借"诈称"有利的性质使买受人发生错误,两者在评价上并无差别。第二种情况毋宁还要更严重些。因此,平等处理的原则要求:法律为第一种情况所定的规则亦应适用于后者。

在联邦最高法院的裁判中可举出下述事例[33]。依民法典第五七一条第一项,在让与租赁土地的情形,取得人于其所有权存续期间,就因租赁关系所生之权利及义务,承受出租人之地位。取得人不履行义务时,依民法典第五七一条第二项之规定,出租人"就取得人应赔偿之损害,负与抛弃先诉抗辩权之保证人同一之责任"。依民法典第五八一条第二项,收益租赁准用前述规定。在联邦最高法院裁判的一件收益租赁契约中,当事人约定:承租人应于其承租的土地上起造建物及其他设施,出租人终止租赁关系时,就此应为补偿。租赁关系存续中,出租人将土地让与第三人,后者于可终止契约的期日为终止之表示,并拒绝给付契约所定之补偿。承租人要求原出租人为补偿给付。联邦最高法院认为后者确有此项义务,于此虽然无涉损害赔偿请求权,而毋宁是一种契约中约定的金钱给付。法律之所以只提及"取得人应赔偿之损害",则是因为:通常出租人应履行的义务是提供使用及维持租赁物的义务,在让与所有权之后,前述义务只能由取得人履行,如取得人不履行,只能想像有损害赔偿的问题。在本件则根本不需要有损害赔偿请求权,因为契约上的请求权自始以金钱约定,原出租人及受让人均得履行。于此亦可适用前述规定的下述基本思想:因不动产所有权移转,一位"或许没有资力"(或不愿给付)的债务人可能会取代原债务人的地位,就此应予承租人适度的保护。因此,假使取得人不依契约履行金钱给付时,民法典第五七一条第二项第一句即得类推适用。取得人不履行原出租人约定的金钱给付,其与立法者所考虑的案件类型(取得人不履行典型的出租人义务)应受相同的评价,因此,类推适用是正当的。承租人不能抵御租赁标的物的让与,因此也不能反对——依法随之而来的——租赁关系的移转,所以法律在考虑到的主要情况课予前出租人类似保证人的义务,提供承租人额外的保障,在取得人不履行其受让的——因租赁关系所生的给付义务时,亦应作相同的处理。

将针对一构成要件而定之规则转用于类似(即:应作相同评价)的案件事实上,大家称之为"法律的类推适用",对此更适当的用语或者是"个别类推",因为是把一个法律规范"准用"在一个它未曾规整的案件事实上。其有别于所谓的"法的类推适用"[34],"整体类推"一语或者更加贴切。于此,将由多数——针对不同的构成要件赋予相同法效果的——法律规定得出"一般的法律原则",该原则在评价上也同样可以适用到法律并未规整的案件事实上。例如,在各种不同的持续性的债之关系中,一系列的法律规定都明定,双方当事人基于"重大事由"均有终止契约之——不容限制的——权利,由此可以推得:在所有持续性的债之关系中,均有此种契约终止权存在[35]。思考过程的个别阶段如下:1. 对于一系列的债之关系,法律强制规定有——基于"重大事由"的——即时终止契约的权利;2. 这些债之关系都是持续性的;3. 持续性的债之关系是指:"严重介入当事人的生活之中,或者将导致特殊的双方利益交错,因此,双方当事人个人的合作、善意的谅解及彼此的信赖是不可或缺的,持续较久的法律关系"[36];4. 法律规定的理由,正存在于持续性债之关系的此种特质;5. 因此,这项"法律理由"不仅适用于法律所定的,毋宁可适用于全部的持续性债之关系;6. 由是,在吾人的法秩序中即适用下述的一般法律原则:在所有持续性债之关系,均得基于"重大事由"终止其关系。

卡纳利斯反对把这种过程称为"类推适用"[37],他认为:此处涉及的不是由特殊性事物推论到特殊性事物的情况,毋宁是由特殊性事物推论到一般性事物的情况,质言之,不是类推适用,而是"归纳"。即使在个别类推的情形,也不是直接由特殊性事物推论到特殊性事物,毋宁是借着两个构成要件间的一致性所作的推论,于此,这项一致性在评价上发生决定性的作用。然而,在个别类推时,并不想找出——可适用于多数不特定的,可能的案件类型之——一般的法律原则,毋宁是想针对特定构成要件提供规则。借"整体类推"获取一般性的法律原则,其基础在于下述认识:所有被援引的个别规定,其共通的"法律理由"不仅适用于被规整的个别事件,反之,只要某特定要件存在(例如:当涉及的法律关系质属持续性的债之关系时),其即得以适用。因为回归到所有个别规定的法律理由上,因此我们能形成一般的法律原则,法律原则则因其所包含之实质的正义内涵而"具有说服力",法律中许多一致的事例,可以在实证法上证实这一点。就像卡纳利斯也一再指出的,于此必须一再审查,是否有其他法律规定足以质疑此"一般法律原则"的假定,假使肯定有此等"一般的法律原则"存在,是否有其他相反的法律原则足以限制前者的适用范围。我认为,正因为有这些额外的考量,因此不宜简单地将之称为"归纳"。这样的说法同样也会带来误解。

关于归纳推论,波亨斯基[38]曾举例如下:"有三种磷物质a、b、c,大家确认它们在60℃以下就可以燃烧;由此我们推论出来:**所有的**磷物质均是如此。这个推论过程的格式是怎样的呢?显然其涉及下述程序:

当所有的白磷物质于60℃以下均可燃烧的话,则a、b、c亦均如是,

a、b、c均可于60℃以下燃烧,

因此所有白磷的物质均可于60℃以下燃烧。

在上述推论环节中,波亨斯基隐含了一项未公开说明的前提(他视此为自明之理):我们知悉,a、b、c事实上是属于"白磷"的物质,如若不然,前提本身已不一贯。完整的说法应如下述:

当所有的白磷物质于60℃以下均可燃烧,而且当a、b、c均系"白磷"的物质,则a、b、c亦可于60℃以下燃烧。

a、b、c之为白磷的物质,可由自然科学家透过化学分析精确地加以确定。如果认识"白磷"的化学公式,就可以根据分析将a、b、c归属于"白磷"的概念下,后者正是借前述化学公式而被定义的。我们来观察一下求得"一般法律原则"的过程。因为对于特定持续性债之关系均赋予特定法效果(=基于"重大事由"之终止契约权)的确认,由此推论出下述一般法律原则:该法律效果适用于**所有的**持续性债之关系。如依波亨斯基的做法,其推论格式应如下述:

假使在吾人的法秩序中,某一般法律原则p有其适用,而且可能的事件类型a、b、c系该原则p可能的适用适例,对a、b、c就应该适用与该原则p相应的法效果。

依个别法律的规定，对 a、b、c 适用与该原则 p 相应的法效果，因此 p 是吾人法秩序中的一般法律原则，由是，其所有可能之适用适例均应被赋予相同的法律效果。

然而，这类推论并不正当。它没有留意到：法秩序中可能有同属原则 p 的适用适例之案件类型 d、e、f，对于它们，法律基于正当的理由可能有不同的规整。归纳推论在自然科学之所以可采是因为：基于迄至目前的经验可以认定，**所有的**白磷物质在同一条件下均将有同一反应。法规则与自然法则不同，前者容许有例外存在，而 a、b、c 可能恰好是这一类例外。这对于"证伪"的程序有其意义。只要有下述情形，即足以证实"所有的白磷物质在60℃以下可以燃烧"这段话为假：在同一条件下，有一种白磷物质在同一温度下不能燃烧。反之，即使法律就个别可能的适用适例别有规定，仍不妨碍法律原则 p 于他处适用。在持续性的债之关系中，"原则上"、"一般而言"基于"重大事由"得终止契约，并不因法律就特定持续性债之关系排除或限制此原则之适用，即得以否定原则之效力。此外尚有其他不同之处须加考量。如前所述，可以依化学分析借涵摄推论确定 a、b、c 属于白磷的物质。而 a、b、c 是否确属前述原则所称之"持续性的债之关系"，则须依评价来确认。于此涉及的是一些不能"精确"规定的因素，例如，当事人间关系的密切程度、信赖关系的必要性。因此，具决定性的不是：法律规整的案件类型 a、b、c 实际上都适用与该原则相配合的规则，重要的是下述理解：在所有事例中都适用这项规则的理由（="法律理由"）在于，所有此类法律关系都具有"持续性的债之关系"的特质。将法定规则一般化为得适用于所有"持续性的债之关系"的法律原则，其惟有借前述认识始得正当化。此种程序与波亨斯基所描述的归纳推论没有很大的关联。

因此，对"整体类推"的程序而言，具决定性的是回归到所有个别规定共通的"法律理由"及其一般化。于此必须详细审查，其事实上是否确可一般化以及可否因特定事件类型的特性而有不同的评价。与民法典第二七六条第一项所规定者不同,依民法典第五二一、五九九、九六八条及六八〇条,赠予人、贷与人、拾得人及(特定条件下的)无因管理之管理人,在履行契约或法定义务时,仅就故意及重大过失的行为负责。这些情况的共同点在于:所有被减轻责任者,都无私地为他人的利益而行动,换言之,从事的都是"助人的"行为。但是将所有形态的"帮助关系"一般化,则为司法裁判正确地予以拒绝[39]。一因法律规定本身就相互歧异。例如,依民法典第六九〇条,无偿的受寄人只负担"与处理自己的事务相同之注意"义务;受任人则对**任何**过失均须负责。在非法律行为性质的"帮助关系"中(例如:容许搭便车的情形),限制侵权行为的责任未必都妥当[40]。"无私"并非唯一且充分的减轻责任事由,其尚取决于该当关系的个别形态。

对法院来说,实在很难随即忽略其所发现之一般法律原则的全部效力,因此,即使在看来可能作整体类推的情形,仍然以先为个别类推为宜。依民法典第六四五条第一项,工作因定作人所供给之材料有瑕疵,或因定作人就工作之实施所为之指示不当,以至于受领前灭失、毁损,或不能完成者,承揽人得请求其已服劳务之报酬并赔偿报酬以外之费用。其限制民法典第六四四条所定规则的适用,依后者,工作受领前,应由承揽人承担报酬给付的危险;因此,如因非可归责于承揽人的事由,致其所完成之全部或部分工作毁损或不能完成时,其并无全部或部分的报酬请求权。此等限制之理由在于:工作之毁损或不能完成系归责于定作人的作用范围,因其系由定作人供给材料之瑕疵,或其指示不当所致[41]。部分学者认为,该规定显示有下述一般原则存在:于民法典第六四五条所定范围内,就所有源自其范围的,导致工作毁损或不能完成的情形,均应由定作人承担危险[42]。这种将民法典第六四五条第一项一般化的做法受到质疑,特别因为第二次立法委员会会鉴于"范围"一词难以界定,因此拒绝类此的建议,因此,其有意识地保留法律本文这种比较狭隘的表达方式[43]。虽然之前已提过,起草法律者的规范想法对解释不具拘束力,然而,如其系以合理的考量为基础,则其亦应受相当的重视。联邦最高法院因此曾在两项裁判[44]中优先考量此等规范想法,仅以个别类推的方式将民法典第六四五条第一项转用在特定的、较为详细界定的构成要件上,而未将之一般化为——依该当阻碍原因发生的作用范围,定其危险分配之——原则[45]。

在第一件案件,原告请求被告给付其为后者建造谷仓的报酬。被告将干草移入尚未完工的谷仓中,以致其被烧毁。联邦最高法院宣示,"假使定作人的行为使工作物处于一种足以危害工作物的状态,事实上也是使工作物毁损的原因,那么就可以正当化民法典第六四五条的类推适用"。此类案件事实与法律所规整的构成要件相似之处在于:定作人借其行为(纵非有责地)使工作物毁损。在第二件案件,被告为自己及其家人与旅行社签订一项——包括一切飞往特内里法的费用之——契约。被告无法开始这项旅程,因为在德国发生若干天花病例,因此,西班牙有关机关要求德国旅客作天花预防注射,而被告四岁的女儿正在病中,医生建议不宜作此种注射。联邦最高法院于此也类推适用民法典第六四五条第一项,因为承揽人的给付(旅行的完成)必须定作人及其家属之协助始能达成。"于此,要求定作人使其个人状态适于工作之完成,并就此负责,在事理上亦属恰当"。借类推适用,联邦最高法院将定作人安排同游者之不适于旅行的状态,与定作人所供给材料之瑕疵等视同观。评价上两者确无不同之处。一再地将此规则类推适用于其他案件事实,其是否将导致司法裁判终于承认依作用范围定危险分配的"一般原则",这只能静待嗣后的发展[46]。

再者,也并非一定要借"整体类推"才能发现一般的法律原则。有时只须指明个别规定的根本"法律理由",并且认识到,除法律所规定的事件外,这项法律理由也适于其他事实领域。认为民法典第六四五条第一项系——依作用范围定危险分配之———一般法律原则的表现者,所采取的正是此种方式。于此亦须审慎考量,将此规则限制适用于法律提及的事例(或者扩而充之,仅类推适用于类似的事件)是否有其合理的根据,评价上能否被正当化。针对民法典第二五四条第一项所作的司法裁判,可以提供适切的一般化的例子。对于损害的发生,"被害人亦可归责"时,依该条之规定,应依具体事件之情状,定赔偿义务人及被害人的损害分担。依法律,使被害人必须对损害的发生负责,乃至使其赔偿请求权减低甚至消失的原因在于其"有责任",由此可知,依起草法律者的想法,加害人亦只有在有责的情形始负赔偿义务。他们尚不知有——作为独立的责任原则之——危险责任。因此,无论是被害人或加害人,只在有责的情形才有承担损害责任的充分理由。承认危险责任是一种独立的原任原则之后,如在被害人一方仍坚守"有责"始负责任的主张,即不能维持。因此,今日的司法裁判认定:当被害人系因一种——依危险责任的规则——应由其负责的情事致受损害时,则被害人亦应依民法典第二五四条负责,即使加害人方面有过失时,亦同[47]。换言之,今日的司法裁判由民法典第二五四条第一项获得下述一般法律原则:如被害人有促使损害发生的情况,而依吾人损害赔偿法的规则,此等情况将使其对所生的损害负责者,即应依此规定确定损害之分配。促成损害发生的事物危险或营业管理上的危险,其依危险责任的规则足以作为赔偿义务的根据,而亦属于前述情况。因危险责任扩建所生之嗣后的法律漏洞,得借民法典第二五四条第一项所定规则之一般化而得以填补。

与类推适用相近的是"举重以明轻的推论"[48]。后者意指:如依法律规定,对构成要件 A 应赋予法效果 R,假使法定规则的法律理由更适宜(与 A 相类似的)构成要件 B 的话,法效果 R"更应"赋予构成要件 B。借助此等论证方式,联邦最高法院承认:如其与(合法的)征收具有相同的作用,则对于因违法无责的公权力行为所致之损害,亦应予以补偿[49]。联邦最高法院认为:"假使其为法律所许可时,其将构成征收,而依其内容及作用对于受影响者将构成特别牺牲的话,因国家权力不法侵害个人权利,亦应与征收作相同处理……当不法的国家侵害对受影响者的作用与征收相同时,则其至少与合法的征收具有同样强大的理由,足以认可补偿请求权之存在"。"举重以明轻的推论"表现在"至少具有同样强大的理由"等语。此外,卡纳利斯[50]也在紧急避难的事例中运用此等论证方式。依民法典第九〇四条,为防止现在危险所必要,且危险所能致之损害远甚于因干涉其物而加于所有人之损害时,对他人之物的干涉是被容许的,质言之,是合法的。所有权人得请求赔偿其所受损害。假使某人在类似的紧急避难情况,其损害的不是他人的财产,而是他人的身体或健康,而被害人亦未造成危险状态,则其亦应可请求赔偿所受损害,假使加害人的行为因"超越法律的紧急避难"而被正当化的话;卡纳利斯如是说:"假使拥有物之价值者,因负有容忍侵害的义务,对于因而受益者享有补偿请求权以资平衡的话,那么在某人必须容忍他人侵害其人格性法益时,前述原则尤应有其适用"。同样,在加害人的行为未(经由超越法律的紧急避难而)被正当化,仅(因其事实上无从预见而)可得免责时,被害人尤得请求补偿。因为,(卡纳利斯又如是说:)"假使因紧急状态而合法的侵害尚有补偿请求权,此尤应适用于违法无责的行为"。其"尤应"适用,因于此肯定补偿请求权存在的理由更强。"举重明轻的推论"之正当理由与类推适用相同,均存在于正义的要求:应作相同评价的构成要件,应作相同处理,除非基于恰当的理由,法律规定应为不同的处理,或不同的处理可基于特殊的理由被正当化。

与类推适用及"举重以明轻的推论"适相反对者系"反面推论"。其意指:法律(仅)赋予构成要件 A 法律效果 R,因此,R 不适用于其他构成要件,即使其与 A 相似。显然,只有当法定规则明文(或依其意义)包含前述的"仅"字,换言之,只有当立法者有意(或依法律目的)将法律效果仅适用于构成要件 A 时,反面推论方属可行。是否如此,须先借解释以确定之。无论如何,绝不可单纯假定其系如此。假使不应将法定规则解为:仅于其所描述之事件始发生该法律效果,则一如乌尔里希·克卢格所证实的[51],反面推论已犯了逻辑推论上的错误。然而,如符合前述反面推论的条件,则通常不仅不可为类推适用,实际上根本无法律漏洞存在。于此大多并无"违反计划的"(或者,依法律目的可予认定的)法定规则的不圆满性[52]。

然而,一个合理的反面推论可能才恰恰使法律漏洞显示出来,其须借其他考量来填补。民法典第三〇六条规定,以不能之给付为契约标的者,其契约无效。与民法典第二七五条第二项不同,法律于此并未将债务人的主观不能与客观不能等视同观。反而可以由民法典第二七五条推得,法律明白分别此二概念。我们不能假定,法律起草者在草拟民法典第三〇六条时遗忘了此二概念的区分,将客观不能的概念解释为包含债务人的主观不能。因此,下述反面推论是正当的:与客观不能异,自始的债务人主观不能不致使契约无效。假使债务人有主观给付不能的情事,那么自然不能以原有形态实现给付,如是即发生以下问题:根据此仍属有效的契约,债权人对债务人可主张何种权利,请求信赖利益的损害补偿,或是请求履行利益。就此法律未有规定,其系法律规定的漏洞,而假使不是由民法典第三〇六条对自始的主观不能作反面推论的话,前述漏洞根本就不会存在。这个漏洞应如何填补,于此不拟更为说明[53]。

对一项法定规则可否为反面推论,如其不然,其可否为类推适用(个别类推,或与其他规则合作为整体类推)、"举重以明轻的推论",或者作为认识、形成一般法律原则的基础,这些都不是借形式逻辑可以解决的问题,反之,其系法律目的,或借该规则表现出来的评价,质言之,"法律理由"的问题[54]。究竟应选择何者,其绝非如浮掠观察者所想像的,仅取决于当下判断者主观任意的决定,毋宁应以价值取向、目的论的思考手段,使他人得以理解其决定。

第三款 填补"隐藏的"漏洞,特别是透过目的论的限缩

之前已经将"隐藏的"漏洞解为:法定规则——违反其字义——依法律的目的应予限制,而法律本文并未包含此项限制时。填补此等漏洞的方式系添加——合于意义要求的——限制。借此,因字义过宽而适用范围过大的法定规则,其将被限制仅适用于——依法律规整目的或其意义脉络——宜于适用的范围,质言之,其适用范围即被"限缩",因此,吾人称之为"目的论的限缩"[55]。有时大家也用"减缩"一词[56]。目的论的限缩之于限缩解释的关系,与个别类推之于扩充解释的关系相类。目的论的限缩借添加限制性的规范,而限缩解释则借采取一种较为狭窄(而非另一种可能的较宽)的字义限缩规范的适用范围。个别案件中,究竟是否仍为限缩解释,抑或已构成目的论的限缩,有时不无疑问。实际上已非解释而为目的论的限缩,而司法裁判仍自称在从事限缩解释的情况,屡见不鲜。这或者是为了获得更高的"忠于法律"的印象。然而,假使目的论的限缩始终取向于法律固有的目的,始终坚守法律目的所划

定的界限(就此,稍后将再提及),则其之"忠于法律"亦绝不逊于任何目的论的解释。

假使类推适用的正当理由,在于下述的正义命令:依主要的评价观点属于同类的事件,须作相同的处理,那么目的论限缩的正当理由,即在于下述正义的命令:不同类的事件应作不同的处理,质言之,应依评价作必要的区分。这项必要性的来源可以是:被限制的规范之意义及目的(如若不然,则其目的即无由达成)、"事物的本质",或法律中针对特定案件类型有优越效力的原则。就像有时可由法律获得类推适用的禁止(当法律规整具穷尽的性质,换言之,在容许作反面推论的情况),有时也可以由之推得目的论限缩的禁止,当法安定性的利益要求严守清楚的字义时。是否如此,又必须先借解释以确定之[57]。

为配合规定目的而作的目的论的限缩,最令人印象深刻的例子是:本书第一版中要求的,于其间已被联邦最高法院实现之[58]民法典第一八一条(关于法定代理人自己代理之禁止规定)的目的论的限缩,当法律行为依其种类,对本人而言是纯获法律上之利益,特别当法定代理人对未成年人为赠与时,法定代理人得为之与自己订定契约。如依民法典第一八一条的字义,此类法律行为亦不能发生效力,因为在法定代理的情况,无本人之"许诺"可言,而该法律行为亦非专为履行代理人之债务者。然而,就事理而言,使此类法律行为亦不生效力,并不适宜,其甚且与民法典第一八一条的立法目的适相反对,盖如是将使本人蒙受不利。民法典第一八一条之首要目的在于保护本人免于受到下述情况的损害:当其与代理人处于利益冲突的情况,代理人代之而与自己缔结法律行为,借此使自己受益,而使本人受损害。依法律规定,本人事实上是否蒙受不利,并非决定的标准。基于法安定性的利益,换言之,为了易于辨识及避免举证上的困难,法律一般性地规定:除前述例外情形外,自己代理均属无效。法律鉴于法安定性的考量选择了一种抽象(即:无视于本人的利益在具体情况是否的确受损害或危害)的规定方式,因此,长期以来,司法裁判及学界多数见解[59]均认为,该规定是应予"严格"解释的"形式的秩序规定"。质言之,鉴于规定背后法安定性的考量,他们由规定的方式推得目的论限缩的禁止。然而,此种限缩的禁止亦不得逾——为其基础之——法安定性的目的之要求。例如,显然不可将民法典第一八一条宣示的自己代理之禁止限制仅适用于下述案件:有证据足以证明,在具体案件中,本人之利益至少受到危害。然而,假使在特定事件类型中,危害一般不会发生,则又不同。法律行为依其种类,使本人纯获法律上之利益者,即属此种情形[60]。相较于在具体的个案中决定是否有利益冲突的可能性,因此有无利益危害的情况,决定某法律行为依其种类是否使本人纯获法律上之利益,显然要容易得多,在这一类法律行为的典型情况,也可以作显然比较可靠的答复。答复此等问题仍存在的不确定性,其既不大于任何解释的问题,因此应可接受。因此,在前述范围内将民法典第一八一条作目的论的限缩不仅应予认可,为避免发生违反意义或目的结果,更属必要[61]。

当有限公司的唯一股东,以公司代表人的身份与自己缔结一项法律行为时,联邦最高法院认为,民法典第一八一条于此亦应作目的论的限缩[62]。其认为,唯一股东之利益与公司之利益始终相互重叠,因此,一般而言将不致有利益冲突的危险,自亦无损害一方图利他方的情形。盖森[63]则指出:此项裁判并非毫无问题,因此等法律行为亦将影响第三人(公司或唯一股东之债权人)的利益,对之提供保护亦属民法典第一八一条的目的。立法者于其间已决定,民法典第一八一条于类此事件仍有其适用[64]。

基于有关规定本身的意图、目的所作的目的论的限缩,尚有另一适例:联邦最高法院的一项关于民法典第四〇〇条的裁判[65]。依此,债权禁止扣押者,不得让与。联邦最高法院限制此规定仅适用于下述情况:权利人将其对加害人的意外事故年金请求权让与第三人(例如,其雇主),而第三人未同时——基于照顾的目的——对权利人承担给付相应金额的义务。与民法典第四〇〇条清楚的字义适相反对,联邦最高法院认为,假使是受领各该期给付之后的让与,或者,虽在之前作成的让与,惟其以给付为停止条件者,此等让与均属有效。其之属目的论限缩,亦显示于下述裁判理由中:"在一般情况,立法者之所以依民法典第四〇〇条禁止请求权之让与，盖欲借此确保年金请求权人必要的生计，于此，此项目的例外地恰只能借准许让与，始克达成。虽然与民法典第四〇〇条清楚的字义相反，仍应肯定此种可能性，盖如若不然，则将与法律原拟追求的目标（保护年金请求权人）背道而驰。对禁止规范作变更文字内容，但忠于目的之限缩时，自应极度审慎从事"。于此，联邦最高法院亦适切地强调，法律为一般地保护禁止扣押债权之权利人的生计免于受到危害，其因此所作之禁止规定的遵守与否，不得取决于下述情况：此等危害在具体情况存在与否。年金请求权人如果事实上已经由第三人获得相应的给付，依规定的目的而言，准许让与年金请求权应不再有任何疑虑，年金请求权人非但未因让与行为而处于比较不利的地位，相较于仅能向加害人请求年金，其毋宁处于更佳状况。如不让与其赔偿请求权，则本愿提供协助的第三人通常将不愿自动为给付。此外，在认可让与行为之效力时，通常亦较能保证加害人将不能脱卸其责任，必要时，第三人将对之起诉请求。因此，如第三人自愿为给付，认可年金请求权的让与，不论由何种观点均可获致合理、与民法典第四〇〇条之意义及目的完全一致的结论。

　　有时是为了使另一法规范的目的得以达成，因此必须作目的论的限缩，其适例：假使令个别的契约约定无效，因约定无效受益之一方契约当事人仍得享受契约本身的利益，其正是所拟追求之目的时，则民法典第一三九条应不予适用。相关的规定是：民法典第四四三、四七六、五四〇及六三七条。于此，假使适用民法典第一三九条使契约归于无效，则原应受保护之一方将丧失全部因该法律行为所得享受之利益，如是则与保护规定所拟追求的效果适相反对[66]。民法典第一三九条所定规则于此需要加以限制。此外，还可以回想之前（第三章第四节）提及的事例：当法例外地规定竞合的契约，在加重过失的情况始负责任时，为使此等规定得以贯彻，通说认为应限制民法典第八二三条规定的适用，盖依后者的规定，任何过失均足以构成侵权行为之赔偿义务。民法典第一六七条第二项规定，代理权之授与，无须依代理权所涉法律行为应具之形式，此项规则应予限制而不得适用于下述案例：假使该法定形式之作用在于提示警诫，并且被授予之代理权不能撤回，或者，该代理权包含自己的代理的许诺[67]。于此等情况，形式的要求如不扩及于代理权的授予，其警诫的作用将不能达成。

最后的例子显示：以目的论限缩的方式限制一法规范的适用，附带而来的常是另一规范的扩张适用。反之，如以类推适用的方式扩充适用一限制性规范，其意味，被限制的法规范所受限制将超过法律所明白规定的范围。如是，将民法典第六四五条类推适用于其未曾提及的事例，即构成对民法典第六四四条（＝承揽人于工作受领前承担报酬的危险）的进一步限制，而且并不因民法典第六四五条是第六四四条的"例外"，即不得类推适用。因为由法律本身可知，民法典第六四四条的原则并不能毫无例外地一体适用。民法典第六四五条也不能被解为立法者所作的穷尽规定，只有在其提及的情事下，才能偏离民法典第六四四条的原则为危险分配。于此，类推适用与目的论的限缩，彼此相互补充[68]。

在合伙契约的情形，如合伙已开始其业务（在商业合伙，如其已登记于商业登记簿中），于此，学说及司法裁判对民法典中关于法律行为无效及撤销等规定之适用均加以限制[69]。一方面为保护——因信赖合伙存在而与之为交易行为的——第三人的利益，其次是为了简化有瑕疵合伙的清理。于此，究竟还是法律内的法的续造，或者已经是一种——部分以法律行为过程中的信赖保护原则（其仍须被具体化），部分以法明确性、法安定性，在涉及清理的问题，则以事物的本质[70]为基础所作的——超越法律的法的续造，则不无疑义。于此，附随无效及撤销规则之目的论限缩而来的，仍旧是其他规则的类推适用，例如，在持续性债之关系的即时终止，或者，在无限公司的请求解散之诉。

有时借具体化一须填补的标准（例如"诚实信用"）之助，可获得一限制性的语句，借助后者又可限制一法律规定之适用。民法典第一二五条规定，法律行为欠缺法定形式者无效，对此，司法裁判即借第二四二条的原则加以限制[71]。此种做法不无可虑之处，为维持法定形式的要求，民法典第一二五条质属应严格适用的规定。尤其绝不可逐案依诚信原则审查此形式强制是否应被限制。此限制毋宁只适用于特定案件类型，特别是当主张欠缺法定形式者，其正是以诈欺的方式阻止遵守法定形式的一方时，鉴于此具优越地位的——民法典第二四二条所定的——实质原则,于此即得为正当的目的论的限缩。在其余大多数的案例中,则常应优先考量形式的规定,盖如若不然,形式规定之遵守即不能确保[72]。于此涉及的问题是:在何种程度上,前述一般原则,在何种情况,民法典第一二五条之规范目的居优越地位。假使优先考量后者,将使违反诚信的行为反而受到法律的奖励时,基于诚信原则在伦理上崇高的地位,于此即倾向于赋予此原则优越的地位。

卡纳利斯则举出[73]另一个——根据法秩序中之原则所要求的——目的论限缩的适例。依民法典第五四条第二句之规定,以无权利能力社团之名义缔结法律行为者,行为人个人就该法律行为亦应负责。依规定的字义言,其亦适用于限制行为能力之行为人。于此,依民法典第一六五条之规定,社团成员仍须负责。于此,为社团为行为者——依第五四条第二句之规定——额外应负责任之规定,其与——法律中普遍实现的——保护未成年人免于因自身的法律行为承担负面的法效果之原则相抵触。就像卡纳利斯所适切指出的,这项保护原则仍应予以尊重,因此,必须以目的论限缩的方式相应地限制民法典第五四条第二句的适用。

沃尔夫斯也报导了一件与此有关的——瑞士联邦法院的——裁判[74]。依瑞士法,刑庭法官课被告以散布猥亵物品之罪时,并应宣告将该物品"销毁"。本件涉及的是一些极具艺术价值的日本浮雕及印刷品。联邦法院认为,鉴于其艺术上的价值,将之销毁未免太甚。其认为,为达到规定的目的,将之交付美术馆,并附加仅艺术专家始得阅览之负担为已足。沃尔夫斯认为,于此涉及对"销毁"一语的解释,联邦法院系基于比例原则的考量来作解释的。然而,此意义已逾越可能的字义范围。法院于此不是在解释法律,毋宁是鉴于比例原则,以目的论限缩的方式修正该法律。

第四款　其他基于目的考量对法律本文的修正

类推适用、将规则一般化而发现原则,再以此原则为基础作出裁判、目的论的限缩,所有这种种方式都是以法律理由,以内存于法律中的目的为根据,对过窄或过宽的法律文字所作的修正,因此,它们都是"法律内的法的续造"。有时法律文字的修正也借其他方式来达成。我们可以借用卡纳利斯[75]的用语,将扩充过窄的字义,而非出之以类推适用的方式者称为"目的论的扩张"。此外,假使规定的字义本身隐含矛盾,司法裁判即依规定的目的加以修正。

下述联邦最高法院裁判的案件即涉及"目的论的扩张"[76]:一件应由被告负责的意外事故,其造成原告之夫的死亡。依民法典第八四四条第二项的规定,被告对原告因此而丧失扶养请求权应负损害赔偿之责,其因此须"于被害人在其推定生存期内所负扶养义务之限度内",对原告支付定期金。原告请求超过此期限的定期金。她主张,如其夫仍继续生存,则其夫将继续给付社会保险费,如是,则其将获得社会保险定期金的给付,因其夫之猝逝,其不能获此社会保险定期金的给付。民法典第八四四条第二项的字义显然不包含此项请求权(联邦最高法院也如是认为),其明白将因丧失扶养请求权之损害赔偿请求权,局限在被害人推定生存期内。然而,联邦最高法院仍然认可原告的请求,其认为:"假使依民法典第八四四条第二项的意义、目的,对之作扩张解释",亦应认可原告这种"未为生计给付的结果损害"之赔偿请求权。联邦最高法院视妻之缺乏给养,系夫"未为生计给付的结果损害",因为夫基于其扶养义务,为使其妻之老年给养不虞匮乏,对其妻负有给付社会保险费之义务。而因其猝逝,致不能再为给付,因此也不能再履行其——照顾其死后其妻生计之——义务。依民法典第八四四条第二项的意义及目的,被告对此亦须负责。

在前述案件类型中,死者的遗孀因其夫猝逝,事实上丧失的不只是其夫推定生存期内可由其夫获得的生计给付,亦包括——因其夫生前继续给付社会保险费——其夫死后可向社会保险请求之生计给付。丧失后者系其夫死亡的间接后果。法律既规定,侵害生命权者,对于扶养请求权人因此丧失的生计保障须负责填补,于此等事件形态,亦应适用于扶养义务人推定生存期后的时期。立法者显然未考虑到此等事件形态。因此,由其规整意图看来,即存在有法律的漏洞。于此等事件,联邦最高法院背离民法典第八四四条第二项清楚的字义,将赔偿义务扩及于被害人推定生存期后,实际上几乎等于扶养权利人的死亡时点,联邦最高法院借此填补前述漏洞。对过窄的法律本文,添附以下语句:"遭遇不幸之工人的遗孀,对于因其夫猝逝,致不能由年金保险中获得遗孀年金给付之——被害人推定生存期后的——损害,亦得请求赔偿"[77]。其并非单纯的类推适用,于此不能认为:法律所未规定的事件(丧失社会保险的给养请求权)与其已规定者"相类似",于所有重大的评价观点上"均无不同"。于此涉及的是与已规定者完全不同的构成要件,惟基于法律目的的考量,宜将之包含于法律之中。于此,二构成要件固然不同,惟仍应对二者给以相同评价,惟如此始能避免使遗孀遭受不合理的不利益,质言之,因其夫之死亡而丧失其后对社会保险之年金给付请求权。

然而,这种"目的论的扩张"在作用上与类推适用则极为相近。两者均将一项规整扩而适用于——依其字义并未包含的——其他案件事实。两者均系为充分实现法定规则的目的,为避免无法正当化的评价矛盾。因此,如禁止类推适用,自亦不许为目的论的扩张。

之前(第五章第二节第三款)已经提及,将未成年人的"中性"行为与"纯获法律上利益"之行为等视同观,也是一种以法律目的为根据,对法律所作的修正。"中性"行为是指:为该行为之未成年人既未因此受法律上之利益,亦未因此蒙受不利,因该行为所可能影响的是第三人的,而非未成年人的财产。所以能够将它与纯获法律上利益的行为等视同观,一则因为在两种情况均无保护未成年人的必要,二则基于民法典第一六五条的类推适用。如是,则应将民法典第一〇七条的字义修正如次:"不致使其受任何法律上不利之意思表示者,不在此限"。因此等修正,依民法典第一〇八条,未成年人应得法定代理人同意之法律行为的范围随之缩小,因此可以将此等修正视为民法典第一〇七条之目的论的限缩。与此类限缩的通常情况不同,于此并未对法定规则附加限制性的语句,而是对规则本身作——相较于法律文字——更为狭隘的理解。

同样以目的考量为根据而修正法律的例子:依民法典第四一九条第一项来确认,对于迄今的财产权人之请求权存在的标准时点[78]。单纯依该条的字义,其债权人"于契约订立时已存在之请求权,自订约时起,亦得对承受人行使之"。我们的法律并不承认,生者之间可以借一般让与,将全部财产让与他人,因此，似乎应将第四一九条第一项的"契约"解为债权契约，借此，迄今的财产权人负有义务，移转构成其财产的个别客体予承受人。第四一九条第二项又加强了前项假定，其提及"依契约应归属于承受人之请求权"。请求权只能由债权契约，而不能由物权性的移转行为产生。然而，由规定的目的看来，这项结论未必恰当。该规定的目的在于保护迄今财产权人的债权人，他们认为前者是富有财产之人，因此对之提供信用，假使其债务人将其财产之全部或绝大部分整个移转于第三人，则其将丧失迄至当时的全部责任客体。此种保护思想亦应适用于下述情况的债权人：对迄今的财产权人取得请求权固系在前述债权契约缔结之后（就此，其通常亦无从知悉），但仍在个别财产权客体移转之前。在责任法的意义上，债权契约尚不足以影响财产的归属，因此，债务人的财产仍须向之负责，就此，其与其他债权人并无不同。因此，并无理由使他——较其他在债权契约缔结前已取得请求权之债权人——处于较劣之地位。因此，司法裁判起初决定：债权契约缔结之后，为物权性移转行为之前已发生的——迄今财产权人的——债务，承受人亦须负责[79]。稍后，其对此决定作如下限制：让与人已同意为预告登记之土地承受人，仅就预告登记申请到达土地登记机关之前的——迄至彼时的财产权人之——债务负责[80]。联邦最高法院之所以作此限制，因为承受人负责的前提是：债权人于其请求权发生时，根据该请求权得就债务人的财产执行求偿。这点在债权契约缔结之后仍有可能，然而，一旦已经就土地同意为预告登记，而且登记之申请已到达土地登记机关，即不复可行。由规定的目的而言，这是逻辑一贯的想法，然而在规定的字义上却无任何根据。因此，这是一种法律修正的工作，而非单纯地更正错误可比。只有当法律编写者就其意向误选了表达用语，或编辑时漏未修正错误的用语时，始有"编辑错误"之可言[81]。然而，于此不只是选错用语的问题而已，问题在其根本未作彻底思考。不仅用语须更正，毋宁必须修正未能完全配合目的之规则。

依今日对法院的法的续造权限之认识，大家原则上肯定，法院可以基于法律目的考量而修正法律。其前提则是：能清楚地确定法律的目的，并且，假使不为此等修正，则法律目的在部分事件中即不能完全实现，不可避免将发生严重的评价矛盾或明显的不正。在因其夫死亡致其给养请求权丧失的遗孀之类的事件,此要件显然存在。然而,在民法典第四一九条的案例中,前述要件存在与否即不无疑义,事实上,仅就法律政策而论,其做法已属可疑[82]。

第五款　漏洞的确认与漏洞的填补

以前述思想操作方式填补法律漏洞前,逻辑上须先确认法律漏洞存在。然而——如前所述——此等确认本身即要求,以法律目的以及具相同意义者应受相同处遇的命令为标准,对法律作批判性的评价,因此,就此所作的考量常同时亦能填补漏洞。就此卡纳利斯曾作详细研究[83]。

在下述情况,漏洞的确认及填补系基于同一考量:当法律就一类案件类型予以规定,而就另一类——评价上应认为相同之——案件类型却未赋予相应的规则时,或者,在依其意义、目的,依优先规范、内存于法律中的原则,法定规则的适用应予限制,而法律就此漏未规定时。于此,法律遗漏的规则即是填补漏洞的规则,除非有类推适用或限缩的禁止存在,致不克为此。因此,类推适用及目的论的限缩不仅是填补漏洞的思想操作方式,同时也用以确认漏洞。但并非所有情况均如此。假使涉及的是所谓的规范漏洞,则确认漏洞存在的考量,未必就足以填补漏洞。在规范漏洞的情形,如不为补充规定,法定规则本身根本不能适用。于此,确定必须补充规定,同时也就确认有漏洞存在,但还不足以填补漏洞。在规整漏洞也会有此种情形。关于债务人自始主观给付不能之法效果,以(于此正当的)对民法典第三〇六条作反面推论的方式,只能由法律消极地确定:契约并非无效。其积极的法效果如何,法律未有规定。为了使契约有效一语能确实发生作用,必须对其积极的法效果有所规定。与规范漏洞的情形相同,此处涉及的也是卡纳利斯[84]所谓的"拒绝权利保护的漏洞":法官于此面对两种可能的选择,他或者不适用法定规则(如是则构成"拒绝权利保护"),或者必须添加使法律适用可能的必要规定。于此类事件,首先只是确认漏洞,以及为避免"拒绝权利保护"而生之填补的必要性,至于漏洞应如何填补,究竟应该以类推适用、以目的论的扩张,或者回归原则或"事物的本质"的方式来进行,则尚未决定。因此,于此类事件,漏洞之确认及其填补分属两种不同的思想程序。

是否所有"拒绝权利保护的漏洞"均能以方法上有根据的方式,换言之,以法律上有根据,并且可以事后审查的考量来填补?就此[85],我们虽然非常希望作出肯定的答复,然而,答案是负面的。的确有"不能填补的漏洞"存在。然而,仍应要求法官尽可能寻找法律上有根据的裁判。在大多数的案件中,借助法律的评价、内存于法秩序中的法律原则以及"事物的本质",法官还是能就法律未规定的法律问题,提出有根据的答案。于此,卡纳利斯[86]适切地提及:"假使欠缺必要的期限规定,就必须确定出一个适当的期限;假使缺少利息利率的规定,就应该适用一般利率;假使缺乏必要的管辖规定,则应由与事物关系最密切的机关来管辖"。然而——他继续说到——这已经触及极限,经常很难确定,哪个机关与事物的关系最密切,有时缺乏的是必不可缺的程序规定。即使如此,经常还是可以借类推适用、回归法治国在程序上的一般原则来应付。最后,即使法院事实上无法填补法律的漏洞,这并不意味,法院必然不能作出法律上有其根据的裁判。例如,假使法律规定,租赁争议自特定时点起专属租赁调解法院管辖,然而立法者并未制定设置该法院所必要的规定,在该法定时点经过后,普通法院不得宣称其对此类争议并无管辖权,盖如是将等同任何权利保护之拒绝。其毋宁应宣示:只要该特定法院尚未设置,该法律规定即不能适用,而仍应适用法院管辖的一般规定。这也是在法律上有其根据的裁判。

第六款 漏洞填补——有创意的认识成果

假使几乎在所有的事件,法院都能获得——由法秩序看来——有根据的裁判,那么还可以说法律"有漏洞"吗?齐特尔曼[87]就认为:以类推适用的方式作裁判的法官,其事实上主张,其以类推的方式获得的语句本是现行有效的法规范。依其见解,有漏洞的不是法律,而是我们迄今对法律的认识。也经常有人说,只有法律及已经形成规则的法才会有漏洞,作为意义整体的法并无漏洞[88]。依此见,法始终都包含可以当作裁判依据的法命题,只是其迄今尚未被认识或表达出来而已。

此类见解应予反对,因其忽略:在每个法的续造行动中,特别是在补充漏洞时，都有独立的创造性因素包含其中。作为客观精神的法，其只存在于法所拟规整之人及适用法规范之人的意识中，因此，正应被发现的法命题并非已既存者，它至多只是可能的法，而并非已经是当前的法，质言之，随时准备被适用的法。只有当法院将之明白表达出来，或者，至少在一个事件中采之为裁判基础时，它才变为当前的，实际上被适用的法（行动中的法）。只要法院在准征收（客观上违法无责的侵害）的情形不判给补偿，在特定事件中不对民法典第一八一条或民法典第四〇〇条作目的论的限缩，或者尚未以上述方式将民法典第八四四条第二项加以扩充予以更正，该当的法命题就尚未存在吾人的法秩序中。只有当司法裁判肯认它们是必要之法律漏洞的补充并予接受时，它们才变为当前法秩序的构成部分。

首次以类推适用或目的论限缩的方式填补法律漏洞，这是一种有创意的认识行为，假使其被追随，它也就扩充了可供适用规范的库存，虽然如此，它仍旧与公布法律那样的立法行为不同[89]。为漏洞填补者仍然认其为认识行为，而非意志决定。借此发现的法命题，其嗣后被适用的原因，不在于它是由有权立法者所制定，而是因法院认其"正确"而予适用。因其被认系"正确"并被继续适用，其嗣后即与借立法者的意志决定所创设之规范并无不同[90]。

只有那些还不能摆脱下述想法的人，才会对前述说法感到惊诧："认识"始终只是对"本身"存在的客体，于认知的意识中加以复制。然而，诠释学已教导吾人[91]，对精神创作物（特别是法律）的理解而言，前述"认识"的想法是错的。法秩序并非独立存在于理解程序之外，毋宁表现于——有权为法律适用及法的续造者，根据此程序所获致的——对法秩序的理解之中。此不仅适用于法，亦适用于对所有精神创作物的理解。其意义内涵须一再被重新探求，也经常获得新的特征。然而，对法而言这具有特殊意义，因为涉及的不只是对法的理解，毋宁常涉及法的实现。例如，法官对于法律的认识常归结为一项有既判力的裁判，换言之，归结为一种法的形成行为（＝判决）。正如恩吉施[92]所说的，"法学在人文科学中无与伦比的优越性存在于：其并非立于法秩序之旁，亦非追随其后，毋宁得直接参与法秩序本身及法律生活的形成"。

第三节　借"法益衡量"解决原则
　　　　冲突及规范冲突

在讨论"合宪性"解释的部分（上文第五章第二节第五款）已经提过，联邦宪法法院为确定，在个案中相互冲突的基本权或宪法原则之各该效力范围，运用了"个案中之法益衡量"的方法。例如，在某人的一般人格权与他人之一般人格权或其他基本权发生冲突时，在许多其他冲突事件中，例如，是否构成紧急避难，在个案中"尚可期待"或"尚能忍受"者为何，于此，司法裁判亦多应用同一方法来解决问题。司法裁判适用此方法的范围所以这么大，主要归因于权利之构成要件欠缺清晰的界限，而"尚可期待"等概念也缺乏明显的要素。权利也好，原则也罢，假使其界限不能一次确定，而毋宁多少是"开放的"、具"流动性的"，其彼此就特别容易发生冲突，因其效力范围无法自始确定。一旦冲突发生，为重建法律和平状态，或者一种权利必须向另一种权利（或有关的利益）让步，或者两者在某一程度上必须各自让步。于此，司法裁判根据它在具体情况下赋予各该法益的"重要性"，来从事权利或法益的"衡量"。然而，"衡量"也好，"称重"也罢，这些都是形象化后的说法；于此涉及的并非数学上可得测量的大小[93]，毋宁是评价行为的结果，此等评价最困难之点正在于：其并非取向于某一般性的标准，毋宁须同时考量当下具体的情况。之所以必须采取"在个案中之法益衡量"的方法，如前所述，正因为缺乏一个由所有法益及法价值构成的确定阶层秩序，由此可以像读图表一样获得结论。若果如此，那么"法益衡量"究竟还算不算一种方法，或者它只是下述自白的简称：于此，法官根本没有任何方法原则为后盾，而只是依其自定的标准而作成裁判的？倘若如此，对于依"在个案中之法益衡量"所作的裁判即无从控制，法官也可以堂而皇之依自己的主观见解来裁判[94]。

依今日方法论的认识程度而言，前述问题或许尚无终局的答案。如果希望有进一步的理解，就只能详细观察：于此种情况下，法院作了哪些考量。就此，联邦宪法法院及联邦最高法院的裁判可以提供丰富的素材[95]。

联邦宪法法院在所谓的**药房判决**[96]中必须判断,巴伐利亚邦一九五二年的药房事务法第三条第一项(规定新设药房须符合一定的要件)是否抵触基本法第十二条第一项第一句所保护的职业选择自由。该法院认为,依基本法第十二条第一项的字义可能会得到下述印象:能够由法律或根据法律加以限制的只有职业**行使**的自由,职业**选择**的自由则否。然而,特别在涉及职业活动的开始时,职业选择及职业行使并不能完全截然划分。假使某法律规定主要在规整职业的行使,则即使其间接会影响职业选择的自由,仍应予以认可。这特别会发生在:确定开始职业活动的要件,换言之,确定准许行使职业的要件时。然而,这并不意味,立法者对职业选择及职业行使自由的规整权限同样大。其毋宁认为,当职业行使的规整介入职业选择自由越多,立法者的规整权限就受越大的限制。基本权应保护个人的自由,保留规整权限则要确保团体的利益受到足够的保护。全然自由的职业行使对团体产生的不利及危险越大,就越有必要保护团体。想满足这两方面——在社会的法治国中同属正当——的要求,答案恐怕只能求之于"审慎地衡量当下彼此对立(有时是彼此适相反对)的利益之重要性如何"。假使我们认定,"依基本法的根本见解,自由的人格是最高的价值,并且,在涉及职业选择时应维持最大可能的自由",则此等自由"只能在为保护公益绝对必要的范围内,始能加以限制"。规整职业行使,如规定职业活动的**开始**必须满足特定要件,因此已经影响到职业**选择**的自由,那么这种规整必须满足下述要件才算正当:"借此以保护——较个人自由优越的——非常重大的团体利益"。本件涉及的团体利益是国民健康。这无疑是一种重大的团体利益,为保护它,足以正当化对个人自由的限制。而有序的药物供给确系保护国民健康所必要的手段,这点同样没有疑义。因此,决定性的问题是:假使将巴伐利亚邦药房事务法中的开业限制取消,其对有序的药物供给可能造成之干扰程度,是否确将危害国民健康。在详细说明预期的后果,比较未设开业限制的各邦情况之后,联邦宪法法院对前述问题作了否定的答复。该法院更认为,立法者所考虑的国民健康的危险,有部分原因根本不是来自药房事务的范围。即使原因在此,也可以借一种——不会涉及职业活动的开始,因此也不会涉及职业选择自由的——规整职业行使的方式来防止。该法院由是认为,巴伐利亚邦的立法者超越了基本法第十二条第一项就规整职业行使所划定的界限,因此,宪法诉愿有理由。

前述裁判已经指出很多下文将讨论的观点。该法院衡量职业选择自由这项基本权的意义以及国民健康这种"非常重大的团体利益"的重要性,认为前者在宪法的整体架构中具有崇高的位阶,后者则是有争议的法定规整所拟保护者。法院于此放弃寻求二法益之共通点,显然亦不克求得。反之,其依据所谓的"最小限制"原则来处理本案。超越职业行使的法定规整,以致对职业选择自由的基本权予以限制是可以容许的,但只在下述范围内:为防止——以其他方式不能避免的——对同样重大的"国民健康"法益的严重危害所必要者。这正是法院在审查该当法律规整之合宪性时所用的标准。

在吕特—判决[97]中涉及的是自由表达意见的基本权(基本法第五条第一项、第二项)与保护工商活动免于受联合抵制呼吁影响之间的关系。宪法诉愿人是一位国家新闻单位的主管,审级法院以判决禁止其为下述行为:呼吁电影院及影片出租人,拒绝将——因其在第三帝国时期的活动而声名狼藉的——导演法伊特·哈尔兰执导的某影片列入节目单中,并呼吁大众拒绝观赏这部影片。联邦宪法法院认为民法典第八二六条(由此可以推得:法律禁止"违反善良风俗的"联合抵制行为)是基本法第五条第二项中所谓的"一般性"法律,后者原则上可用以限制自由表达意见的权利。然而,在解释民法典第八二六条的概括条款本身时,"亦须以基本法的价值秩序为准则",这个观点首次于此出现于联邦宪法法院的司法裁判中。依其见解,有鉴于有效的民主政治制度对言论自由权的倚赖,在基本法的价值秩序中,言论自由权具有特别崇高的地位。假使意见表达侵及他人值得保护的利益(于此:原告不受妨碍地从事其工商活动的利益),即必须为法益衡量。依该法院的见解,特别是"当这项基本权不是用来从事私人事务的争论,表达意见者首先毋宁想参与舆论的形式,其表达意见之影响他人的私权领域,或许是不可避免的后果,但并非其原本的目标时",则尤应赋予该基本权更高的重要性。在决定联合抵制的呼吁是否违反善良风俗时,一方面取决于表达的动机、目的,另一方面取决于:依具体情况,在追求无可致瑕的目标时,对他人利益的影响是否已逾越必要且适当的范围。

联邦宪法法院对本件的结论是：依具体的事物情况而言，表达的动机、目标及目的并未违反善良风俗，依具体的情况，意见表达的形式亦未逾越容许的界限。该法院因此否定此联合抵制的呼吁有违反善良风俗的情事，而于此具体事件中赋予言论自由权优先地位。这项裁判首先值得一提的是：联邦宪法法院依目的及目标来区分意见表达，其究系直接针对他人在法律上受保护之利益而发者（若然，则法院通常倾向于保护此法益），或者表达意见首先是想参与形成舆论，对他人利益的负面作用只是一种不可避免的附带作用。此外，该法院之下述考量亦值得重视：即使表达的目标、目的本身无可致瑕，尚须取决于表达的形式是否逾容许的程度。于此，下述想法隐约可闻：目的与手段间应有适切的关系，侵越受保护的法益，不能逾于被认可的目的所必要者。下文中还会发现，这种想法在联邦最高法院的裁判中也发生重大的影响。

联邦宪法法院曾于两件裁判[98]中对新闻自由、资讯自由与限制此等基本权的刑法作衡量。第一件涉及过失叛国的刑事规定。于此，该法院认为：与新闻自由相对立而应受保护的法益（＝联邦共和国的安全），其位阶如此之高，足以要求新闻自由，"至少在公开国家机密极有可能危害联邦共和国的安全时，无论如何均应让步"。事实是否如此，自应就个案为个别审查。于此，一方面取决于有关机密对国家安全的重要性如何，另一方面系诸：有鉴于一般政治意见的形成，一般公众对公开机密之利益大小如何。在本件法院赋予保密的利益——较公众的认识利益——优越的地位。法院并未要求其须涉及军事设施细节的公开。第二个事例则涉及限制东德书刊的输入以及对此等书刊得予没收的刑事规定。联邦宪法法院首先强调资讯自由权的崇高地位，其与言论自由权同样是"自由民主政治制度的最重要前提"。对于限制此等自由的法律作解释时，应留意"无论如何都必须保存此基本权的本质内涵"。于此必须权衡此基本权所保护的利益与前述刑事规定所拟保护的法益。必须审查，依被没收的书刊之种类（此处是日报），"其一般是否会造成危害的后果"。此外还必须审酌，个案中个人是否有一种"特殊的正当资讯利益"，因此有权要求对他作有利的例外。另一件裁判则涉及：当侦查中被羁押者请求准许使用自己的收音机时，是否得予拒绝[99]。联邦宪法法院认为：为维持侦查中羁押的秩序，对资讯自由权所课之限制,不得逾"绝对必要的范围"。因此,只有在具体个案中确有发生严重危害(例如,收听到在外共犯的消息)之虞时,始得拒予准许。

在第一件承认"一般人格权"为宪法所保障之主观权利的裁判中[100],联邦最高法院就已经指出,划定此权利的界限时,特别需要作法益衡量。之后,该法院也在一系列的裁判中从事此等衡量。于此一再涉及界定人格权(特别是名誉的保护)与新闻自由权之界限的问题。联邦最高法院认为[101],假使新闻媒体报导或评论的事物,公众对之有重大的资讯利益者,则新闻媒体于此系在保护刑法典第一九三条所谓的"正当利益"。然而,新闻媒体仍然不能完全排除因维护个人名誉而生的界限。接着必须从事个案的法益或利益衡量,于此,被讨论的事务对公众的意义如何,将有一定程度的影响。联邦最高法院于此援引了联邦宪法法院的吕特—判决。另一方面必须留意,新闻媒体所为之伤害名誉的指控,其对于受影响者常造成特别重大的伤害。因此,新闻媒体必须注意,"审慎审查资讯来源的可靠性,不对私人范围作不正当的侵入,避免夸张的报导,并应考量借公表拟追求的目标与对当事人名誉所造成的影响,两者是否维持适当的关系"。联邦最高法院多次在其他脉络中提及,只有当侵害人格权的陈述"依其内容、形式及附随情事,客观上系为达成法律所认可的目的之必要手段时"(尽可能宽待他人权利的原则[102]),始能借"保护正当利益"为由得以正当化。在另一裁判[103],联邦最高法院稍微缓和前述原则而仅要求,所追求的目的与受报导影响者所受到的损害间"应维持适当的关系"。依报导的目的非提及原告及其公司的名称不可,此并非必要的要求。联邦最高法院只要求:公众对完全的报导有重大利益。此外,即使报导内容恰当,亦只宜指涉其工商活动,而不涉及原告的私人范围。依联邦最高法院之见,相较于狭义的私人范围,工商活动受到的保护本来较小。在另一件涉及新闻报导侵害名誉的事件[104],联邦最高法院拒斥新闻自由的主张,因为该报导"系以扭曲、诋毁的方式,无事理上的理由而侵入原告的私人生活"。

前述判决也证实,司法裁判力图对不同案件作不同处理。于此作为比较的对象:一方面是有关事件对公众的意义、资讯利益的重大性及其强度,另一方面则是受影响之人格法益的类型(私人范围或工商活动)及其严重性(扭曲及诋毁式的报导)。此外,依最轻微手段及比例原则(一如联邦宪法法院的吕特一判决),造成侵害的手段与其追求的目的间应维持适当的关系。即使目的应予肯定,所选择的手段亦不得逾合理的程度。

反之,对于在新闻中刊载侵害名誉的更正陈述,联邦宪法法院强调,重要的不只是:在新闻中作反驳乃是抵御先前之名誉侵害的适切手段,应予考虑的还有:其有助于舆论的形成[105]。有鉴于此即须考量,更正陈述与其所拟反驳的报导陈述,及其对舆论的影响是否相称[106]。假使新闻媒体作扭曲事实的陈述,则更正陈述相应将有关媒体机构,一般地批评为"此种陈述方式的刊载者",即无不可。于此,联邦宪法法院基本上是采取下述俗谚作判断的基准:粗木得用粗楔子楔。这种标准是否适宜当作"法益衡量"的原则,颇堪质疑。

司法裁判依据一定的原则来"衡量"同受宪法保障的诸法益,对此等原则而言,联邦宪法法院针对克劳斯·曼所写的"梅菲斯托"作成的裁判[107]尤具重大意义。本件涉及的法益,一方面是基本法第五条第三项所保障的艺术自由,另一方面则是人格权(名誉权)[108]。在结论上,法官们有不同的意见。然而他们却一致认为,基本法第五条第三项赋予个别艺术家基本权,而且这种基本权不受基本法第五条第二项所规定界限(为保护青少年及个人的名誉权所订定的法律)的拘束。这并非意指,艺术自由全无限制,毋宁意指:其界限须求之于宪法本身的规定。因此,艺术自由就可能与(同受宪法保障的)人格范围发生冲突。法官们也都一致赞同,于此必须"以当下案件事实的具体情境为根据"从事法益衡量。法官意见的歧异出现在:对列入比较衡量的因素,彼此有不同的评价。半数的法官极力强调,像小说这样的艺术作品,假使其于某程度上取材于实际的事件,则其所发生的影响将不仅局限在美学的层面,毋宁在社会层面上也会发生作用,因为某些读者对小说中的角色,会忽略他们在艺术上固有的意义,将之与作者取材的历史人物等视同观。读者这种等视同观,可能会扩及作者——为小说中的角色——自由创造出来的负面特征,如是,此历史人物的名誉即可能受到严重的伤害。这些法官认为,本件正属此种情形。Dr. 施泰因法官于其不同意见书中对此特表反对:只从那些会把小说内容视为事实、"不以艺术特有的观点来对待小说"之读者的观点出发,以此种态度来作法益衡量，就宪法赋予艺术自由的崇高地位而言，并不恰当。如"仅依小说在美学层次以外的作用"来判断，因而忽略艺术与事实的特殊关系，就会对基本法第五条第三项第一句所保障的自由权作不当的限制。此外，这项不同意见书中更提及，如果以艺术作品的角度来评断的话，对历史范例（格林德根斯）的单纯取材，"相较于事实与诗意的结合，其显然处于次要的地位，虽然援引之处仍然可以辨识"。他更认为，"在从事（具有宪法评价意义之）相冲突利益的衡量时"，对死者人格尊严的贬抑，并未严重到"足以正当化禁止著作物传布"的程度。于此，比例性思想又隐约可闻。假使以能够适切分辨小说角色及事实其间差异的读者为出发点，则相较于对该历史人物之声誉可能造成的减损，禁止著作物传布之命令所造成的侵害程度显然不成比例。女法官鲁普·V. 布吕内克的看法更甚于此，她认为：因基本法未明定艺术自由的界限，可见立宪者"在有疑义时要赋予艺术自由优越地位"。因此，为保护人格而对之加以侵害，"只能是应严格认定的例外"。质言之，只有当小说"整体看来，主要以侮辱或诋毁特定人为目的"时，换言之，系为此目的而滥用小说的艺术形式时，始能加以限制。

对法益衡量可以由前述诸裁判归纳出下述原则：首先取决于——依基本法的"价值秩序"——于此涉及的一种法益较他种法益是否有明显的价值优越性。无疑应该可以说：相较于其他法益（尤其是财产性的利益），人的生命或人性尊严有较高的位阶。因为言论自由权及资讯自由权对于民主社会具有"结构性的意义"[109]，联邦宪法法院明白赋予两者——较其他基本权——更崇高的地位。在大多数的案件中，或是涉及位阶相同的权利（例如同种人格权）间的冲突，或者正因涉及的权利如此歧异，因此根本无从作抽象的比较，例如，个人自由权与社会法益（如国民健康）的冲突，新闻自由与联邦共和国的安全利益间的冲突。于此种情况，一方面取决于应受保护法益被影响的程度（例如，公众知悉此事务以及国家对此事务保密的利益程度如何）；另一方面取决于：假使某种利益须让步时，其受害程度如何。最后尚须适用比例原则、最轻微侵害手段或尽可能微小限制的原则。根据后者，为保护某种较为优越的法价值须侵及一种法益时，不得逾达此目的所必要的程度。比例原则是一种实质的——指导法官具体化法规范的——法原则[110]。即使遵守上述原则,法官仍然有很大的自为评价的判断余地,这点在各法官对"梅菲斯托"小说所采取的不同立场中表露无遗。但它也同时指出,"法益衡量"并非单纯的法感,不是一种无法作合理掌握的过程,在某种程度上其仍须遵守若干可具体指称的原则,在此程度上,它也是可审查的。此外,莱尔歇也指出[111]:在联邦宪法法院关于基本权的裁判中,对各种客观法益"依其位阶衡其轻重"的做法逐渐减小其重要性,相较于此,尊重一般的法治国原则(例如比例原则、当事人"武器平等"原则)、重视其他"独立并超越于个别客观的基本权价值的各种标准",则日益重要。

"个案中之法益衡量"是法的续造的一种方法,它有助于答复一些——法律未明定其解决规则之——规范冲突的问题,对适用范围重叠的规范划定其各自的适用空间,借此使保护范围尚不明确的权利(诸如一般人格权)得以具体化。与凭借司法裁判逐渐具体化须填补的评价标准相同,于此亦可预期,当各最高法院的裁判日渐累积,比较的可能性亦日益提高,则判决时的判断余地亦将日渐缩小。然而,每次都还是必须考量具体的个案情事,而没有一件个案会与另一案件完全相同,因此不能期待会获得一种单凭涵摄即可解决问题的规则。事件比较可以促成类推适用,或许也可以对事件作某程度的类型化,它可以使法益"衡量"变容易些,但毕竟不能完全取代后者。

第四节 超越法律计划之外的法的续造 (超越法律的法的续造)

之前提过,法律漏洞系指法律"违反计划的不圆满性"。为使法律能依其意义被适用,换言之,依其根本的规整计划及内存其中的评价来适用法律,法官必须填补漏洞。然而,在某些委实不能再认为是法律"违反计划的不圆满性"的情况,司法裁判仍旧从事法秩序的续造。鉴于无可反驳的法律交易上的需要,或者在考虑一些(意义嗣后始被认识的)法律原则或宪法原则之下,司法裁判会创构出一些法律计划原本并未包含,有时甚至与之背道而驰的法律制度出来。一般而言,法律固然也会为此等"超越法律的法的续造"提供一些线索,但后者毕竟已经逾越了单纯的漏洞填补的界限。它不再只是取向于法律理由、法律内存的目的本身,毋宁更以超越这些的法律思想为根据。这种法的续造当然不能抵触法秩序的一般原则及宪法的"价值秩序",事实上,惟其与之一致,其始能被正当化。因此,此种法的续造虽然在"法律之外"(超越法律的规整),但仍在"法秩序之内"(其仍须坚守由整体法秩序及其根本的法律原则所划定的界限)。之前就法律解释、法律内的法的续造所提出的各种方法上的辅助手段,并不足以解决超越法律的法的续造之问题,然而,后者仍然必须依法律性的考量说明其根据。下文即拟讨论,此等考量的形态为何,以及此等法的续造之界限何在。

第一款　鉴于法律交易上的需要从事之法的续造

在民法的领域中,我们发现若干法制度在法律中并无规定,而是由司法裁判(部分经过一些摇摆)基于显然的交易需要而予以认可,并加以扩充者。此类法制度包含:担保让与、收款授权、期待权及其可让与性。上述情况均非"抵触法律"的司法裁判(法官本无权为此),因为对所有这些制度,立法者均未有意排斥。然而,也不能直接透过法律推论来认可它们(虽然许多人尝试如此)。法律的目的毋宁倾向于反对担保让与。虽然民法典第三九八条规定请求权得为让与,但由此尚不能推得收款授权的认可,后者的效果在某程度上虽然小于前者,但其对债务人可能造成不同的影响。与买卖契约中的所有权保留相结合始显现其重大意义的期待权,就其作为独立的法律类型而言,法律起草者当时根本尚无认识。这些法制度的认可乃至进一步扩充,不是由法律的"计划"中推论出来的,因此,对之欠缺相应的规整并不构成法律漏洞。教义学上对其认可仍存有若干疑虑,在担保让与的情形,甚至还有法政策上的疑义。司法裁判终于还是予以认可,主要是为了满足法律交易上迫切的需要。

就担保让与而论,不能仅由民法典第二二三条第二项推得其认可。依据此项规定,得为担保某请求权的目的而让与某项权利;然而,担保让与的特殊问题是:得否为担保的目的,依民法典第九三〇条所定的让与形式(质言之,以未移转占有的方式)移转动产所有权。动产质权所追求的目的与担保让与相类,而前者依立法者的决定仅能以占有质物的方式来设定(民法典第一二〇五条),因此,对前述问题毋宁应予以否定的答复。民法典的立法者并不认可一种第三人无从认识的质权。由此种立法评价出发,拒绝认可不移转占有的担保让与,毋宁是逻辑一贯的做法。再者,如认为担保性所有权并非在所有角度上(例如,责任法及破产法的角度)均应与"完全的"所有权作相同的处理,则认可担保让与即将突破——适用于物权法上的——物权有限列举原则[112]。赫尼希尔曾以整仓货物为例,深刻地说明[113],认可担保让与在法教义学上、法政策上及经济政策上将产生的疑虑。司法裁判对这些疑虑搁置不问,担保让与之认可在今日已无疑义。依泽里克[114]之见,彼等以"不成文法、习惯法"的形式被适用。然而,其之成为习惯法,亦系借司法裁判之力。担保让与的制度(至少以其今日的形态论)并非自始就属于法律本身,亦不能由内存于法律的目的推论而得,毋宁已突破后者。它事实上是司法裁判的创作。

因司法裁判承认动产(特别是整仓的货物)得为担保让与,其必须面对各种问题,对此等问题,于此不拟深入探讨。这些问题包括:在与供担保者之其他债权人的关系上,在供担保者或担保权利人破产时,此因担保而移转的所有权应如何处理。此外,事先约定的担保让与和货物出售人的所有权保留之关系如何,在契约未有约定时,担保权利人就因担保而让与之标的物有如何之利用权限。借类推适用动产质权的规定,只能解决这些问题的部分,因为作为一种"动产抵押权",担保让与主要在担保较长期的债务,其拟履行的经济作用与占有质权不同。一如保卢斯[115]指出的,今日的担保性所有权将——通常包含于所有权中的——处分权限与作为责任客体之财产相区分。担保性所有权存续期间,处分权限归属于担保权利人,然而,在责任法上,因担保而被让与之标的物仍属于供担保者的财产。

无论对前述问题采取何种态度,作为一种未包含于法律规整计划中的新的法类型,担保性所有权立于一般所有权与动产质权之间。虽然(在历经若干困难之后)它还能与法定规整配合,但不能说它已包含其中,或可由其中推论而得。

收款授权在法定规整中,同样也没有明文。但这并不意味,立法者对之已为负面的价值决定。立法者认为,既已明白认可请求权的让与,收款授权就变得多余了[116]。然而,收款授权依现行法并非"当然"应予认可。收款授权使授权者保留其完整的债权人地位及全部的债权人权限,然而亦使受授权者拥有此等权限中最重要的一种。与立法者的预期背道而驰,除请求权让与,收款授权在实务上仍大行其道[117]。司法裁判也因此认可之。因法律对收款授权未有规整,对其予以认可将产生下述漏洞:当债权人将授权事实通知债务人,或就授权曾开具证书,其嗣后撤回授权,但并未通知债务人时,并未规定对债务人应予如何之保护。此漏洞得借类推适用请求权让与之有关规定(于此:民法典第四〇九条)得以填补。

如果想在法律本身找寻——作为独立法类型之——期待权的话,其努力将归于徒然,再者,期待权的轮廓直到今天都尚未完全确定。然而,对附停止条件的处分,法律所作的规整也包含一些规则,在很大的程度上,可由这些规则发展出"期待权人"的法律地位。依该当的完全权利之种类,将此等法律地位归为"主观的权利",并认其亦得依完全权利的规定而为让与,则是学理的贡献[118],其并为司法裁判所遵循。然而,直到一九五六年司法裁判才——与之前帝国法院之裁判相反——作出该制度在实务上最重要的结论[119]:假使期待权系基于附停止条件的所有权之处分行为而取得者,条件成就时,前述期待权之受让人即直接取得所有权。于此,法院全然意识到:它正在从事法的续造工作。它明白地说:仅由民法典的规定,无法直接就此问题作出裁判。因此,司法裁判及学说必须发现一些——足以评价期待权之让与的——法律标准。它认为:"于此必须遵守由事物的本质所得的一般观点,并应考量——因此等权利让与——可能受影响者的正当利益。以此等方式发现的法律命题亦不得抵触现行法所实现的法律架构"。借此,联邦最高法院清楚地指出一些——从事"超越法律的法的续造"时——必须遵守的标准。

于此，尤其重要的是：它提及"事物的本质"。

第二款　鉴于"事物的本质"从事之法的续造

讨论"事物的本质"概念的文章非常之多，然而，直至今日对之仍无一致的见解，亦尚无清楚的界限[120]。就此的讨论一直深入到法哲学上的基本问题；其涉及存在与当为、物质与精神的存在乃至事实与价值之间的关系。如果不将前述种种视为（最广义的）人的存在之——得予区别的——诸要素（此尚包含作为"客观精神"的法秩序），而将之视为彼此相互排斥的对立事物，那么就根本无法真正认识"事物的本质"的涵义。如果视"事物的本质"为立法者及（从事法的续造之）法官的指标，则已赋予"事物的本质"超乎纯粹事实的意义，而使其得以进入意义及价值的领域。采此见解者一则认为：假使法秩序是要为人类服务，而不拟苛求人类的话，那么法秩序也必须尊重存在于人类肉体、心灵及精神中的某些基本状态。其次更以为：人类所创建并予维持的机构、设施，只要还继续存在，就需要一些规则，以便其得以实现其存在意义，或得以发挥功能。但并不是说：由此已经可以获得一种已经完成的，像"具有可变内容的自然法"之类的法秩序。"事物的本质"仍然保留有作不同形成的空间，惟其亦将若干"悖乎事理的"，对事物本身不恰当的可能性，排斥在外。借用亨克尔[121]的话，它只是包含"若干——对法的续造程序会造成影响的——秩序及形成要件，对这些要件，多少都还需要——在考虑其他形成因素下——作进一步的法律性规整"。对于这个有争议性的问题，于此不再深入讨论。

特别在与正义的要求（相同事物作相同处理，不同事物作不同的处理）结合时，事物的本质更显其重要性：它要求立法者（有时也包括法官）针对事物作不同的处理。此外，在判断究竟有无规整的必要，规整时应考虑何等因素时，事物的本质亦有重大意义。例如，事物的本质要求：在法律行为以及民刑事责任领域中，对于儿童、成长中的青少年及成年人应作不同的处理。由此可以推论出：于此应考量该当年龄层一般的智力成熟程度，以及其责任感受并依此行动之能力如何。儿童依其本质需要他人的协助，由此可以推出：必须对照顾儿童的权利及义务有所规整。从事物的本质（于此：人的本质）看来，一般而言双亲是最适宜担当此权义者。如果承认私人的继承权,则事物的本质将要求:继承人对被继承人的债务亦须负责,因其系遗产在经济上的负面项目,而且看不出任何理由,可以牺牲被继承人的债权人,而使继承人获益。同样也不能认为,债权人可以向继承人的其他财产主张权利;因此,事物本身就产生将继承人的责任限定在遗产上的问题。具体细节上,法秩序将如何解决此问题,则尚未决定。由"货币"这种事物的本质也可以推论出:货币之债不可与一般的物件之债等视齐观。货币之债的债务人,其所负义务乃是提出一定数额的金钱价值,而非给付特定物件。没有人会想到要"承租"货币,换言之,使自己负担在使用后返还同样钞票的义务。这与事物的本质不能相容,因为钞票可能的用法就是把它交出去。因此,只有借"借贷",而非租赁的形态才能达成暂时运用一定金额的目的。由此可以看出借贷的利息与租金在功能上的类似性,由此可知:附利息的借贷在法律性质上是一种双务契约。

如果我们假定,立法者将不会蔑视它,那么事物的本质可以作为客观的目的论的解释标准。于此特须留意的是:在具体细节上,事物的本质仍然保留有作不同规整的可能性。因此不能轻率地在事物的本质以及其中一种规整可能之间划上等号。事物的本质在"个案中之法益衡量"中也扮演重要角色。之前讨论过的司法裁判中就有两件适例。在药房判决[122]中,联邦宪法法院区分下述两类职业自由的限制:从事某项工作前,必须以特定方式证实其确实具有专业上的资格,以及"与该工作候选人的资格无关,其对之亦无任何影响可能之客观的许可条件"。该法院认为,只有后者才会与职业选择自由权发生冲突;反之,第一种类型的限制根本"源自事物的本质"。这些限制的基础在于:许多职业本身要求一些——透过理论及实际的训练才能获得的——技术知识及能力,欠缺此等能力而从事该职业,其"或者根本不可能,或者将抵触事物的要求"。于此,立法者只是将"既存生活关系所产生的需要"具体化及形式化而已。在梅菲斯托—判决(BVerfGE 30,133)涉及的是"艺术"这件事物的本质。持少数意见的法官们认为,由艺术作品的精神结构而言,相较于其历史事实上的范例,于此被描述的角色有其不可混淆的独立存在,因此,借艺术作品的描述来损害历史人物的名誉或尊严,其可能性本来极小。

假使法律规定严重悖反事物的本质，司法裁判有时就借着超越法律的法的续造来更正法律。就关于无权利能力社团的规整[123]，司法裁判就曾经采取这种做法，就此，海因里希·施托尔在一九二九年就说过："假使立法者忽视事物的本质……不久他就会体会到霍拉日的处世之道：逾界者还是会回返自然"。民法典的立法者明定，无权利能力社团适用关于合伙的规定（民法典第五四条第一项）。如果，他忽略了典型的民法合伙与无权利能力社团之间基本结构上的差异。民法上的合伙通常是少数彼此有信赖关系之人的结合。因此，在对外关系上，合伙也是多数人的结合，而非单一的个体。原则上，合伙事务由合伙人全体共同执行。反之，社团即使没有权利能力，依其结构仍属人合团体，独立于社员之外，借为此而创设的机关以追求其目的。对此种人合团体需要一些规定以规整社员之入社、退社、团体内部意志之形成及对外的代表。关于合伙的大多数规定均系任意规定，因此，司法裁判可以透过章程、对章程的解释，在某种程度上配合社团的结构。然而，这多少是一种诡道。古斯塔夫·伯默尔就曾适切指出[124]，于此事实上涉及法官造法，其以自创之法取代原本不适切的法律规定。再者，这种方式也未必能解决全部的问题[125]。例如，社团对其名称之权利（就此，帝国法院早已加以认可）[125a]、债务责任以及社团对其董事会（或其他依章程有代表权之人）的加害行为所负责任的问题。关于积极当事人能力的问题，联邦最高法院明白更正法律的规定，虽然它只是针对——以无权利能力社团的形式组织的——工会而发[126]。它认为，否认工会在民事诉讼程序中具有积极的当事人能力，其显然与宪法赋予工会的意义不能相称。至于（依事物的本质）是否对所有的无权利能力社团，或至少对拥有大量社员的此类社团，均应一律承认其具有完全的当事人能力，该法院则明白地置之不论。

在联邦宪法法院的裁判中，事物的本质也扮演特殊的角色。其一，在决定某项区分是否经得起基本法第三条平等原则的考验时，它是最重要的标准。此外，它可以帮助法院填补基本法的漏洞（包括"隐藏的"漏洞），假使我们承认有此等漏洞存在的话。关于联邦与各邦之间立法权限应如何分配，基本法规整如次：其未明文划归联邦者，即属于各邦。虽然如此，联邦宪法法院仍然认可联邦有"基于事物的本质"而来之立法权限,如是,立法权一般划属各邦的原则即被限制,就此,成文宪法亦被更正。举例来说,联邦宪法法院认为[127]:假使大家承认,国土规划乃是现代国家的必要任务,则联邦国家中的联邦对整个联邦领域亦须为国土规划;联邦依事物的本质本应有此权限。联邦宪法法院曾多次诉诸魏玛时期的宪法理论,基于事物的本质而承认联邦具有此等权限,只要由事物的本质推得的结论是"概念上所必然的",或者,由事物的本质所作的推论"强制地要求某特定解决方式,而别无更适当的答案"[128]。

第三款 鉴于法伦理性原则从事之法的续造

在从事法律规整时,法伦理性原则是指示方向的标准,依其固有的说服力,其足以"正当化"法律性决定。与基于目的性考量所形成的法技术性原则不同,其基础在于其实质的正义内涵;因此可以将之理解为法理念的特殊表现,而法理念的特殊化,一如法理念,它也将该当历史发展阶段的"一般法意识"表达出来。作为原则,其并非可直接适用于具体个案的规则,毋宁为一种指导思想。透过立法,或者(如前所述)由司法裁判依具体化原则的程序,或者借形成案件类型以演绎较为特定的原则,借此可以将原则转变为——能被用作裁判基准的——规则。前已提及,若干法伦理原则具有宪法的位阶,像"诚信原则"之类的其他原则,则是由法律所明定,或是回归法律的理由(=正当化法律规定的根据),而由法律本身推得。作为"客观的目的论的标准",其参与决定解释及漏洞填补的方向。于此,其系"整体类推"或目的论限缩的基础。

通常是因为法伦理性原则(或其新的适用领域)首次被发现,并且以具有说服力的方式被表达出来,才会鉴于此项原则而为超越法律的法的续造。开始的动机常是一件(或一系列)事件,其仅借法解释及法律内之法的续造,尚不能获致一种足以满足法律感情的解决方式。依埃塞尔的说法[129],尚未实证化的法律原则,经常是"借一范例性的事件,突破意识的界阈而进入法律思想之中"。学说或法院有一天会将之表达出来,而因其内存的说服力,其迟早会逐渐被当时的法意识所普遍承认。如可证实有下述情事存在,则常可促进前述的趋势:该等原则虽尚未被认识,但不知不觉中已作为迄今司法裁判的基准。

德勒[130]名之为"法学上的发现"者,事实上不过是此等原则(或其新的适用领域)的首次表达,借此其得以成为(作为"意义整体"的)现行法之构成部分。假使可以证实,其与已被承认(特别是具有宪法位阶)的原则吻合,此亦有助于对其之认可。意识到这些原则,并将之表达出来之后,接着是:借助一些案例使之清晰,划定其与其他原则及实证规定之间的适用界限,针对一些案件类型将之具体化,最后,将之扩充为稳固的"学理"。以此种方式,通常并诉诸"诚信"的基本原则,民法领域近数十年来发展出以下的原则:关于权利滥用、权利失效、情事变更、合伙人的"忠诚义务"、雇佣关系中的"照顾义务"等理论,以及关于"保护义务"及"缔约上的过失"之责任。虽然这所有理论都可以在民法典第二四二条中发现其联结点;然而,仅依解释及逐案具体化的方式,尚不能由法律本身获得裁判的依据。

以"缔约上过失"的理论为例,最能清楚指出,此类理论是如何形成的。一八六一年,在第一次将这个理论发展出来之文章的开端,耶林描述他发展此一理论的过程[131]。他提及,多年来,在讲述关于错误的理论时,对于错误的一方得否"向他方请求赔偿因他方的过失所造成的损害"时,他遇到很大的困难。由法源上来看,似乎应作否定的答复,然而,"结果之不公平及令人失望,则极为显然"。质言之,适用罗马法的规则所得的结论,不能满足耶林的法伦理上的感受。他借许多案例来说明其不满之处,并进一步追问,与其他事件比较,此等案例之特征何在。他发现,这些案例的过失都发生在"准备缔结契约的关系中"。于是,他对自己的评价获得决定性的认识:于此涉及的是在缔结契约之际的过失事件——"culpa in contrahendo"。他的报导中特别值得一提的是:到这个阶段,他才转向罗马法的文献,并于其中发现"一系列具同等构成要件的案例,并且很欣喜地发现,其中一个事例在学理上已肯定其诉之必要,虽然并未充分说明其理由。我最重要的发现是:罗马法中已经有两个事例(在非商业性的买卖及事实上不存在的继承权事件)承认此等损害责任"。耶林相信,借此他已经在当时的实证法中发现足够的证据,借此透过法源的解释及整体类推的方式，可以"将隐含其中而未明言的法源内容彰显出来，这正是现在应该努力的"。

耶林前述——值得感谢的——理论发展报导明确地指出，他如何意识到"缔约上过失"的责任原则。起初是他的法伦理性的评价，接着是分析评价所指涉的事例并与其他事件相比较，之后，他将原则表达出来。然后他才在罗马法以及当时的法学文献中寻找该原则的适用实例。然而，他所发现的少的可怜，并且有点冷僻的适用实例尚不能满足他。他尝试"一般地确定缔约上过失的概念，并说明其根据，虽然这个概念迄至当时在法源上只有两个适用实例"[132]。他尝试为其所假定的责任寻找内在根据、将之正当化，并且发现根据存在于下述思想："任何从事缔约行为者，其因此即跨出属于非契约关系、仅负纯粹消极义务的领域，而跨入属于契约范围，负积极义务的范围"。用现代话来说，任何开始契约磋商行为者，其因此即须负担较高义务，不仅有消极不为侵害行为之义务，如依具体情事，他方得期待其为特定积极作为时，其即负有此行为义务。这些想法起初也不过是一种法律思想的表达，对当时的实证法而言，其一般的效力不过是一种主张而已。然而，这个想法开始在学界，之后逐渐在司法裁判中被贯彻。虽然民法典也只在若干零星的个别规定里采纳这个想法，并未像耶林那样作一般的规定，但司法裁判仍旧努力借前契约的拟制或其他技巧来实现它，直到一九二三年海因里希·施托尔将它与信赖原则联结，并以如此具说服力的方式表达出来[133]，因此，缔约上过失责任的理论，可以说已经一般地被认可。此后，这项理论又与来自"诚信原则"的"保护义务"结合，而且因其被适用于各种不同的事件形态，该理论乃一再扩充[134]。可以说耶林作其始，其后学者（尤要者为海因里希·施托尔及巴勒施泰特[135]）则赓续之。将缔约上的过失责任与信赖原则及保护义务的理论相联结，这也是一种"法学上的发现"，其远逾法律所已规定者，并提供另一种法的续造之可能性。于此，司法裁判追随学理的见解，由此可以清楚显示出教义学（指"价值导向的"思想）对法的续造之重大意义。

由宪法上的法治国原则，联邦宪法法院推导出各种一般法律原则，然而，其并未努力证实后者确实包含于前者之中。它显然认为这是明白的事实。多方被提及的比例原则即为适例,它有各种不同的表现形态:手段与目的间适切性的要求,某法益或权利虽然在具体个案中应对另一法益或权利让步,惟其仍不失为法律或宪法所保障者,因此,应采取一种对之"最宽待的",或者对之"限制最小的"手段[136]。事实上,不论行使权利,或课予义务、负担时,均应依"适切的程度"行之,彼此对立的利益间应力求均衡(尤其应尽可能减少对一方的损害),这些想法都与正义思想密切相关。相较于正义思想,联邦宪法法院所理解的比例原则,在某种程度上是比较具体化了。

同样由联邦宪法法院从法治国原则推得的另一原则是:国民对立法者的信赖原则。其一般地禁止法律溯及适用于前已终结的案件事实,只要国民可以信赖,其迄至当时的法律地位应被维持[137]。信赖原则是内存于吾人法秩序中的原则,其于各该案件类型中固各有其界限,惟于所有法律领域均应受尊重。但并非所有的信赖,毋宁只有那些依情境而言正当的信赖,始受保护。此外,信赖原则也可能与其他法律原则发生冲突,后者有可能(一般地或在个别案件中)较前者具有优越的地位。就此,联邦宪法法院亦曾虑及之。它说过[138],假使依事理信赖某特定法律情况并不正当的话,信赖保护一事可毋庸议。"在法律效果被溯及适用的那个时点上,假使国民依当时的法律环境,必须预计将有此等规定产生时",则不能认其信赖值得保护。如迄至当时有效的法规范本身"不清晰而混乱",或迄至当时似乎有效而国民亦认其可信赖的法规范,其后证实系无效的规定时,则国民对之的信赖亦不值得保护。联邦宪法法院认为,必须赋予立法者公布无可致瑕的规范以溯及取代原本无效规定的权限。最后,"基于公益上迫切的理由,亦可正当化溯及既往的规定,只要该公益的要求较法安定性的要求更重要的话"。前述所有案件类型都是"下述思想的表现:只有当公益上迫切的要求,或者,并无值得保护的个人信赖存在时,始能正当化,甚至要求应突破法治国禁止溯及既往的命令,而为有利于立法者形成自由的决定"[139]。

联邦宪法法院区分"真正的"与"不真正的"法律溯及既往,后者指法律并未溯及影响已终结的构成事实,而是影响已开始实现的事实。联邦宪法法院认为[140],"假使立法者采取一种——非国民所能预期,因此为有关处置时亦未虑及的——贬抑性的干预的话,那么即使在后者,也有可能会侵害到信赖保护"。然而,"只有当它被超越法安定性的迫切公益要求所正当化时",真正的溯及既往才能被认可。反之,在法律有不真正溯及效力时,则须比较个人对法律规定续存的信赖,与立法者的考量对公益的意义如何。于此,"一方面取决于因信赖所生损害的程度,另一方面系诸立法者的愿望在公益上意义如何"[141]。我认为,重点似乎不在个别国民因信赖所生损害程度如何(它通常很难确定),毋宁应以信赖是否值得保护为准。任何人如果相信,他仍然可以继续在一般契约条款中约定一种——经常会造成不公平的结果,因此已开始被怀疑其效力的——约款,此种信赖并不值得保护。他本来就必须预期,法院可能会以审查契约内容的方式,否定该约款的效力。于此,由信赖原则本身就可以获得其界限。

联邦最高法院由人性尊严的优越性及基本法第二条的基本权导出,其所谓的"一般人格权"是民法典第八二三条第一项所指的"其他权利"[142]。该法院希望对人格领域作尽可能宽广的保护,因此它放弃对此权利作构成要件式的界定,而只是作一般性的说明,对这些说明还有相当大的具体化空间。在相互竞争的人格权或自由权间划定其具体的适用界限——如前已述——必须采用在个案中的法益衡量的方式。因其"一般人格权"的构想,它将下述问题恝置不论:此种界限必须逐案确定之概括条款式的权利,其必然会突破以确定之不法构成要件所组成的体系,而此种体系正是民法典第八二三条的基础所在。因此,联邦最高法院于此进行的绝非法律内的,毋宁是一种超越法律的法的续造。其正当化的根据在于:宪法对于人格赋予崇高的伦理位阶,而且,依经验所示,法律个别的规定(例如名誉的保护或姓名权等规定)不足以对人格权提供充分的保障。此外,联邦最高法院又主张,为了在民事法上充分保障人格,如有严重侵及人格权的情事,应——与民法典第二五三条的规定相反——承认受害人于此亦得请求金钱赔偿[143]。就这点,我们认为毋乃太过而不应认可。除民法典第八四七条提及的人格法益外,立法者否认人格权的受害者之金钱赔偿请求权,这是一项经过深思熟虑的决定,其深恐不如是将导致"名誉的商业化"。这种忧虑在今日也绝非毫无根据，因此，如拟忽略当时立法者的前述评价，依吾人之见须由立法者本身作出新的决定。由人格价值的宪法位阶未必就能推得：在（联邦最高法院所提及的，不能以其他方式排除的）"严重损害"的情形，必须以金钱来赔偿。毋宁会让人联想到，这种民事损害赔偿方式似乎有意承担一般防卫的功能，这就不无可虑，因为这通常是刑罚应承担的功能。然而，联邦宪法法院已承认联邦最高法院此等裁判是一种"合宪的"裁判[144]，对此虽然仍有疑义[145]，但法律生活大抵已向之看齐，因此几乎可以认为，其于今日已取得习惯法的地位。

第四款　超越法律之法的续造的界限

之前提过，（狭义之）解释的界限在于法律可能的字义，从事法律内的法的续造之前提则是法律漏洞存在，其界限则在于：该漏洞得依法律规定中的目的，得借与法律评价一致的方式予以填补。后者可得应用的方法有：个别的及整体的类推、回归内存于法律中的原则、目的论限缩及目的论扩张以及其他以目的为根据的法律更正。从事**超越法律**的法的续造，其第一个前提是法律问题存在，换言之，要求法律性答复的问题存在。因此，所有与法秩序无涉，在"法外空间"中的问题均不属此。第二个要件则是：仅凭单纯的法律解释，乃至**法律内**的法的续造的方式解决前述问题时，其所得答案不能满足最低的要求，此最低要求或来自法律生活中不可反驳的需求，或源于法规范实用性的要求，或基于事物的本质及（作为整体法秩序基础的）法伦理上的要求。以**法律内**的法的续造不能获致满足前述要求的答案，此点必须全无疑义乃可。在下述情形，法院从事**超越法律**的法的续造会遭逢**界限**：在整体现行法秩序范围内，仅借**特殊**的**法律性考虑**不能发现答案；或者，涉及者主要是目的性考量；或者，于此须作详细的规整，而此仅能由立法者为之，因惟其拥有必要的资讯及正当权限。

联邦宪法法院也承认这种——源自立法权与司法权的功能划分而生之——界限。它说过[146]，虽然它可以宣布抵触宪法的法规范无效，但"并不能借裁判事件之便，自己制定可以完全实现宪法命令，然而内容并不明确，因此需要立法者加以精确规定的、新的法规范,就好像这个新的法规范本来就是现行法的样子。这将意味它抢占了立法者的形成自由。联邦宪法法院至多只能确定,立法者尚未践履其——创设此等法规范的——义务"。借下述语句[147],联邦宪法法院承认,在具体化宪法上的平等要求时,立法者拥有相当宽的空间:"原则上立法者可以自己选择,要针对何种事实赋予同一法律效果,换言之,他可以决定何种事实在法律涵义上是相同的事件。因此,原则上他可以自由决定,对特定个别职业团体课予租税上的负担,对其他职业团体则免除之。平等原则只要求,其选择的区分方式是基于合理的考量"。何谓"合理的考量",在个案中常只能依"事物的本质"以决。然而,如前所述,"事物的本质"常也只包含规整的若干要素而已。因此,联邦宪法法院在特定个案固然可以确定,立法者的规整系以与事物本身无关的考量为基础,因此与平等原则不符而抵触宪法;但它很难说,只有某特定规整方式是合理的。于此,它让立法者自己去形成合宪的决定。但有时它倒是不怯于指出,何种规整内容(尚)可认为合宪,何种则否。只有在下述情况,才能认可法院逾越前述界限而为超越法律的法的续造:因立法者长期不能发挥作用,以致已经产生一种真正的**法律紧急状态**。典型的案例乃是帝国法院下述出名的裁判[148]:在一次大战后所致的通货膨胀的末期,帝国法院突破了"马克=马克"的原则,使升值因此可能。除这种极端的事例,下述情况已经是法官法的续造之极限:仅借法律性考量已不能提供必要的裁判根据,毋宁须基于目的性考量而为政治性决定。在民主国家,这种决定原则上应由立法者作成。法院欠缺社会形成的权限[148a]。

　　虑及自身的权威,法院也应该严正地对待前述的界限。否则,其裁判会被认定是政治争议中的党派见解,而不再被当作以法律为根据的陈述来接受。因此会对法治国带来如何的信赖危机,应不待烦言。对法应作有创意的续造,这是大家乐于承认的,但于此法院必须始终留意认识——有时不易辨识的——界限,以免逾越权限。

　　综览前述案例可以确定:司法裁判大体上也确实恪遵前述超越法律之法的续造之界限。不无疑问的是承认担保让与的裁判。此种做法在法政策上有重大疑义,司法裁判最好还是把这种——法律制度的认可及其详细形成的——工作让诸立法者为宜。法交易上恐怕未必确有如此迫切的需要，以致不能等待立法者的决定。承认无权利能力社团亦具积极当事人能力（虽然只是针对工会），也已经迫近前述容许的界限。现行——并未违宪的——民事诉讼法第五〇条只认可无权利能力社团具有消极当事人能力。受法律及法的拘束之法官，其原则上不得为抵触法律的裁判。为正当化此种例外的做法，其必须提出特殊的，存在于法秩序的意义整体中的理由。仅下述说法则仍有未足：鉴于无权利能力的社团具有团体结构，乃至因为该社团之成员数目庞大，因此，否认其积极的当事人能力，于理不顺或不切实际。惟当时立法者强加无权利能力社团以不切合其结构的法形式，其所拟追求的政治目的不但早已失去重要性，亦与基本法第九条积极承认结社自由的评价背道而驰，特别在工会的情况，更与今日工会的功能及其在团体协约法中的法律地位相抵触。基于此等情境的考虑，当时立法者的价值决定在今日不再具有决定性意义。因此，事实上确有各种法律上重大的理由汇集于此，它们全部才例外地可以正当化此项抵触法律的裁判。

第五节 "判决先例"对形成"法官法"的意义

法院系就个案为裁判。因此，法院所表示的法律见解，不论是解释、法律内的或超越法律的法的续造，它只对被裁判的案件发生直接效力。然而，法院主张其裁判符合现行法。换言之，它认为它的解释"适切"，其漏洞填补是"必要"的，其所为超越法律的法的续造，依其所提出的理由是"正当的"。其中也包含如下主张：每件同类案件均应依其所提标准裁判之。在对须填补的标准作最后的具体化以及在"个案中的法益衡量"的情形，前述主张只有在下述情况才可以适用：虽然必须针对个别事件的差异性重为权衡，但未来应审酌者仍系相同的观点。因此，借其说理的内容，法院的裁判常能超越其所判断的个案，对其他事件产生间接的影响。假使其系正确的裁判之主张确实，那么对未来涉及同样法律问题的裁判而言，它就是一个标准的范例。法院事实上经常取向于诸最高审级法院的此等范例性裁判（＝判决先例），这有助于维持司裁判的一致性及持续性，同时亦有助于法安定性的达成。

"判决先例"系指：就目下须重为判断之同一法律问题，法院针对另一事件已为决定之裁判。发生先例拘束力的不是有既判力的个案裁判，而是法院在判决理由中对某法律问题所提的答复，该问题于当下待判个案又以同一方式发生。此等判决先例在法院实务（特别是法的续造）中扮演重要角色。如其为诸最高审级法院的裁判（其多经公开），则下级法院多将之奉为圭臬。最高法院多半也不愿背离其之前采取的法律见解。然而，诸最高审级法院常以法条的形式表现其所发现之法规则，因此常造成此等规则不当的一般化，由是，最高法院事后不得不限制或修正其之前所提规则的情形，亦不乏其例[149]。因为下级法院遵循上级审法院的判决先例以及后者维持自己的裁判见解之可能性事实上都很大，因此，当事人、公司及社团的法律顾问多半把这种情况考量进来，并以之为准据。结果是：（特别是诸最高审级法院的）判决先例，只要没有重大的矛盾，常长期具有如同"现行法"的效力。由此就慢慢形成一种补充及续造制定法的"法官法"[149a]。

然而，判决先例是否为"现行法"的渊源，"法官法"是否具有如同制定法那样的地位，对这些问题不能轻易加以肯定[150]。依吾人的法律见解，即使是法院，其所受判决先例之"拘束"，无疑绝不同于其所受法律之拘束。有拘束力的不是判例本身，而是在其中被正确理解或具体化的规范。至于判例中的法解释、规范具体化或法的续造，其是否适切，则应由面对——重新发生的——同一法律问题的法官，依认真形成的确信来决断。他不需"盲目地"接受判例。如其确信，判决先例中的解释并不正确，其中的法的续造之理由不够充分，或者当初正确的解决方式，今日因规范情境变更或整个法秩序的演变，须为他种决定时，则其不仅有权利，亦且有义务摒弃判决先例的见解。格尔曼[151]很恰当地指出，"已确知判决先例抵触合理的法律解释，其有时甚至是以——不能认可的——独立的价值判断为基础之法的发现"，于此种情况如果仍旧坚守判决先例的见解，"将导致明显蔑视法律的危险，因此亦将损害法律作为法上平等及法安定性之保障者的功能"。如是，则——在诸最高审级法院的裁判亦时有所见的——错误的解释、不正确的法律见解、无充分根据的评价决定，在不能预期其被修正的情况下，将获得如同法律的效力。为防御此等危险，应服从裁判实质正确性之要求的司法权，其必须要求支持遵从判例的观点（＝法安定性）让步。在某种程度上，判决先例可主张其享有正确性推定[152]；但法官不可不加思索地信赖它，如其发现判决先例有可疑之处，即须自为判断。

　　假使新的规则乃至新的法律制度，是透过法官的法的续造而创设出来的，其多半不是马上提出完全的法规则乃至具体的规整，毋宁常以渐进、实验的方式进行。起初或者只提出原则，其尚须于其他事件中被具体化，或者开始只提及可适用于有限的事件类型之规则，其尚须扩张适用于其他事例。法院始终在审判个案，他必须受待判个案的限制，他不能立即综观，其采取之原则将来对于其他——类似，但仍有若干差异的——裁判会有如何的影响，因此也不能预知应作何等必要的限制、分别及修正。我们必须避免，因确定的判决先例而中断——只有针对未来的个案才能进行的——进一步的澄清、发展乃至精确化的程序，或因此而导向错误的方式。假使我们赋予判决先例此等权威，使其具有如同法律的效力，则前述弊端就必然会发生。

　　假使法院遵循，法律交易也以之为准据，判决先例及其所构成的"法官法"或者也可以获得——像法律那样的——事实上的效力（实效性）。然而，判决先例通常并无——可以使令法院、机关乃至个人均应遵守其要求之——规范性的拘束力。可否名之为"法源"，则取决于对法源的理解。如果对法的创设、发展有影响的所有因素都算是法源的话，法学本身也是法源了[153]。反之，如果认为有规范性拘束力的法规范之发生根源才是法源，则内国法秩序中只有立法行为以及基于一般法确信的惯行（作为习惯法的根源）才能算是法源。于此必须附带说明，这些规范只能以有权适用者所理解的内容来发生效力。判决先例对此具重大意义，因此，无论如何它都是法认识的根源。埃塞尔[154]适切地指出，判决先例绝非独立的法源，"除个别法官合义务地以正确性确信为基础获得之法律认识外"，其并不包含其他规范内容，毋宁只是"法官的认识之媒介"。法院对于法律、法秩序诸原则及补充性法条，通常是以它们在司法裁判中（借判决先例为媒介）所表现的形态来认识它们。不是判决先例本身，毋宁是裁判中宣示的标准始具"拘束力"，后者尚须以"适切的"规范解释或补充为基础,或以范例性的方式具体化法律原则乃可。前述条件是否具备,始终可受审查;判决先例不论是由其所属法院,或其他法院所作成,没有一个法官被要求应不加思索地予以追循。

比德林斯基认为在下述特殊情况,判决先例应该具有拘束力:依现行法,有数种同样有根据的决定可能,或者,在具体化某概括条款时,事件如此相近,以致并无正当理由可对之作不同处理者[154a]。这是司法裁判持续性以及相同事件应作相同处理的思想所要求的。各该法官不再有合理根据作进一步的裁量。我认为这种说法不切实际。后为裁判的法院或者会自发地遵守(特别是诸最高审级法院的)判决先例。或者,它相信有好理由可以背离判决先例。如是,则须表明此等理由,只要它能提出根据,就没有理由强制其违反其(或许更有根据的)确信而为裁判。

然而,只要它变成习惯法的基础,固定的司法裁判也可以具有如同法律的拘束力。但仅是长期的裁判实务仍有未足,这只能证明它的持续性。时间因素本来不是习惯法的决定性因素。习惯法的效力根据在于一般的法确信,其借持续的实践得以显现。然而,只是司法界无异议的接纳仍有未足,习惯法要求:有关的社会各阶层对之均有法的确信,而非仅法律家。不应将"法的确信"解为,可预期法院将依此为标准来裁判,毋宁更要求其所以如是,系因其认为此标准为具拘束力的规范。当然,有时亦不易判断,此等法确信是否的确存在。重点在于:该当司法裁判于学界及"一般舆论"是否普受赞同,抑或对之仍有质疑,其是否得以迅速贯彻,于何种程度上其与之前已形成的法确信吻合。透过司法裁判来形成习惯法,比较能成立的情形是:(久已进入一般法意识中的)法伦理性原则之具体化,最难主张的则是法技术性规定的范畴,例如,瑕疵担保中的解约之具体效果如何[155],或时效的规定。今日可被认系习惯法的有:缔约上过失的责任,一般人格权以及因严重侵害人格权的金钱赔偿。如肯定有习惯法存在,则作为习惯法根源的司法裁判起初是否符合法律规定,就不再重要,重点在于:由此而生的习惯法是否抵触宪法或其他优越的法律原则。至于判决先例以及由之而生的习惯法之解释,之前已为必要的说明(上文第四章第四节第二款)。

判决先例尚未演进成习惯法之前虽然不具拘束力,然而,仅是最高法院已就某特定——可以有不同见解的——法律问题作出决定,尤其当它已经成为"持续性的司法裁判时",此等事实是否已经具有一定的重要性。想像当中,个人会信赖专家提供的资讯而作一些安排,采取特定法律行为。一旦司法裁判——在没有预期的情况下——改变态度,当事人有可能会遭受重大损害。联邦最高法院承认[156],假使缔结和解契约时,双方当事人均以迄至当时的司法裁判所构成的法情境为基础,此种裁判的突然改变可能会构成情事变迁。然而它正确地拒绝,仅因该当诉讼的当事人信赖裁判将继续维持,即恪守它认为并不恰当的裁判见解。该法院同时认为,"假使依事物的情况,有必要作类推适用时"[157],制定溯及性法律时应遵守的原则,可能可以类推适用到司法裁判的演变上。然而在具体的事件上,它并不因此怯于将与先前的司法裁判矛盾之见解,溯及适用于过去的案件事实[158]。联邦宪法法院也认为[159],法律不溯既往的原则不能率尔转用于法院的裁判上。"如是可能导致,即使依清晰的法律认识,或鉴于社会、政治或经济情况的变化,已证实某特定裁判不能维持时,法院仍须受该裁判的拘束。"

然而问题尚未因此完全解决[160]。在"法伦理性突破"的情况,(例如,帝国法院的升值裁判,或联邦最高法院承认一般人格权的决定)一旦法院提出这种原则,嗣后又想背弃之,回归之前的见解,则不免要对信赖造成重大震撼。于此种情况,其将即刻产生拘束作用,而无待乎习惯法的逐渐形成。此外,当法院意拟偏离司法裁判的见解时,假使其对司法裁判续存的信赖亦曾一并虑及,即为已足。如此种信赖普遍存在时,则只有在为获得一正当判决不得不然时,始克出此。反之,克尼特尔下述建议即足滋疑义[161]:当信赖有其根据时,法院就其所面对之过去的案件事实,仍应依迄今的司法裁判来决定,并应同时表明,在判断将来的事件时,将以其他法律见解为根据。依此见解,则法院须依其认为并不正确的标准裁判,就未来其根本尚未认识的事件,却又预先确定某一法律见解。实际上,在将此等法律见解适用到新事件前,仍须再予审查,尤其当新事件中出现现今案件并未具有的因素时尤然。为确保司法裁判的弹性,法院应避免预设立场[161a]。

在联邦劳工法院及联邦社会法院的司法实务中可以发现一些裁判,于此,法院在待判案件中具体化一项标准时,不仅针对该当个案,抑且针对同类型的全部事件,于具体化时并提及:所有将来的案件均将如是处理[162]。于此,法院不再是从事个案裁判,毋宁——如立法者一般所为的——是在创设**一般性的规定**。不容忽视的是:法院于此类事件中,对金额、期限及百分比所作的数字上的确定,多少带有任意决定的性质。万纳加特认为,法院所确定的百分比显然只是"估计额",其并非不可争执。尤其应留意:法院此种做法将导致令人不满的过度概括。然而,基于实用以及对所有寻求权利保护者尽可能予以平等处遇的考量,前述危险是可接受的。支持者认为,此种做法的正当根据在于:此处涉及大量以相同方式重复出现的事件,于此,诉讼当事人关心的比较不是——偶然地——由法院作成裁判之个案的结果,毋宁更关切借此获致一坚实的规则,嗣后于全部类似事件得以此规则为准据[163]。此种主张并非全无可取。然而,事件的大量性以及因此对简单、易处理之详细规定的需要,其本应促使立法者自为此等规定,而非仅提出概括条款。欠缺此等规定乃是法秩序的缺憾,法院认其有义务弥补之。然而,无可讳言地,法院因此已超越其固有任务(就个案宣示其法律关系),其几乎已代行立法者的工作。个案裁判的法律理由固然也可以提出标准,并主张其可以适用于相同情况的事件。因此,法院亦应自问,其所提标准是否不仅可适用于该事件,抑且可适用于其他同类事件。然而,其与下述情形仍有差异:法院所提规则的部分,就当下个案的裁判而言或非必要,且其要求该规则应适用于未来全部类似事件。于此,法院实际上关心的不再是待判个案,毋宁是提出一般的规则。此种做法明显违反立法机关与司法机关的功能分配[164]。其仅能于特殊情况,在具备下列两项前提时,始能认可。其一:该当的问题领域欠缺详细的法律规定,因此所致的法不安定性将造成当事人不堪忍受的后果,而且不能预期立法者将立即采取行动。此外,事实的关系如此清楚,因此,法院完全能够预估,其所拟采取的规则对经济、社会政策及其他领域将造成如何的影响,它也的确掌握必要的经验资料。而即使此等条件均具备,此种做法基于前述理由,仍属不无可议。因此,在司法裁判的"古典"领域(指:民事、刑事及一般行政法院)仍不宜采纳此等做法。

注 释

1. Esser, Crundsatz und Norm, S. 255; Zweigert, Studium Generale 1954, S. 385; Wieacker, Gesetz und Richterkunst, S. 6f.; Engisch, Einfürung, S. 146; Kirchhof, NJW 86, 2275, 均强调扩张解释系"流动地"过渡到类推适用,因此,两种思考方式之间并无"原则上的差异"。Diederichsen (in der Festschr. für Wieacker, 1978, S. 325ff) 所发展出来的概念区分、概念推移及概念简化等"概念技术上的"手段,乃是——为法的续造的目的而应用之——解释性的手段。
2. Über die Beschränkung der Freiheit der Richter in der Interpretation, die am Ende des 18. Jahrhunderts sowohl in absolutistischen Österreich und Preußen wie im Frankreich der Revolution-jedes Mal vergeblich-versucht wurde, vgl. Ekkehard Schumann, ZZP 1968, S. 83ff.
3. Vgl. Schumann, a. a. O., S. 89ff.
4. Canaris 也持此见解,参见 Die Feststellung von Lücken im Gesetz, 2. Aufl. 1983, S. 17, 21, 37.
5. Vgl. Robert Fischer, Die Weiterbildung des Rechts durch die Rechtsprechung, 1971.
6. Vgl. dazu König bei Reinhardt - König, Richter und Rechtsfindung, 1957, S. 39ff; Arthur Kaufmann, Gesetz und Recht, in Festschrift für Erik Wolf, 1967, S. 357ff.; Hans - Peter Schneider, Richterrecht, Gesetzesrecht und Verfassungsrecht, 1969. Weitere Angaben bei Engisch, Einführung in das juristische Denken, S. 305 (Anm, 229).
7. BVerfGE 34, 269, 287.
8. So der BGH, BGHZ 11, 35H. Vgl. BGHZ 3, 315; 4, 157; 17, 275; BSG 2, 168; 6, 211; BVerfGE 3, 242; 13, 164.
9. 为了区分法律的"不一致性"(就此,法官可依合乎法律的方式加以修正)与"法政策上的错误"(其修正,一般而言应由立法者为之),同时也为了分别"法律内的"及(只有例外容许的)"超越法律"的法的续造,我认为"漏洞"的概念仍是不可或缺的。填补"漏洞"自始就是法官的权限,他必须依法律的意义及目的来适用法律。
10. Jhering 在他的"Zweck im Recht"第三卷中已经作了经典式的处理。
11. Vgl. Engisch in Ztschr, f. d. ges. Staatsw., Bd. 108, S. 385(wiederabgedruckt in: Beiträge zur Rechtstheorie 1984, S. 9) und in dem Band "Münchener Universitätswoche an der Sorbonne 1956", S. 206; Canaris, Die Feststellung von Lücken im Gesetz, S. 40ff. (mit dem interessanten Versuch, dem Begriff "rechtsfreier Raum" die Funktion einer negativen Prozeß voraussetzung zuzuweisen); Arthur Kaufmann, Festschrift für

Maurach, 1972, S. 327ff. Kaufmann 将此概念扩张包含下述情况:法秩序原则上本可对之为法律规整,惟其有意地未为规定,使之取决于个人的伦理判断。Comes (Der rechtsfreie Raum, 1977)则尝试将"法外空间",与下述情况相区分:个人基于自由权得依法主张的空间。

12 Burckhardt (Methode und System des Rechts, S. 260)即采此见。其认为:"当法律对——为适用法律必须予以答复的——问题未提供答案时,即可认存在有法律漏洞"。法官只容许填补这一类漏洞。同此:Nawiasky, Allgemeine Rechtslehre, S. 142。

13 然而,法律所用的表达方式或评价标准须具体化,其不属此类;于此虽然也还需要进一步加以规定,但并非欠缺规范。参见 Engisch, Einführung, S. 141。

14 Zittelmann, Lücken im Recht, S. 27ff。

15 Staub, Die positiven Vertragsverletzungen. 1904, 2. Aufl. 1913。

16 Vgl. Enneccerus—Lehmann, Schuldrecht, 15. Aufl., §55; Esser, Schuldrecht. 4. Aufl., §52, 1, V und IV; Fikentscher, Schuldrecht, 7. Aufl., §47; mein Lehrbuch des Schuldrechts, Bd. 1, 14. Aufl., §24, I; Medicus, Schuldrecht, §95, 1。相反地,Himmelschein (in AcP 135, 255; 158, 273)及 Wicher (in AcP 158, 297)则不认为于此有法律漏洞存在,因为任何债务人的义务违反,都使他不能在正确的时点,以正当的方式履行其给付义务,因此,只要"给付"的概念够宽,就可以把这种情况放在部分的给付不能的情形。就此,Reimer Schmidt (im Kommentar von Soergel, 34 vor §275)很适切地指出,如是,则迟延亦可被视为一种部分的给付不能,则迟延的规整将成赘文。因债之关系所生的义务应予适当的分类,此等要求亦将反对 Himmelschein 及 Wicher 将"给付"概念放宽的建议。并参见 Esser, a. a. O., unter V2。

17 此一想法出自 Elze, Lücken im Gesetz, 1916, S. 3ff,;参见 Engisch. Einführung, S. 137f.;Canaris, Die Feststellung von Lücken im Gesetz, S. 31ff。

18 Binder, Philosophie des Rechts, S. 984。

19 Vgl. dazu die Darstellung im historisch-kritischen Teil; Engisch, Festschrift für Sauer, S. 88ff.; Esser, Grundsatz und Norm, S. 252, Anm. 56; Canaris, a. a. O., S. 16, 31ff。

20 Vgl. mein Lehrbuch des Schuldrechts, Bd. II, 13. Aufl., §41 II c unter Nr. 3 und die dort gemachten Angaben。

21 当 Koch/Rüssmann (a. a. O., S. 254)说,漏洞是一种两位的关系概念时,他们是对的,但是当他们推出"根本没有法律漏洞的概念"之结论时,他们错了。"法律漏洞"是两位及规范性的概念:只有在与所欠缺的,(依其自身的目的)应包含的规则相比较时,法律才会是"有漏洞的"。

22 Vgl. Engisch, Einführung, S. 138ff.; Canaris, a. a. O., S. 35ff。

23 a. a. O., S. 141, 160ff 当这些漏洞源于未充分实现法律本身包含的原则时,其性质上属于法律漏洞。

24　Vgl. hierzu Canaris, Systemdenken und Systembegriff in der Jurisprudenz, bes. S. 61ff.; zur Frage der Wertungswidersprüche dort S. 112ff.

24a　Brandenburg (Die teleologische Reduktion, 1983, S. 60ff)因此认为,于此使用漏洞的概念是多余的。正确的是:依字义而言,并不欠缺可资适用的规定。只有当必要的限制被发现时,漏洞才显现出来。如是,则欠缺限制性规范即为法律的漏洞。于此,认识漏洞的存在与对漏洞的填补,即同时完成。

25　Nipperdey (bei Enneccerus—Nipperdey, Allgemeiner Teil, §59)认为,于此种情况,因适用者于此——背离依解释而得之规范适用范围——不适用该当规范,才创造出漏洞。然而,其之所以不适用该当规范,因其假定有一项——法律虽未明白宣示,惟依规整之目的诚属必要的——限制性法条存在。规范之不适用系以漏洞的填补为前提,因此,漏洞本身不能借不适用规范而被创造出来。漏洞事实上存在于:法律未明白宣示必要的限制规定。就此参见 Reichel, Gesetz und Richterspruch, S. 96; Meier-Hayoz, Der Richter als Gesetzgeber, S. 62ff.

26　Zittelmann, Lücken in Recht, S. 19. 另参见 Herrfahrdt, Lücken im Recht, 1915, S. 30.

27　Engisch 对"一般的消极原则"这种"想像力的产品"表示反对:Engisch in Festschrift für Sauer, S. 96f.; Bierling (Juristische Prinzipienlehre, Bd. 4, S. 388)认为 Zittelmann 的假定犯了"根本的错误"。就此的深入探讨可参见:Canaris, Die Feststellung von Lücken im Gesetz, S. 49f.

28　BGHZ 17, 266. Vgl. zu ihr Ulmer, Urheberecht und Verlagsrecht, 2. Aufl., 1960, S. 230.

29　透过一九六五年九月九日的著作权法第一四一条第三款。当时争议的问题在该法第五三条已加以规整。

30　SAE 71, 106 (mit Anmerkung von Canaris)

31　Arthur Kaufmann (Analogie und Natur der Sache, 1965, S. 1.)批评这个理由,因为它把类推适用与"事物的本质"视为不同的思考手段。他认为事物的本质之思考方式,本身就是一种类推适用。然而,Kaufmann 是以一种——比本文所指更为——广义的类推适用的概念为基础。在 Kaufmann 的涵义中,每种思想都是一种"类推的思想",于此关切的并非抽象上的一致性,毋宁是异中之同,因此,涉及的是相当相应。在此种了解下,"具体概念"的想法(Hegel)、"类型"及"作用脉络",最后所有的理解都是"类推的思想"。然而,于此应用的"类推适用"是以其——向来在法学方法论中被理解的——较狭义的意义来掌握:在"漏洞填补"的范围内,对彼此相似之构成要件作相同评价。关于类型化思考亦属广义的"类推的"思想,我与 Kaufmann 的意见一致。

32　十九世纪的概念法学视类推适用为一种形式概念逻辑的推论过程。这个见解在 Steinwenter 三篇——介绍作为法律思考模式之类推适用的历史之——文章中还余音袅袅（Studi Emilio Albertario，Bd. 2，S. 103；den Studi Arangio-Ruiz，Bd. 2，S，169 und in der Festschrift für Fritz Schulz，Bd. 2，S. 345）。对此采批判性立场者：Esser，Grundsatz und Norm，S. 231，关于类推适用推论之逻辑意义见：Ulrich Klug，Juristische Logik，4. Aufl.，S. 118ff。他承认，于此，目的性的标准具有决定性意义。Schreiner（Die Intersubjektivität von Wertungen，1980，S. 51）也同样强调：为正当化类推适用，而判断相互比较的案件事实彼此相似，其事实上是一种评价的结果。然而，此等评价本身又必须以被规整的构成要件之法定评价为准，而绝非任由判断者恣意为之。

33 BGHZ 51，273.
34 Vgl. dazu Enneccerus – Nipperdey，Allgemeiner Teil，§ 58，；Engisch，Einführung，S. 147. Kritisch dazu Sauer，Juristische Methodenlehre，S. 130f，Dahm（Deutsches Recht，2. Aufl.，S. 67）适当地反对"法的类推适用"的讲法，因为"法律的类推适用也是以法规范的应用为标的"。
35 Vgl. BGHZ 9，157，161ff.
36 So der BGH，a. a. O.，S. 162.
37 Canaris，Die Feststellung von Lücken im Gesetz，S. 97ff.
38 Bochenski，Die zeitgenössischen Denkmethoden，S. 75.
39 Vgl. BGHZ 21，102.
40 Vgl. BGHZ 30，40，46；mein Lehrbuch des Schuldrechts，Bd. I，14. Aufl.，§ 31 III am Ende mit weiteren Angaben.
41 Vgl. dazu Köhler，Unmöglichkeit und Geschäftsgrundlage bei Zweckstörungen im Schuldverhältnis，1971，S. 40.
42 Vgl. Erman，JZ65，657；dagegen Soergel – Mühl，11. Aufl.，1 zu § 645 BGB.
43 Vgl. dazu Köhler a. a. O.，S. 37.
44 BGHZ 40，71；JZ 73，366（mit Anmerkung von Medicus）.
45 Zustimmend zu diesen Verfahren Medicus，a. a. O.，auch Köhler，S. 47（Anm，131）
46 Dazu mein Lehrb. des Schuldrechts，Bd. II，1，13. Aufl.，§ 53，IIIa.
47 Vgl. BGHZ 6，319；20，259. Dazu Esser，Schuldrecht，Bd. I，4. Aufl.，§ 47，Iv，mein Lehrbuch des Schuldrechts，Bd. I，14. Aufl.，§ 31 I b.
48 Klug，a. a. O.，S. 146ff.，S. 150.（关于此推论之逻辑结构及所举之例）
49 BGHZ 6，270，290.
50 In JZ 63，655，658，Vgl. auch seine Schrift"Die Feststellung von Lücken im Gesetz"，S. 78ff.
51 Vgl. Klug，a. a. O.，S. 145f.
52 So auch Canaris，Die Feststellung von Lücken im Gesetz，S. 44ff.
53 Vgl. dazu mein Lehrbuch des Schuldrechts，Bd. I，14. Aufl.，§ 8II.

54　Engisch, Einführung in das juristische Denken, 7. Aufl., S. 149, 287, Anm, 166c.
55　Brandenburg, Die teleologische Reduktion, 1983.
56　So Enneccerus-Nipperdey, Allgemeiner Teil, 15. Aufl., §59.
57　Hierzu vgl. Canaris, Die Feststellung von Lücken im Gesetz, S. 192f,他以期限及形成规定为例。
58　BGHZ 59,236.
59　Vgl. Boehmer, Grundlagen der Bürgerlichen Rechtsordnung, II, 2. S. 48ff., 66.
60　对本人而言,一法律行为是否确系纯获法律上之利益,于此可与在民法典第一〇七条的脉络中作相同的答复,就此参见 Stürner, AcP 173, S. 442ff.
61　So nun auch W. Blomeyer, Acp 172, 1; Giesen, JR 73, S. 62; Soergel-Schultze-v. Lasaulx, Rdz, 27, Thiele in Münch/Komm, Rdz, 9 zu §181 BGB; Palandt-Heinrichs 4a zu §181.
62　BGHZ 56,97.
63　In JR 71, S. 505.
64　Vgl. §35, IV GmbHG, eingefügt durch das Gesetz vom 4.7.1980.
65　BGHZ 4, 153; 13, 160; 59, 115.
66　Vgl. dazu mein Lehrbuch des Allgemeinen Teils, 7. Aufl., §23, II d.
67　Vgl. dazu mein Lehrbuch des Allgemeinen Teils, 7. Aufl., §31, II am Ende.
68　Vgl. auch Canaris, a. a. O., S. 87f.
69　Vgl. dazu insbes. RGZ 165, 193; BGHZ 3, 285; 11, 190; 44, 235; Erman, Personalgesellschaften auf mangelhafter Vetragsgrundlage, 1947; Siebert, Faktische Vertragsverhältnisse, 1958; Hueck, Das Recht der OHG, 4. Aufl., §7; Soergel-Hefermehl 35, Staudinger-Dilcher, 35 vor §116 BGB.
70　参下文第四节第二款。
71　Vgl. dazu mein Lehrbuch des Schuldrechts, 14. Aufl., §10, III, auch Allgemeiner Teil, 7. Aufl., §21, Ib; kritisch aber Canaris, Die Vertrauenshaftung im deutschen Privatrecht, S. 274f.
72　依 Gernhuber (Festschrift für Schmidt-Rimpler S. 151ff.)之见,每种以民法典第二四二条的原则对第一二五条的限制都是"反乎法律的",因为第一二五条的意义及评价极为"清晰",其反对任何"借第二四二条的动摇"。然而,在一定条件下,Gernhuber 显然也肯定可以作出反乎法律的裁判(S. 169ff)。
73　a. a. O., S. 104.
74　沃尔夫斯, Logische Grundformen der juristischen Interpretation, 1971, S. 30.
75　Canaris, a. a. O., S. 89ff.
76　BGHZ 32, 246.
77　该裁判要旨。

78 Dazu mein Lehrbuch des Schuldrechts, Bd. I, 14. Aufl.；§35II, Anm. 25.
79 RGZ 130, 34.
80 BGHZ 33, 123.
81 Vgl. Ennecerus-Nipperdey, Allgemeiner Teil, §52, II; Engisch, Einführung in das juristische Denken, S. 303f., Anm, 221.
82 Vgl. dazu Wilburg in Festschrift für Karl Larenz, 1973, S. 661.
83 In seiner Schrift: Die Feststellung von Lücken im Gesetz, 2. Aufl. 1983.
84 a. a. O., S. 140, 144ff.
85 Vgl. zu ihr Engisch, Festschrift für Sauer, S. 96ff,; Einführung in das juristische Denken, S. 159f,; Canaris, a. a. O., S. 172ff; SAE 1977,. S. 131.
86 a. a. O., S. 175f.
87 Zitlelmann, Lücken im Recht, S. 25; ihm folgend Herrfahrdt, Lücken im Recht, 1915, S. 74ff. Gegen ihn aber Bierling, Juristische Prinzipienlehre, Bd. 4, S. 398.
88 Stammler, Theorie der Rechtswissenschaft, S. 641f., Sauer, Juristische Methodenlehre, S. 281; Elze, Lücken im Gesetz, S. 26ff.
89 So Less in seinem Buch"Vom Wesen und Wert des Richterrechts"und Penski in JZ 89, S. 105, 114.
90 Zur richterlichen Rechtsschöpfung Marie-Luise Hilger in der ersten Festschrift für Karl Larenz, 1973, S. 109ff.
91 参见上文第二章第三节第三款,关于法学理解的创造性;Gadamer, Wahrheit und Methode, 5. Aufl., S. 301, 335; Betti, Allgemeine Auslegungslehre, S. 640ff. Rupp 评述谓（Grundfragen der heutigen Verwaltungsrechtslehre, 1965, S. 192）,在法哲学的意义上,每种认识都是有创意的行为。或许说"在人文科学领域中",要比说"在法哲学的意义上"更恰当。
92 Einführung in das juristische Denken, S. 8.
93 依我的看法,希望把这个过程数量化的尝试（例如 Hubmann, in der Festschrift für Schnorr-v. Carolsfeld, S. 173ff.）均必至于失败。Hubmann 自己也承认,他所建议的计算方法,也必须等到个别因素的价值已经被量化地评定后,乃可。但这种量化多少是恣意的。
94 Friedrich Müller 认为（Die Einheit der Verfassung, 1979, S, 199）,法益衡量的实务运作,可能"误导个案正义为主观的价值判断,后者又可以法治国式地被一般化"。"衡量"提供了"一种方便的语言模式,它很容易忽略有关的规范本文及其具体化的语言资料",也经常疏未虑及有关的规范范围。
95 Dazu auch meine Abhandlung über"Methodische Aspekte der Güterabwägung"in der Festchr f. Ernst Klingmüller, 1974.
96 BVerfGE 7, 377.

97   BVerfGE 7,198
98   BVerfGE 21,239；27,71.
99   BVerfGE 15,288，295.
100 BGHZ 13,334,338.
101 BGHZ 31,308,313.
102 BGHZ 3,270,281；8,142,145；24,200,206.
103 BGHZ 36,77,82.
104 BGHZ 39,124.
105 BVerfGE 12,113,126ff.
106 a. a. O. , S. 130.
107 BVerfGE 30,173.
108 并且是已死者的名誉。存在此中的问题将再予深究。
109 BVerfGE 12,125.
110 其直接源自正义。"正当限度"、"适度"的思想，也经常修正平等原则，参见我的文章"Richtiges Recht", S. 40f. ;124ff.
111 In dem von Klaus Vogel herausgegebenen Bande"Grundrechtsverständnis und Normenkontrolle",1979, S. 33ff. ,（für Normenkontrollentscheidungen）und S. 37ff.（für Verfassungsbeschwerden）.
112 Boehmer (Grundlagen der bürgerlichen Rechtsordung Bd. II, 2, S. 148)适切地指出："在完全的所有权与忠于法律的占有质权之间出现了一种新的独立的法类型，它突破神圣的物权有限列举原则——担保性所有权这种中间现象"。
113 Hoeniger, Die Sicherungsübereigung von Warenlagern, 2. Aufl. , 1912.
114 Serick, Eigentumsvorbehalt und Sicherungsübertragung, Bd. 1, S. 2；Bd. 2,S. 4.
115 Paulus in ZZP 64,169ff.
116 Vgl. Jahr, AcP 168, 10.
117 Dazu eingehend Stathopoulos, Die Einziehungsermächtigung, 1968,S. 9ff.
118 Vgl. dazu Raiser, Dingliche Anwartschaften, S. 2ff.
119 BGHZ 20,88.
120 Radbruch, Festschrift für Laun, 1948, S. 157；Coing, Grundzüge der Rechtsphilosophie, 1950, 4. Aufl. , 1986, S. 183ff. ；Fechner, Rechtsphilosophie, 1956, S, 146ff. ；Stratenwerth, Das rechtstheoretische Problem der Natur der Sache, 1957；Ballweg, Zu einer Lehre von der Natur der Sache, 2. Aufl. 1963；Arthur Kaufmann, Analogie und "Natur der Sache",1965, 2. Aufl. , 1982；ders. in：Rechtsphilosophie im Wandel, S. 272ff. ；Erik Wolf, Das Problem der Naturrechtslehre, 3. Aufl. 1964, S. 106 ff. ；Friedrich Müller, Normstruktur und Normativität, 1966, S. 94ff. ；Juristische Methodik, 3. Aufl, S. 38, 101ff. ；Bydlinski, Juristische Metho-

denlehre, S. 51ff., 459ff.; Gerhard Sprenger, Naturrecht und Natur der Sache, 1976; Henkel, Einführung in die Rechtsphilosophie, 2. Aufl., 1977, S. 371ff.; Engisch, Auf der Suche nach der Cerechtigkeit, 1971, S. 232ff.; Zippelius, Rechtsphilosophie, 2. Aufl. 1989, S. 46ff., 94. Vgl. ferner die Abhandlungen von Bobbio, ARSP 58, S. 305; Maihofer, ARSP 58, S. 145; Engisch in der Festschrift für Eberhard Schmidt, S. 90, die wieder abgedruckt wurden bei Arthur Kaufmann, Die ontologische Begründung des Rechts, 1965, die dort ebenfalls abgedruckten Abhandlungen von Baratta und Schambeck, sowie meine Abhandlnng über "Wegweiser zu richterlicher Rechtsschöpfung", Festschrift für A. Nikisch, 1958, S. 275 (besonders "Natur der Sache", S. 281ff.)

121　Einführung in die Rechtsphilosophie, 381.
122　BVerfGE 7,277,406.
123　Dazu jetzt Diesselhorst, Die Natur der Sache, verfolgt an der Rechtsprechung zum nichtrechtsfähigen Verein, in: Rechtsdogmatik und praktische Vernunft, Behrends (hrsg.),1990, S. 258.
124　Boehmer, Grundlagen der bürgerlichen Rechtsordung, II 2, S. 173.
125　Vgl. mein Lehrbuch des Allgemeinen Teils, § 10, VI.
125a　RGZ 78, 101. Hierzu Diesselhorst, a. a. O., S. 270f.
126　BGZHZ 42, 210; 50, 325.
127　BVerfGE 3,427f.
128　BVerfGE 12,251; 22,217; 26,257.
129　Esser, Grundsatz und Norm, S. 53.
130　In seinem Vortrag auf dem 42. Deutschen Juristentag.
131　In Jhb, Bd. 4,S. 1.
132　a. a. O., S. 41ff.
133　In LeipzZ 23,532.
134　Zum heutigen Stande vgl. mein Lehrbuch des Schuldrechts, Bd. I, 14. Aufl., § 9.
135　In AcP 151,501.
136　参见上文第六章第三节。
137　BVerGE 7,89,92; 11,64,72; 13,261,271; 31,222,225ff und weitere.
138　BVerfGE 13,271f.
139　BVerfGE 72,200ff.,258.
140　BVerfGE 14,297;31,226.
141　BVerfGE 31,229.
142　Zuerst in der Entscheidung BGHZ 13,334.
143　BGHZ 26,344; 35,363; 39,124.

144　JZ 73,662.
145　Vgl. dazu meinen Aufsatz im Arch. f. Presserecht, 1973, S. 450.
146　BVerfGE 20,162,219.
147　BVerfGE 26,1,8.
148　RGZ 107,78,87ff.
148a　Picker 适切指出此点(JZ 1988, S. 71)。他说明，法官缺乏必要的认识手段来认识可能的后果，此惟立法者有之，同时法官也不能借着鉴定人、间接受影响者的说明来取得这种认识。
149　参见上文第五章，第四节第二款。
149a　关于十九世纪中，法官法在法源论中的情况见：Regina Ogorek, Richterkönig oder Subsumtionsautomat, Zur Justiztheorie im 19. Jahrhundert. 她指出，法官法之存在几乎一般地被承认，有争议的是其范围及其是否具有拘束力。
150　Vgl. zum folgenden meine Abhandlung über die Bindungswirkung von Präjudizien in der Festschrift für Hans Schima, 1969; Blaurock (Herausgeber), Die Bedeutung von Präjudizien im deutschen und französischen Recht, 1985 (daraus Fikentscher, Die Bedeutung von Präjudizien im heutigen deutschen Privatrecht); Raiser, Zur Abgrenzung von Gewohnheitsrecht und Richterrecht, ZHR 150 (1986), S. 117; Ossenbühl, Richterrecht im demokratischen Rechtsstaat, 1988; Ellen Schlüchter, Mittlerfunktion der Präjudizien, 1986(zum deutschen und englischen Recht), 明白反对任何形式的判例拘束力：Picker, JZ 1988, S. 73f.
151　Germann, Präjudizien als Rechtsquelle, S. 43.
152　Kriele (Theorie der Rechtsgewinnung, S. 160, 243ff., 247ff., 258ff.)提及，实务上倾向于推定判决先例的正确性，此种推定——依其描述的发展过程——升高为一种法院受判决先例的"推定拘束"。我认为，"推定拘束力"是多余而危险的。危险在于，当法院正好没有考量到指出判决先例不正确的理由，它很容易不加审查地接受判决先例。而假使有严重的怀疑发生，则其正确性的"推定"也不再能维持。对Fikentscher 而言(其关于判决先例拘束力的理论，只有参见其"个案规范"的理论才能得其真解，Methoden des Rechts, Bd. IV, S. 241ff, 参上文第一章第四节)，法律的拘束力也不过是一种——经常必须被重新审查的——正确性推定，因为"拘束系对裁判之规范性的事先决定，其并不意味可以解免答复正义问题的责任。拘束只意味，对此等问题的答复提供评价及证实上的助力"。但通常大家对规范"拘束"的理解似乎逾此，质言之，受规范拘束的法院应适用之，不必在所有情况下都重新审查其内容上的重要性。此语将以此义来理解。Fikentscher 显然也不承认法律具有此等意义的拘束力。只有对他所谓的"个案规范"，他才承认有这种拘束力。就此参见 Blaurock(oben Anm. 150)S. 18.
153　主张判决先例是一种法源的尤其有：Germann, Präjudizien als Rechtsquelle, S. 45ff.;

Liver, Der Begriff der Rechtsquelle, S. 36ff. ; Geschnitzer in Festschrift zur Hundertjahrfeier des österreichischen Obersten Gerichtshofes, 1950. gegen Geschnitzer Nowakowski, ÖJZ 1955, 11. Weiter sind zu nennen: Less, Vom Wesen und Wert des Richterrechts; Wieacker, Gesetz und Richterkunst; Meyer – Ladewig, AcP161. 97; Esser, Grundsatz und Norm. S. 137ff, ; Festschrift für Fritz v. Hippel, S. 95.

154　In der Festschrift für Fritz v. Hippel, S. 113f.
154a　In JZ 1985, S. 151ff.
155　Vgl. dazu meine Abhandlung in NJW51, 497ff.
156　BGHZ58, 355, 363.
157　BGHZ52, 365, 369.
158　in der Entscheidung BGHZ 60, 98, 101.
159　BVerfGE 18, 224, 240.
160　Zum folgend Vgl. Knittel, Zum Problem der Rückwirkung bei einer Änderung der Rechtsprechung 1965; Canaris in SAE71, 113.
161　a. a. O. , S. 50ff.
161a　联邦劳工法院曾一度为之，它提及（虽然也很谨慎），它"考虑"，将来此类案件将依此意义来裁判；参见 NJW 82, 788, 对此表达有理由之疑虑者：Picker, JZ 84, 153.
162　我们考量的是联邦劳工法院的下述裁判：劳动契约中约定，在劳工受领耶诞节奖金后立即终止契约的情形，因其"违反善良风俗"应返还该奖金；针对此项约款何时有效，何时无效，联邦劳工法院于裁判中提出确定的规则。就此参阅 die Entscheidungen AP Nr. 15, 22, 23, 24 Zu § 611 BGB Gratifikation。其他联邦社会法院类似的裁判 BSG 22, 44；30, 167, 182ff. – Wanngat in der Schweizerischen Zeitschrift für Sozialversicherung, 1972, S. 163.
163　Vgl. Marie-Luise Hilger in der Festschrift für Karl Larenz, 1973, S. 121f.
164　Dazu meinen Aufsatz "Der Richter als Gesetzgeber?" in der Festschr. Für Heinrich Henkel, 1974.

第七章 法学中概念及体系的形成

第一节 外部的体系(或称抽象概念式的体系)

第一款 法学中体系形成之任务及其可能性

法规范并非彼此无关地平行并存,其间有各种脉络关联,此点亦常被提及。例如,构成买卖法、租赁法或抵押法的许多规则,其乃是一整体规整中彼此相互协调的部分,而此规整常以某些指导观点为基础。此规整本身又常是更广泛规整的部分规整,例如前述规整即属债法或物上担保法之部分规整,而后者又是私法的部分规整。与此相应而且之前也已经指出,解释规范时亦须考量该规范之意义脉络、上下关系体系地位及其对该当规整的整个脉络之功能为何。此外,整个法秩序(或其大部分)都受特定指导性法律思想、原则或一般价值标准的支配,其中若干思想、原则,在今日甚至具有宪法位阶,关于此点,前亦已指出。其作用在于:诸多规范之各种价值决定得借此法律思想得以正当化、一体化,并因此避免其彼此间的矛盾。其有助于解释,对法律内的及超越法律的法的续造,助益更宏。发现个别法规范、规整之间,及其与法秩序主导原则间的意义脉络,并以得以概观的方式,质言之,以体系的形式将之表现出来,乃是法学最重要的任务之一。

为实现这项任务,马上就产生各种不同的可能性[1]。下述方式只是其中之一:依形式逻辑的规则建构之抽象、一般概念式的体系,此种体系乃是许多法律,特别是民法典的体系基础,但即使民法典亦未必完全吻合此种体系[2]。以下我们将称之为"外部的"体系,此种体系之形成有赖于:由——作为规整客体的——构成事实中分离出若干要素,并将此等要素一般化。由此等要素可形成类别概念,而借着增、减若干——规定类别的——要素,可以形成不同抽象程度的概念,并因此构成体系。借着将抽象程度较低的概念涵摄于"较高等"之下,最后可以将大量的法律素材归结到少数"最高"概念上。此种体系不仅可以保障最大可能的概观性,同时亦可保障法安定性,因为设使这种体系是"完整的",则于体系范畴内,法律问题仅借逻辑的思考操作即可解决。它可以保障,由之推演出来的所有结论,其彼此不相矛盾,因此可以使法学具有——纯粹科学之学术概念意义下的——"学术性"。然而它同样也有其缺陷。质言之,只要在此等体系界限内,如何为适切评价的问题将被如何为适当涵摄的问题所排斥。形式逻辑将取代目的论及法伦理学的地位。在连续几个法学世代中,此种体系有非常的魅力。

自从耶林转变,乃至利益法学派创建以来,就不乏批评此种体系者。特别,而且越来越被质疑的是这种体系所主张的完整性、逻辑上的封闭性,以及其适于获取法律知识及裁判的性质。然而批评很少达到下述程度:仅就该体系的功能及其不足之处作判断,质言之,径自探究学术中"抽象"概念的角色,特别当其不仅用以描述、整理事实,并涉及价值标准及与之相应的评价时。法学中除抽象概念外,这几十年来才开始应用其他思考形态,例如,类型、主导思想、须具体化的原则以及规定功能的概念。由之可以产生建构他种体系的根据。法律类型中包含若干——基于特定指导观点——彼此相维的要素。它们可以组成"类型系列",建构成"可变的部分体系"。于既存的规整中多少已具体化,但仍须进一步精确化的主导原则,其足以作为"内部"体系之基石,其负有显示并表达规范基本评价的任务。几乎可以说是原则及(仍属不可完全放弃的)"抽象"概念的联结者是:于此所谓的"规定功能的"概念。

由是透露出,不(仅)是借"抽象"概念以及属此之抽象化及涵摄的逻辑程序,来从事体系建构,毋宁更利用其他思考方式以形成体系之可能性,其于法学中的实现,迄今仅处于开始阶段。许多法学家仍然倾向将体系等同抽象观点式的体系[3]。即使在今天,也只有少数法学家(即使"评价法学"的追随者亦无不同)能不目眩于抽象概念式体系的魅力。在纯粹科学之学术概念的轨迹中,很多人深恐法学因放弃抽象概念式的体系,而亦须放弃其学术性的主张。他们忽略了,法学属于狭义的"理解性"学术,因此唯有发展出适于其客体的,诠释学上确实有据的思考方式,如是始能正当化其学术性主张,而不是无谓的尝试配合本适用于"精确的"学术中的方法。事实上许多法律家今天——在未有充分意识的情况下——不仅应用抽象概念式的体系,同时也应用规定功能的概念及原则,换言之,其亦虑及"内部的"体系,虽然后者现在才处于开始发展的阶段。

第二款　抽象概念及其所建构之"外部的"体系

我们将外部体系的基石称为"抽象"概念。之所以被称为"抽象",因其系由下述要素组成:自其所由显现之客体分离、抽象化,以其一般化的形式,个别孤立于其他要素及客体(于此,这些要素以一定的方式组合在一起)之外的诸要素。将抽象概念及具体概念对立以观(就此请参阅第四款中的旁论)的黑格尔[4]称:抽象化乃是"由具体事物中分离出来,将规定具体事物的诸要素个别化"的过程,借抽象化,吾人能掌握的只是个别的特性或观点。此意指:抽象化思考不是以所有的构成部分,及其组合而成之"具体的"丰盈来掌握感官认识的客体(例如,特定植物、动物或建筑物),质言之,并非以其为唯一无二的整体来理解,毋宁在掌握出现其中的个别特性或"要素",确认一般的——由其结合分离,因此被"个别化"的——附加因素[5]。由这些孤立的要素可以组成概念,而只要具备定义该概念之全部要素的事物,均可涵摄于此概念下,要素之具体组合情况如何,在所不问。借着略去若干要素可以形成抽象程度较高的概念,所有较下位的概念均可涵摄其下。依逻辑法则,"最高"概念可以包含大部分其他(添加了不同要素的)概念,前者的内涵最小,因其仅借少数要素而被描述,反之,其外延最大,拥有最宽广的适用领域,最低概念之内涵最为丰盈,因其具有大部分的要素。

要选择何种要素以定义抽象概念,其主要取决于该当学术形成概念时所拟追求的目的。因此,描述某类客体的法学概念,与其他学科,乃至日常生活用语中的相应概念所指涉者,未必相同。例如,民法典第八三三条关于动物占有人的规整中,其"动物"的概念虽然也取向于日常生活中动物一词所指涉之事物。然而,由该法律规整之意义及目的可知,细菌并非此法学概念意义下的"动物",至于其于动物学上如何分类,则非所问。在形成下位概念时,亦无不同。法律家并不关心动物在动物学上的种属划分,哺乳动物、鱼类、鸟类等区分亦非其兴趣所在。他们将动物分为家畜、野生动物及驯养的动物。这种动物学家不感兴趣的分类是由动物与人类的关系推得的。法律家考量外部体系的概念,他们不会把"动物"一词涵摄于"生物"的概念下,毋宁将之归属动产之下,这点又可以让法律的门外汉惊诧不已了。这种做法的理由是:法律就动产所为之诸多规定,例如,所有权之取得与丧失,立法者亦拟将之适用于动物。为达此目的,将动物涵摄于动产概念之下是最简便的途径。

借此,此种概念形成之目的及其重大作用应已明了。将大量彼此不同,而且本身极度复杂的生活事件,以明了的方式予以归类,用清晰易辨的要素加以描述,并赋予其中法律意义上"相同"者同样的法律效果,此正是法律的任务所在。为达成此项任务,立即会想到的方式似乎是:由抽象概念来形成构成要件,只要法律事件具备概念的要素,即可毫不费力地将之涵摄于构成要件之下。借抽象概念描述的不仅是被规整的案件事实,其法律效果及规整之内容亦同。因此就建构出请求权及物权的概念,物权之下有所有权及限制物权,后者之下更可以有用益物权及不动产(抵押权、土地债务)与动产之变价物权的概念。借着形成更一般的概念(例如,法律主体、法律客体及法律行为等概念),我们可以提出一些——对这些概念的整个适用范围均有效力的——规则,换言之,我们可以建构出"原则"。避免对多种——法律也不能穷尽列举的——契约类型,重复规定其契约的生效要件,法律仅须于"总则"中作一次规定,其即得适用于任何形态的契约。债法总则中同样也包含一些——只要并无其他应优先适用的特别规定存在,其即得适用于任何一种债权契约,或至少任何一种"有偿契约"的——规则。借此固然可以省去大量烦琐的——引述理论、习俗、惯例的——决疑工作,但另一方面,因一般及特殊规定并存,也产生许多困难。只要想到民法典中一般及特殊规定交错重叠的情形,就可以了解[5a],此等建构方式并不如初视乍观那样的一目了然。

第三款　作为体系化手段之法律上的"构想"

所谓法律上的"构想",其任务在于:借着已经属于(外部的)体系,或可以毫不困难地植入体系中的概念,来掌握规范或契约模式的规整内容。长久以来,它是法学努力的中心,并且是法学学术性的证据,耶林早期的方法论可为明证。今日大家提到它时,多少带有贬意;但它仍然广泛被应用,假使大家想坚守以概念形成广泛体系的要求,它也是不可或缺的,因其可保障无矛盾性,并使推论变得可能。有疑义的是:构想对于发现法规范这一项任务的价值如何[6];同样有疑问的是:此处是否真的——像长久以来认为的——只涉及(借特定逻辑操作而获得的)价值中立的认识,或者,评价观点于此亦有一定的影响。

在对于案件事实作法律性整理时,换言之,第四章所描述的操作方式得以适用的场合,有时亦被称为"构想"。于此称之为法学上的"品评"或更恰当[7]。"构想"一词以下只用以描述下述活动:将法律中发现的一项规整,或交易中发展出来的一种契约模式(而不是某具体个别的契约),如此地安排入(部分)体系[8]之中,借以产生一种无矛盾的脉络关联,并使之能与其他规整相互比较,以清楚显示其同异之处。于此,追寻案件解答反居于次要地位,构想首先关心的倒不是个案的解决,毋宁更关切促成此脉络的思想纲领,因此,仅因借此获致的规范适用结论,其亦可以其他方式取得,这并不足以使一种"成功的"构想丧失其价值。为了更清楚显示吾人的想法,最好先借若干例子来说明。

且先以先买权的构想为例。法律规定:"先买权以向义务人为意思表示之方式行使之"(民法典第五〇五条第一项第一句)。同条第二项又进一步规定:"权利人与义务人间之买卖,因先买权之行使而成立,其条款与义务人及第三人间所约定者同"。此效果无疑正是行使先买权之权利人,借意思表示所拟获致者。因此,自然会联想到,将表示解为取向于成立买卖契约的意思表示,将先买权解为可以借意思表示创设此法效果的权利。借单方的意思表示创设法律关系(此处即买卖关系)的权利,通常可归属"形成权"一类。因此,先买权就被界定为一种形成权,然而,仅此尚不能推得其他结论,因为并无可一般地适用于全部形成权的法条。具体言之,于此涉及的是附条件的形成权;其行使的条件是：义务人与第三人就先买权的客体缔结买卖契约（民法典第五○四条）。如此视之为一种附条件的形成权，并无任何可虑之处。

然而，部分学说拒绝将先买权归入形成权中，而将约定有先买权条款的契约解为附双重条件的买卖契约[9]。第一个条件是与第三人缔结买卖契约，其二是权利人表示其行使权利。然而，其所行使者究为何种权利，毕竟仍渺茫不明。此种构想方式在一般法时期即已有之，第一次立法委员会已将之列为一种可能的选择[10]。但是大家正确地认为，就构想的问题作决定并非立法者的任务。可以想像的是，当时形成权的概念并不如今日的普遍[11]。另一种可能的构想则是对起初内容并不确定的（长期并且附条件的）买卖要约之承诺，换言之，先买权利人借行使其先买权的表示，对要约为承诺。此种构想与形成权的构想已相当接近，因为某些人认为，受领有长期拘束力之契约要约者，其地位相当于形成权人[12]。此种构想方式避免了"意志条件"之类不清晰的观念，而后者正是附双重条件的理论操作所必要者。我们所理解的——法律行为论之下的——"条件"是：已作成之法律行为效力所系的——起初并不确定其是否发生的——情境。所谓的意志条件（此处为权利人表示行使此项权利），事实上即是使买卖契约成立生效的法律行为本身。就买卖契约而言，权利人在之前根本就未为任何足使自己受拘束的表示，因此，其与要约受领人之地位无异。以法律行为为条件的想法，质言之，径以（使法律效果产生的）法律行为之施行为条件，本身是矛盾的[13]，因此亦应尽量避免。

我们反对——附双重条件之买卖契约以及具长期拘束力并且附条件的买卖要约——这两种构想的另一项理由是：这两种构想方式都只能适用在以法律行为为基础，而不能应用在以公法规定为基础的先买权，在后者，只须行使此法定先买权，即可使一种受买卖规则规范的法律关系成立，之前不须有先买权义务人之参与。巴勒施泰特（对于以法律行为为基础的先买权，其亦主附双重条件理论）也承认，这种理论并不适宜法定的先买权，他认为将后者解为形成权较为适当[14]。然而，对于同一种权利，其作用在两种情况下又复相同（借其行使，使一买卖关系发生），却应用两种不同的构想方式，无论如何是一种糟糕的情况。其无论如何均与体系化所追求之单纯化作用相抵触。巴勒施泰特反对形成权理论的主要论据是：仅借单方表示即可以创设一种债之关系，是"一种体系上不能维持的权限"[15]。然而，在法定先买权的情形，他却也认可这种权限，因此，其只能意指：此种权限在私法中是"不能维持"的，因其抵触私法自治原则。然而，在私法中只能透过契约，质言之，透过义务人的认可，才能赋予先买权，因此可以认为，如是已满足此原则的要求。任何人借契约赋予他人先买权，其因此须受他人未来决定的拘束，此与其受自己契约要约的约束并无不同，与为他人设定选择权或解约权之情形亦无差异。因此，巴勒施泰特的疑虑并无根据。依前所述，则将先买权构想为一种形成权，殆系最能配合事物情况者。

在契约中，一方赋予他方"选择权"，例如，选择是否购买一宗股票，此种情形在交易中亦不乏其例。此种契约可以有不同的解释。它可能只是——发生下述法效果的——买卖契约的预约：一方当事人负有义务，因他方当事人之请求而与之缔结买卖契约（主契约），唯主契约之具体内容尚须进一步磋商。它也可能是有长期拘束力的契约要约，或是形成权的赋予，或者在一种特殊的契约（选择权契约）中赋予"选择权"。权利人借此种选择权取得如下的权限：借单方表示，使一件——具有选择权契约所定内容的——买卖契约成立[16]。假使引进"选择权"的概念，视之为形成权的下位概念，则亦可将先买权及买回权归属于选择权概念之下[17]，而借类推适用的方式，亦可将原本适用于先买权的个别规定（诸如民法典第五〇五条第一项第二句），转用于选择权契约中的选择权上。而因将之归属为形成权（而非由买卖契约所生的，附条件的请求权），因此它就不适用时效的规定（其仅适用于请求权）。然而契约多已明定其得行使权利的期间。当其指明同异之处，并防止错误的推论时，前述构想主要固多涉及如何适当地归属于概念体系中，但其对于法的发现，亦非全无意义。

我们选择瑕疵担保中解约权的构想作第二个例子。就此有三种理论相互对立：（较老的）契约说、回复说及"修正契约说"。依契约说，解约（＝将买卖契约转换为返还给付的债之关系）系借买受人与出卖人间的契约来实现，民法典第四六二条的条件具足时，出卖人有应买受人之请求缔结此契约之义务。契约说之追随者求其根据于民法典第四六五条（依此：解约或减价，于出卖人因买受人之请求而表示其同意时,即属实现)以及民法典第四六七条中独独未提及第三四九条(后者规定:因解除契约权利人片面的表示,即生解除契约之效果),而关于解约应如何实行,第四六七条仍指示应参照其他关于解除契约的规则。第一次委员会亦采此见,其认为:法律"必须对法律适用者清楚指出,作为法律基础的构想为何"。其提及,法律"并未将解约权(及与之相应之减价权)想像为仅借单方表示即可废弃契约的权利,毋宁系将之解为买受人的请求权,借此其得请求出卖人同意废弃买卖契约,请求出卖人对其——以此为目标所提的——契约要约表示承诺。因此,借出卖人的同意表示或代替此表示的判决,解约即已实现"[18]。该委员会的见解亦表现于法律本文中,此点恐难以置疑。

然而,大家还是很快地要寻找其他构想,唯一的原因是:契约说对于涉及解约的诉讼将产生不利的后果。严格说来,依此说买受人必须先请求,判决出卖人应为同意解约之表示。而直至判决确定后,其始得(依民事诉讼法第八九四条第一项)代替出卖人之表示使解约生效,已给付买卖现金的买受人自此始得起诉请求,为返还买卖价金及返还买卖标的物之对待给付判决。此种操作方式违背诉讼经济的要求,使买受人之权利行使备感困难。大家尝试以下述方式减轻此后果:在一件诉讼程序中得合并为两项请求——为同意之表示及返还价金。剩下必须留意的就只是诉之声明及判决主文应如何写法的问题。但司法实务仍放弃此种做法,为满足其需要,其提出"回复说"。于此,请求解约的权利不是缔结解约契约的请求权,其被解释为直接请求买受人借解约所拟追求者,质言之,(通常系)请求返还价金或请求免除其尚未履行之给付义务。依此说,则出卖人同意解约之表示仅具下述意义:此后,买受人即受其解约请求之拘束,质言之,其丧失请求减价之权。

然而,回复说在法律规定上有其困难。它必须赋予买受人请求解约(或减价)之表示以转换法律关系的效力。如若不然,转换的作用又从何而来呢?然而,此项结论与第四六七条之独未提及第三四九条几乎不能相容。再者,此说对"请求解约或减价"的消灭时效(民法典第四七七条第一项)亦将产生不合理的结论。假使如回复说所认,其直接请求解约或减价之效果,质言之,请求返还（部分）价金，则即使出卖人已为同意解约或减价之表示，此请求权仍然适用短期时效。反之，如"解约"之请求不过请求出卖人为同意之表示，则一旦有此表示，权利即已实现，嗣后"由"（已实现的）解约而生之诸请求权即适用普通时效的规定。下述考量将指出，后说（依法律目的而言）是合理的：短期时效是为了保护出卖人，使其免于在经过长时间之后，尚须面对其并未预期的瑕疵担保请求权。假使其已对解约或减价的要求表示同意，则其已了解其法律地位，并知道应如何安排。反之，一旦出卖人为同意之表示，买受人不会觉得有在短期时效消灭前起诉的必要。借赋予解约或减价请求权短期时效，法律希望尽快澄清事物及法律的关系，此目的已借同意的表示达成；对于效果请求权，可仍旧适用普通时效。契约说能够符合这项要求。

为同时避免上述两说的缺点，伯蒂歇尔于一九三八年发展出修正契约说[19]。依此说，解约（及因此所致的债之关系的变换）或者（如民法典第四六五条所定的）借契约，或者借判决而实现（假使出卖人拒绝同意的话），假使买受人已正当地请求解约，则法官或者判决出卖人应返还买卖价金，或者驳回出卖人买卖价金之请求（透过法官的契约变换而实现之解约）。因此，虽然并未明言，解约借此判决已然实现。依伯蒂歇尔之见，此判决不仅是一种给付判决，毋宁同时为一种"隐藏的形成判决"。于此姑且不论，"隐藏的形成判决"如何与诉讼法的规定配合。无论如何，"修正契约说"既能与民法典的规定（特别在消灭时效的问题上）配合，又使实务界能行其所行，其能符合回复说的希望而无其缺憾。因此，其于学界渐获支持[20]。

> 这个例子清楚指出：构想的"成就"常以其于实务上的后果如何为准。于此涉及的不仅是逻辑操作，毋宁常涉及法律的目的、交易需要，或法目的及诉讼经济，此与法解释及法官的法的续造，并无不同。于此，有代表性的还有：发展出两种彼此排斥的理论以及尝试找出能避免双方缺点的"折衷说"，本件是借着将问题移转到诉讼法中而成功地发展出折衷说。

最后我们要举契约承受为例。契约承受意指：将债之关系中一方当事人的整个法律地位（例如，承租人或出租人，或特定货物之长期供货契约中的供货者或订购者）转让与第三人，其因此而受让与此相连结的所有权利、义务及权限。就此，其必须获得另一方当事人（将与承受人继续债之关系之人）的同意，依支配契约法的私法自治原则，此殆属自明之理。问题是：借助至少有三方面人参与始能成立的一项法律行为，来转让整个契约上法律地位的做法，是否能与现行债权契约法配合[21]。因为民法典并不认识此等法律行为，其仅就个别请求权的让与以及个别债权义务的承受有所规定。其通常将"债之关系"理解为个别的请求权及相应的义务。与此不同的是将债之关系理解为复数法律关系的整体，它是个别要素纵有变更仍不影响其存在而具有一定延续性的"结构"[22]，对此，民法典的撰稿者根本未予或仅予极少的注意。在概念体系中，其全无地位，因该体系的中心概念是主观权利，而不是结合权利与义务[23]的法律关系。因此，在转让（作为一种法律关系的）整个法律地位上，会遭遇到相当多的困难。另一方面也不容忽视，在法律交易生活中，此类约定并不罕见，事实上亦确有其需要[24]。

在这种困境中，大家起初以下述方式来解决问题：同时让与所有（当下及未来的）请求权及承担所有（包括未来由债之关系所生的）义务，质言之，将两类被法律规整之法律行为结合起来（＝结合说）。但有人指出，仅是让与个别请求权，尚不能使（诸如解约权之类）涉及整个债之关系的形成权发生移转效果[25]，后者能否个别移转至少是不无可疑。而透过此等个别让与，能否使受领——诸如解除整个债之关系的——意思表示的权限移转于受让人，更属可疑。其亦非个别请求权之"从权利"。所有此类以整体债之关系为标的之权利或权限，如果希望发生当事人所追求的移转效果，则只有承认契约承受方可，契约承受正是以此效果为目标之法律行为。此种见解（＝一体说）至少已经在学界[26]贯彻。这是因为大家认识到，作为复数法律关系之整体（组构）的特定债之关系，其与个别请求权及义务的总合仍有所不同，质言之，其系个别独立之法律标的。

支持一体说者通常会指出：我们的私法反正已经借法律规定，承认整体债之关系的移转。这些规定包括：民法典第五七一条第一项、一二五一条第二项，1972年以后还有民法典第六一三 a 条第一项以及保险契约法（VVG）第六九条第一项。他们认为，如果法律可以这样规定，则在——原则上支配债法领域之——契约自由的范围内，契约也可以作相同的约定。就此需要另一方当事人的同意，前亦已明白提及。今日大家一致认为，契约承受的完成可以经由三方面的契约，或者借让与人与承受人之间的契约，再加上他方契约当事人的同意（类推适用第四一五条第一项）。在缺乏法律规定的情况下，契约承受之个别作用依各该契约之所定。因此，当事人可以约定，就个别请求权，或尚未付清的债务不生移转效果；亦可约定，除承受人外，让与人对他方契约当事人，就特定或全部义务仍应负责（参考民法典第五七一条第二项、六一三 a 条第二项）。在承认契约承受后，对于——法律所未明定的——民法合伙的合伙人地位（作为合伙人的法律地位及其全部构义）能否依法律行为而移转的问题，大家也给予肯定的答复[27]。于此，大家起初也认为，可能可以将一合伙人之退伙（民法典第七三六条）与另一人之入伙结合起来。由是，教义学在某处的进步（指：将某一债之关系中的法律地位，解为一整体，且在一定程度上可任意支配的法律位置）可以扩及影响于他处。其可以将之前被忽略、被误置的现象，或新生事件纳入体系中，因而导致体系的扩充[28]。假使涉及契约模式（例如契约承受及合伙人资格移转的问题），则构想的价值在于：以容易理解，避免不必要的迂回及无益的辅助构想（如前述的结合说）的方式，来描述当事人追求的目的。

第四款　法律理论及其可审查性

许多法律构想具有"理论"的形态。例如，对瑕疵担保的解约所提出的"回复说"及"修正契约说"。然而，只有当"正确的"构想有争议时，才会用"理论"一词，如其不然，亦不须有"理论"。另一方面，"理论"的提出也不只是用来解决构想的问题。在契约承受的"理论"中，首先涉及的是它与法律是否相符，其次要检讨的是：这究竟是一种三方面的契约，抑或应类推适用民法典第四一五条第一项。然而，也有些理论涉及法律原则，证实其效力，指出其适用领域及其"典型的"适用实例,其具体化及其界限,例如卡纳利斯关于信赖责任的理论。于此关切的不(那么)是"外部的"概念体系,毋宁比较是法的"内部"体系及其之演绎成部分体系(＝信赖责任的体系)。还有一些理论涉及两种法律领域(例如公法及私法)的区分,探讨违法性等概念,概念于规范组织体中的作用,这又取决于体系上的脉络关联及规整的目的。因此,实在很难详细说明法律"理论"意指为何。可以确定的是:理论之建构、批评及防卫乃是法学的主要工作,也总是涉及体系的构成。德赖尔[29]对法学理论作了不下七种的区分,但我认为,假使其只涉及个别法条或用语应如何(适切)解释之建议的话,则其所谓的"解释性的理论"宜可放弃。此外,以下的说明,主要是针对涉及构想、概念形成及外部体系等问题之理论而发。

不导论式地介绍语言的用法,我直接援用德赖尔对学术理论的定义[30]。学术理论是由多数——彼此具有推论关系,而此关系本身又可满足起码的一致性及可检验性的要求之——陈述所构成的体系。法学理论涉及有规范性适用效力之陈述,因此,由此推论出来的语句,除了主张其陈述的正确性外,亦将主张其具有规范性的适用效力。陈述之间应有一致性(无矛盾性),殆不须多言。德赖尔正确地指出[31],在规范性理论中不仅要求逻辑上无矛盾存在,尚要求无评价矛盾存在。至少在涉及法律原则的发展,质言之,涉及法的内部体系之理论时,确系如此。有问题的是另一要求:"可检验性"。法学理论是否一如自然科学理论,可以审查其正确性,质言之,其是否可确证或证伪,若然,应如何证明?由是,我们又必须重新面对下述问题:就其陈述,法学究竟能否主张其正确性(其为适切的认识),如是,其根据何在?于此先假定:不论何种法律理论,其均非由确定的公理所作的逻辑推论(如果是这样,就不需要有可检验性的要求,只需要有逻辑上的一致性就够了),反之,其与自然科学相同,其陈述均非仅以演绎方式而得者。

于此最好先了解一下自然科学的理论,而就此波佩尔可能是最有资格的作者。依其见解,(自然科学的)理论起初不过是一个"突想",一种揣测。就此而论,理论的最初构想"既不适宜,也不需要作逻辑分析"[32]。回想耶林对其缔约上过失理论发展的陈述,我们必须同意,波佩尔所述亦适用于法学理论,要补充的只是,"突想"发生的前提是:事先对有关问题作长时间的探讨,"突想"是源于对迄今解答的不足之感。然而,"突想"还不是学术上确实可靠的认识。首先必须将它表现为陈述语句的体系(理论),然后必须对之为审查(在自然科学中系依经验、观察及实验来进行)。依波佩尔之见,进行的程序如次:由理论中推出特定结论语句,其指涉依理论应可预期的反应,例如特定物质在特定条件下的反应。针对此结论,又可依经验来证实或将之推翻。其纵经证实,仍不足以作为理论正确性的终局证据,因未来的经验可能获致不同的结论。依其见解,正因此种归纳推论的缺陷,自然科学的理论根本不能确证[33]。然而,借经验与其结论语句的抵触,其可以被证伪,除非借其他未被证伪的辅助假定,可以充分地说明与理论相悖的经验[34]。愈能经得起所有证伪尝试的考验,理论便愈可靠[35]。

回到法学的理论上。因其指涉者系具有规范性效力的事物,因此,其结果语句既不能借事实证伪,遑论借之来确证。于此须留意不同学术在目标上的差异:自然科学的理论要澄清自然界的事物,其意欲追溯最一般的自然法则;法学理论则不拟"澄清"何等事实,毋宁希望指明法秩序中的脉络关联,特别是希望将法条以及更广泛的规整内涵结合成一种——逻辑上及评价上均——无矛盾的(部分)体系。对之不能借何种事实来审查,毋宁须以现行法规范、被承认的法律原则,以及——至少起初被认定确实存在,因此系理论所应配合的——部分体系为准据。必须审查的是:结果语句(例如,在瑕疵担保之解约的例子,关于"由"——已实现的——解约而生的请求权之消灭时效的结论)与其他规范、法律目的是否相符,或其是否"适宜事理"。

为继续维持与自然科学理论的对比,可以将依据其他现行规范(制定法或被认可的法官法)所为之审查,与依据"事实"的审查等视同观。但于此极可能会忽略,我们在此考量的不是单纯既存的规范,毋宁是借解释探求而得其规范性意义内涵的规范。法学构想的问题经常也是解释的问题。解约的理论也涉及民法典第四六五条应如何适切解释的问题。在认可契约承受的问题上,指出租赁关系的法定移转以及民法典第五七一条第一项的适切解释亦有一席之地。用来审查理论的法规范本身也需要解释,该解释亦须受审查,这些都还不致于使其不堪为理论的审查标准。它只是使检验的过程更困难、更复杂而已。若干专论可以提供令人印象深刻的例子。

另一个困难点是：在检验的过程中，有时必须对（作为检验基准的）部分体系作扩充、改造或其他修正。形成权及期待权的"发现"意味着主观权利体系扩充。在研拟"修正契约说"时，伯蒂歇尔采纳"隐藏的形成判决"，则意味着体系的修正。由此显示，即使外部（概念式）的体系也未必是逻辑的、封闭的体系；它必须对新的法律发展，新的法律认识"开放"，因此，即使是理论的检验标准，其本身亦须受审查，而假使不如是即不能获致"协调的"解答，其亦须被修正。至于结果语句的审查，其主要涉及合目的性的考量（例如，在解约理论中，诉讼经济的考量），如何最能实现当事人的意愿（契约承受以及关于契约解除之效果的新理论）、如何获致"明了"、"均衡"或"正当"的解答等问题。必须承认，前述标准都难以确定，依此所作的审查也不能达到像测量或其他自然科学的实验结果那样无可置疑的程度。然而，在所有人文科学都是这种情况。

假使法学理论是可审查的，原则上它就可以被证伪。依我之见，解约的回复说之可以被证实是不正确、"不协调"的，因为它不能说明，假使不是透过买受人单方解约的表示，原买卖关系是如何被废弃或被变换的，而表示之具有此等效力又正是法律（借第四六七条之排斥第三四九条）所明白排除的。再加以它在消灭时效上糟糕的结论。反之，不能认为固有形态的"契约说"是"错"的，因其本身并无矛盾之处，并且也符合法律的规定。之所以优先采纳"修正契约说"，不过因其能避免诉讼上不便的后果。在"契约承受"的许否上，鉴于法教义学及立法上的新发展，我认为，承认由契约所生的整个法律地位可以移转，这项理论已获证实。因此，法学理论绝不只是单纯意见的表达，对之可以任意选择（然而，很多实务家确系如是看法，他们将理论视为一种采石场，由此他们只选择大小合适的石块），其毋宁如同自然科学的理论（陈述语句所构成的体系），亦主张其系正确并有适切根据者。虽然在审查（其作为陈述语句体系的正确性）时，不能用与审查自然科学陈述语句相同的方式，但仍应以适宜法学的独特方式来检验[36]。于此，除逻辑性考量外，目的性考虑亦扮演一定角色。最终具决定性的是，由理论中获得的——与规范性效力有关的——结果语句在事理上是否恰当。

假使理论处理的是如何将一项规整安排入体系之中，则其将有助于涵摄的进行，如借涵摄已足以获致决定，则其因此亦有助于个案的决定。假使理论探讨的是"内部的"体系，则其主要在指明决定性的价值判断，并使之归于一致。用菲肯切尔的话来说，这两方面主要都在追求"平等的正义"。

第五款 内含于抽象化思考中之意义空洞化的趋势

假使外部体系可以充分实现，则所有法律事件均可涵摄于体系之概念下，并因此归属于法律所提供之规则下的理想就可以达成了。这项理想无疑根本不可能实现。一方面，体系在任何时候都不可能如此圆满封闭，以致所有法律关系及重要的法律构成事实，均可于体系中发现其被精确规整的所在。通行于十九世纪的"准契约"或"准侵权行为"可以证明此点。此外，下述想法也不正确：所有（或大部分）的法定构成要件是由一些（生活事件可以简单涵摄其下的）概念所组成。就此，请参见之前的说明（第三章第五节第二款、第四章第三节）。法律家经常——逻辑上不正确地——名之为"涵摄"者，被证实大多是基于社会经验或须填补的评价标准所作的判断，或是类型的归属，或是解释人类行止（尤其是意思表示）在法律上的标准意涵。在法律适用中，严格逻辑意义的涵摄所占比例，远少于大家起初所想像的。将各种多样法律上重要的生活事件，逐一分配到一个——被精细思考出来，由彼此相互排斥而且不会变更的抽屉所构成的——体系上，而只要将该当的抽屉抽出，就可以发现该当的事件，这种构想是不可能实现的。一方面，生活事件之间并不具有概念体系所要求的僵硬界限，毋宁常有过渡阶段、混合形式及以新形态出现的变化。另一方面，生活本身经常带来新的创构，它不是已终结的体系所能预见的。其之所以不可能的最后原因在于：立法者必须应用一种语言，它很少能够达到概念主义所要求的精确程度，这点我们已一再强调。因此，借抽象概念建构一个封闭、无漏洞体系的理想，即使在"概念法学"鼎盛的时期也从未完全实现，斯亦无足为怪。

一项理想不能完全实现，这还不足以反对尽可能接近此理想的努力。我们对于之前所描述的形成概念及体系的方法表示疑虑,主因也不在于:它不能在所有的事件中保证,必然可以获得所期待的结论,毋宁可能获得其他结果。依前述的逻辑法则,抽象概念的外延(=适用范围)愈宽,则内涵(=陈述的意涵)愈少,如是,抽象概念抽象化程度愈高,则其由法规范、法规范所生的规整、法制度所能采纳的意义内涵愈少。被抽象化的(=被略而不顾的)不仅是该当生活现象中的诸多个别特征及与此等特征有关的规整部分,被忽略的还包括用以结合当下个别特征者,而此正是该生活事实的法律重要性及规整之意义脉络的基础所在。强调的始终是个别、彼此孤立的要素,其自不足以穷尽探讨被指涉的生活类型、行止类型或法律上的意义脉络。如将之视为"概念上必要的"要素,因此系不可或缺的前提要件时,其重要性常被过分夸大。如是,则概念之能否适用于某案件事实即取决于该要素之存否。此要素(至少在"中间地带")是否在其程度上能代之以另一要素,这种想法在此种思考方式并无存在的空间。在抽象概念的思考中没有"或多或少",只有"非此即彼"可言。然而,此种"择一式的思考"[37]与法官所受的裁判强制不能相符。其经常忽略不同程度的重要性、精细的层次划分,而待判个案则常取决于此。

如是建构的体系为尽量求其实现,其要求:最抽象的概念都只容许有两个——彼此处于矛盾对立关系的——导出概念,惟如是始能保障其所要求的圆满性。事实上,作为民法典基础的学术体系中,的确有相当多此类对偶概念,其不容有第三者参与其中。法律上"有意义者",若非权利主体即为权利客体,一物若非不动产即为动产,主观权利若非"相对的"即为"绝对的"权利,物权若非"完全权利"(所有权)即为"限制物权"。以此种思考方式而论,人的集合若非单一人格者(法人)即为复数人格者(合伙)。权利与义务相互排斥,因此,像格尔恩胡贝尔[38]针对亲属法所说的"义务权",根本就"与概念相抵触",换言之,要概念体系范畴中,它是不能想像的。因此,只要碰到"既如此亦如此"以及中间形式的情况,这种体系就让人沦于无法克服的困难中。特别显著的适例是:债权的物权化[39](不动产租赁的转让、预告登记、基于债权关系而生的占有权利以及基于之前实际拥有,或善意误认拥有的占有权利而提起之诉)。同样适当的例子:公司共有、有限公司的中间形式以及不能配合民法典体系的物权(例如,住屋所有权、担保性所有权)。依严格的概念区分,主观权利只能分为"相对的"及"绝对的"权利;依内容区分的权利种类,例如:人格权、属人性的亲属权、对于物及其他财货的支配权、参与权、形成权及期待权,其均属类型,而非概念[40]。因此,此等法律类型并无一定的数量,再进一步形成这些类型是绝对可能的。此时特别清楚显示出,今日的法学不能仅凭借抽象概念式的体系,反之,形成他种体系的契机于此也显露出来。

外部体系中最一般的概念,其意义空洞化极为严重,这特别显现在——在今日仍属通说见解的——人的概念上。通说将人与主体权利等视同观,因此将人解为能享受权利承担义务者[41]。借此等广义概念,人可以包含人类(自然人)及法人。于此,人在伦理意义上的关联就完全被切断了。法人不是伦理意义上的人,只有在若干关系上两者可以作相同处理[42]。只有伦理意义上的人才有"尊严",才可以对其他——同样是伦理意义上的——人请求尊重及承认其权利,也才能承担相应的责任。由法律意义上的、单纯形式的人的概念出发,就不能理解人的概念与从事法律活动的能力(＝行为能力)以及使自己承担责任的能力之间有何关联。人类之具有此等能力,正因其系伦理意义上的人。大家当然也了解,只有人类才具有此等能力;但看来这比较是基于实证法上偶然的规定,而非求其根据于人类——作为伦理意义上之人——的本质。法律行为的一般定义(即:包含单一或多数的——以获致法效果为目标的——意思表示之构成事实)固然不是不正确,但凭此实在无从认识,法律行为是人类自己参与形成自身法律关系的手段,借此,人才能在法律关系的层次上自我实现。为了显现法律行为所包含的这项意义,就必须回归到以伦理考量为基础之人的概念[43]。

形成抽象概念,特别是那些抽象程度日益升高的概念,虽则很可以帮助提纲挈领(因为借助它们可以赋予大量极度不同的现象相同的名称,并作相同形式的规整),然而这些概念的抽象程度越高,内容就越空洞。为提纲挈领所付出的代价是:由——作为规整之基础的——价值标准及法律原则所生的意义脉络不复可见,而其正系理解规整所必要者。基于形式观点,法律行为可分为单方行为及双方行为(契约)。然而,只有认识到,在个人生活关系的形成层次上，法律行为是人格自我发展的手段，然后才能了解，何以通常都需要双方当事人合致的意思表示（契约），单方的法律行为只在特殊要件下始能生效。在法律行为的部分，民法典就意思表示的瑕疵作了纠结复杂的规整，因此，只有在认识到对此等规整发生影响的诸原则（有意识地自我形成、对客观可得认识的表示意义负责以及信赖保护等原则）及其各自在该当规整中的分量，才能真正理解此等规整。然而，这已经超越了抽象概念式体系的界限，其只认识概念间的上下位阶关系，诸原则之间的"协力"则否。于此必须再次指出，抽象概念式的思考不足以掌握中间形式及"混合体"，因其未能完全配合既有的模式。事实上，所谓无漏洞的抽象概念式的体系，这种账单根本无法清偿。所谓的矛盾对立，被证实只是反对关系。概念上被严格划分者，实际上常以各种方式相互结合，极端的抽象化经常切断意义关联，因最高概念的空洞性，其常不复能表达出根本的意义脉络，因此，抽象化常导致荒谬的结论[44]。因此，对单纯化法律的建构而言，以形成抽象概念为基础的外部体系仅具有限的价值，它算是第一个方针，如涵摄可行，其对之亦有一定程度的帮助；然而，就认识法的意义脉络而言，其助益极为有限，毋宁常发生阻碍的效果。

第六款　旁论：黑格尔对抽象及具体概念的区分

以下要详细探讨，在法学中——除抽象概念外——亦被日益应用的思考形式，即：类型、须具体化的法律原则以及规定功能的概念等思考形式。可预期其将遭逢如下的反对意见：这些思考形式是"不科学的"，其不能满足逻辑上的基本要求。相对地，似乎值得指出：黑格尔在其逻辑学中固然并未错认"抽象概念"在思想上不可抹灭的角色，但他也提出"具体的"或"具体一般的"概念与之对立。后者为其哲学（包括法哲学）的中心思考形式。于此所以要对之作短暂的探讨，因为黑格尔也尝试，以适宜事物关联之丰盈性，来思考有意义的事物。之后将会显示：类型及规定功能的概念，这两种思考形式与黑格尔的"具体概念"有若干共通的特征，然非谓两者为一物。它们同样都关切——因形成抽象概念所采取之孤立化方法而被切断之——意义脉络的掌握。于此要探讨的仅限于"具体概念"的思考形式，黑格尔其余的思考形式则非所论。虽然如此，我们也充分意识到：黑格尔的所有想法彼此紧密相关，因此，他所理解的"具体概念"也不能应用到他的哲学之外。然而，与其他想法类似之处仍不可掩，同时，其亦尚未获致最终的结论。

我们在黑格尔的著作中读到[45]："说到概念，我们通常联想到的，只是我们留意到的抽象的一般性，于是乎概念便常被界说为一种一般的观念。我们正是如是言说诸如颜色、植物、动物等概念，此等概念之形成系：在放弃那些——足以区别不同的颜色、植物、动物等的——特殊部分的同时，又维持其共同之处而生者，这就是知性所理解的概念。而当我们的感性觉得这种概念是空疏的，认其只是幻象及阴影，它是对的。但概念的一般性不只是代表一种——与独立自存的特殊部分相对立的——共同之点，其毋宁是本身亦日益分殊者，在个别特殊的事物中仍明朗地保持自身者。无论在认识或是在实践的行止上，不将真正的一般性或共相与单纯的共同之点混为一谈，实至关重要"。"真正的一般性或共相"意指具体一般的概念，它表现在思想中的，并非被孤立思考的诸要素之总合，毋宁是有意义地彼此相关的"因素"之整体，惟以其相互的结合始能构成概念。就此，我们可以借"人"的概念来说明。以动物学的观察方式，我们可以将人类定义成具有一系列要素的生物，部分要素系其与相近的动物种属所共有者，其借其他要素而得以与后者相区分。如是我们即获得——"抽象概念"。如果要"具体地"理解人类（于此非指理解某特定个人，而是由其所具有之全部可能来理解的"人"这个类型），那么我们可以将其解为同时具有肉体、心灵及精神层面的生物，在这三种面相上，他以不同的方式来实现自我，并一直开展出新的可能出来。当我们赋予人类特殊的价值（尊严），鉴于其于法秩序中之地位赋予其特定能力（例如，权利能力、行为能力及责任能力）时，我们所意指的正是此种具体的人的概念。于此，如仅凭借动物学上的概念，势将一无所得。

黑格尔进一步提及[46]，与抽象概念不同，我们不能任意形成具体的概念，概念"毋宁才是真正的先存者"，"事物之所以是如斯之事物，乃是由于内在于事物，并借事物而显示其自身的概念之活动"。在黑格尔的意义上，概念不仅是思想的产物，而毋宁是一种发生影响的、构建的、形成的原则。黑格尔称[47]

概念乃是"一切生命的原则,因之同时也是彻底具体之事物"。这种以黑格尔"观念论的"世界观为基础之见解——因此当然也不为将黑格尔的体系作唯物论解释者所采纳——在自然的领域常有扞格不合的情形,也的确不能证实。然而在精神创作的领域中(法学亦属此),此见解则极为恰当。于此,理念、构想、主导思想常先于其个别实现而存在,但唯于后者才能完全清楚显示出来,变得可以确实掌握,此对从事创作者亦然。

此外,在黑格尔"具体概念"意义下的概念还意味着:"概念的各因素彼此是不可分离的","概念的每一因素只有从其他因素,并且与其他因素合并以观,才能被掌握"[48]。由此更可以推得,只有采取下述方式,这种概念的思考才确实可靠:一方面应于其诸多因素中来开展概念,另一方面应由此等因素出发,而一再反省每项因素与其余全部因素的脉络关联。黑格尔[49]说,"概念的本质是:在自我发展的过程中证实自我"。在思想的运动中,诸多——被认为原本暗含于概念中的——因素被区分开来,因而变得清晰;概念的"开展"则属适相反对的运动,其往返于(尚未充分开展,而)在思想中预拟的概念以及(正系以其之相互结合始克)形成概念的诸因素两者间。于此涉及的有类于——之前在所谓的"诠释学意义的循环"上——一再遭逢的——"思想之循环运动"。

为证实"具体概念"的思考"对一般语言用法而言,并不像初睹乍观那样陌生",黑格尔举了一个法学上的例子[50]。"大家经常提及内容的派生,例如,由所有权的概念派生出与所有权有关的法律规定:同样地,也会反过来说,将此等内容归结回该概念。如是,事实上已承认概念绝非缺乏内容的形式,因为由此等形式不能派生出什么东西出来,另一方面,将既有的内容归结回其所属概念的空洞形式上,仅能剥夺,而不能帮助认识其规定性质"。我们再详细些考察这个例子。在(作为民法典之基础的)抽象概念式体系中,大家把所有权界定为:依现行法秩序可能的最广泛的对物支配权。此定义之根据在于民法典第九○三条,依此,物之所有人于不抵触法律或第三人权利之限度内,得自由处置其物,并排除他人之一切干涉。此种所有权的概念,对于所有权的法律意义,其于法秩序的整体脉络中的功能,未有任何说明。未于观念中置入的内容,自然也不能由之派生出来。所有权是对物可能的"最广泛的"权利,这个说明只有助于与"限制物权"相区别,此外并未包含什么内容。然而,前项定义确已指出因法律与第三人权利而生的限制。然而,这些限制看来多少有偶然及任意的性质;因此,所有权有可能会被贬抑成"空洞的集合"。假使要处理基本法第十四条所有权保障的问题,这种权利观念是不济事的。基本法的创制者所想像的显然不是民法典的抽象概念,毋宁是包含意义内容丰盈的观念,对此目下不能详述。假使尝试以黑格尔的方式,视吾人物权法中的所有权为一种**包含意义**的概念,即须以其下述的法律意义为出发点:它使人能够在物质的环境中自由发展,依黑格尔的说法[51],它在法律上赋予人类"外部的自由空间"。由此出发,我们可以将此具体概念的个别因素或个别规定演绎出来,而它们也或多或少,或隐或显地出现在实证法的规定中。属乎此者,首先是将物持续性地划归某人,其因此拥有直接的物之支配(=占有)、处置所有物以及对所有权为法律处分的权限;与此相对的是排除任何第三人的干涉,赋予起诉的可能以提供法律保护,在有侵害的情事时,并赋予损害赔偿请求权;最后基于共同生活及相互考量的必要,或者因所有权人的自我设限,为第三人的利益而限制所有权人的权限。将所有这些规定,回头与"具体概念"的意义整体相联结,就可以摆脱这些规定的孤立性,实证法中——与物的所有权有关之——不同规范间的协作,就变得可解。

如果以此种方式来理解今日物权法的教科书,在(其中)讨论基本法财产权保障的脉络中,的确可以发现一些反映此种考察方式的观点。对今日的法学而言,黑格尔的主张的确是对的,此种思考方式确实"不是那样陌生"。今日的法学绝不仅应用抽象一般的概念,它也运用**包含意义**的概念或类型,后者无论如何与黑格尔的"具体概念"在下述一点上是相同的:其均非类别或种属的概念。只是大家没有充分意识到这个现象而已。

第二节 类型及类型系列

第一款 "类型"思考形式的一般说明

当抽象——一般概念及其逻辑体系不足以掌握某生活现象或意义脉络的多样表现形态时,大家首先会想到的补助思考形式是"类型"。今日许多学科都利用此种思考形式,虽然对它的理解未必相同[52]。将之引入社会学的是马克斯·韦伯,将之引入一般国家学的则是格奥尔格·耶利内克。H. J. Wolff[53]认为,法学中"至少有四种类型的应用形态",亦即:1. "一般国家学、历史性及比较性法学中的类型",2. "一般法秩序的、狭义的法的类型",3. 刑法的以及,4. 税法的类型。此外尚有"用以帮助体系化的、狭义的法学的类型"。除最后一种外,我们感兴趣的主要是"一般法秩序的、狭义的法的类型"。恩吉施于其《具体化的理念》一书中,特别增辟一章"法秩序及法学之转向于类型"[54]。他认为:虽然在细节上彼此有极大的差异,"现代关于类型的所有见解"以及"所有将类型与一般概念对立以观的想法",其均以下述想法为基础:"类型或者以此种方式,或者以彼种方式,或者同时以此种及彼种方式,较概念为具体"[55]。

在"类型"一语的不同意义中,我们可以作如下的区分,应明言者,于此并不主张此种区分是穷尽的[56]:

1. 一方面是恩吉施所谓的"平均类型或经常性类型",另一方面则是"整体性类型或形态类型"。当提及某人或某一群人在特定情境下的典型反应时,或者当我们说,对某地域及季节而言,这种气候状态是典型的,我们意指的是第一种类型。于此,"典型的"所意指者,与"依通常的发展可以期待"以及"通常"并无不同。反之,当我们说"典型的中型山脉"、"典型的荷兰农舍"(海德的例子)时,我们意指的则是或多或少,以其整体足以表现此等山脉特色的特征,然而,这些特征并不是在任何情况下都必须同时存在。在可以归属此种类型的个别山脉上,这些"特征"可以不同的强度,以不同的变化及混合形态出现。这些特征彼此紧密相关,而且是以其彼此之相互结合,才建构出被理解为类型的,此等山脉的形态。照克雷奇默[57]的说法,这种意义的类型是"一种比较生动明白的一般形象"。海德[58]说得更清楚:于此涉及的是"要素整体,质言之,以整体来掌握的一般性"。这两件类型都是经验的类型,盖该当的山脉,或事件的进行,均可借经验以证实之。此等——以不同强度——具备各该特征的山脉,我们在实际世界中多可遭逢其不同的范例。

2. 仅是**被想像出来的**,在思想上被掌握,以其特殊性**被认识**的类型。对经验的形态类型可以作生动的想像,于此,特别彰显其特征的样本多少也可以作为范例。强调类型可以生动地掌握者,他们所想像的不是概念而是一种"形象"。因此,直观只能将感官印象统合成一个整体形象,它不区分个别的特征,或者根本未意识其差异。因此不仅应观察类型,而将之复制成内在的直观,反之,亦应认识足以区分其与其他类型的特征,质言之,必须由直观的类型进展到由思想来掌握的类型。于此必须强调,类型思考进展的第一个步骤与抽象化思考并无不同。由有关的具体事物中区分出一般的特征、关系及比例,并个别赋予其名称。然而,在抽象概念的思考中,这些特征就此被确定为孤立的要素,而借着一再地放弃这些要素,就构建出愈来愈一般的概念,类型思考则不然,它让类型的构成要素维持其结合的状态,仅系利用这些要素来描述(作为要素整体的)类型。借着这种方式,它尝试在思想掌握的阶段,也还能够维持类型(借直观取得的)形象上的整体性。此何以大家常会听到下述说法:类型几乎处于个别直观及具体的掌握与"抽象概念"两者之间[59];"它比概念更具体"。

3. 经验性类型、逻辑的理念类型及规范的理念类型。之前考察过的经验性形象类型,其同时也算是平均类型,因为它们——以"荷兰农舍"为例——会有或多或少多数的样本,(虽则其各自会有若干差异)而实际上亦会遭逢到它们。马克斯·韦伯所谓的"逻辑的理念类型"虽然也是由经验中得来,但以其"纯粹"的形态而言,经验现象中未必有其适例。较诸迄今考察过的类型,此种类型比较是思考的创作,于此涉及的是一种**模型的观念**,其系借强调个别的——实际观察而得的——特征以及,摒弃其他的特征而得者,其目的在于供作比较的标准。韦伯自己也把它称为一种"思想的作品"[60],其系借单方面地强调一种或若干种观点,借结合多数"(能配合这些观点的)或多或少存在,有时甚至根本不存在的个别现象"而取得者。诸如"自由的市场经济"及"彻底的控制经济"等理念类型,其目的在于:借助模型使其各该"典型"流程更为清晰,借着与"纯粹的"类型相比较,更能理解现实生活中遭遇到的混合形式。假使有些人——无论如何不包括马克斯·韦伯本人[61]——将此等"理念类型"与下述想法相结合,则此种逻辑的理念类型已包含公理性的理念类型,质言之,规范的理念类型的特征:此种理念类型,相较于其他理念类型以及不同的混合形式,具有价值上的优越性。

此种规范的理念类型并非现实的"反映型",毋宁为其"模范型"或亦为其"原型"。例如柏拉图式的国家即属此种意义的"规范的理念类型"。同属于此者尚有:被提升为模范型的雅典式民主(于此,若干历史事实上的特征则被忽略,例如,奴隶制)、"真正"能完全符合其任务要求的政治家、法官、医生、教育家、基督徒等等。此处涉及的是:以其纯粹性或者不能完全实现,但应努力追求的模范型或目标型。为使其行为有所取,则人类显然需要此等标准型;然而,假使此等类型过分远离现实,而未虑及"典型的"人类状况的话,则其具有乌托邦的性质。

以下要考察法学所运用的"类型",其意义为何。

第二款 类型在法学中的意义

法规范指示应参照交易伦理或商业习惯时,其涉及者系经验性的经常性类型。交易伦理是指:某特定社会族群的成员,就直接或间接与其业务有关的事务,一般会有的"社会典型的行止形式"[62]。如法律或个别案件中的契约指示应参照它们,它们便变为"规范"。反之,在定"善良风俗"(善良伦理)的内容时应予援引的"支配性社会道德"[63],于其遵从者或以其为判断基准者的意识中,其本已具有规范性质。然而,也只有当法规范加以援引,而且其并未抵触现行法的原则及评价基础时,它才能成为法规范。由是,对于法律家而言,交易伦理、商业习惯及"社会道德"才取得"标准"的意义,质言之,才算是"在社会现实中被接受为正当社会行止的通常标准"[64]。一如施特拉克[65]适切的评述,此等"标准"并非可依三段论程序单纯涵摄的,以概念形式表现的规则;毋宁是一些"可变动的",由"典型的"行止中解得的,适用于待判个案时须一再重新具体化的标准。依施特拉克[66]之见,此等"标准""固然是真实的类型,但其同时也总是公理性的理念类型"。这指的当然不是整体性类型或形态类型,毋宁是被提升为规范的经常性的或平均的类型。

此外,在所谓的表面证据上,平均的或经常性的类型也扮演重要角色。其意指:假使某个因果历程符合"典型的事件发展",即可认定就此因果历程已提出证据,只要没有其他足以使人联想到会有他种非典型的事件发展之——被证实的——情事存在的话。法院由"经验法则"中获得这些"典型的事件发展",而前者则得之于"一般的生活经验"[67]。然而,这种经验法则只能作为程度不等的概然性根据,因为在形成经验法则时,不可能将所有——在个案中会产生影响的——情事都考量进来。因此,在具体个案中提出事情恰有不同发展的证据,这个机会必须始终开放。假使在具体个案中,并无任何情事显示有不寻常的发展时,就应该假定,在该当个案中的事实发展就恰如"典型的"事物发展所预期者。

对于法及法学而言,更重要的是那些自始就包含规范性因素的类型。法律一方面用它来描述某类人——不能借概念来确定——的社会角色。例如,我们之前(第二章第四节第一款)提及的"动物占有人"、"事务辅助人"、"占有辅助人"、"商业代理人"以及"经理人"。于此涉及者均属类型描述而非概念,因为用以描述其特征而被提出的要素——例如指示的拘束性或"社会的从属性"等——可以不同强度出现,而其一般非取决于个别的要素,毋宁着重于其整个"表现形象"[68]。此种"表现形象"系得之于经验;因此,其以经验性的类型为基础。然而,在选择标准的"表现形象"及详细地界分类型时,规范目的及规整背后的法律思想亦有其决定性的影响。质言之,必须基于规范性的观点来从事选择及界分。由是,在形成类型及从事类型归属时,均同时有经验性及规范性因素参与其中,此两类因素的结合正系此种类型的本质,我因此名之为**"规范性的真实类型"**。

在法学中,类型这种思考形式又可以用来详细描述某些形态的法律关系,特别是主观权利以及契约性债之关系的特征。然而,民法典承认并予规整的物权"类型",则是抽象概念式地被特定下来。严格地说,它们是"种类"而非"类型"。我们用"类型"来指涉的主观权利包括不能作严格定义的人格权、支配权、形成权、参与权及期待权。而法律明白规定的债权契约类型,其——如前(第四章第五节第三款)所述——大多是真正的类型,虽然法律对某些债权契约类型亦作概念式的定义。然而,前亦已指出,概念式的区分终将归于失败,当某一具体的契约结合复数契约类型因素时,无论它是偶一为之或经常出现,均无不同。于此可以想到的例子有:"混合赠与"、"分红契约"、"租卖"以及不同形态的分期付款买卖。此种无所不在之"类型混合",其特色在于:于此,不同基本类型的要素,以特定方式结合成一种有意义的、彼此关联的规整。在经济及商业交易作精密区分的阶段,"混合类型"殆属不可避免的现象;反之,在比较不作精密区分的生活关系上,一些基本类型(诸如买卖、交易、租赁、借贷)仍可见及,有适应变化能力的基本类型,其仍可长期维持不坠。

法律关系的类型(特别是契约类型)是发生在法现实中的"**法的构造类型**",因为它所涉及的正是法律性创作的特殊构造。此种类型有些是法学的产物,例如主观权利的类型;然而,它们大部分是由法律交易中产生的,全部的债权契约的类型均属此。如立法者加以规整,他常是在法律生活中先发现它们,掌握其类型特征,然后再赋予适合此等契约类型的规则。只要不是直接取之于法律传统,立法者就不是"发明",而毋宁是"发现"此等契约类型;即使是取之于法律传统,类型最初仍是发生在法律生活中[69]。然而,立法者不需要原封不动地袭取法律生活中的类型,他可以借规整来增添新的特征并排斥其他特色。对于法律所意指的类型而言,具决定性的是法律对它的规整。在个案中,当事人约定的契约规整则可以多少偏离法律的规整,由这些约定可以在法律生活中发展出新的、法律外的契约类型。法律内的也好,法律外的也罢,这些契约类型都是**类型性的规整**。此种法的构造类型也因此有别于前述规范性的真实类型。于此,凭以构建类型者乃是构造,质言之:(于其诸要素"协作"下的)规整之有意义的脉络关联。

第三款　法的构造类型的掌握

在前述各种——对法学而言——重要的类型中,法的构造类型值得特予重视,因为在发现法律的意义脉络以及,在理解特定部分规整上,它都具有重要的认识价值。首先要澄清,应该以何种方式来掌握此种类型。让我们以——显然是民法典立法者所想像的——"合伙契约"之"通常类型"为例。民法典第七〇五条只对合伙契约作极端模糊,因此绝不宜视为定义的刻画,其不过是初步的指示。依此,合伙契约是多数人为达成共同目的的结合。必须进一步考量法律对它的规整,才能看出这种结合的详细情况。由关于事务执行的规定以及因一合伙人死亡即导致合伙终止及解散的规定可以发现,此处涉及的是相当少数之人的结合,其彼此间应相互熟识、相互信赖。因此,这些规定对无权利能力的社团并不适合。它们规定,合伙之存续系诸个别合伙人对此团体的属性,通常合伙业务应由合伙人全体共同执行,因此,其要求彼等应紧密合作。这所有种种都指向属人信赖关系的必要性。由此发生——远远超乎法律所规定的出资义务之外的——属人性的行为义务。借着规定因合伙关系所生的请求权不得转让(民法典第七一七条),更进一步强调了合伙人资格的属人性。此亦与公同共有原则相符:合伙人不得处分其股份,亦无权请求合伙财产之分析(民法典第七一九条)。然而,几乎所有上述规定均可以特约排除,因此,此种类型具有极大的可变性;然而,对"通常类型"而言,具决定性的仍旧是由此等规定的整体可以发现的形象。假使尝试依据这个形象来界定其主要特征的话,则除促成共同目的的实现的义务外,其尚有以下特色:合伙人之间的信赖关系、所有成员均承担共同的事务及其结果、合伙之存续取决于所有该当合伙人对此团体的属性以及享有合伙的权利(尤其是与合伙财产有关的权利)均以具有合伙人资格为前提。不应忽略的是,在以其整体始构成类型的诸特征之间,具有下述有意义的关系:在某种程度上,其彼此互为条件,或者其彼此至少可以共存不悖。

这个例子教导我们,掌握法的构造类型应以法律或该当契约(假使所涉及的是法律外的契约类型)对此类型的整体规整为出发点[70]。法律开头表明特色的规定,其通常均非终局且足够精确的定义,还需要许多——由法律规整推论出来的——特征。作此种"推论"的前提是:法定规则必须适宜意指的类型,换言之,前者能"配合"后者。莱嫩[71]适切地指出,由其所规定的法效果在事理上的适当性出发,来规定构成要件要素,这是"一种——为评价性归类预作准备之——类型取得的正当程序"。于此应谨记勿忘,具体的契约规整可以**强弱不同的形态**来展现合伙契约的典型特征,有时甚至可以欠缺其中若干特征。例如,合伙并非非要有共同财产不可,可以排斥个别合伙人不得执行合伙事务,也可以约定,如有合伙人退伙情事,在剩余的合伙人之间合伙仍继续存续。然而,在描述类型的整体形象时,将所有在个别事件中可得欠缺的特征一律摒弃,这又是一种错误的做法,因为由此我们又将得到若干孤立,不包含许多内容,因此对于规整的理解没有多大帮助的要素。与前述相应,在将特定契约归属其契约类型时,重要的倒不是个别特征的逐一吻合,具决定性的毋宁是"整体形象"。如整体形象严重偏离"通常类型"的话,大家一般将之归为特殊类型,或称其为"非典型的形成"。仍可归属该类型的终极界限何在,此不能一概而论;而举凡其界限具流动性者(在类型的情况通常如此),就只能凭借整体评价来作归属。

与掌握及详细地规定法的构造类型不同,为探求前述诸如交易伦理或商业习惯等标准,法律家必须与对社会从事经验性研究者合作,假使他不能由专业单位处(例如:商业同业公会)获得必要的材料的话。其任务在于审查,有关的社会规则是否确为法律所指示参照,而因此被提升为法规则。在理解诸如商业代理人或"经理人"等"规范性的真实类型"时,法律家的眼光自始就应该同时取向于——属于法律所指类型的——社会现实以及提供详细确定法定类型之"选择标准的规整目的"。法社会学家也多方利用建构类型的方法[72]。然而,诸如公务员、商人或手工业者之类社会学上的类型,其不须与相应的法定类型相互重叠、毫厘不爽。在他们的一些类型上,社会学家可能会突出一些对法律家而言没有任何重要性的特征,忽略其他法律家会赋予重大意义者。在选择标准特征时,始终取决于建构类型的主导观点。法律凭以建构类型的主导观点始终具有规范性,因此,只有同时考量规范性观点,才能真正了解法定类型。

　　法的构造类型及其相应的规整,都是社会现实的一部分。掌握它们则单属法学的义务。于此,法学只能以下述方式来进行:先探求——由多数法规范有意义之结合状况所显现之——类型的"主导形象",然后以此为基准来解释个别规范。于此历经的思想过程,其又是"诠释学循环"的另一表现形式:类型本身得之于——有意义之相互结合的——个别规定,而类型却又能帮助更理解、更适切地判断这些规定、其适用范围及其对类型归属的意义[73]。假使涉及的是法律交易中发展出来的,法律外的契约类型,则逐渐通用的契约模式将取代前述法定规则的地位。在研究这些契约类型时,同时必须留意——隐藏其后的——当事人所追求的经济目的、当事人"典型的"利益状态以及当事人于此将考量的危险负担。依此才能凸显契约规整的特征,并对其重要性予以适当的评价。而借着与其他类型相比较,其同异得以确定,由此亦可以获得法律评价上的结论[74]。

第四款　法的构造类型对于形成体系的意义(类型系列)

　　最后的陈述已经显示,建构法的构造类型,其可以何种方式帮助形成法学体系。这些类型是彼此相关之多数规整的集合体,其构成要素包含规范内容及其意指的生活关系。在不同的个案中,至少其中若干要素可以变更,或甚至可以欠缺,却不致影响其类型属性。大家可以将此等要素整体理解为一种——维尔伯格将之引入法学时所理解的——"可变的体系"[75]。然而,他在1941年发表之关于奥国及德国损害赔偿法的研究中,维尔伯格所想像的并非——用以表明特定规整类型之特征的——彼此相关之规整要素的协作,而毋宁是一种复数的原则或正当化事由等"要素"的协作,由此——依事物的情况——可以产生损害赔偿的义务。他认为,损害赔偿责任"可归结到多数因素上,它们以不同的方式及强度相互结合而构成赔偿义务的根据"[76]。以类似的方式,莱嫩[77]将类型解为"有弹性的复数因素之组织",恩吉施[78]则强调"多数因素的可变性及其程度上之差别的性质",再者,莱嫩[79]也强调"类型等特征之相互依存性"及下述可能性:在具体个案中,若干此等特征的表现可以较弱,甚至也可以欠缺。假使将"有弹性的"换作"可变的",将"因素"换作"要素",并且将"组织"换作"体系",就可以认识到,就思想形式而言,两者的问题显然具有广泛的一致性。卡纳利斯提出下述问题[80]:维尔伯格的"可变的体系"是否还配称作"体系",因为维尔伯格根本就放弃提出确定的要素目录,而代之以——以其各种不同变化形态显现出来的——诸要素的"协作"。卡纳利斯本身作出肯定的答复;因为此种体系仍可将"多数要素的一体性"显现出来。相较于抽象概念式的体系,此种体系或者还更能显现此一体性,因为——一如维尔伯格的"具体概念"——它并不将构成此多数要素一体性的因素孤立起来思考。因此,将维尔伯格"可变体系"的概念以及——隐含于此概念之中的——以不同的强度及结合方式显现出来的诸"要素"间的"协作",转用于作为思考形式的法的构造类型并无不当。

扩充构造类型中已开始的体系形成工作,这是借建构"类型系列"来达成的。其植基于:因其要素的可变性,借着若干要素的全然消退、新的要素的加入或居于重要地位,一类型可以交错地过渡到另一种类型,而类型间的过渡又是"流动的"[81]。在类型系列中,几乎并连但仍应予以区分的类型,其顺序之安排应足以彰显其同、异及其过渡现象。

类型系列可以用不同的观点来建构。例如,可以如下观点来建构一个关于人的结合之类型系列:在各种人的结合上,在何种程度上,社团的结构(由此可以形成一独立于个别意志之外的"整体意志"以及,与成员的权利范围不同之团体的权利范围)超越了特定个别多数人的法律联系之因素。此系列的一端是——依合伙契约,所有共同事务的决议均以所有合伙人的一致同意为必要之——民法典上的合伙。紧接着是另一种合伙类型,于此,决议以成员多数决为已足(因为多数决原则已经是社团结构的第一要素),或者若干合伙人可以被排斥于合伙事务执行之外,而仅有若干检查权。假使再加上公同共有原则及其之要求分享合伙股份以具有合伙人资格为前提,则"团体"的要素又得以进一步加强。在 OHG(无限公司),此种团体要素——在团体与第三人的关系上——又进一步强化。社团结构之显然超越民法典上的合伙之"个人性的"特征,清楚地表现在无权利能力的社团,于此已有独立于个别成员之外的机关,并且能形成团体的意志。在此系列的另一端则是有权利能力的社团以及具有法人资格的商业公司,后者又可区分为人合及资合公司。假使系列建构的标准是:在何种程度上,此种结合在对外关系上是相互联系的多数成员,在何种程度上其已然是独立的个体,那么紧接民法典上的合伙之后的应该是无权利能力的社团(其有一致的名称,至少有消极的当事人能力),然后是无限公司,最后是法人。在这个系列中,"内部结社"是结社的一种临界现象,其根本不拟显现于外。其他的编排可能也应存在,例如一方面是——具有一定财产后果的——属人性的成员资格因素(人合团体),另一方面则是借财产出资而取得,并与此部分资本相结合的成员资格因素(资合团体)。于此,有权利能力及无权利能力的社团、合伙及 OHG 属于人合性的结合,两合公司则构成向资合公司的过渡,有限公司是资合公司而有若干属人性要素,股份有限公司则属纯粹的资合公司。布雷歇尔[82]曾提及包含下述渐进的"阶梯":"对待给付的契约——合伙——无权利能力的社团——法人",他并且强调,在各阶层之间存在有——已经被承认的——过渡及混合形式。他特别将 OHG 视为此种过渡类型来处理,他认为 OHG 是"多于公同共有少于法人"的结合。这种"或多或少"的用语清楚显现其类型学的考察方式;因为概念式的分类没有"或多或少",而只有"非此即彼"可言。

依今日关于债之前系的学说,可以考虑将债之关系分成下述一系列类型:作为临界情况处于一端的是:仅有单一给付关系的债之关系(例如票款请求权);接着是在某种程度上属于债之关系的"通常类型"——在今日普受承认的,由原始及从属的给付义务、保护义务、其他行为义务以及各种不同种类的权限及限制所构成之集合体的债之关系;其次是具有比较强的属人性拘束的持续性的债之关系,而在若干此种债之关系中(劳雇关系、合伙),前述属人性拘束更可升高为"忠诚义务",于此,合伙关系又可以联系一系列之人的结合。于此,各该界限也是流动的——例如具有合伙特征的长期分红土地租赁契约。

这种系列建构的价值首先在于:使过渡及混合类型的掌握成为可能。借着指定某类型在类型系列中的适当位置,表明该类型特色之特征,以及使其与毗邻类型相连的特征更可以清楚显示出来。举例来说,鉴于其内含的合伙特征,对分红的雇佣契约或土地租赁契约亦可适用合伙法的若干规则。然而,类型建构的价值于此比较不是在个案中的法发现,建构类型及类型系列的价值毋宁比较是在,认识不同规整整体"内在"有意义的脉络关系。与抽象概念适相反,作为思考形式的类型之认识价值在于:其能够清楚显现——并维持彼此有意义地相互结合的——包含于类型中的丰盈的个别特征。"事物的本质"正反映在丰盈的个别特征之中。因其亦不过是法律生活现实中会一再出现的,具体的人际关系中之特殊法律层面。因此,正如阿图尔·考夫曼[83]强调的,"事物的本质的思考是一种类型学的思考"。

至少德国民事法学今日的特征是一种独有的抽象概念及类型混合并存的情形。(相对的)请求权及(绝对的)物权之区分无疑是抽象概念式的。"相对"及"绝对"这种概念要素彼此相互排斥。反之,假使将"请求权"及"支配权"视为法的类型,那么受预告登记保障,因此也可以对抗第三人的请求权之类的中间形式,就比较可以理解。受保障的权利仍然只针对债务人请求其为特定给付,其并未赋予债权人对物本身有直接支配之权。然而,其已然限制债务人的处分权,质言之,已限制其物权性的法律权力,此限制亦可对抗第三人,在债务人破产时,对于其他债务人,预告登记权利人并享有排除权。权利人并可借此阻止第三人取得该当物之权利,以免阻碍其请求权的实现。大家将此种排除权限名为"消极的支配权"。然而,其亦非独立于请求权外之独立的物权,毋宁只是借着——通常属于物权的——一种特征来强化请求权。不能配合抽象概念模式的另一种权利是由债之关系所生的,相对的占有权利,其得以对抗所有权人的返还请求权,而因此限制其物权性的法律权力[84]。作为"相对的支配权",其同时具有请求权及对物权的特征。

然而,对认识法秩序的内在脉络,类型建构的价值仍属有限。此与之前一再强调的,类型与具体事物的趋近有关。诸如主观权利、债之关系、合伙类型等法的构造类型,其总是指涉彼此相关的部分规整。部分规整必须与更广泛的规整(诸如契约法或整个私法)配合,而至少这些广泛规整的基础原则又必须与整个法秩序的原则及评价标准协调。仅是建构类型尚不足以掌握此等脉络关联。抽象概念式的思考对此亦少有助益,因为——如前已述——愈"高层的",质言之,愈一般的概念,意义内涵愈空洞。使超越个别规整整体之法律思想及评价标准显现出来,这乃是"内部体系"的任务。为答复形成此等体系是否可能的问题,我们现在必须再次转而探讨法律原则。

第三节 "内部的"体系

第一款 法律原则对形成体系的意义

在其作为客观的目的论的解释标准以及在有鉴于彼而从事法的续造的脉络中,我们都探讨过"法伦理性的原则"。将之描述为"在从事法律规范时指示方向的标准,依凭其固有的信服力,其可以正当化法律性的决定"。作为"实质的法律思想",其系法理念在该当历史发展阶段中的特殊表现,并借助立法及司法(特别是司法)而不断具体化。若干法律原则明白规定于宪法或其他法律中,有些则可由法定规整、其意义脉络,借"整体类推"或回归法律理由的方式得之。若干法律原则系针对特定——以其他方式无由解决的——事件,而于法学或司法裁判中首次"被发现"或被宣示,并因其内存的信服力而于"一般的法意识"中得以贯彻。具决定性的仍是其与法理念的意义关联[85]。以上种种我们在他处都已经讨论过了。于此要探讨的是此等原则是否适宜形成体系。

法律原则并不是一种——一般性的案件事实可以涵摄其下的,同样——非常一般的规则。毋宁其无例外地须被具体化。然而,于此须区分不同的具体化阶段。最高层的原则根本尚不区分构成要件及法效果,其毋宁只是——作为进一步具体化工作指标的——"一般法律思想"。此类法律原则有:法治国原则、社会国原则、尊重人性尊严的原则及自主决定与个人负责的原则。区分构成要件及法效果的第一步,同时也是建构规则的开始则是:相同案件事实在法律上应予相同处置的命令以及各种不同方向的信赖原则(例如负担性法律溯及既往之禁止以及——作为私法中"信赖责任"的基础之——在所有法律上的特别关系均应循行"诚信"的要求)。即使是此等"下位原则"[86],它们距离——可直接供作具体个案裁判基准的——规则还甚远。其毋宁仍须进一步的具体化,此工作首先多由立法者来承担。而最终的具体化则多由司法裁判针对该当个案为之。为使司法裁判中的价值判断能取向于源自原则及其具体化的价值标准,法官应如何进行,我们之前已讨论过(第三章第三节第四款及第五款)。

诸多原则之间可能彼此矛盾。因此,与规则的适用不同,原则只能以或多或少的程度被实现。依阿历克西之见(就此,德赖尔亦从之)[86a],法律原则要求,"应于事实及法律可能的范围内尽可能实现之"。因此,在诸原则相互矛盾的情形,每一原则应向其他原则让步,直到两者都可以得到"最佳的"实现(最佳状态命令)。如何可认已符合此项要求,则又系诸各该关涉法益的阶层,于此又要求为法益衡量。最终则取决于:个别原则在由此等原则构成的体系中价值如何。

假使应该以这类原则及下位原则作体系的基石,则其将构成演绎式的体系。在演绎式的体系中,借着增添进一步的谓语,比较一般性的陈述就可以发展为比较特定的陈述。此处则不然。以法治国原则为例,其无疑包含一系列的下位原则,诸如依法律行政、立法者受一定基本权之拘束、法官独立、法律听证的权利、恣意侵害个人权利地位之禁止以及负担性法律溯及既往之禁止。然而,这些下位原则(以及进一步由之推得的法条)并未包含一些——借其增添于法治国原则之上,足以使该原则作称与亚种区分的——陈述谓语。法治国原则毋宁是主导性的思想,是所有下位原则的基础,指示后者方向;然而,也只有借着——将之具体化的——下位原则和一般法条及其——凭借法治国思想所完成的——有意义的彼此联系,此**主导思想**才能清楚显示出来。于此重要的又是:此处的思考不是"直线式的",质言之,**单向的**,毋宁总是对流的:原则唯借其具体化阶段,后者又惟与前者作有意义的联系始能明了。内部体系的形成必须以一种"交互澄清"的程序来达成,这种程序我们在狭义的诠释学"理解程序"之基本结构中已经认识过。

此种体系的特征一方面是有某种内在的阶层秩序存在,另一方面则是——在不同具体化阶段的,同等重要的——不同原则之间未被穷尽"规划"的协作。关于"内在的阶层秩序",相较于财产法益,显然基本法赋予生命、自由、人性尊严较高的位阶。反之,在私法的领域中,自主决定、自我负责以及信赖责任诸原则,其相较于有责性原则及其他损害责任的归责标准,彼此间并无一定阶层秩序,法律对此的规整应被理解为前述诸原则——以相互补充,在若干部分领域亦相互限制——的协作,于此,自何处起某原则应将其主导地位让与他原则,法律常未作最后的规定。卡纳利斯[87]适切地评述:"惟有借交互补充及相互限制的协作方式,才能得到原则本来的意义内涵。"只有透过这种协作,个别原则的效力范围及其意义才能清楚显现。

就多种原则及下位原则如何协作而具体化**信赖责任**的构成要件一事,卡纳利斯[88]曾经作深入的描述。他先是将信赖责任(指:以信赖的构成要件为依据,而课予履行义务或损害赔偿义务)之事件与因法律行为所生责任的情事,对照以观。后者系以自主决定及自我负责等私法上的根本原则为基础。依此等原则,法律上个人可以借意思表示使某项法律效果发生,并使自己受意思表示相对人之拘束,以此自主地规整自己与他人的关系。然而也有一系列下述情况:虽然只有一种造成意思表示表象的构成事实,或者只是一种不具法律行为性质的陈述(例如通知某种内容)存在,只因为对方当事人可以信赖此表象(或陈述),并确予信赖,依法律规定即产生拘束者。由是,信赖原则就成为一种——因法律行为而生的责任之外的,并对之有补充作用的——独立的责任基础。卡纳利斯并指出,只有当信赖的构成事实属于义务人的负责范围时,才能正当化基于信赖的构成事实所生之责任。关于归责原则主要有两种:有责原则及危险原则。依据后者,可否归责乃取决于:较诸信赖者,造成信赖的构成事实之人是否"更宜于"承担因误导或——在持有证件的情况——滥用所生的危险。当后者明知其通知或表示不正确时,则自宜由其承担危险。详论之,则须考量信赖构成事实的种类以及,对此信赖其值得保护的程度如何等前提要件。因此等原则及下位原则的协作,乃产生各种不同的信赖责任之构成要件及法律效果,于此,其构成要件及法律效果部分已规定于法律中,部分则系由司法裁判借续造及补充法律规整而发现的。对卡纳利斯来说,他详细而深入细节的探讨之"最终结果",乃是"一种虽则分殊,然而整体看来仍相当单纯,并且能免于矛盾的体系"[89]。于此,"免于矛盾"不仅是指涉无逻辑上的矛盾,特别还意指并无评价矛盾的情形。

作为"信赖责任"的基础,这不过是信赖原则的可能形态之一。它同时也是"诚信"原则的要素,并包含于后者之中。诚信原则本身在学说上亦有其特殊表现形态:"权利失效"理论以及"禁反言"。假使涉及的是负担性法律溯及既往的禁止,那么信赖原则就又有另一种不同的表现形态。乍视初观,此种——联邦宪法法院由法治国原则推论出来的——禁止命令,与私法中的信赖责任似乎并无何等关联。然而,同一原则的所有表现形态最终都以同一法律思想为基础。只有当必不可少的信赖被保护时,人类才有可能在保障每个人各得其应得者的法律之下和平共处。全面绝对的不信赖,要么就导致全面的隔绝,要么就导致强者支配,质言之,导致与"法状态"适相反对的情况。因此,促成信赖并保护正当的信赖,即属于法秩序必须满足的最根本要求之一。然而,这不是说整个法秩序可以由此发展出来。我们已经提过了,在民事法中"信赖责任"原则乃是并随私法自治原则(指:在法律行为领域个人自我形成及自我拘束的原则)而出现者。在法律行为的交易中,无完全行为能力人保护的原则优先于信赖原则,于此对于他方当事人有行为能力一事的"善意信赖"不受保护。此原则亦转用于因法律表象而生的信赖责任。如前已述,法律溯及既往的禁止也不是全无限制的。原则之间的"协作"意指,在一规整整体中,其彼此间不仅相互补充亦且互相限制。至于补充及限制到何种程度,开始是内在阶层秩序的问题(假使此种阶层秩序可由法定规整中解读出来的话),然后是透过个别规整或司法裁判的具体化。于此,在每个具体化阶段都需要再作价值判断,其最初由立法者为之,在立法者评价之后所残留的判断余地范围内,再由法官为之。

在不同的具体化阶段中,诸不同原则间的"协作",其与维尔伯格"可变的体系"之模型观念的想法相近。维尔伯格认为构成契约以外的损害责任有四项"要素",在每个个案中它们可各自以不同的强度出现。通常它们一起合作,然而如其中之一的强度特别高,其亦得代替其他要素。维尔伯格[90]所认为的,构成责任的要素是:"侵害或危及他人权利领域的"行为、"造成损害事件发生的情事属于负责任者的范围、在负责任者的范围中有应予责难的瑕疵存在"以及"负责任的经济实力,或者可预期其应保险"。稍后[91]他又增添另一要素——"利益与危险共同集中于同一营业者的理念",并认为考量负责任者的财产状况是一种可疑的观点。在对各要素作评价时,维尔伯格认为应赋予法官"较裁量更广的空间"。依其见解,为构成法定损害赔偿义务,立法者只应提出若干一般性准则,具体案件中的权衡应大量地让诸法官的裁判。虽然依维尔伯格的想法,法官不应作不能被控制的衡平性裁判,反之,法官应依据其所提原则来裁判,并于个别案件中说明理由。法官应该想清楚,于各该案件中,哪些构成责任的要素以何种强度出现,并应对其为如何之评价。然而,现行的损害赔偿法并不适合此种模型观念。对于侵权行为责任,特别是就危险责任,立法者并未放弃就其赋予损害赔偿义务法效果的构成要件加以规定。我们的法律只在侵权行为法中规定了一项概括条款,即便在此,界限也相当狭隘。虽然借一般人格权以及就已成立的商业营业的权利,司法裁判也承认若干"开放的"构成事实,其是否存在,只能依凭个案中的法益衡量及评价才能决定。关于危险责任则仍旧适用列举原则。

但是也无容忽视,法定规整各有其——作为立法者主导思想的——特定原则为基础:在民法典中的侵权责任有有责原则、对"主观权利"加强保护的原则,间接性法益则透过"保护性法律"来保护的原则;在危险责任则适用:损害危险如来自于危险的设施或危险的营业,则该损害危险应由为自己的利益而设置此等设施或从事此等营业者来承担的原则。在依民法典第二五四条权衡应承担责任的比例时,卡纳利斯[92]指出,在各该原则中所提及的,有责、草率的程度、依危险责任原则应考量的危险以及通常与因特殊情况而提高的营业危险诸要素,其彼此应以类似维尔伯格——在构成赔偿义务时——所建议的方式来作权衡。然而只要立法者已将此等原则具体化为详细的规整,将之转化为可直接适用的规整,由此已足以显示各该原则的效力范围及其协作的种类,则维尔伯格的模型观念就不再适宜[92a]。因此,(应由法学发展之)由原则构成的体系就不是维尔伯格意义下的"可变的"体系,因法律的规整,毋宁在很大的范围上已经被"确定"。然而"确定"的程度则各各不同。无论如何,原则仍能在解释,特别在漏洞填补上发生调节作用。举例来说,透过危险责任的原则,可以要求在下述情况对民法典第八三三条作规范的目的论限缩:动物危险的受害人明知其危险,而在可以避免的情况下仍将自己置于危险之中[93]。即使是大半已借由法律而"确定的",由主导性原则所构成的体系,在个案情况时仍须被修正[94]。

虽然法律原则通常具有主导性法律思想的特质,其不能直接适用以裁判个案,毋宁只能借其于法律或者司法裁判的具体化才能获得裁判基准;然而也有一些原则已经凝聚成可以直接适用的规则,其不仅是法律理由,毋宁已经是法律本身。我将之名为"法条形式的原则"[95]。相反地,可以将不具规范特质的原则称为"开放式"原则。然而不应将此种差异理解为生硬的区分,"开放式的"及"法条形式的"原则毋宁是流动的。并不能精确指出由哪一点开始,原则已经借法律被具体化到可以视为法条形式的原则。

属于法条形式原则的情形,首先是法律虽未明白言及,但因法律就其例外特为明定,可见其乃包含于法律之中者。立法者之所以不明白言及,因其认为该原则系如此"理所当然"之事,因此根本不须提及原则,而只须表明其例外情况。假使法律中未为例外规定,而且也不应将此种情形视为法律的漏洞,该原则即可直接适用。此类原则有契约自由以及债权契约形式自由原则,这些原则本身又别以一开放式的原则为基础:私法自治原则。属于法条形式原则的还有一些宪法原则:"无法律则无刑罚"、"一罪不二罚"(基本法第一〇三条第二、三项)、基本法第一〇四条所规定的人身自由的保障、法官独立的原则(基本法第九七条第一项)以及特别法庭之禁止(基本法第一〇一条)。它们都是法治国原则的具体化。法条形式的原则几乎是处于开放式的原则(后者借助前者得以向特定方向具体化)以及——具有不太严格的构成要件之——法规范之间。其与后者主要不同点在于:在规整的整体脉络中,其具有显著重大的,质言之,原则性的意义。其意义内涵已超越依法条形式被规定的内容而指向基本的原则,例如私法自治或法治国原则,基本原则亦惟借助它才能向特定方向具体化、明朗化及标准化。贝蒂[96]称此种关系为"评价性意义内涵的盈余",此正是法律原则与个别法规范相比时,其特征之所在。

法条形式的原则还包括"最轻微的手段"以及"尽可能最小限制的"原则,

如前已述,它们是法院在从事"法益衡量"时经常应用的标准。只要在具体案件中只有**一种**"最轻微的"手段,只有**一种**——能对优先法益作充分保障的——对应让步法益的"尽可能最小的"限制,该标准就不需要作进一步的具体化,它们就可以算是"法条形式的"原则[97]。如以其比较一般的表现形式,质言之,只是要求目的与手段之间应维持"适度的比例",或是要求,所发生的损害对于拟避免的危险而言并非不成比例(民法典第二二八条),那么涉及的就是质属"开放式"原则的比例原则,因为于此不作额外的评价是不够的。此处涉及的事实上是适切程度乃至均衡性的思想,其与正义的思想密不可分[98]。

  莱尔歇[99]将比例原则与必要性原则加以区分。他认为,前者意指"为达成特定目的而采取某项手段时,相对于此目的,手段不可失衡"。后者则意谓,在同样可以达成目的多数手段中,应该选择造成侵害后果最轻微者。莱尔歇接着强调,两项原则具有不同的内涵,这是对的,但这并不排除,必要性原则可以是比例原则比较特定的表现形态,事实上必要性原则自己又可以区分为最轻微的手段及尽可能最小限制的要求[100]。莱尔歇自己则是以"越量禁止"来统合比例及必要性原则。然而,其选择的用语亦显示,两者所涉及的都是"节制"、"适度"的思想[101]。莱尔歇更认为[102],这两项原则都具有"直接的法条性质",因为仅依凭它们就可能取得个别的结论,"通常中间并不需要插入独立的、具体化的语句"。依我们的见解,莱尔歇此项说法只有对莱尔歇的"必要性原则"而言是正确的。事实上他运用其他法条,例如关于正当防卫、自助行为的界限之规定(民法典第二三〇条第一项),或者关于通行权的规定(民法典第九一七条)作为部分要素,再将之与法条的其他要素结合,借此来获致一项可靠的决定。反之,如果问题存在于损害对危险而言是否并非不成比例(民法典第二二八条),或者相对于因干涉行为而生的损害,迫切的危害是否"显然过钜"(民法典第九〇四条),尤其在从事基本权之间的权衡时,在个案就需要额外的评价行为,有鉴于此,也还有判断余地存在。然而,在只有这种"最轻微的手段",只有这种"尽可能最小的限制"是合法的情况,也就没有判断余地存在可言。最轻微的手段及尽可能最少限制的原则,其只有在下述情形才有其适用:为了其他同等重要,或者更为重要的法益,某人必须接受对其权利所加的限制,换言之,对某人要求为权利牺牲时;反之,比例原则的意义更为广泛,在契约法中亦有其适用余地。

无论是价值导向的法学,或体系性操作的法学都企图阐明"内部体系",该体系中心的基准点则在于"开放的原则"以及原则中显现的评价基础。而只有在考虑其不同程度的具体化形式,并且使这些形式彼此间具有一定的关系,如是才能由之建构出"体系"来。仍有疑问的是,仅是借原则的说明及发展(无论其系"开放的"抑或是"法条形式的")是否确能满足学术上的体系要求,或者,这种体系还是需要一种概念,其几乎就可以作为此种体系与——为掌握整个法律素材反正已不可或缺的——"外部体系"之间的联系桥梁[102a]。

第二款 规定功能的法概念

假使这些被追寻的概念要足资应用,它们就不能仅仅是抽象程度越高就越没有内涵的,抽象一般的概念。反之,这些概念的内容必须可以将——作为规整基础之——其与决定性原则之间的意义关联,以浓缩但仍可辨识的方式表达出来。事实上,今日的法学也广泛应用此类概念。我们可以将之名为"规定功能的概念"。例如,至少从弗卢梅发表他的大作以后[103],今日的私法学就应用一种规定功能的法律行为概念,它主要被解为私法自治的手段,并且应基此观点来理解与其有关的问题,并由法律中寻求其解答。而当我们说到危险责任的构成要件时,我们意指的是:契约以外,以危险责任原则为基础之损害赔偿责任的构成要件。假使说到"人格权",那么我们意指,其功能在对外保障人的固有范围的权利,在新近的法学中,"人格权"的概念并不是借省略不同的人格权间的差异,确认其共同处而获得的,毋宁是借找出人格权的特殊意义内涵及其功能而得者。卡纳利斯虽然称"内部体系"为由一般法律原则所构成的体系,但仍然认为,应该有"相应的法概念体系归属于原则之下"[104]。然而大家"可不能忘记,这些概念具有目的论的特质,因此,在有疑义时即应回归到隐含其中的评价上,质言之,回归到相应的原则上去"。但是这样做的前提是:这些概念正是针对此等原则,而不是以抽象化的方式而建构的,因此,回归此等原则本就包含于其内容中。

此外,规定功能的概念尚有下述作用,在特定的规整脉络中,保障——以此等概念为其构成要件或法律效果之要素的——法规范之同等适用。此等概念包括:"违法性"、"过失"、"善意"或"恶意"。对此等**纯粹规范性概念**,应配合其于各该规整脉络中的功能来确定其内涵。这点我们要借违法性概念来说明[105]。

我们称一行为系"违法的",即:姑不论行为人内心的态度,行为的外观抵触了法秩序的行为或禁止命令,其不应被施行。然而,在尚未同时考量行为人内心的态度前,对于一项行为之有无价值尚不能作终局的判断,因此,关于违法性的判断只是暂时性的无价值判断。由是,虽然是违法的,但仍有可能是可免责的行为。刑罚以及民法上的损害赔偿义务(依侵权行为责任的规则)通常以两者为前提:既要求行为的违法性,也要求有责任。此外,对于"违法的"侵害可以为正当防卫。在民法,某些防卫权限及起诉可能性仅以对占有,或对所有权人的权利范围违法侵害为前提(民法典第八五八条以下,第一〇〇四条)。因此,在民法典的法益保护体系中,违法性的概念就具有一定的功能。有鉴于这些功能,大家长期以来比较不将此概念系诸于行为,而毋宁更系诸其结果,质言之,倾向于将之理解为:招致法秩序所不认可的状态。然而,纯粹结果取向的违法性概念将导致,在侵权行为法上"违法"但未必"有责"的行为之过度扩张。因此,在因果关系上已经极为远僻,然尚非"不宜"于导致法秩序所不认可的结果之行为,其亦将被认系"违法的",例如交付依规定应标示为"有毒的"植物防护药品,假使受领人之后因与他种药品混淆,以致毒害自己或他人时。汽车、电器用品、危险的工具及药品的制造商会从事过无数的违法行为,只要——其依规定而生产、标示的——产品流入其他造成损害之人的手中。因为这种结果并不适当,因此新近的学说倾向于只将下述行为名为"违法":不考虑其之后造成的结果，行为本身未满足法秩序所要求的审慎程度时。借此，该学说使违法性的概念与——依通说认为表现于民法典第二七六条中的——"客观的"过失标准相近[105a]。

严格行为取向的违法性概念虽然能够满足这个概念在侵权行为法脉络中的功能，却不能满足其于正当防卫权限及民法典第八五八条、九〇四条之脉络中的作用。在后者，违法性概念功能在于划分，对于哪些侵害可以为正当防卫或为防卫的主张，哪些侵害在法律上则须接受。由是，违法性的概念于此系用以界定法益保护的范围。然而，当我们考虑到，对侵害权利或法益的行为课予损害赔偿义务的处分，这或许是一种最有效的法益保障手段时，就可以理解，违法性概念在此种与在彼种规整脉络中应实现的两种功能，其彼此间实有一定的关联[106]。被侵害者或行使其所有权受到干涉者，假使在法律上不须接受此等侵害，质言之，对此等侵害被赋予防卫权限的话，那么侵害者或干涉者在有责的情况下，就应该负损害赔偿的义务。将防卫权限与损害赔偿义务的前提要件相连结实有其意义。但这并不意谓，大家应该回归纯粹结果取向的违法性概念。为保障此等功能上的关联性，毋宁只须一方面将违法性判断取向于不被认可的外部行为本身，此外亦以法律上不予认可的结果为基础，假使结果还在行为一般发展范围之中，而不仅是其因果上极为远僻的后果的话[106]。如果谁不同意这种做法，其仍无可避免地要在考量——法律赋予违法性概念的——这两种功能中的一种之下，来确定该概念的内涵，或者同时考量两者，然后再分别处理。

依旺克[106a]之见，所有在法条中被应用的概念最终都是规定功能的概念。它们全都为一特定规整目的服务；该目的将决定各该概念的内容及形式[106b]。但是在大多数的法条中，为其基础的"目的性纲领"将被"条件式纲领"所取代。显然地，旺克将后者理解为：对某法律明确规定的要件事实赋予法律效果。旺克认为，"条件式纲领"的优点在于：于此，将以"易于确定"的方式来规定概念的要素，质言之，就要素存在与否将较无疑义[106c]。反对应用一些直接将法律目的表达出来的概念，其理由还在于可能有复数的法律目的存在，而且其重要性各不相同。然而——依旺克之见——将（作为法律之基础的）目的性纲领转换为条件式纲领的形式时,将有如下的危险:"表现单一规整纲领之构成要件与法律效果,其有可能被割裂。"因此,"将此等脉络再次重建,并将每个法律概念理解为规整纲领的下位概念",正是法学的任务[106d]。在解释法律中的概念时,必须"显现其作为规整纲领的部分"之意,在从事法学概念的建构时,必须"使构成要件与法律效果之间的脉络关系表达出来,并且一直贯串到下位概念的最深处"[106e]。然而,旺克也同意,从目的性纲领到条件式纲领的转换(它在法律中实现)非可任意逆转[106f]。如是,他又将他的主张——所有在法条中被应用的概念最终都是规定功能的概念——作了重大的限制。

在法律为可供涵摄的目的而建构抽象一般的概念,后者并被用为构成要件要素时,此等抽象一般的构成要件概念和与之相应的规定功能的概念,两者间关系如何的问题便会发生。我们可以借蒂勒所处理的[107],彼此相属的两种"法律行为"概念为例来说明此一问题。蒂勒将(我们称为)规定功能的法律行为概念称为"基础或结构概念",其系"自决的法形成的工具"。他正确地指出,此种概念对于涵摄或者根本没有,或者只有极为有限的价值。抽象一般的法律行为概念=以获致某种法律效果为目标的私人的意思表示,则被其称为"法律行为的技术性概念"[108]。他说道:"每个具有法律行为性质之作为的本质内涵"——自决的因素,被排斥于该定义之外。假使有人将法律行为界定为当事人间自决的一种行动,那么他的法律行为概念与应用于法律技术及法律适用中的法律行为概念便不相同。依蒂勒之见,这两种概念都"指涉同样的,质言之,人类行为的某种类型"[109]。它们只是"各依其服务的目的,而以不同的要素说明此标的"。基础或结构概念在于答复:承认法律行为系私法自治之手段的意义何在。然而,在大量"出现在法律行为交易过程中的个别问题上",并不能由原则就可以一般地获得有拘束力的答案。此何以需要将实质的法律原则转译成教义学上可以掌握的法条及概念[110]。就此,法律技术上的手段是:"将法秩序初步的正义判断分解为彼此相关,互相协调的个别问题及其答案"。然而,法律技术"始终都只是基本评价原则的一种功能而已"。依其见解,"眼光始终要能超越实证的规定之外,而及于包含其中,借其表现的理念、法制度的意义核心"。借此他想表达的不外乎是:规范性的法学如果想理解作为实证法规整基础的评价决定以及由此产生的各种问题,它就不能停留在法律技术性的概念上,毋宁须进一步探究一方面隐藏于法律技术性的概念之后,另一方面亦可由之"透视"的功能规定的概念。之所以可以由法律技术性的概念透视功能规定的概念,因为——举例来说——由"意思表示"此法律技术性的概念仍可以认识到,于此原则上涉及私人的法形成之行动。法律技术性概念使法律适用者在个案中不须逐次审查,于此,事实上是否仅是"自决",抑或尚有"他人的规定"参与其间。而也只有当"他人的规定"符合法律所定的构成要件(诸如诈欺、胁迫或违反善良风俗的暴利行为)时,才会导致该行动的不生效力。

为提供涵摄的目的而建构的,法律行为的抽象一般概念之外,还可以提出——将基本的法律原则包含于内容之中,亦因此而不适宜直接涵摄的——规定功能的法律行为概念,同样的情况也可以适用于契约、所有权及主观权利等概念。而将规定功能的概念作进一步的区分时,亦不是采取增添——用以建构类别的——要素的方式,毋宁是应用建构类型的方法。菲利波泽·多丽丝曾指出[111],规定功能的代理概念,其对于认识基本结构类型之不同表现形态可以有如何的贡献。规定功能的概念及类型,它们在内容上都比该当的抽象概念丰盈。而原则及规定功能的概念都指向自身的超越:原则指向——发展其意义的——具体化,规定功能的概念则回归于原则。

第三款 "内部"体系之"开放"及"不完全"的特质

从前面的说明可知,内部体系绝非封闭的,而毋宁是一种"开放"的体系,一方面在诸原则的协作(指:其各自之效力范围如何的界定及其相互的限制)上可能会有所改变,另一方面也有可能会发现新原则;此种演变或来自立法上的转变,或源于法学上的认识,或因司法裁判的修正所致。最后一种原因是卡纳利斯[112]所说的:"作为具体法秩序的一个意义整体,体系亦分享其存在的方式,质言之,一如法秩序,体系亦非静态,而系动态的,换言之,其亦具有历史性的结构。"若然,则法学上关于此体系所作的全部陈述均有双重限制保留:一方面就如同任何科学,其受将来较佳认识的限制,另一方面受到基本评价标准之稳定性的限制,这些标准在法律文化的历史发展中逐渐显现、演变。借着这种

"开放性",此种赋予法学的"内部"体系得以与任何自然法,或拟似自然法的体系(如普赫塔之概念法学的体系)相区别。

但是也不该过分强调原则的可演变性。今日适用于民法及诉讼法中的若干原则(例如私法自治、契约的拘束力、法律交易中的信赖原则、诉讼程序中的当事人对等及法律听证的权利),它们从数百年来就已经是我国,也是他国法秩序的构成部分;而若干其他原则(诸如法官独立、行政受法律拘束、所有课予人民负担的行政处分均应受法院审查)则是艰困争取而得,而且需要一再防卫。除了这些原则,仍需要一再被具体化之维持"诚信"的要求、"无视个人"同等事物应作同等处理的要求,它们都是具超越时代效力之法律思想的表现[113]。因此,可演变性毋宁比较是指这些原则的从属价值决定,它们的具体化,它们重点的转移及其协作。就此而论,则相应于一般生活关系改变的加速,近几十年来的演变事实上极大。未来预期也将如是。因此,对于——借助规定功能的概念,得于其中认识原则的具体化,并由其而回归原则的——个别规整的内涵作体系建构的工作越是向前推进,就越必须意识到此种体系的暂时性。然而,不论是在法学,抑或在其他科学,认识上的暂时性,并不是放弃努力取得此项认识的理由。

学术性体系的任务在于:将内存于——作为意义整体的——法秩序中的意义脉络显现出来,并予描述。发现主导性的原则及其于规整内涵中的具体化,建构规定功能的概念并将之整理为体系,此均有助于前述任务的达成。前提是:法律规则及不同的规整组合,其彼此之间事实上确有此种关联存在,质言之,彼此不仅是——以立法者的"恣意"或其他偶然的因素为基础的——个别规范的积累。此前提要件之存在,质言之,姑不论其历史上的局限性,其个别规定有若干是出于偶然者,既存的法秩序中之仍隐含有一合理的意义,此点固不能精确地予以"证实",然而,其仍然显示出来,因为大家可于其中发现意义脉络。当然,于此不容忽视,前述前提要件只在一定程度上符合。无疑仍有一大堆"偶然"的规定,大家对之可以作不同的规定,而不致因此产生不协调,乃至评价矛盾的情况。法律要将表明解除或表示异议的期间规定为两周或一个月,对于特定意思表示是否要求以书面为之,必须满十八岁或者满二十一岁才算成年，立法者都可以提出各该合理的根据，但是由法律原则看来，选择何者并无差别。然而，有效的解除表示是否必须于一定期间为之，契约的缔结一般不须依特定形式，在到达一定年龄之后，成年人应可自己独立规整其法律性事务，这些决定对于法律原则而言，就不是无关紧要了。由原则看来，不同的规整同样都是"可接受"的，于此领域，只要规整的要求已经被满足的话，如何规定并不致影响内部体系。

即使触及法秩序的基本评价，不论是在规范层次，或是在法院裁判的层次，评价矛盾都不能全然避免。所有规范及裁判在评价上全然一致的理想不可能实现，因为法定规则源自不同的历史发展阶段，而且法秩序部分领域的他种评价不能立即"贯穿"到另一个部分领域上。当然，有时一个规范领域的改变，对于其他领域也可以有"远程影响"[114]：例如，宪法上基本权部分的评价，其对于若干概括条款的解释就发生重大影响（特别是关于"善良风俗"的解释），其对于关于人格权的司法裁判亦有显著的作用。比例原则在法秩序中的适用范围越来越广。然而，鉴于其字义及其自身的目的规定，若干法条则根本排斥此种远程影响；如是，则在尚未立法改变此状态前，就只能暂时接受此种评价矛盾的状况，除非其抵触具宪法位阶的法原则，而此项矛盾又不能借"合宪性解释"来解决。若系后者的情况，则抵触原则的规范即应因其违宪而退让。最后尚有卡纳利斯[115]所说的，与体系无关的规范，它们是一些"虽然与其他法秩序的规定或基本原则不生评价矛盾的问题，但其本身不能回归到某种一般的法律思想上，因此，它们是评价上在法秩序的整体中被孤立的法条"。当立法者利用规范作为控制社会，特别是经济进程的工具，我们就可以发现前述那种法条。"措置性法律"首先即在协助相当特定的任务及目的之实现；其或者根本不，或者仅于极少的程度上取向于特定法律原则。然而，其仍然必须遵守宪法及被提升具有宪法位阶的原则所划定的界限。只有在基本法第十九条所容许的范围内，它才能限制基本权。然而，宪法的原则及基本权对于立法者，于此只能发生界限的功能，而非——规整在内容上所应取向的——指导思想的作用。因此，就内部体系的发现及继续发展而言，此等法定规整居于次要的地位。

作为"开放的"体系，它总是未完成，也是不能完成的。于此只能请读者参阅前述说明（第一章第七节）。此外，因内部体系不能将所有规范或规整集合成一体，就此意义来说，它也是"不完全的"。至少大部分的"法律技术性的"规整，例如，形式的土地登记法、公证事务、警察的秩序规定，以及"措置性的法律"都不能纳入其中。为了使大量这类规整构成一种外部的秩序，而且为了能处理它们，我们就是需要"外部"体系。它仍是不可缺的。只是大家不可期待由这个体系获得法律问题的解答，也不能相信，仅借助于它就能发现法秩序内在的意义关联——然而，如果不能认识这些意义关联，那么整个法素材就都变成大量的死物，对之大家可以任意"操作"。

再者，单纯将抽象概念的体系要素（或遗迹残片）以及"类观点的"思考方式并列，也还不足以取代体系的建构，虽然有些人确是作如此想法。或许可以将"类观点的"思考和"内部体系"结合起来，认为只有可以被"内部体系"正当化的法律观点才可适用。但这与一般对类观点学的理解不合。因此，不管是形式逻辑的、概念式的，乃至"类观点学的"论证都不能发现"内部体系"。就此只能凭借法律原则的发现及具体化以及建构类型、类型系列及规定功能的概念，始能济事。它们都是法学的特殊思考形式：既是"价值导向"，也是体系性的思考。

注　释

1　就此并参见第一章第七节的说明。
2　今日德国私法的体系，部分为概念式体系，部分则以被规整生活领域的区分为基础。债法及物权法、所有权与"限制物权"的分别及民法典的总则部分是以概念式体系为基础。取向于生活领域的特别是亲属法（以其之区分婚姻法、子女法及监护法）、劳动法及商业团体法。然而，概念式的区分于此亦扮演重要角色，例如法人与公司共有、处分行为及债权行为乃至"内部关系"及"外部关系"的责任等区别均属之。
3　这种等视齐观并不是像 Canaris 所认为的（Systemdenken und Systembegriff in der Jurisprudenz, S. 41），只出现在"概念法学"的追随者，同时也出现在其反对者中，彼等之经常对体系思考持反对态度，亦正是以此种等视齐观为基础。
4　Hegels sämtliche Werke, Ausg. Glockner, Bd. 5（Logik）, S. 61.

5 借抽象化形成概念始终有这两个面相:"消极性的抽象化"(Vgl. Engisch, Die ldee der Konkretisierung, S. 24f.),质言之,忽视具体标的之全部附加性质及其独一性;"积极性的抽象化",此意指:"坚执在经验中存在的一般性质"。参见 Hegels Weke, Bd. 5, S. 48("理解赋予特殊性质坚实性的方式是抽象的普遍性,因后者,此特殊性质不复可变动") und Bd. 8 (System der Philosophie, 1, Teil), S. 185 ("在确定的特殊性质及其彼此间的分歧性上,作为理解的思考屹立不动;这种有限的普遍性对它来说是存在的")。

5a Vgl. dezu mein Lehrb. des Allgemeinen Teils, §1, IVc.
6 Dazu Hassold, AcP 181, 131.
7 So auch Pawlowski, Methodenlehre für Juristen, Rdz. 481ff, Anders teilweise Hassold, a. a. O. , S. 139ff.
8 Vgl. Pawlowski a. a. O. , Rdz. 455.
9 Vgl. dazu die Angaben in meinem Lehrb. des Schuldrechts, 13. Aufl. , Bd. II, 1, §44 II u. III.
10 Durch den Hinweis auf den—später gestrichenen—§79 des 1. Entwurfs, Vgl. dazu Mugdan, Die gesamten Materialien zum BGB, Bd. 2, S. 192.
11 就此有重大影响的是 Seckel 的一篇文章(in der Festgabe der Berliner Juristischen Gesellschaft, 1903);深入论述:v. Tuhr, Der Allgemeine Teil des Deutschen bürgerlichen Rechts, Bd. I, 1910, S. 161 ff.
12 So v. Tuhr, a. a. O. , Bd, II, 1, S. 468. Vgl. aber mein Lehrbuch des Allgemeinen Teils, 7. Aufl. , §27 I.
13 Vgl. dazu mein Lehrbuch des Allgemeinen Teils, 7. Aufl. §25 I, mein Lehrb. des Schuldrechts, 13. Aufl. , Bd. II, 1, §44 I. Kritisch zur "Wollensbedingung" auch Flume, Allgemeiner Teil, Bd. II, §38 II.
14 Im Kommentar von Soergel, 10. Aufl. , Bd. II, Rdz, 6 vor §504.
15 a. a. O. , Rdz. 8 vor §497.
16 Vgl. hierzu mein Lehrbuch des Allgemeinen Teils 7. Aufl. , §271 c und das dort angegebene Schrifttum zu den Optionsrechten.
17 So ausdrücklich Esser, Schuldrecht, 4. Aufl. , Bd. II, §66 II u. III.
18 Mugdan, a. a. O. , S 666.
19 Bötticher, Die Wandlung als Gestaltungsakt, 1938. Dazu auch meine Abhandlung in NJW 51, 500.
20 Vgl. mein Lehrbuch des Schuldrechts, Bd. II, 1, §41 II a; Fikentscher, Schuldrecht, §70 IV 2b; Staudinger/Honsell 4 zu §465; Münch. Komm/Westermann 5 zu §462 BGB.
21 Dazu Pieper, Vertragsübernahme und Vertragsbeitritt, 1963.

22　Vgl. mein Lehrbuch des Schuldrechts, Bd. I, § 2 V.

23　Vgl. Pieper, a. a. O., S. 137ff. zum Rechtsverhältnis als Zentralbegriff mein Lehrbuch des Allgemeinen Teils, § 12.

24　Vgl. Pieper, a. a. O., S. 16ff.

25　v. Tuhr, Der allgemeine Teil des Deutschen bürgerlichen Rechts, Bd. I, S. 226; Pieper, a. a. O., S. 166ff.

26　Vgl. die Angaben im Münch/Komm. Roth 4, Palandt/Heinrichs 10 zu § 398 BGB; mein Lehrbuch des Schuldrechts, Bd. I, § 35 I.

27　Vgl. Flume, Allgemeiner Teil des bürgerlichen Rechts, Bd. I, Die Personengesellschaft, § 17 II; mein Lehrbuch des Schuldrechts, Bd. II, § 66 c.

28　Dazu Pawlowski, a. a. O., Rdz. 404.

29　Dreier, Zur Theoriebildung in der Jurisprudenz in: Recht—Moral—Ideologie, 1981, S. 70ff. Zu den Arten der juristischen Theorien vgl. S. 73ff., aber auch S. 93f.

30　a. a. O., S. 82.

31　a. a. O., S. 83.

32　Popper, Logik der Forschung; zitiert wird noch die 6. Aufl. 1976, S. 31.

33　a. a. O., S. 14.

34　a. a. O., S. 8 u. 45.

35　Kritisch zu dieser Position Poppers kellmann in RTh 1975, S. 88f.

36　So im Ergebnis auch Dreier, a. a. O., S. 89.

37　依 Rödig 之见(Die Denkform der Alternative in der Jurisprudenz, S. 1),法律家"不断地在作择一式"的思考。

38　Gernhuber, Lehrbuch des Familienrechts, 3. Aufl.,. § 2, II, 6.

39　Vgl. Dulckeit, Die Verdinglichung obligatorischer Rechte, 1951.

40　Vgl. mein Lehrbuch des Allgemeinen Teils, 7. Aufl., § 13, II.

41　Vgl. Enneccerus—Nipperdey, Allgemeiner Teil des bürgerlichen Rechts, § 83.

42　Vgl. dazu mein Lehrbuch des Allgemeinen Teils des Deutschen bürgerlichen Rechts, 7. Aufl., § 91.

43　Meine Schrift über "Richtiges Recht" S. 45ff. (Prinizip des Achtens) und S. 57ff. (zum Rechtsgeschäft, insbesondere zum Vertrag).

44　此外,为使其他事物能涵摄其下,概念成为极端精确的人工语言,而与其所利用之语词的日常涵义相去甚远。Arthur Kaufmann 适切地指出(Analogie und Natur der Sache, 2. Aufl., S. 73):"语言的极端精确常以内容意义之极端空洞为其代价。"

45　In der "Kleinen Logik" im Rahmen des "Systems der philosophie", Sämtliche Werke (Ausg. Glockner), Bd. 8, S. 358f. (§ 163 Zusatz 1).

46　a. a. O., S. 360 (§ 163 Zusatz 2).

47　a. a. O. ,S. 353(§ 160 Zusatz 2).
48　a. a. O. ,S. 361(§ 164).
49　a. a. O. ,S. 356(§ 161 Zusatz).
50　a. a. O. ,S. 355(§ 160 Zusatz am Ende).
51　Rechtsphilosophie, § 41.
52　〈Studium Generale〉杂志分别在一九五一年及一九五三年的其中两期提供讨论:"类型"此种思考形式在不同学科之应用。于此要特别强调的文章有:J. E. Heyde 就"类型"概念本身的讨论(Bd. 5, S. 235)以及 E. Kretschmer 对类型在认识论上的问题之探讨(Bd. 4, S. 399),以及 Hans Julius Wolff 就类型在法学中的应用(Bd. 5, S. 195), J. v. Kempski 就其于社会学科中的应用(Bd. 5, S. 205)的探讨。其他文章则讨论类型在生物学、心理学、语言学及历史学中的应用。关于类型概念的逻辑结构,Hempel 及 Oppenheim 曾于"新逻辑学中的类型概念"("Der Typusbegriff im Lichte der neuen Logik",1936)一书中加以探讨。其余文献见:Engisch, Die ldee der Konkretisierung im Recht und Rechtswissenschaft unserer Zeit, 2. Aufl. , S. 308f. (Nachtrag zum 8. Kapitel); Leenen, Typus und Rechtsfindung, Schriftumsverzeichnis, S. 194ff.
53　Im Studium Generale, Bd. 5, S. 195.
54　a. a. O. , S. 237ff.
55　a. a. O. , S. 262.
56　Schieder (im Studium Generale, Bd. 5, S. 228ff)对"结构类型"及"过程类型"的划分,对于历史学特为重要,于此则省略不论。
57　a. a. O. , S. 400.
58　a. a. O. , S. 238.
59　Vgl. Kretschmer, a. a. O. , S. 400("在个别事物及概念的中间");Engisch, Konkretisierung, S. 238("取向于具体事物的中间位置"), S. 251("在抽象的一般性及个别性之间的,类型的中间地位"), S. 260("类型的中等抽象程度")。
60　Max Weber, Gesammelte Aufsätze zur Wissenschaftslehre, S. 191; vgl. auch Wirtschaft und Gesellschaft, 4. Aufl. , Bd. 1, S. 9ff.
61　Weber 明白地强调,实应如此乃至典范的思想应与逻辑意义上"理想的"思想创作"审慎加以区分"(Gesammelte Aufsätze zur Wissenschaftslehre, S. 192)。Engisch 适当地强调(a. a. O. , S. 253),Max Weber 的理念类型"作为逻辑的理念类型,其与公理的理念类型不同"。
62　Vgl. Sonnenberger, Verkehrssitten im Schuldvertrag, S. 107.
63　Vgl. meine Abhandlung "Grundsätzliches zu § 138 BGB" im Juristen-Jahrbuch, Bd. 7, S. 98 ff. 及上文第三章第三节第四款。
64　So Strache, Das Denken in Standards, S. 16.
65　a. a. O. , S. 17f.

66 a. a. O. , S. 94.
67 Vgl. J. Prölss, Beweiserleichterungen im Schadensersatzprozeß, S. 14ff.
68 Peter Ulmer (Der Vertragshändler, 1969, S. 187ff.)区分在契约性商贾总是会遇到的要素以及，可能以不同强度出现的要素，前者名之为概念性要素，后者则名为类型要素。
69 同此见者：Engisch, a. a. O. , S. 269 und 272. Koller (Grundfragen einer Typuslehre im Gesellschaftsrecht, Freiburg/Schweiz, 1967, S. 63ff)认为，在瑞士，只有有限责任的合伙才是立法者人为的创造；所有其他类型的合伙，都不是由立法者"所发明，毋宁是由他在法律事实中发现而纳入法律之中。"
70 Vgl. Leenen, Typus und Rechtsfindung, S. 171, 179ff. ; Harm Peter Westermann, Vertragsfreiheit und Typengesetzlichkeit im Recht der Personalgesellschaften, 1970, S. 105f.
71 a. a. O. , S. 181.
72 Vgl. Ernst E. Hirsch, Das Recht als soziales Ordnungsgefüge, S. 323ff. ; Ryffe, Rechtssoziologie, S. 215f.
73 Ebenso Leenen, a. a. O. , S. 181.
74 Einige solcher im Rechtsverkehr entwickelter neuer Vertragstypen habe ich in meinem Lehrbuch des Schuldrechts, 12. Aufl. , § 63 dargestellt.
75 Wilburg, Die Elemente des Schadensrechts, S. 26ff. ; Entwicklung eines beweglichen Systems im bürgerlichen Recht, 1950; Zusammenspiel der Kräft in Aufbau des Schuldrechts, in AcP Bd. 163, S. 346. Dazu Bydlinski u. a. (Hrsg.), Das Bewegliche System im geltenden und künftigen Recht, 1986.
76 Die Elemente des Schadensrechts, S. 28.
77 Leenen, Typus und Rechtsfindung, S. 34.
78 Engisch, Die Idee der Konkretisierung, S. 242.
79 a. a. O. , S. 47.
80 Canaris, Systemdenken und Systembegriff in der Jurisprudenz, S. 76ff.
81 建构类型系列的准则是：类型中之特定要素"愈强"（或愈弱），则该类型就愈接近系列的两极。于此涉及的是"比较"语句式的陈述。关于此类语句的意义参见 Otte in RTh 1, 183; JbRSozRTh 2, 30f.
82 In der Festschrift für Alfred Hueck, S. 244.
83 Arthur Kaufmann, Analogie und "Natur der Sache" S. 37（= Rechtsphilosophie im Wandel, S. 310). 关于 A. Kaufmann 的主张参见上文第一章第三节。
84 Vgl. Diederichsen, Das Recht zum Besitz aus Schuldverhältnissen.
85 Hierzu meine Schrift über Richtiges Recht, S. 33ff. , 174ff.
86 Canaris, Systemdenken und Systembegriff, S. 57.

86a Alexy,ARSP,Beiheft 25（1985），S.19；ders.Theorie der Grundrechte，1985，S. 75ff.；RTh 1987，S.407；Dreier，NJW 1986，S.892；RTh 18(1987),S.379；ders. Festschr. für Maihofer，1988，S.87.类此,其行为只能合于或悖于义务,而不能是比较合于,比较不合于义务。于此参见 Eckhoff 及 Sundby（in ihrer Schrift "Rechtssysteme"，1988，S.64）。

87 Canaris,a. a. O.，S.55.于此,Alexy（RTh Beiheft 1，1979，63ff.）亦参照美国学者 Ronald Dworkin 的说明。

88 Canaris, Die Vertrauenshaftung im deutschen Privatrecht. Vgl. insbesondere S.411f.；491ff.；S.525ff. Dazu auch Canaris, Bewegliches System und Vertrauensschutz im rechtsgeschäftlichen Verkehr, in：Bydlinski, u. a., Das Bewegliche System im geltenden und künftigen Recht，1986，S.103.

89 a. a. O.，Vorwort，S. VIII.

90 Wilburg, die Elemente des Schadensrechts, S. 26ff.

91 In AcP 163，346ff.

92 Canaris, Systemdenken und Systembegriff, S.78.

92a Bydlinski 则采不同见解（Das bewegliche System im geltender und künftigen Recht）（前注75），S.36。他认为,假使只剩下诉诸判断者个人的价值判断一途的话,那么即使所处理的是通常（而非"可变的"）法定构成要件,其之为"可变的体系"仍是可能且可容许的。各种法定标准（假定其系有阶段性的）之一的缺点,在作总体评价的范围内,可借由他种标准得以平衡。然而,依此见解,立法者所追求的清晰、易于确定的规整优点,就被牺牲了。我认为,只有当法律定有"开放的"（逐案加以具体化的）构成要件时,才有"可变的体系"可言。

93 Vgl. hierzu mein Lebrbuch des Schuldrechts, Bd. l, 14. Aufl.，§ 31 Ib，sowie die Entscheidung des BGH in JZ 74，S.184.

94 Vgl. Canaris,a. a. O.，S.86 ff.

95 之前（in meiner Abhandlung über "Wegweiser zu richterlicher Rechtsschöpfung" in der Festschrift für Arthur Nikisch, S. 275 ff., 299ff.）我将它称为"准则"（"Grundsätze"）,以与"原则"（"Prinzipien"）相区分。然而通常都将"法律准则"（"Rechtsgrundsatz"）及"法律原则"（"Rechtsprinzipien"）视为同义语,例如 Esser 的书名即是如此（"Grundsatz und Norm"）。因此,我在此将之分为开放的及法条形式的原则。

96 Betti, Allgemeine Auslegungslehre, S.625.

97 So auch Hirschberg, Der Grundsatz der Verhältnismäßigkeit,1981,S.37,58,246.

98 So auch Hirschberg,a. a. O.，S.37,246.

99 Lerche, Übermaß und Verfassungsrecht, 1961, S. 19.

100 vgl. auch Hirschberg, a. a. O.，S.150,247, So wie Lerche, ArchöR104，415.

101 Zum Sinnbezug auf die Gerechtigkeit meine Schrift über Richtiges Recht, S. 40f.,

130ff.
102 a. a. O. ,S. 316.
102a Hönn 只愿将"内部体系"局限在法律原则上：Kompensation gestörter Vertragsparität, 1982, S. 62f.
103 Flume, Allgemeiner Teil des bürgerlichen Rechts, Bd. 2, Das Rechtsgeschäft.
104 Canaris, Systemdenken und Systembegriff. S. 50.
105 Vgl. dazu meinen Aufsatz in der Festschrift für Dölle, Bd. 1, S. 169 ff. und mein Lehrbuch des Schuldrechts, 12. Aufl. , Bd. II, S. 607ff.
105a Vgl. mein Lehrb. des Schuldrechts, Bd. I, 14. Aufl. , S. 285.
106 Vgl. dazu Deutsch, Fahrlässigkeit und erforderliche Sorgfalt 1963, S. 277ff.
106a Wank, die juristische Begriffsbildung, 1985, S. 79.
106b a. a. O. ,S. 123.
106c a. a. O. ,S. 101.
106d a. a. O. ,S. 82.
106e a. a. O. ,S. 87.
106f a. a. O. ,S. 83.
107 Thiele, Die Zustimmungen in der Lehre vom Rechtsgeschäft, 1966, S. 6ff. , 78ff.
108 a. a. O. ,S. 82ff.
109 a. a. O. ,S. 85.
110 a. a. O. ,S. 78f.
111 In Festschrift für Karl Larenz zum 80. Geburtstag, 1983, S,161ff.
112 Canaris, Systemdenken und Systembegriff in der Jurisprudenz, S. 63.
113 如果想这么作的话，我们也可以说，它们构成"自然法"，虽则是片段的，而且必须在该当历史情境予以具体化。然而，自然法一词包含过多不利的联想因素，我倾向于将之称为理念上有效的（因此不完全从属于实证法，亦不完全系诸于其存在方式）正法原则。就此等原则的适用方式请参见：meine Schrift Über Richtiges Recht, S. 174ff.
114 Vgl. dazu Canaris, a. a. O. ,S. 67.
115 Canaris, a. a. O. ,S. 131.

简　写　表

a. a. O.	am angeführten Ort
AcP	Archiv für zivilistische Praxis
AG	Aktiengesellschaft
ALR	(preußisches) Allegmeines Landrecht von 1794
Anm.	Anmerkung
ArchöR	Archiv für öffentliches Recht
ARSP	Archiv für Rechts – und Sozialphilosophie
BAG	Bundesarbeitsgericht (auch: Entscheidungen des Bundesarbeitsgerichts)
BFH	Bundesfinanzhof (auch: Entscheidungen des Bundesfinanzhofs)
BGB	Bürgerliches Gesetzbuch
BGH	Bundesgerichtshof
BGHSt	Entscheidungen des Bundesgerichtshofs in Strafsachen
BGHZ	Entscheidungen des Bundesgerichtshofs in Zivilsachen
BSG	Bundessozialgericht (auch: Entscheidungen des Bundessozialgerichts)
BStBl.	Bundessteuerblatt
BVerfG	Bundesverfassungsgericht
BVerfGE	Entscheidungen des Bundesverfassungsgerichts
BVerwG	Bundesverwaltungsgericht
DJZ	Deutsche Juristen – Zeitung
DRiz	Deutsche Richterzeitung
DVerwBl.	Deutsches Verwaltungsblatt
DRWiss.	Deutsche Rechtswissenschaft
EGBGB	Einführungsgesetz zum Bürgerlichen Gesetzbuch
FamRZ	Ehe und Familie (Zeitschrift für Familienrecht)

G	Gesetz
GG	Grundgesetz für die Bundesrepublik Deutschland
GmbH	Gesellschaft mit beschränkter Haftung
GoltdArch.	Goltdammers Archiv für Strafrecht
GVG	Gerichtsverfassungsgesetz
GWB	Gesetz gegen Wettbewerbsbeschränkungen
HaftpflG	Reichshaftpflichtgesetz vom 7. 6. 1871
HGB	Handelsgesetzbuch
h. L.	herrschende Lehre
JbRSozRTh	Jahrbuch für Rechtssoziologie und Rechtsheorie
JherJb.	Jherings Jahrbücher für die Dogmatik des Bürgerlichen Rechts
JGG	Jugendgerichtsgesetz vom 4. 8. 1953.
JuS	Juristische Schulung (Zeitschrift)
JW	Juristische Wochenschrift
JZ	Juristenzeitung
KG	Kommanditgesellschaft
LAG	Gesetz über den Lastenausgleich vom 14. 8. 1952
LeipzZ	Leipziger Zeitschrift für Deutsches Recht
LG	Landgericht
LindMöhr. (LM)	Nachschlagwerk des Bundesgerichtshofs, herausgeg. von Lindenmaier und Möhring
LitUrhG	Gesetz, betr. das Urheberrecht an Werken der Literatur und der Tonkunst vom 19. 6. 1901
MDR	Monatsschrift für Deutsches Recht
NJW	Neue Juristische Wochenschrift
OHG	Offene Handelsgesellschaft
ÖJZ	Österreichische Juristen—Zeitung
OLG	Oberlandesgericht
OVG	Oberverwaltungsgericht
RdA	Recht der Arbeit
Rdz.	Randziffer
RG	Reichsgericht
RGZ	Entscheidungen des Reichsgerichts in Zivilsachen

RTh	Zeitschrift〈Rechtstheorie〉
SavZKanA	Zeitschrift der Savigny – Stiftung für Rechtsgeschichte Kanonistische Abteilung
SavZRomA	Zeitschrift der Savigny – Stiftung für Rechtsgeschichte, Romanistische Abteilung
SeuffA	Seufferts Archiv für Entscheidungen
SJZ	Süddeutsche Juristenzeitung
StGB	Strafgesetzbuch vom 15. 5. 1871
StVG	Straßenverkehrsgesetz vom 19. 2. 1952
Ufita	Archiv für Urheber –, Film – Funk – Und Theaterrecht
ZGB	Schweizerisches Zivilgesetzbuch
ZHR	Zeitschrift für das gesamte Handelsrecht
ZPO	Zivilprozeßordnung
ZZP	Zeitschrift für Zivilprozeß

文 献 详 目

ADOMEIT, KLAUS: Rechtstheorie für Studenten, 1979, - Normlogik - Methodenlehre - Rechtspolitologie, 1986.

ALEXY, ROBERT: Theorie der juristischen Argumentation, 1978.

BADURA, PETER: Grenzen und Möglichkeiten des Richterrechts, 1973.

BARTHOLOMEYCZIK, HORST: Die Kunst der Gesetzesauslegung, 4. Aufl. 1967.

BAUMGARTEN, ARTHUR: Die Wissenschaft vom Recht und ihre Methode, 2 Bde., 1920 u. 22. — Grundzüge der juristischen Methodenlehre, 1939.

BECKER, WALTER: Rechtsvergleichende Notizen zur Auslegung, Festschrift f. H. LEHMANN, 1959, Bd. I.

BETTI, EMILION: Teoria generale della Interpretazione, 1955 (Deutsche Ausgabe unter dem Titel "Allgemeine Auslegungslehre als Methodik der Geisteswissenschaften", 1967); — Ergänzende Rechtsfortbildung als Aufgabe der richterlichen Gesetzesauslegung, Festschr. f. RAAPE, 1948. — Zur Grundlegung einer allgemeinen Auslegungslehre, Festschr. f. E. RABEL, Bd. 2, 1954.

BIERLING, ERNST RUDOLF: Juristische Prinzipienlehre, Bd. I, 1894; II, 1898; III, 1905; IV, 1911; V, 1917 (Neudruck des gesamten Werkes 1961).

BIHIER, MICHAEL: Rechtsgefühl, System und Wertung, 1979.

BINDER, JULIUS: Philosophie des Rechts, 1925. — Der Methodenstreit in der heutigen Privatrechtswissenschaft, ZHR 100, S. 4.

BOEHMER, GUSTAV: Grundlagen der bürgerlichen Rechtsordnung, Bd. II, 2. Halbband: Praxis der richterlichen Rechtsschöpfung, 1952.

BRECHER, FRITZ: Scheinbegründungen und Methodenehrlichkeit im Zivilrecht, Festschr. f. A. NIKISCH, 1958.

BRUSIIN, OTTO: Über die Objektivität der Rechtsprechung, 1949. — Über das Juristische

Denken, 1951.

BÜLOW, OSKAR:Gesetz und Richteramt, 1885.

BURCKHARDT, WALTER:Die Lücken des Gesetzes und die Gesetzesauslegung, 1925. — Methode und System des Rechts, 1936.

BYDLINSKI,FRANZ:Juristische Methodenlehre und Rechtsbegriff, 1982. —Fundamentale Rechtsgrundsätze,1988. —Rechtsethik und Rechtspraxis, 1990.

CANARIS, CLAUS — WILHELM: Die Feststellung von Lücken im Gesetz, 2. Aufl. 1983. —Systemdenken und Systembegriff in der Jurisprudenz, 2. Aufl. 1983.

CHRISTENSEN, RALPH:Was heißt Gesetzesbindung? 1989.

COING, HELMUT:Grundzüge der Rechtsphilosophie, 4. Aufl. 1986. — Die juristischen Auslegungsmethoden und die Lehren der allgemeinen Hermeneutik, 1959. —Juristische Methodenlehre, 1972.

DE GIORGI, RAFFAELE:Wahrheit und Legitimation im Recht, 1980.

DIEDERICHSEN, UWE:Juristische Methodenlehre und praktische Jurisprudenz, in: Rechtswissenschaft und Rechtsentwicklung, Göttinger Studien 1980.

DREIER, RALF:Recht—Moral—Ideologie, 1981. —Neues Naturrecht oder Rechtspositivismus? RTh 1987, 368.

DREIER, RALF, SCHWEGMANN, FRIEDRICH (Hrsg.):Probleme der Verfassungsinterpretation, 1976.

ECKHOFF, TORSTEN, SUNDBY, NILS KRISTIAN:Rechtssysteme, 1988.

EHRLICH, EUGEN:Rechtssoziologie, 1913. —Die juristische Logik, 1918.

EMGE, CARL AUGUST:Philosophie der Rechtswissenschaft, 1961.

ENGISCH, KARL:Die Einheit der Rechtsordnung, 1935. —Logische Studien zur Gesetzesanwendung, 1942, 2. Aufl. 1960. — Der Begriff der Rechtslücke, Festschr. f. W. SAUER, 1949. — Vom Weltbild des Juristen, 1950, 2. Aufl. 1965. — Die Idee der konkretisierung in Recht und Rechtswissenschaft unserer Zeit, 1953. 2. Aufl. 1968. — Einführung in das juristische Denken, 8. Aufl. 1983. — Auf der Suche nach der Gerechtigkeit, 1971.

ENNECCERUS —NIPPERDEY:Allgemeiner Teil des Bürgerlichen Rechts, 15. Aufl. 1. Halbbd., 1959, §§ 30, 51—60.

ESSER, JOSEF: Wert und Bedeutung der Rechtsfiktionen, 1940. — Einführung in die Grundbegriffe des Rechts und Staates, 1949. —Grundsatz und Norm in der richterlichen Fortbildung des Privatrechts, 1956, 4. Aufl. 1990. —Wertung, Konstruktion und Argument im Zivilurteil, 1965. —Richterrecht, Gerichtsgebrauch und Gewohnheitsrecht, in Festschr. f. FRITZ VON HIPPEL, 1967. — Vorverständnis und Methodenwahl in der Rechtsfindung, 1970, 2. Aufl. 1972.

ESSER—STEIN: Werte und Wertewandel in der Gesetzesanwendung, 1966.

FECHNER, ERICH: Rechtsphilospophie, 1956.

FIKENTSCHER, WOLFGANG: Methoden des Rechts in vergleichender Darstellung, 5 Bände, 1975—1977.

FORSTHOFF, ERNST: Recht und Sprache, Prolegomena zu einer richterlichen Hermeneutik, 1940. —Zur Problematik der Verfassungsauslegung, 1961.

GADAMER, HANS—GEORG: Wahrheit und Methode, Grundzüge einer philosophischen Hermeneutik, 5. Aufl. 1986.

GENY, FRANCOIS: Méthode d'Interprétation et Sources en Droit Privé Positif, 2 Bde. , 2. Aufl. 1919. —Science et Technique en droit Privé Positif, 4 Bde. , 1922—1924.

GERMANN O. A. : Methodische Grundfragen, 1946. — Präjudizien als Rechtsquelle, 1960. —Probleme und Methoden der Rechtsfindung 1965.

GÖLDNER, Verfassungsprinzip und Privatrechtsnorm, 1969.

HASSEMER, WINFRIED: Tatbestand und Typus, 1968.

HAVERKATE, GÖRG: Gewissheitsverluste im juristischen Denken, 1977.

HECK, PHILIPP: Gesetzesauslegung und Interessenjurisprudenz, AcP, Bd. 112. — Das Problem der Rechtsgewinnung, 1912. — Begriffsbildung und Interessenjurisprudenz, 1932.

HENKEL, HEINRICH: Recht und Individualität, 1958. —Einführung in die Rechtsphilosophie 1964, 2. Aufl. 1977. —Ideologie und Recht, 1973. —Das Problem der Rechtsgeltung, in: Dimensionen des Rechts, Gedächtnisschrift für RÉNE MARCIC, 1974.

HEUSINGER, BRUNO: Rechtsfindung und Rechtsfortbildung im Spiegel richterlicher Erfahrung, 1975.

v. HIPPEL, ERNST: Einführung in die Rechtstheorie, 1947, 4. Aufl. 1955. —Mechanisches und moralisches Rechtsdenken, 1959.

v. HIPPEL, FRITZ: Zur Gesetzmaßigkeit juristischer Systembildung, 1936. — Richtlinien und Kasuistik im Aufbau von Rechtsordnungen, 1942. — Rechtstheorie und Rechtsdogmatik, 1964.

HRUSCHKA, JOACHIM: Die Konstitution des Rechtsfalles, 1965. — Das Verstehen von Rechtstexten, 1972.

HUBER, EUGEN: Recht und Rechtsverwirklichung, 1921.

HUBMANN, ERICH: Wertung und Abwägung im Recht, 1977.

HUSSERL, GERHART: Recht und Zeit, 1955. — Recht und Welt, 1964.

ISAY, HERMANN: Rechtsnorm und Entscheidung, 1929.

JELLINEK, WALTER: Gesetz, Gesetzesanwendung und Zweckmäßigkeitserwägung, 1913. — Schöpferische Rechtswissenschaft, 1928.

JERUSALEM, FRANZ: Kritik der Rechtswissenschaft, 1949. — Die Zersetzung im Rechtsdenken, 1968.

JOERGENSEN, STIG: Recht und Gesellschaft, 1970.

KANTOROWICZ, HERMANN ("GNAEUS FLAVIUS"): Der Kampf um die Rechtswissenschaft, 1906. — Rechtswissenschaft und Soziologie (Ausgewählte Schriften zur Wissenschaftslehre, herausgeg. von THOMAS WÜRTENBERGER) 1962.

KAUFMANN, ARTHUR: Gesetz und Recht, in: Festschr. für ERIK WOLF, 1962. — Analogie und Natur der Sache, 1965, 2. Aufl. 1982. — Rechtsphilosophie im Wandel (Stationen eines Weges), 2. Aufl. 1984. — Richterpersönlichkeit und richterliche Unabhängigkeit, in: Festschrift für KARL PETERS, 1974. — Beiträge zur juristischen Hermeneutik, 1984. — Rechtsphilosophie in der Nach—Neuzeit, 1990. — Fünfundvierzig Jahre erlebter Rechtsphilosophie, in: ARSP, Beiheft 44, 1991, S. 144 ff.

KAUFMANN, ARTHUR und HASSEMER, WINFRIED (Hrsg.): Einführung in Rechtsphilosophie und Rechtstheorie der Gegenwart, 5. Aufl. 1989.

KELSEN, HANS: Rechtslehre, 1934, 2. Aufl. 1960. — Was ist die Reine Rechtslehre, in: Festschr. f. GIACOMETTI, 1953.

KLUG, ULRICH: juristische Logik, 1951, 4. Aufl. 1982.

KOCH, HANS—JOACHIM, RÜSSMANN, HELMUT: Juristische Begründungslehre,

1982.

KRAWIETZ, WERNER:Recht als Regelsystem, 1984.

KRAWIETZ, WERNER u. a. (Hrsg.):Argumentation und Hermeneutik in der Jurisprudenz, RTh Beiheft 1, 1979.

KRETSCHMAR, PAUL:Über die Methode der Privatrechtswissenschaft, 1914.

KRIELE, MARTIN: Theorie der Rechtsgewinnung. 1967, 2. Aufl. 1976. — Recht und praktische Verunft, 1979.

KRONSTEIN, HEINRICH:Rechtsauslegung im wertgebundenen Recht, 1957.

KUYPERS, K. :Human Sciences and the Problem of Values, The Hague 1974.

LARENZ, KARL:Das Problem der Rechtsgeltung, 1929, 2. Aufl. 1967. —Wegweiser zu richterlicher Rechtsschöpfung, Festschr. f. A. NIKISCH, 1958. — Kennzeichen geglückter richterlicher Rechtsfortbildung, 1965. —Über die Unentbehrlichkeit der Jurisprudenz als Wissenschaft, 1966. — Fall, Norm, Typus, in: Rationalität, Phänomentalität, Individualität, Festschr. f. HERMANN und MARIE GLOCKNER, 1966. — Über die Bindungswirkung von Präjudizien, Festschr. f. HANS SCHIMA, 1969. —Die Bindung des Richters an das Gesetz als hermeneutisches Problem, in:Festschr. f. ERNST RUDOLF HUBER, 1973. — Die Sinnfrage in der Rechtswissenschaft, in Festschr. f. FRANZ WIEACKER, 1978. —Richtiges Recht, Grundzüge einer Rechtsethik, 1979.

LEENEN, DETLEF:Typus und Rechtsfindung, 1971.

LESS, GÜNTHER:Vom Wesen und Wert des Richterrechts, 1954.

LIVER, PETER:Der Wille des Gesetzes, 1954. — Der Begriff der Rechtsquelle, (Berner Festgabe für den Schweizerischen Juristenverein) 1955.

MAcCORMICK, DONALD NEILL u. WEINBERGER, OTA:Grundlagen des institutionalistischen Rechts—positivismus, 1985.

MAYER—MALY, THEO:Rechtswissenschaft, 3. Aufl. 1989.

MEIER—HAYOZ, ARTHUR:Der Richter als Gesetzgeber, 1951.

MÜLLER, FRIEDRICH: Normstruktur und Normativität, 1966. —Juristische Methodik, 1971. 3 Aufl. 1989 —Juristische Methodik und politisches System, 1976. —Die Einheit der Verfassung, 1979.

MÜLLER—ERZBACH, RUDOLF:Wohin führt die Interessenjurisprudenz? 1932. —Die Rechtswissenschaft im Umbau, 1950.

NAWIASKY, HANS:Allgemeine Rechtslehre, 2. Aufl. 1948.

OERTMANN, PAUL:Interesse und Begriff in der Rechtswissenschaft, 1931.

OGOREK, REGINA:Richterecht oder Subsumtionsautomat, 1986.

OTT, WALTER:Der Rechtspositivismus, 1976.

PAWLOWSKI, HANS—MARTIN:Methodenlehre für Juristen, 1981. —Einführung in die Juristische Methodenlehre, 1986.

PEINE, FRANZ—JOSEPH:Das Recht als System, 1983.

PERELMANN, CHAIM:Über die Gerechtigkeit, 1967. —La Justification des Normes, in: K. KUYPERS, Human Sciences and the Problem of Values. The Hague 1974. — Logique Juridique. Nouvelle rhétorique, 1976. —Das Reich der Rhetorik, 1980.

RADBRUCH, GUSTAV:Rechtsphilosophie, 1914. 8. Aufl. ,herausgeg. von HANS PETER SCHNEIDER und ERIK WOLF, 1973. —Vorschule der Rechtsphilosophie, 1948, 2. Aufl. 1959.

RAISCH, PETER:Vom Nutzen der Überkommenen Auslegungskanones für die praktische Rechtsanwendung, 1988.

REICHEL, HANS:Gesetz und Richterspruch, 1915.

REINHARDT—KÖNIG:Richter und Rechtsfindung, 1957.

RITTNER, FRITZ:Verstehen und Auslegen als Probleme der Rechtswissenschaft, in:Verstehen und Auslegen (Freiburger Dies Universitatis Bd. 14),1968.

RÖDIG, JÜRGEN:Die Denkform der Alternative in der Jurisprudenz, 1969.

RÜMELIN, GUSTAV:Werturteile und Willensentscheidungen, 1891.

RYFFEL, HANS:Grundprobleme der Rechts—und Staatsphilosophie, 1969; Rechtssoziologie, 1974.

SAUER, WILHELM: Das juristische Grundgesetz, 1923. —Juristische Methodenlehre, 1940. —Grundlagen der Wissenschaft und der Wissenschaften, 1926, 2. Aufl. 1949.

v. SAVIGNY, FRIEDRICH K. :Juristische Methodenlehre, herausgeg. von G. WESENBERG, 1951. — Vom Beruf unserer Zeit für Gesetzgebung und Rechtswissenschaft, 1814. —System des heutigen Römischen Rechts, Bd. I,1840.

SCHAPP, JAN:Hauptprobleme der Juristischen Methodenlehre, 1983.

SCHEUERLE, WILHELM:Rechtsanwendung, 1952.

SCHIFFAUER, PETER:Wortbedeutung und Rechtserkenntnis, 1979.

SCHMITT, CARL:Gesetz und Urteil, 1912. — Die Lage der europäischen Rechtswissenschaft, 1950.

SCHÖNFELD, WALTHER:Die logische Struktur der Rechtsordnung, 1927. — Über den Begriff einer dialektischen Jurisprudenz, 1929. — Von der Rechtserkenntnis, 1931. — Grundlegung der Rechtswissenschaft, 1951.

SCHREIER, FRITZ:Die Interpretation der Gesetze und Rechtsgeschäfte, 1927.

SCHREINER, HELMUT:Die Intersubjektivität von Wertungen, 1980.

SCHWINGE, ERICH:Teleologische Begriffsbildung im Strafrecht, 1930. — Der Methodenstreit in der heutigen Rechtswissenschaft, 1930.

SEBALDESCHI, J. :Rechtswissenschaft als Modellwissenschaft, 1979.

SIEBERT, WOLFGANG:Die Methode der Gesetzesauslegung, 1958.

SOMLÓ, FELIX:Juristische Grundlehre, 1917.

STAMMLER, RUDOLF:Theorie der Rechtswissenschaft, 1911, 2. Aufl. 1923. — Die Lehre von dem Richtigen Rechte, 1902, 2. Aufl. 1926. — Lehrbuch der Rechtsphilosophie, 1921,3. Aufl. 1928.

STOLL, HEINRICH:Begriff und Konstruktion in der Lehre der Interessenjurisprudenz, Festschr. f. HECK, RÜMELIN u. A. B. SCHMIDT, 1931.

TROLLER, ALOIS:Überall gültige Prinzipien der Rechtswissenschaft, 1965.

VIEHWEG, THEODOR:Topik und Jurisprudenz, 1953, 5. Aufl. 1974.

WANK, ROLF:Grenzen richterlicher Rechtsfortbildung, 1978. — Die juristische Begriffsbildung, 1985.

WEINBERGER, OTA:Rechtslogik, 2. Aufl. 1989. — Norm und Institution, 1988. — Recht, Institution und Rechtspolitik 1987. — Logische Analyse in der Jurisprudenz, 1979. — Normentheorie als Grundlage der Jurisprudenz und Ethik, 1981.

WELZEL, HANS:Naturalismus und Wertphilosophie im Strafrecht, 1935.

WESTERMANN, HARRY:Wesen und Grenzen der richterlichen Streitentscheidung im Zivilrecht, 1955.

WIEACKER, FRANZ:Privatrechtsgeschichte der Neuzeit, 1952, 2. Aufl. 1967. —Zur rechtstheoretischen Präzisierung des 242 BGB, 1956. —Gesetz und Richterkunst, 1958. — Über strengere und unstrenge Verfahren der Rechtsfindung, in:Festschr. f. WERNER WEBER, 1974,S. 421.

WILHELM, W. :Zur juristischen Methodenlehre im 19. Jahrhundert, 1958.

WOLF, ERIK:Große Rechtsdenker, 1939, 4. Aufl. 1963 (zu SAVIGNY, JEHRING und WINDSCHEID). —Fragwürdigkeit und Notwendigkeit der Rechtswissenschaft, 1953.

ZELLER, ERNST:Auslegung von Gesetz und Vertrag, 1989.

ZIPPELIUS, REINHOLD:Wertungsprobleme im System der Grundrechte, 1962. — Das Wesen des Rechts, 1965, 4. Aufl. 1978. —Juristische Methodenlehre, 1971,5. Aufl. 1990. —Rechtsphilosophie, 2. Aufl. ,1989.

ZITELMANN, ERNST:Lücken im Recht, 1903.

中德词汇对照表

人（伦理意义上的，法律意义上的） Person im ethischen Sinne und im juristischen Sinne
（一般）人格权 Persönlichkeitsrecht, allgemeines
人性尊严 Menschenwürde, Würde des Menschen
人类行为的解释 Deutung menschlichen Verhaltens
反面推论 Umkehrschluß
不完全法条 Unvollständige Rechtssätze
比例原则 Verhältnismäßigkeit, Grundsatz der
内部体系 inneres System
立法者的意志 Wille des Gesetzgebers
外部体系 Aeußeres System
可阶段化的要素 Abstufbare Merkmale
可变的体系 Bewegliches System（Wilburg）
司法裁判的持续性 Kontinuität der Rechtsprechung
正义 Gerechtigkeit
主观的权利 Subjektives Recht
未成年人的中性行为 Indifferentes Geschäft eines Minderjährigen
未成年人的保护 Minderjährigenschutz
目的论的 Teleologische
解释 Auslegung
概念形成 Begriffsbildung

扩张 Extension
限缩 Reduktion
先买权（构想） Vorkaufsrecht（Konstruktion）
交互澄清 Wechselseitige Erhellung
交易伦理 Verkehrssitte
自由的表达意见 Meinungsäußerung, freie（Lueth－Urteil）
自然法 Naturrecht
危险责任 Gefährdungshaftung
有效性（规范的） Geltung（der Norm）
同类事物应作相同处理 Gleichbehandlung des Gleichartigen
字义 Wortsinn
私法自治 Privatautonomie
利益法学 Interessenjurisprudenz
例外规定 Ausnahmevorschriften
判例 Präjudizien
判断余地 Beurteilungsspielraum
形成权 Gestaltungsrechte
形态类型 Gestalttypus
社会科学 Sozialwissenschaften
法官的法律拘束 Bindung des Richters an das Gesetz
法官的法的续造 Richterliche Rechtsfortbildung
 法律内的法的续造 gesetzesimmanente
 超越法律的法的续造 gesetze-

法官法　Richterrecht
法院的裁判要旨　Leitsätze gerichtlicher Entscheidungen
法　Rechts
    法外空间　freier Raum
    法律问题（与事实问题）　frage（und Tatfrage）
    法律原则　prinzipien
    法伦理性原则　ethische Prinzipien
    法的理念　idee
    法的时代（历史）拘束性　zeitbedingtheit des Rechts
    法教义学　dogmatik
    法感　gefühl
    违法性　widrigkeit
法的构造类型　Strukturtypus, rechtlicher
法律与法　Gesetz und Recht
法律的目的　Zweck des Gesetzes
法律的理由　Ratio legis
法律有意义的沉默　Beredtes Schweigen des Gesetzes
法律理由停止之处，法律也停止　cessante ratione legis cessat lex ipsa
法律上的构想　Konstruktion, juristische
法律的漏洞　Lücken des Gesetzes
法律的溯及既往　Rückwirkung von Gesetzen
法学陈述的可证伪性　Falsifizierbarkeit rechtswissenschaftlicher Aussagen
表面证据　Prima-facie-Beweis
事物的本质　Natur der Sache
事实问题（与法律问题）　Tatfrage（und Rechtsfrage）
具体化　Konkretisierung
具体的概念　Konkreter Begriff（Hegel）

sübersteigende

抽象化的程序，抽象概念　Abstrahierendes Verfahren, abstrakter Begriff
命令说　Imperativentheorie
抵触法律的裁判　contra legem Entscheidung
客观的解释　Objektive Auslegung
契约　Vertrags
    类型　typen
    承受　üebernahme
信赖　Vertrauens
    责任　haftung
    原则　prinzip
建筑契约　Architektenvertrag
限制性的法条　Einschränkende Rechtssätze
限缩解释　Einschränkende Auslegung
重大事由　Wichtiger Grund
脉络　Kontext
原则　Prinzipien
诸原则的协作　Zusammenspiel der Prinzipien
伦理与法　Ethik und Recht
指示参照性的法条　Verweisende Rechtssätze
消极性的适用命令　Negative Geltungsanordnung
案件事实　Sachverhalte
    作为陈述的案件事实　als Aussage
    作为事件的案件事实　als Geschehener
纯科学论的学术概念　Scientistischer Wissenschaftsbegriff
财产权的概念　Eigentumsbegriff
个别类推　Einzelanalogie
个案规范　Fallnorm（Fikentscher）
个案中之法益衡量　Güterabwägung im

Einzelfall
流动的标准　Gleitender Maßstab
习惯法　Gewohnheitsrecht
推论　argumentum
举重以明轻的推论　a majore ad minus
反面推论　e contrario
理解　Verstehen
理解的循环结构　Zirkelstruktur des Verstehens
先前理解　Vorverständnis
解释者的先前理解　Vorverständnis des Interpreten
规定功能的概念　Funktionsbestimmte Begriffe
规整　Regelung
规整的目的　Regelungszwecke
规整的漏洞　Regelungslücken
规范　Normen
规范的适用　Anwendung der Normen
规范的漏洞　Normlücken
规范竞合　Konkurrenz von Normen, Normenkonkurrenz
裁判的尚可认为正当性　Vertretbarkeit einer Entscheidung
评价　Wertungs
　　评价法学　jurisprudenz
　　评价矛盾　widersprüche
动物占有人（类型）　Tierhalter（Typus）
无权利能力的社团　Nichtrechtsfähiger Verein
须填补的标准　Ausfüllungsbedürftige Maßstäbe
补充性的契约规范　Ergänzende Vertragsnormen
透过程序的正当化　Legitimation durch Verfahren（Luhmann）

越量禁止　Übermaßverbot
期待可能性　Zumutbarkeit
减缩　Restriktion
债权的物权化　Verdinglichung obligatorischer Rechte
债权契约（类型）　Schuldverträge（Typen）
债务人主观的给付不能（自始的）　Unvermögen des Schuldners, anfängliches
意思表示　Willenserklärung
意义　Sinn
　　意义的问题　frage
　　意义的盈余　übermaß
　　法律的意义脉络　zusammenhang des Gesetzes
开放性的原则　Offene Prinzipien
开放性的体系　Offene Systeme
间接证据　Indizienbeweis
过失的标准　Fahrlässigkeitsmaßstab
解释　Auslegung
经常性类型　Häufigkeitstypus
新物的性质　Neuheit einer Sache
诚信原则　Treu und Glauben
涵摄　Subsumtion
语言　Sprache
　　法律的语言　der Gesetze
　　规范性的语言　des Normativen
语言游戏　Sprachspiel（im Sinne Wittgensteins）
漏洞　Lücken
　　开放的漏洞　offene Lücken
　　隐藏的漏洞　verdeckte Lücken
演绎的程序　deduktives Verfahren
演变　Wandel
　　被规整之关系的演变　der normierter Verhältnisse

一般价值意识的演变　des allgemeinen Wertbewußtseins
法秩序的整体结构的演变　im Gesamtbau der Rechtsordnung
选择权　Optionsrechte
构成要件(作为法条的构成部分)　Tatbestand (als Teil des Rechtssatzes)
说明性的法条　Erläuternde Rechtssätze
价值导向思考　Wertorientiertes Denken
价值判断　Werturteile
标准　Standards
概括条款　Generalklausel
概念法学　Begriffsjurisprudenz
请求权竞合,请求权规范竞合　Anspruchs—, Anspruchsnormenkonkurrenz
缔约上的过失　culpa in contrahendo, Verschulden beim Vertragsschluß
适用命令　Geltungsanordnung
诠释学　Hermeneutik
诠释学上的循环　Hermeneutischer Zirkel
实证主义的学术概念　Positivistischer Wissenschaftsbegriff
确定法效果的三段论法　Syllogismus der Rechtsfolgebestimmung

整体类推　Gesamtanalogie
宪法　Verfassungs
　宪法解释　interpretation
　普通规范的合宪性解释　konforme Auslegung einfacher Normen
　宪法原则　prinzipien
拟制　Fiktionen
归纳　Induktion
类型　Typus
　与概念　und Begriff
　经常性类型　Häufigkeitstypus
　形态类型　Gestaltstypus
　构造类型　Strukturtypus
　类型系列　Typenreihen
类推适用　Analogie
类推适用的禁止　Analogieverbot
类观点学　Topik
类观点的思考方式　topische Denkweise
矿井拥有者　Bergwerkbesitzer
体系　System
体系解释　systematische Auslegung
内部的开放体系　inneres offenes System
外部体系　äußeres System

人 名 索 引

Achterberg　阿赫特贝格
Alexy, Robert　罗伯特·阿历克西
Aquin, Thomas, V.　托马斯·阿奎纳
Aristoteles　亚里士多德
Badura　巴杜拉
Ballerstedt　巴勒施泰特
Bettermann　贝特尔曼
Betti　贝蒂
Bierling　比尔林
Binder　宾德尔
Bochenski　波亨斯基
Böckenförde　伯肯弗尔德
Boehmer, Gustav　古斯塔夫·伯默尔
Bötticher　伯蒂歇尔
Brecher　布雷歇尔
Brünneck, Rupp, V.　鲁普·V.布吕内克
Bydlinski　比德林斯基
Canaris　卡纳利斯
Christensen, Ralph　拉尔夫·克里斯滕森
Cicero　西塞罗
Coing, Helmut　赫尔穆特·科因
Dietz　迪茨
Dölle　德勒
Doris, Philipos　菲利波泽·多丽丝
Dreier, Ralf　拉尔夫·德赖尔
Eckhoff　埃克霍夫
Ellscheid　埃尔沙伊德
Engish, K.　K.恩格诗
Ennecerus – Nipperdey　恩内塞鲁兹-尼佩代
Esser, Josef　约瑟夫·埃塞尔
Fikentscher, Wolfgang　沃尔夫冈·费肯彻尔
Flume　弗卢梅
Forsthoff　福斯特霍夫
Frankena　弗兰肯纳
Gadamer, G.　G.伽达默尔
Geisen　盖森
Gernhuber　格尔恩胡贝尔
Germann　格尔曼
Gründgens　格林德根斯
Habere　哈贝勒
Habermas　哈贝马斯
Hallerbach　哈勒巴赫
Hare　哈雷
Hartmann, Nicolai　尼古拉·哈特曼
Hassemer　哈塞默
Haverkate　哈弗肯特
Heck, Philipp　菲利普·黑克
Hegel　黑格尔
Heidegger　海德格尔
Henkel, Heinrich　海因里希·亨克尔
Heusinger　霍伊辛格
Heyele　海德
Hoeniger　赫尼希尔
Hoerster　赫斯特
Horaz　霍拉日
Hruschka　赫鲁施卡

Hubmann, Heinrich 海因里希·胡布曼	Paulskirche 保尔斯基尔克
Ingo Mittenzwei 英戈·米滕茨魏	Paulus 保卢斯
Isay 伊塞	Pawlowski 帕夫洛夫斯基
Jahr, Günter 京特·雅尔	Peine, Franz Joseph 弗朗茨·约瑟夫·派纳
Jan Schapp 扬·沙普	
Jellinek, Georg 格奥尔格·耶利内克	Perelmann, Ch. Ch.佩雷尔曼
Jhering 耶林	Popper 波普尔
Joergensen 约根森	Puchta 普赫塔
Kant 康德	Radbruch 拉德布鲁赫
Kaufmann, Arthur 阿图尔·考夫曼	Reinach, Adolf 阿道夫·赖纳赫
kelsen 凯尔森	Reinicke, D. D.赖尼克
Kirschmann 克里施曼	Reinicke, G. G.赖尼克
Kitagawa 基塔加瓦	Rousseau 卢梭
Knittel 克尼特尔	Rüssmann 吕斯曼
Koch 科赫	Ryffel, Hans 汉斯·里费尔
Kohler 克勒	Sauer 绍尔
Krawietz 克拉维茨	Savigny 萨维尼
Kretschmer 克雷奇默	Scheler, Max 马克斯·舍勒
Kriele, Martin 马丁·克里勒	Scheuerle 朔伊尔德
Kunz 孔茨	Schlechtriem 施勒希特里姆
Larenz, K. K.拉伦茨	Schwegmann 施韦格曼
Leenen 莱嫩	Serick 泽里克
Lerche 莱尔歇	Somlo 佐姆洛
Luhmann, Niklas 尼克拉斯·卢曼	Stammler 施塔姆勒
Lüth 吕特	Staub 施陶布
Maihofer, Werner 维尔纳·迈霍弗	Dr. Stein Dr.施泰因
Mann, Klaus 克劳斯·曼	Steindorff, Emst 埃姆斯特·施泰因多夫
Meier-Hayoz 迈尔-海奥茨	Stoll, Heinrich 海因里希·施托尔
Mephisto 梅菲斯托	Strache 施特拉克
Meyer-Cording 迈尔-科丁	Sundby 松德比
Müeller, Friedrich 弗里德里希·米勒	Tammelo, Ilmar 伊尔马·塔姆洛
Nawiasky 纳维亚斯基	Teneriff 特内里法
Nordrhein-Westfalen 诺德尔海恩-威斯特法伦	Thiele 蒂勒
	Thur, V. V.图尔
Nörr, Dieter 笛特尔·诺尔	Ulrich Klug 乌尔里希·克卢格
Otte 奥特	Veit Harlan 法伊特·哈尔兰

Viehweg, Th.　Th. 菲韦格
Wach　瓦赫
Wank　旺克
Wannagat　万纳加特
Webber, Max　马克斯·韦伯
Westermann, Harry　哈里·韦斯特曼
Wilburg　维尔伯格
Windscheid　温德施雷德

Wittgenstein　维特根斯坦
Wolffers　沃尔夫斯
Zeller　策勒
Zeuner　措伊纳
Zippelius, Reinhold　赖因霍尔德·齐佩利乌斯
Zittelmann　齐特尔曼

图书在版编目(CIP)数据

法学方法论/(德)拉伦茨著;陈爱娥译.—北京：商务印书馆,2003(2022.5重印)
ISBN 978-7-100-03729-7

Ⅰ.①法... Ⅱ.①拉... ②陈... Ⅲ.①法学—方法论—研究 Ⅳ.①D90—03

中国版本图书馆 CIP 数据核字(2003)第 013211 号

权利保留,侵权必究。

法 学 译 丛

法 学 方 法 论

〔德〕卡尔·拉伦茨 著
陈爱娥 译

商 务 印 书 馆 出 版
(北京王府井大街36号 邮政编码100710)
商 务 印 书 馆 发 行
北京市白帆印务有限公司印刷
ISBN 978-7-100-03729-7

2003年9月第1版   开本787×960 1/16
2022年5月北京第11次印刷 印张 26½
定价:86.00元